Thielscher, Erziehungsbasis: Partnerschaft

Helma und Karl Thielscher

Erziehungsbasis: Partnerschaft

Eine moderne Erziehungslehre

Schöningh

Zeichnungen: Gudrun Schecker

Umschlag: Sabine Schulenburg

Bildmaterial stellten zur Verfügung: Almasy, Neuilly-sur-Seine; Archiv für Kunst und Geschichte, Berlin; Club Michin, Bogotá; Deutsche Verlagsanstalt, Stuttgart (aus: F. Vester, „Denken, Lernen, Vergessen," 1975); Econ Verlag, Düsseldorf; Verlag Gruner + Jahr, München, Redaktion der Zeitschrift „Eltern"; „Hör Zu", Hamburg; Interfoto, München (Schneck, Popper); Kanne, Darmstadt; KNA-Pressebild, Frankfurt/Main; Guido Mangold, Ottobrunn; Mauritius-Verlag, Mittenwald (Herbst, Lachmann, Pollaczek); Mehner, Berlin; Meisel, Essen; Otto Maier Verlag, Ravensburg; Nå-Foto, Oslo; Österreichische Nationalbibliothek, Wien; Popper, London; Reich Verlag, Luzern (Colignon, Goro, v. Helmolt, Mooser, Mouniq, Niggemeyer-Pfefferkorn, Paulette, Riwkin-Brick); Stefan J. Riese, Paderborn-Dahl; Sammer, Berlin; Sin-Pfältzer, Hart/Chiemsee; SOS-Kinderdorf-Verlag (Archiv Kratky), Innsbruck; „Spielen und Lernen", Velber; Süddeutscher Verlag, München; Südverlag, Konstanz (aus: e. o. plauen, „Vater und Sohn"), mit Genehmigung der Gesellschaft für Verlagswerte, Kreuzlingen Schweiz; „Terre des Hommes", Osnabrück; Verlagsarchiv Schöningh, Paderborn.

ISBN 3-506-18201-3

Inhalt

Zweiter Teil

Lenkbare und nicht lenkbare Einwirkungen im Erziehungsgeschehen

Einführung:
Zur Handhabung des Buches

Immer mehr Eltern denken heute über die Fülle ihrer Erziehungsaufgaben nach und begreifen, daß erziehen können eine Kunst ist, die erlernt werden muß.

Darum ist es richtig, daß das Fach Erziehungslehre schon in der Schule erteilt wird, damit die zukünftigen Eltern bereits vorgebildet sind, wenn ihnen ein Kind anvertraut wird.

Aber nicht nur Eltern, sondern alle Menschen sollten erziehen lernen, denn im weitesten Sinne ist jeder jedermanns Erzieher durch sein Verhalten, das immer auf andere prägend wirkt.

Deshalb ist es ein Anliegen dieses Buches,
nicht nur ausschließlich Erziehungsprobleme zwischen Eltern und Kindern zu behandeln,
sondern ebenso hinzuweisen auf die Verhaltensmöglichkeiten des einzelnen Menschen in der Gesellschaft,
der durch Erziehung lernen kann,
seine Abhängigkeiten und Ansprüche richtig abzuschätzen und Verantwortung für sich und andere zu übernehmen.

Dazu ist neben vielem nötig, daß er in der Lage ist, sich selbst zu erkennen.
Der Aufforderung „Erkenne Dich selbst“ kann man aber nicht ohne weiteres nachkommen: Auch Selbsterkenntnis muß erlernt werden.

Die Eintragungen in

das persönliche Begleitheft

sollen Ihnen hierbei helfen. Sie finden in den

Anregungen

immer wieder Hinweise, wie Sie dieses Begleitheft mit eigenen Erlebnissen und Fotografien füllen können. Wenn Sie allen diesen Hinweisen nachkommen, werden Sie am Ende einen lückenlosen Bericht über Ihr ganzes bisheriges Leben

besitzen, den Sie, ganz nach Ihren Wünschen, knapp oder ausführlich gestalten können.
Es werden Ihnen Fragen vorgelegt, die Sie zu Selbstbesinnung und Selbstkritik auffordern.
Es kann sein, daß Sie solchen Fragen lieber ausweichen möchten, aber es wäre besser, wenn Sie sich ihnen stellen würden. Denn in der Beantwortung werden Sie gleichzeitig manche Klärung Ihres eigenen Verhaltens erfahren, das Ihnen bis dahin selbst oft unbegreiflich erschien. Haben Sie den Mut, sich selbst zu beurteilen — Sie werden sehen, daß Sie dadurch nicht nur sich, sondern auch Ihren Erziehern näher kommen. Selbst-Beurteilung — nicht Selbst-Verurteilung! — macht freier und hilft, vorschnelles Urteilen über andere zu unterlassen. Wenn Sie sich selbst besser kennen, wird es Ihnen leichter fallen, eigenes Fehlverhalten einzudämmen, positive persönliche Eigenschaften zu verstärken, freiwillige Leistungen für sich und andere zu erbringen und somit ein gutes Stück auf dem Wege zur Selbsterziehung voranzukommen.
Dies aber ist ein wesentliches Ziel aller Fremderziehung, in jungen Menschen die Fähigkeit zu entwickeln, sich selbst zu erziehen.

Neben dem persönlichen Begleitheft kann ein

Arbeitsheft

geführt werden. Hinweise finden Sie ebenfalls in den „Anregungen". In das „Arbeitsheft" gehören beispielsweise Berichte über Ereignisse aus dem alltäglichen Erziehungsgeschehen in Ihrer Umwelt. Über solche Beobachtungen können Sie mit Eltern, Erziehern, Mitschülerinnen und Mitschülern, Arbeitskolleginnen und -kollegen diskutieren.
Dadurch erkennen Sie leichter gutes, mögliches und schlechtes Erziehungsverhalten in unserer gegenwärtigen Gesellschaft.
Wenn in diesem Buch von Erziehern, Lehrern, Kindern und Jugendlichen gesprochen wird, so sind immer beide Geschlechter gemeint. Es erwies sich als zu umständlich und langatmig, jedesmal von Erzieherinnen und Erziehern, Lehrerinnen und Lehrern, Mädchen und Jungen, weiblichen und männlichen Jugendlichen zu sprechen. Keinesfalls aber sollen damit die unterschiedlichen Verhaltensformen der Geschlechter verwischt oder übersehen werden.
Die Entwicklungsphasen im menschlichen Leben, die im ersten Teil des Buches behandelt werden, gehören durchweg zu bestimmten Altersstufen.

Kinder können aber die eine Phase intensiver, die andere verkürzt durchleben, die dritte gar scheinbar überspringen, und Mädchen erreichen oft manche Entwicklungsabschnitte zeitlich eher als Jungen.
Darum werden die Altersangaben den Entwicklungsphasen sehr vorsichtig zugeordnet, damit sowohl die jeweils typische, als auch die individuelle Entwicklung eines jeden Kindes genügend berücksichtigt werden kann.
Die ineinander fließenden Übergänge zwischen den einzelnen Entwicklungsphasen drücken sich auch in den Überschneidungen der Zeitangaben aus, wie beispielsweise bei den Kapiteln über
die Vorpubertät mit Altersangaben von 11 bis 13, 14 Jahre,
die Pubertät mit Altersangaben von 13, 14 bis 16, 17 Jahre,

die Zeit der Jugendkrise und Adoleszenz mit Altersangaben von 16, 17 bis ca. 21 Jahre.

Keines der angeführten

Beispiele

in diesem Buch wurde erdacht. Alles darin beschriebene Geschehen haben die Verfasser bei den eigenen vier Kindern Frank, Stefan, Gundula und Christian, bei Kindern von Freunden, Verwandten und Bekannten und bei Schülerinnen und Schülern miterlebt. Um eine Verletzung der Intimsphäre der Beteiligten zu verhindern, sind aber einige Vornamen geändert worden.

In ursächlichem Zusammenhang mit diesem Buch entstand ein zweites, das unter dem Titel

„Das vergesse ich nie!"
Jugendliche berichten über ihre Erlebnisse
— eine Dokumentation —

1977 im selben Verlag erschienen ist.

268 Jugendliche aus dem beruflichen Schulwesen beantworten darin über dreihundertmal in Form von Erlebnisschilderungen freiwillig und anonym (zur Wahrung ihrer Intimsphäre) die Bitte:
„Schreiben Sie bitte Erlebnisse, Erfahrungen, Eindrücke, Empfindungen auf, gleich welcher Art, von denen Sie annehmen, daß Sie diese in Ihrem ganzen Leben nicht vergessen werden."

Aus diesen Berichten ergaben sich zwanglos 23 Themen aus allen Lebensbereichen; die meisten Darstellungen beziehen sich auf die Nah-Erlebniswelt des Jugendlichen: Eltern. Mutter, Vater; Schule; Reisen; Unfälle und Unglücke; Tod. Drogen und Tod; Freundschaften; Liebe. Die Schilderungen sind fast immer ausdrucksstark, manche von atemberaubender Dramatik, einige voll zarter Lyrik. Junge Menschen schreiben offen, was sie bisher am stärksten in ihrem Leben beeindruckt hat — Eltern und Erzieher erfahren daraus ohne Verklausulierungen die Wirkungen von Erziehung und Umwelt auf Kinder und Jugendliche; unmittelbar wird deutlich, wie Erzieherverhalten fördern, aber auch behindern kann.
Einige der Erlebnisse aus dem Buch
„Das vergesse ich nie!"
finden Sie in den Kapiteln:

— Die Pubertät: 13, 14 Jahre bis 16, 17 Jahre (Reifezeit): Die weite Skala der Gefühle ; S. 176.

— Adoleszenz; S. 198.

— Erziehungsmittel: Freiheitsentzug; S. 227.

— Der einzelne und seine Erzieher:
Freunde und Freundinnen; S. 263.

— Geheime Miterzieher: Drogen; S. 293.

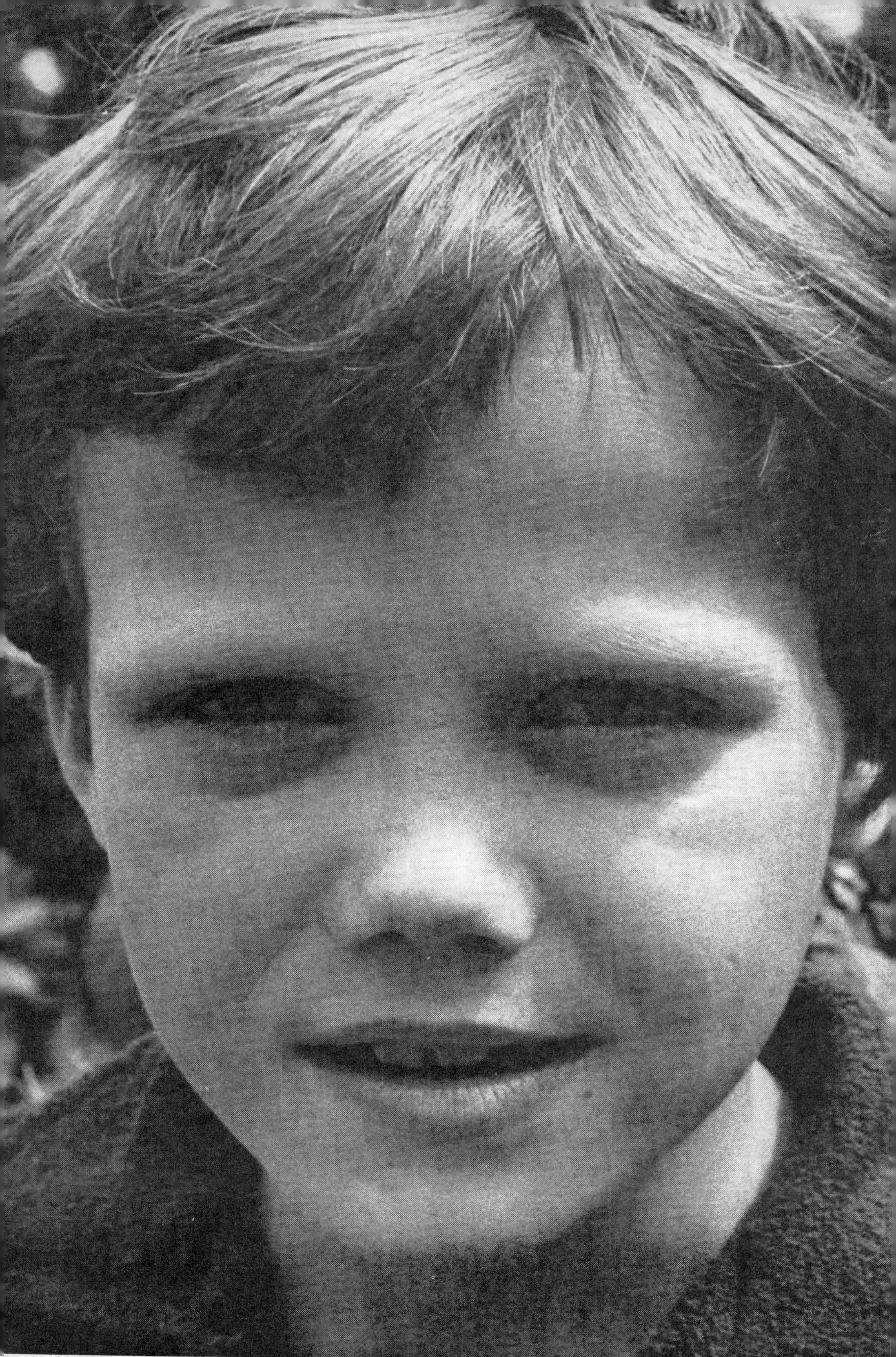

Was heißt „Partnerschaftliche Erziehung"?

Eltern und Erzieher, für die Kinder und Jugendliche uneingeschränkt Partner sind, müssen auch heute noch oft mit Verständnislosigkeit rechnen. Zu stark behaupten sich immer noch Überlieferungen und Gewohnheiten, nach denen dem Kind so lange eine Gleichberechtigung verweigert wird, bis es „erwachsen“ ist. Hilflosigkeit und Schutzbedürftigkeit der Kleinen, Pubertätsschwierigkeiten der Jugendlichen scheinen vielen Erziehungsbeauftragten triftige Gründe für ihr Verhalten zu liefern, in ihren Erziehungsmaßnahmen ständig ihre Überlegenheit an Alter und Lebenserfahrung ausdrücken zu müssen.
Dabei übersehen sie die so wesentliche Tatsache, daß Kinder wie Erwachsene zuallererst Menschen sind, die beide den Weg zwischen Geburt und Tod vor sich haben, und daß das Vorauseilen auf diesem Weg an Alter und Erfahrung keinesfalls dazu ermächtigt, die Nachfolgenden in ein Abhängigkeitsverhältnis zu drängen.
Im Gegenteil: Die größere Lebenserfahrung der Erwachsenen müßte gleichzeitig auch größere Weisheit und Reife mit sich bringen und vor allem die Einsicht, daß Kinder nicht, wie Erziehungsregeln früherer Zeiten einreden wollen, unfertige Erwachsene sind, die erst mit zunehmendem Alter vollwertiger werden, bis sie endlich ihr Ziel, nämlich erwachsen zu sein, erreicht haben.

▷ Das Kind besitzt vielmehr wie jedermann in jedem Augenblick seines Lebens die ganze Würde eines Menschen, die unabhängig von seinem Lebensalter, der Zahl seiner Monate und Jahre ist.

▷ Das Kind ist kein Material, das nach dem Gutdünken und der Willkür seiner Erzieher geformt und zu dem jeweils gewünschten Produkt gemacht werden kann; es darf nicht der Macht von Eltern, Erziehern oder Institutionen aller Art hilflos ausgeliefert werden.

▷ Das Kind ist immer ein Gegenüber, ein „Du“, der andere, gleichberechtigte Mensch, der Partner.

Partnerschaft des Kindes heißt:

Das Kind steht auf gleicher Ebene mit den Erwachsenen,
es wird so, wie es ist, angenommen und anerkannt.
Es kann vertrauensvoll mit Zuwendung, Fürsorge und Schutz rechnen.

Es erfährt Betreuung ohne überängstliche Behütung,
Geleit ohne Zwang,
Hilfe als Selbstverständlichkeit.
Es braucht Aufforderungen zu Bewährung und Leistung,
Angebote zur Entfaltung seiner schöpferischen Kräfte.
Es wird hineingenommen in menschliche Gemeinschaft, um soziales Verhalten zu lernen
und hat zugleich Anspruch auf die mögliche Freiheit des Individuums innerhalb der Gesellschaft.
Es muß erfahren können, daß mehr Freiheit nicht mehr Zügellosigkeit, sondern mehr Mitverantwortung für sich und andere bedeutet.
Sein Wille darf nicht unterdrückt, sondern soll verfestigt werden zur Bereitwilligkeit,
zunehmend Selbständigkeit, Selbstsicherheit und zugleich Achtung vor den anderen Menschen zu entwickeln.
Es darf ohne Verkrampfung in fröhlicher Gelassenheit aufwachsen.
Es muß des ständigen Vertrauens, Zutrauens und der Aufrichtigkeit seiner Erzieher gewiß sein dürfen.
Heute gilt es, auf breiter Basis die Einsicht zu wecken, daß Erwachsene und Kinder gleichwertig und gleichberechtigt sind, und daß Erziehung von der Überzeugung getragen sein muß, die Friedrich von Bodelschwingh (1831—1910) so formuliert hat:

„Ein Kind ist mehr wert als alle fünf Erdteile zusammen".

Erster Teil

Entwicklungsphasen im menschlichen Leben von der Geburt bis zum Erwachsenenalter

I. Mutter und Kind vor der Geburt

Antworten Sie bitte auf folgende Fragen und Überlegungen:

1. Warum schaden Gifte wie Nikotin, Alkohol, Drogen und fast alle Medikamente unmittelbar dem Ungeborenen?

2. Warum soll sich die werdende Mutter viel in frischer Luft aufhalten?

3. Welche Sportarten sind geeignet, welche müssen unterlassen werden?

4. Warum soll sich die werdende Mutter normal, vitamin- und eiweißreich, weiterernähren und nicht doppelte Portionen essen? Muß sie jetzt nicht für „zwei" essen, wie es ihr früher oft geraten wurde?

5. Was kostet eine Ausstattung für das erste Lebensjahr des Kindes?

6. Was halten Sie von der Volksmeinung, daß eine Schwangere sich „versehen" kann, d. h., daß das Kind einen körperlichen Schaden, z. B. ein Muttermal, bekommt, wenn die Mutter unerwartet etwas sehr Häßliches, Abstoßendes sieht?

7. Warum soll sich die werdende Mutter regelmäßig untersuchen lassen?

8. Warum sollen die werdenden Eltern schon vor der Geburt des Kindes die Säuglingspflege lernen?

9. Nennen Sie ungesunde Arbeiten für die werdende Mutter.

10. Machen Sie Vorschläge, wie man der werdenden, berufstätigen Mutter helfen könnte.

Anregung:
Haben Sie ein Bild von Ihrer Mutter aus der Zeit, als Sie erwartet wurden? Dann kleben Sie es in Ihr persönliches Begleitheft.

Es ist richtig, daß jede Erziehungslehre nicht erst mit der Geburt des Kindes beginnt, sondern darauf aufmerksam macht, daß die werdende Mutter schon *vor* der Geburt durch *gesunde Lebensweise* viel für ihr Kind tun kann. Die leiblich-seelische Verbindung mit dem Ungeborenen ist so unmittelbar, daß alles, was die Mutter zu sich nimmt, was sie tut und erlebt, sich dem Kind mitteilt.

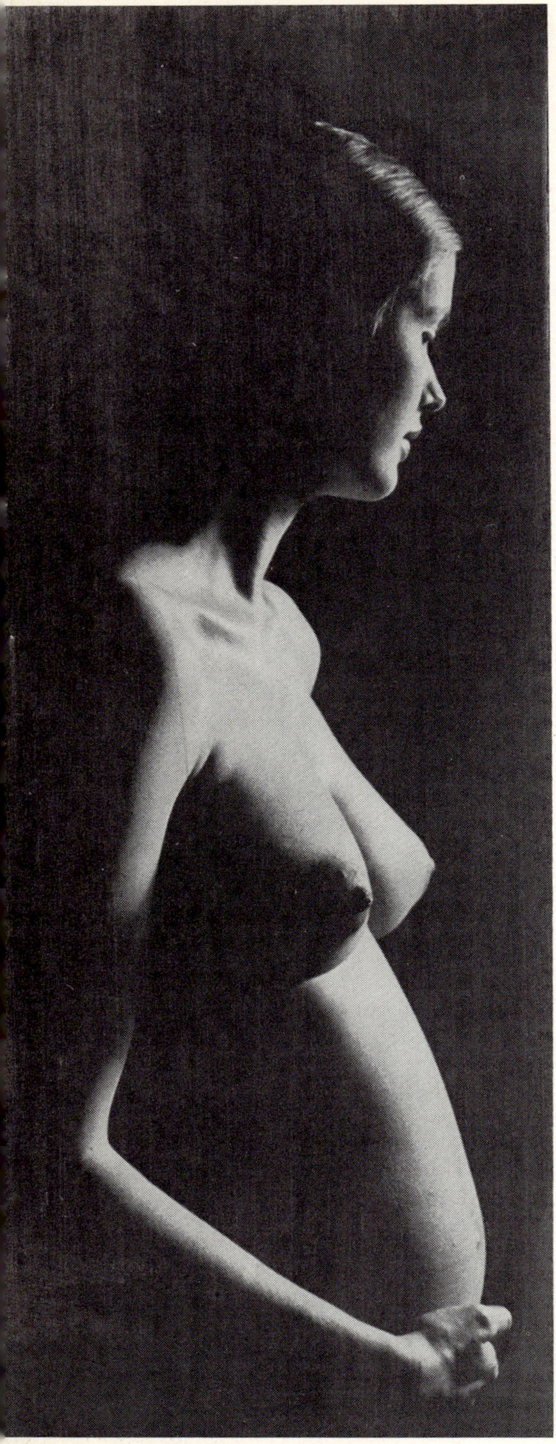

Sie braucht dabei in ihrem Verhalten nicht überängstlich zu werden. Auch in großen Notzeiten, z. B. in Kriegs- und Nachkriegsjahren, haben die meisten Mütter gesunde Babys zur Welt gebracht. Einschränkend muß man jedoch hinzufügen, daß viele dieser Säuglinge zarter und anfälliger waren.

Wenn die werdende Mutter erfaßt hat, daß in ihr ein selbständiger Mensch heranreift, der schon vor der Geburt das Recht hat, daß man sein Wachstum fördert und nicht stört, und wenn sie nach dieser Erkenntnis lebt, dann tut sie das Richtige für ihr Kind.

1. Dann wird sie aus Einsicht auf schädliche Giftstoffe, wie Nikotin und Alkohol, Drogen und Medikamente, verzichten.

2. Sie wird sich selbst Sportarten wie Reiten, Tennis und Leistungssport untersagen und statt dessen lieber schwimmen.

3. Sie läßt sich vom Arzt darüber beraten, was und wieviel sie essen soll und unterzieht sich regelmäßiger ärztlicher Kontrolle.

4. Sie fragt sich, ob sie schon genug über Säuglingspflege weiß und nimmt, möglichst mit ihrem Mann, an einem Säuglingspflegekursus teil.

5. Sie versucht, Stimmungsschwankungen und Launenhaftigkeit zu vermeiden und freut sich auf ihr Kind.

6. Die Übelkeit der ersten Schwangerschaftswochen, das Unförmigwerden in den letzten Monaten vor der Geburt darf sie — immer unter ärztlicher Kontrolle stehend! — nicht überbewerten.

7. Manche jungen Frauen haben Angst davor, daß sie ihre körperliche Schönheit einbüßen könnten und sind deshalb unglücklich. Sie kann jeder Arzt beruhigen, indem er auf die Mütter-Gymnastik hinweist, die heute in jeder Klinik nach der Entbindung durchgeführt und gelehrt wird.

8. Die Beschaffung der Erstausstattung des Säuglings bereitet oft Sorgen: Sie ist teuer. Der amerikanische Brauch ist nachahmenswert: Vor der Geburt gibt die junge Mutter eine Party, und Verwandte und Bekannte schenken dann schon etwas Nützliches für das kommende Kind, so daß die Säuglingsaussteuer nur noch ergänzt zu werden braucht.

9. Das „Versehen“ vor der Geburt haben unsere Wissenschaftler ins Reich der falschen Aussagen verwiesen. Ein unvermeidbarer Schock teilt sich dem Kind gewiß mit, aber es ist geschützt genug, daß es keinen Schaden nimmt.

10. Gefährlich für die gesunde vorgeburtliche Entwicklung des Kindes dagegen sind dauernde nervliche Belastungen, unter denen die werdende Mutter u. U. leben muß: Z. B. Ehestreitereien, Lieblosigkeit des Mannes, schweres Leid, Sorgen. Leider gibt es allzuviele Schwangere, deren Vorfreude auf das Kind beeinträchtigt wird: Da ist die uneheliche Mutter; die Frau, die echte finanzielle Sorgen hat; eine andere, die einen ungesunden Beruf ausübt, z. B. in der Fabrik, im Kaufhaus, im Laboratorium; eine dritte, die durch eine große Familie überbeansprucht ist; eine vierte, deren Wohnung für ein hinzukommendes Kind zu klein ist. Diese werdenden Mütter müssen um so mehr leiden, je mehr sie wissen, daß ihre andauernden seelischen Depressionen dem Kind schaden könnten. In einem Fernsehinterview bekannte kürzlich eine ledige Mutter, daß sie aus solcher Not heraus beinahe Selbstmord vor der Geburt des Kindes begangen hätte.
Das Wissen um die engen leib-seelischen Bindungen zwischen Mutter und Kind vor der Geburt einerseits und um die Not vieler Schwangerer andererseits soll uns, die Gesellschaft, veranlassen zu helfen, z. B. durch

- ▷ Erweiterung des Mutterschutzgesetzes,
- ▷ Zahlung eines angemessenen Erziehungsgeldes, wenn die Mutter in den ersten drei Jahren nach der Geburt zugunsten der Erziehung ihres Kindes auf außerhäusliche Tätigkeit verzichtet,
- ▷ Einrichtung von gesunden Arbeitsplätzen für werdende Mütter, (muß eine Verkäuferin immer stehen?)
- ▷ Ausbildung von mehr Familienhelferinnen,
- ▷ Schaffung von mehr Halbtagsstellen für werdende Mütter,
- ▷ Bau von preiswerten, familiengerechten Wohnungen.

Warum gehören diese Überlegungen in ein Erziehungslehrebuch?

1. Weil alle an der Erziehung Beteiligten, vor allem die Mütter, wissen müssen, daß das Ungeborene Anteil hat an allen körperlichen und seelischen Belastungen, an Freude und Leid der Schwangeren,

2. weil das heranwachsende Kind das Recht hat, schon vor der Geburt als Individuum gefördert zu werden,

3. weil nicht nur dem Kind durch richtiges Verhalten der werdenden Mutter geholfen wird, sondern auch sie selbst reifer und erzogener, d. h. offener und einsichtiger für das wird, was ihr und ihrem Kind gut ist und nützt,

4. weil Mutter und Kind immer in einer bestimmten Gesellschaftsform leben, und weil ein Wertmaßstab für die Qualität dieser Gesellschaft fraglos ist, wie positiv sie sich dem heranwachsenden Leben gegenüber verhält.

II. Das Säuglingsalter: 0 bis 1 Jahr

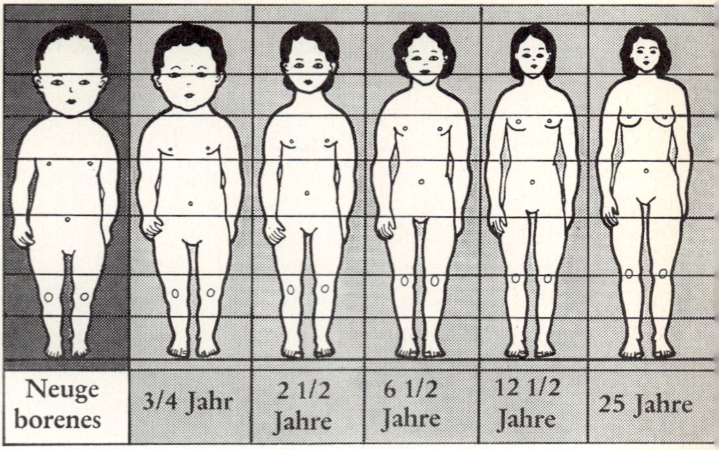

1. Das Geburtserlebnis für Mutter und Kind

> **Anregung:**
> In einem Rollenspiel stellen Sie den Besuch bei einer Freundin dar, die vor wenigen Tagen ihr erstes Kind bekommen hat. Was sagen Sie? Was fragen Sie? Was könnte Ihre Freundin antworten und erzählen?

Wir alle wissen, daß die Geburt eines Kindes mit Schmerzen für die Mutter verbunden ist, und wir sind gewöhnt, nach einer Entbindung zuallererst nach ihrem Wohlbefinden zu fragen. Natürlich möchten wir gleichzeitig vieles über das Baby erfahren: Ob es ein Junge oder ein Mädchen ist, wie es heißen soll, welche Augen- und Haarfarbe es hat, ob es gesund ist. Daß die Mutter schwierige Stunden während des Geburtsvorganges überstehen mußte, daran nehmen wir meistens interessiert Anteil — fragen wir aber je einmal danach, was wohl das Kind bei seiner Geburt empfunden und durchgemacht haben mag?

Was erlebt der Mensch eigentlich bei seiner Geburt?

1. Im Mutterleib herrscht für das Ungeborene monatelang ein fast paradiesischer Zustand: Es schwebt sanft im Fruchtwasser bei stets gleichbleibender Temperatur, die notwendigen Wachstumsstoffe werden regelmäßig zugeführt. Das Märchen vom Schlaraffenland ist nach Meinung vieler Psychologen eine volkstümliche Deutung dieser vorgeburtlichen Zeit.

2. Die ersten Wehen ändern jäh das Aufgehobensein in der Gebärmutter: Das Kind wird nun gepreßt, geschoben und in den Beckendurchgang gedrängt, es erfährt diesen Vorgang als S c h m e r z s c h o c k.

3. Normalerweise wird der Kopf zuerst geboren, und in diesem Augenblick ist das Baby gleichzeitig mehreren schweren Belastungen preisgegeben:

a) Es „erblickt das Licht der Welt", indem es erschreckt die Augen zukneift, denn bisher umgab es Dunkelheit, und nun wird es von einer Sekunde zur anderen dem gleißenden Licht im Kreißsaal ausgesetzt: Lichtschock.

b) Das Kind kommt nackt und naß aus der gewohnten 37°-Temperatur plötzlich in einen ca. 20° warmen Raum. Wenn Sie sich vorstellen, Sie würden unbekleidet und naß von einem 17° warmen Zimmer in eine 0° kalte Umgebung treten, so können Sie sich ein Bild von dem Kälteschock machen, den das Kind im Augenblick seiner Geburt erleiden muß.

c) Die vielen lauten, grellen, klappernden Geräusche des Entbindungsraumes dringen auf den Säugling ein und wirken wie ein Lärmschock, da er monatelang nur den beruhigenden, gleichmäßigen Herzschlag der Mutter wahrgenommen hat.

4. Kurz darauf wird die Nabelschnur, die innige Verbindung mit der Mutter, durchtrennt: Abnabelungsschock.

5. In den nächsten Minuten wird das Neugeborene von einer Flut weiterer Maßnahmen überrollt, die es zutiefst erschrecken: Es muß atmen; es wird an den Beinen hochgehalten und gemessen; in Eile wird es gewaschen, abgetrocknet, in für sein Empfinden harte Windeln gewickelt, schließlich in sein Bettchen gelegt und beiseite gestellt.

Diese für ihn dramatischen Ereignisse erlebt jeder Säugling bei seiner Geburt. Die Folge ist die Urangst, die Menschen mehr oder weniger stark belasten kann. Eine Befreiung von diesen Ängsten erhoffen Psychiater und Psychotherapeuten für ihre Patienten dadurch, daß sie versuchen, sie in ihre Geburtsstunde zurückzuversetzen, um so unbewußte Angst bewußt und dadurch kontrollierbar zu machen.

Die Geburtsschocks will man neuerdings während der „sanften Geburt" (nach dem französischen Arzt Dr. Leboyer) dadurch reduzieren, daß man Babys in einem matt erleuchteten, recht warmen Raum, in dem es geräuscharm zugeht, zur Welt kommen läßt. Man legt sie noch eine Weile auf den Bauch der Mutter, damit sie neben den fremden, neuen Geräuschen den vertrauten Herzschlag der Mutter hören können. Solche Neugeborenen scheinen bereits in ihrer ersten Lebensstunde zu lächeln.

Ganz besonders belastend für die Babys ist in unseren Kliniken die harte Isolierung in den Säuglingszimmern, aus denen sie nur zu den Stillzeiten heraus zu ihren Müttern gebracht werden. Sie sind den vorgeburtlichen, unmittelbaren Kontakt mit der Mutter gewöhnt und wehren sich mit Recht durch Schreien gegen die lieblose Trennung.

Glücklicherweise setzt sich immer mehr das Prinzip der Mutter-Kind-Klinik durch, in der das Kind im Zimmer der Mutter bleiben darf. Hier wird auf sinnvolle Weise die medizinische Absicherung einer Klinik-Entbindung mit der besseren Bedürfnisbefriedigung des Neugeborenen bei einer Hausentbindung verknüpft.

2. Das Neugeborene

Anregungen:

1. Nutzen Sie jede Gelegenheit, ein neugeborenes Kind zu betrachten. Vielleicht dürfen Sie in einer modernen Klinik durch eine große Glasscheibe in den Säuglingsraum sehen und zuschauen, wie die Babys gebadet, gewickelt und gefüttert werden.

2. Fragen Sie eine Hebamme, eine Säuglingsschwester oder einen Kinderarzt, was sie zu der oft geäußerten Meinung sagen, daß alle Neugeborenen gleich aussähen.

3. Erzählen Sie, was Sie empfanden, als Sie ein Neugeborenes tragen, wickeln oder füttern durften.

4. Kleben Sie eine Fotografie aus Ihren ersten Lebenswochen in Ihr persönliches Begleitheft und fügen Sie Ihre Geburtsdaten (Gewicht, Größe, Haar- und Augenfarbe, Geburtsstunde) hinzu.

Wiederholung aus dem Biologie- und Säuglingspflegeunterricht:

Gewicht:

Der Säugling wiegt bei seiner Geburt 3—4 kg. Dieses Gewicht verdoppelt sich nach ca. 5—6 Monaten und hat sich am Ende des ersten Lebensjahres ungefähr verdreifacht.

Körpergröße:

Bei der Geburt ist der Säugling 50—53 cm lang, am Ende des 1. Lebensjahres erreicht er eine Größe von 75—78 cm.

Kopfgröße:

Der Kopf des Neugeborenen macht ein Viertel seiner Gesamtlänge aus, der des Erwachsenen nur noch ein Siebentel bis ein Achtel.

Gehirn:

Das Gehirn entwickelt sich verhältnismäßig schnell, wie seine Gewichtszunahme zeigt: Es verdoppelt sich nach 9 Monaten und erreicht im dritten Lebensjahr das 3fache Gewicht.

Das vegetative Nervensystem:

Es regelt z. B. Atmung, Kreislauf, Stoffwechsel, Verdauung und kann nicht willkürlich beeinflußt werden. Bei der Geburt ist es voll arbeitsfähig.

Das zerebrospinale Nervensystem:

Es dient den Beziehungen zwischen Organismus und Umwelt und kann willkürlich beeinflußt werden. Bei der Geburt ist es in seiner Funktionstüchtigkeit noch eingeschränkt.

Die Sinnesorgane:

Sie reifen in den letzten Schwangerschaftsmonaten,

zunächst die Nahsinne:
Hautsinn, Geruchssinn, Geschmackssinn,
dann die Fernsinne:
Gehörsinn und Gesichtssinn.
Bei der Geburt sind alle Sinnesorgane arbeitsbereit, so daß das Neugeborene Empfindungen aufnehmen kann und auf Sinnesreize reagiert. Es schreit, wenn es zu heiß gebadet wird. Bei der Taufe wehrt es sich durch Geschrei gegen zuviel kaltes Wasser. Es nimmt nur süße Flüssigkeiten zu sich und verweigert entschieden salzige, saure oder bittere Nahrung. Bei kräftigem Türenschlagen zuckt es zusammen. Auch bei grellem Lichteinfall zeigt es deutliche Unmutsreaktionen.

Vor kurzem haben Wissenschaftler mit Hilfe von Schablonen, die sie Neugeborenen zeigten, gültig nachgewiesen, daß wenige Stunden alte Säuglinge Gesichter erkennen und unterscheiden können: Sie reagierten durch Gestik und Mimik positiv auf menschengesichtsähnliche Schablonen und lehnten durch deutliche Abwehrhaltung andere ab, auf denen Augen, Nase und Mund bis zur Unkenntlichkeit miteinander vertauscht worden waren.

(Aus „Warum", Zeitschrift für Psychologie und Lebenstechnik, November 1976, Seite 50.)

Muskelapparat:
Impulsive, ungesteuerte und unwillkürliche Körperbewegungen zeigen, daß das Neugeborene seinen Muskelapparat noch nicht beherrscht. Es verzieht sein Gesicht, schielt, weil es die Bewegungen der Augen noch nicht aufeinander abstimmen kann und zuckt ruckartig mit Armen und Beinen.

Reflexbewegungen:
Bestimmte Muskelbewegungen werden schon beim Neugeborenen durch Reizung hervorgerufen:
Es umklammert den Finger, den man in seine Hand schiebt (Greifreflex). Es macht Schritte, wenn man es vorsichtig hochnimmt und auf die Zehen stellt. Stößt es mit dem Fuß an eine Kante, so hebt es ihn, als wolle es die Treppe hinaufsteigen. Blasen- und Darmschließmuskel öffnen sich, wenn eine bestimmte Füllungsmenge vorhanden ist. Das Baby schließt und öffnet reflexartig die

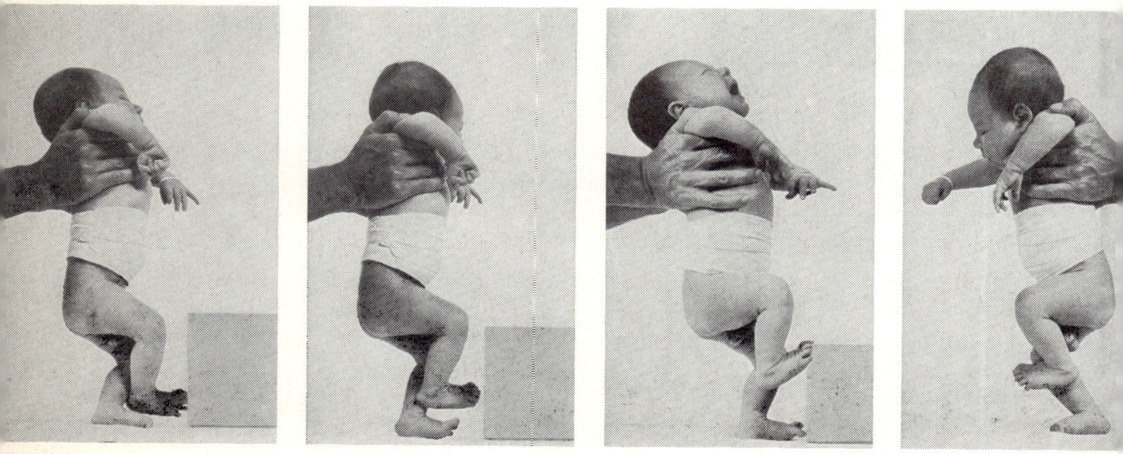

Das sensationelle Foto oben dokumentiert den Klammerreflex des Neugeborenen. Mit charakteristischen Hand- und Fußstellungen hängt es an einem gespannten Seil. Es kann nicht nur mit den Fingern, sondern auch mit den Zehen greifen. Durch Schreien „verständigt“ sich der Säugling mit seiner Umwelt. Sofort nach der Geburt kann er saugen.
S. 24: „Treppensteigen“ und Laufbewegungen des Neugeborenen, Reflexe bestimmter Fußberührungen.

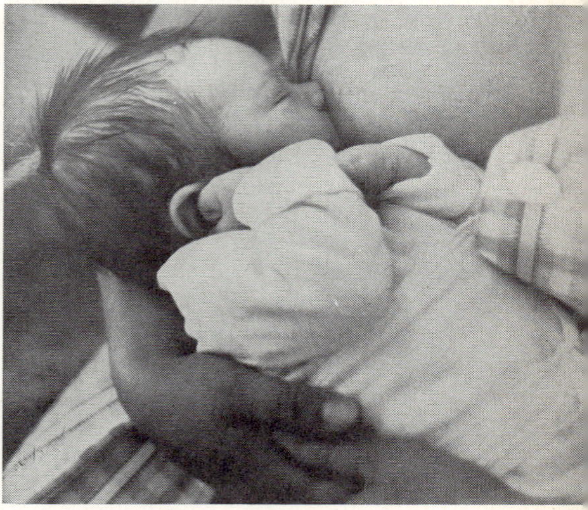

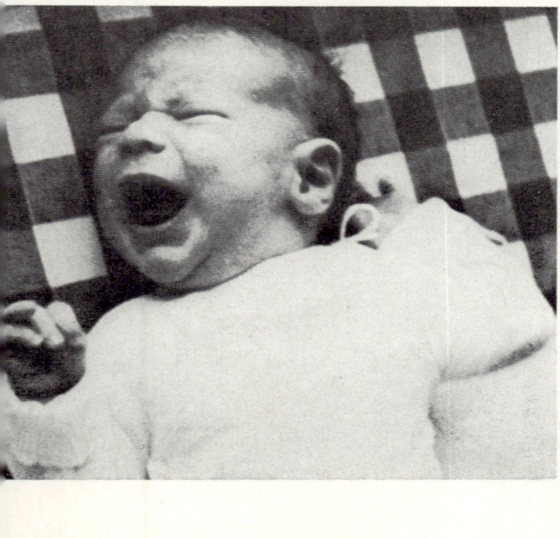

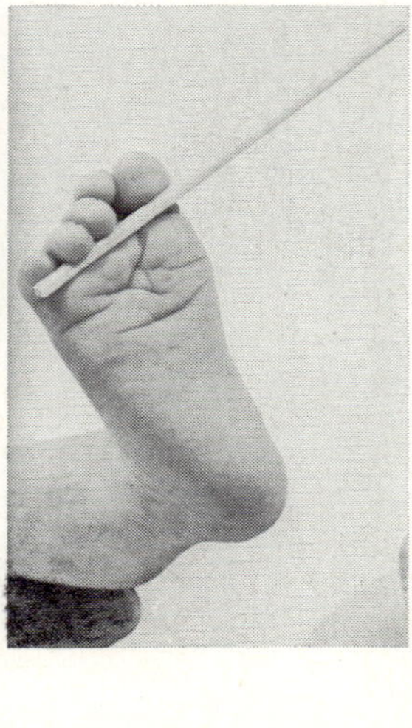

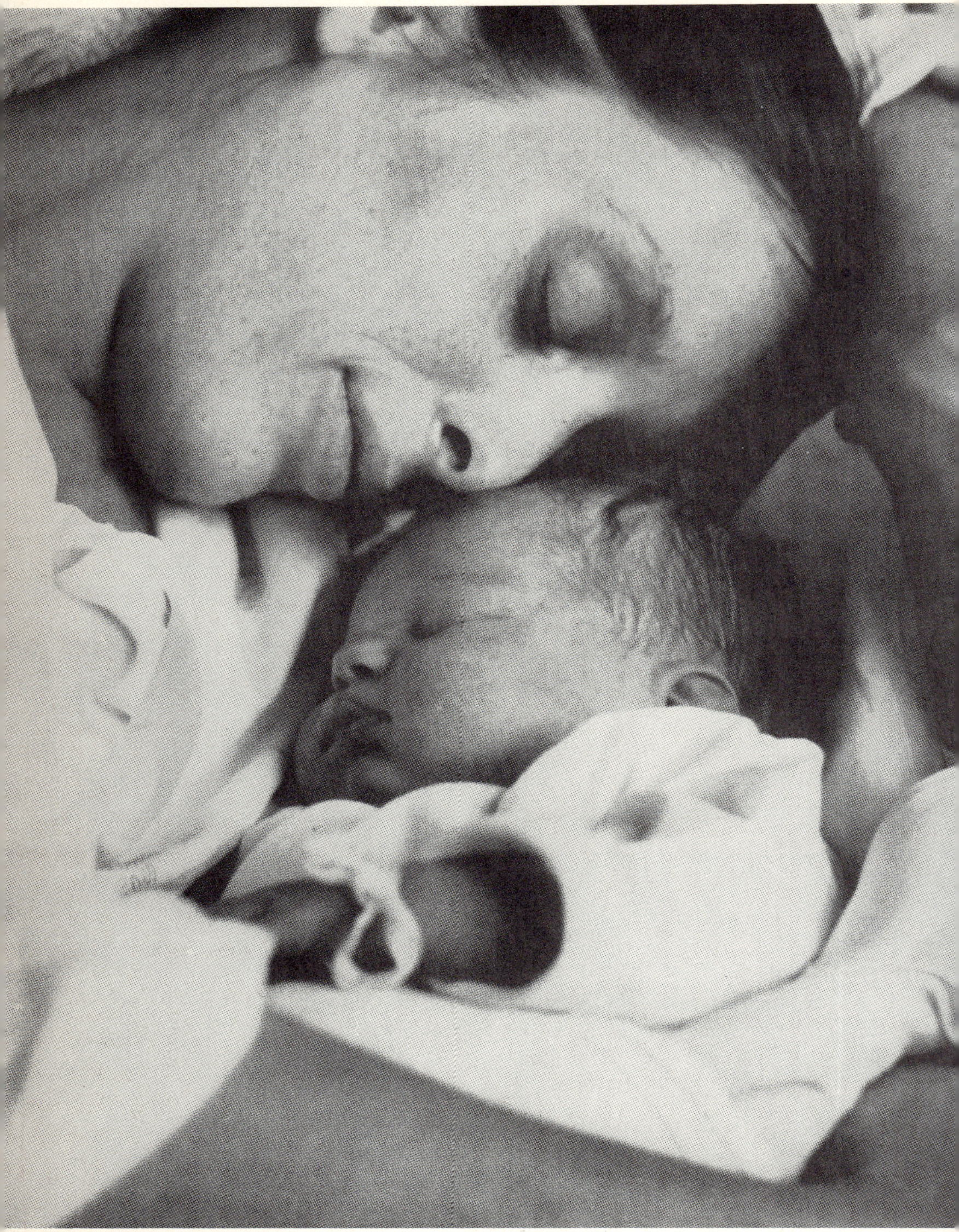

Augenlider; es schluckt, ohne das Schlucken erst lernen zu müssen. Diese Reflexbewegungen sind angeboren und helfen dem Säugling bei der Anpassung an die neuen Lebensbedingungen.

Instinkte:
Der gesunde Säugling kann sofort nach der Geburt saugen. Wenn die Mutter ihn das erste Mal anlegt, löst die Berührung mit der Brustwarze den Saugvorgang aus. Instinkthandlungen sind ebenfalls wie die Reflexbewegungen ererbte Verhaltensweisen. Im Gegensatz zum Tier aber ist der Mensch mit wenig Instinkten ausgestattet und muß lernen, wie er in seiner Umwelt bestehen kann. Durch diese mangelnde Ausstattung mit Instinkten ist das Neugeborene so hilflos und damit erst recht der Fürsorge und Liebe seiner Betreuer anheimgegeben.

Den Müttern

Vieles Böse geschieht.
Aber dieses, daß Kinder
immer von neuem die Augen aufschlagen zum Leben,
eben umhüllt noch vom Urtraum im Leibe der Mutter,
und schon umfangen vom Auge der Sorge und Liebe,
weinend zuerst,
doch dem Weinen gesellt sich ein Lächeln,
Staunen sodann und Ergreifen und endlich ein Rufen —
vieles Böse geschieht,
aber dieses, Ihr Mütter,
dieses ist gut.

Albrecht Goes

3. Das Neugeborene und seine erste Bezugsperson, die Mutter

Die relativ große Hilflosigkeit des Neugeborenen weckt in der normal empfindenden Mutter den Wunsch, das Kind zu schützen, zu pflegen, ihm in jeder Weise zu helfen.
Selbst die Mutter, die das Kind aus sozialen, familiären oder anderen Gründen nur widerwillig zur Welt brachte, vergißt meist alle abwehrenden Gedanken in dem Augenblick, in dem man ihr das Neugeborene in den Arm legt. Das erleben Ärzte und Hebammen immer wieder.

Die Mutter-Kind-Bindung ist auf dieser Erde eine der stärksten Bindungen überhaupt,
zu tief, um je ganz ausgelotet,
zu hoch, um restlos begriffen,
zu klar, um durch reines Verstandesdenken getrübt werden zu können.

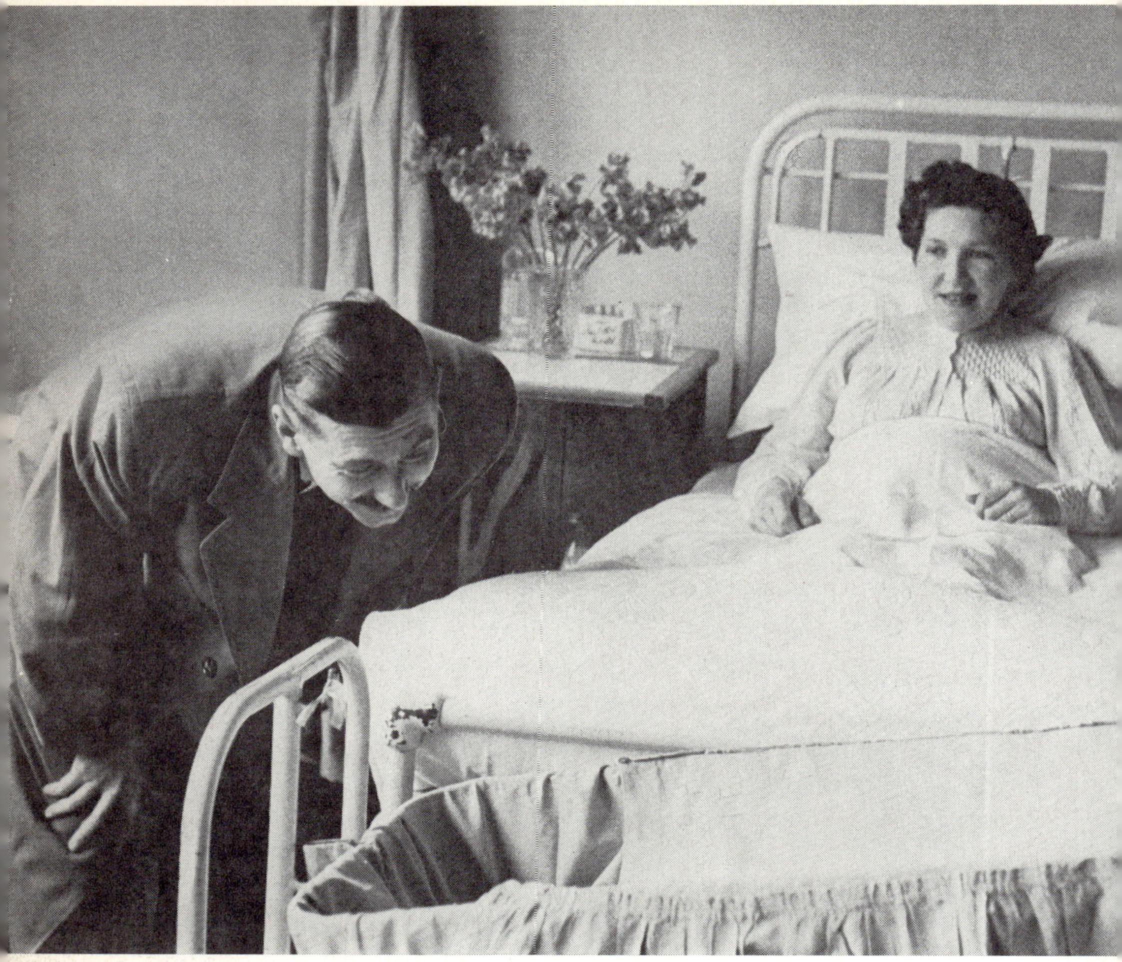

Die Hilflosigkeit des Säuglings ist zugleich seine Stärke, denn dadurch wird in der Mutter das Fürsorgeverhalten ausgelöst.

Das Neugeborene erfordert große Opfer an Zeit und Kraft, seinetwegen verzichtet die Mutter auf Vergnügungen, genügend Schlaf, seinetwegen ist sie ans Haus gebunden, in ihrer Freizügigkeit eingeschränkt. Sie wird durchaus nicht immer strahlender Laune sein, wenn sie nachts durch Schreien geweckt wird und bei Tage kaum ihr Arbeitspensum schaffen kann. Aber sie wird vom Säugling dahin erzogen, seine Person wichtiger als vieles andere zu nehmen, sein Gedeihen, sein Wohlbefinden höher zu werten als ihre eigenen Wünsche, und jeder erkennbare Fortschritt ihres Kindes macht sie einfach glücklich.
Sie stellt bald verblüfft fest, daß nicht nur der Säugling durch sie, sondern auch sie durch ihr Kind lernt. Beide reifen aneinander, und so wird die Mutterschaft zu einem gegenseitigen Geben und Nehmen, das sich letztlich allen Erklärungs- und Darstellungsversuchen entzieht und eines der Wunder dieser Welt bleibt.

4. Das Neugeborene in der Familie

Die meisten Frauen entbinden heute in der Klinik. Nach 8—10 Tagen kommt die Mutter mit dem Säugling nach Hause, und schon wird er zum Mittelpunkt der Familie. Das ist sein gutes Recht, denn er ist das schwächste Glied in der Kette und muß, um gedeihen zu können, zunächst bevorzugt behandelt werden.
Diese Einsicht bringt mitunter Probleme mit sich. Beim ersten Kind fühlt sich nicht selten der junge Vater beiseitegedrängt, zu wenig beachtet, übergangen, mißverstanden. Sind schon Geschwister da, so reagieren auch sie häufig nach anfänglicher Freude über das Baby mit Eifersuchts- und Ablehnungsverhalten und bürden dadurch der Mutter zusätzliche Sorgen auf.

So bringt es ein Neugeborenes oft fertig, daß seine kleine Person Gegenstand unerfreulicher Auseinandersetzungen in der Familie wird und alle Familienmitglieder zwingt, wenn die Gemeinschaft nicht leiden soll, Wichtiges zu lernen:

Der Vater muß geduldig das Schreien mitertragen, vor allem in einer kleinen Wohnung;

er muß zunächst auf gemeinsame Spaziergänge, Einkaufsbummel, Theater- und Kinobesuche mit seiner Frau verzichten, solange sie noch nicht länger als 1—2 Stunden vom Säugling fernbleiben kann;

er hilft vermehrt im Haushalt mit, weil die Mutter rein zeitmäßig durch das Füttern, Wickeln, Baden und die Säuglingswäsche stark beansprucht ist.

Den Geschwistern muß die Hilflosigkeit und Pflegebedürftigkeit des neuen Familienmitgliedes mit Liebe und Geduld begreiflich gemacht werden, bis in den Mädchen mütterliche Gefühle erwachen, in den Jungen die Beschützerrolle geweckt wird.

Die Geschwister insgesamt werden, wenn sie ihre Eifersucht mit Hilfe der Eltern überwunden haben, das kleine Kind oft so zärtlich lieben und hätscheln, daß man es nun fast wieder vor ihrer besitzergreifenden Liebe bewahren muß — kurz:

Der hilf- und ahnungslose Säugling kann in der Familie zu einem mächtigen, positiven Erziehungsfaktor werden — ehe er selbst erzogen wird, erzieht er andere.

Wilhelm Busch

DER SCHREIHALS

(gekürzt)

Die Wäscherei gefällt ihm nicht,
Vor allen Dingen im Gesicht.

Doch schreit er nicht und hält ganz st
Und läßt sich pudern, wo man will.

Kaum aber schnüret man
ihn ein,
So fängt er auch
schon an zu schrei'n.

Häbäh! - So tönt sein Wehgeschrei
Und lockt den Vater selbst herbei.

Er läßt ihn in den Spiegel schau'n. -
Der Willi schreit, bis daß er braun.

Die Mutter macht ein
ernst Gesicht: „Ja, was ist
das? - Auch dieses nicht?!" -

Grad kommt die Tante auf Visite
Und ruft erschreckt: „Du meine
Güte!" -

Voll Weisheit öffnet sie den Bund. -
Da haben wir's! - Das war der Grund

5. Die ersten acht Lebenswochen

Anregungen:

1. Kleben Sie eine Fotografie, die von Ihnen gemacht wurde, als Sie wenige Wochen alt waren, in Ihr persönliches Begleitheft. Schön wäre es, wenn auch Mutter, Vater und Geschwister auf diesem Bild zu sehen wären.

2. Schreiben Sie in Ihr Arbeitsheft, was der wenige Wochen alte Säugling schon kann.

3. Beurteilen Sie den Ausdruck: „Das dumme erste Vierteljahr".

4. Prägen Sie sich den Satz ein: „Jedes gesunde Kind kann von der ersten Lebensminute an immer mehr, als die Menschen seiner Umgebung ihm zutrauen."

Dies muß jeder wissen, der mit dem neugeborenen Säugling zu tun hat, denn trotz seiner Hilfsbedürftigkeit „kann" er bereits so viel, daß er sich selbst damit u. U. schadet, z. B.

sich herumdrehen und vom Tisch fallen,
zu lange schreien bis zur restlosen Verausgabung,
einen Tuchzipfel ungewollt in den Mund schieben,
erbrechen: Wenn er auf dem Rücken liegt, droht Erstickungsgefahr.

Er schläft und döst in den ersten Lebenswochen viel, von 24 Stunden ca. 20 Stunden. Damit zeigt er, daß er sich wohlfühlt. Hat er Hunger, ist er naß, quälen ihn zu dicke Zudecken, drücken ihn Blähungen, so schreit er. Dies ist das Signal, daß er beachtet zu werden wünscht, daß man den ihm unangenehmen Zustand behebt.

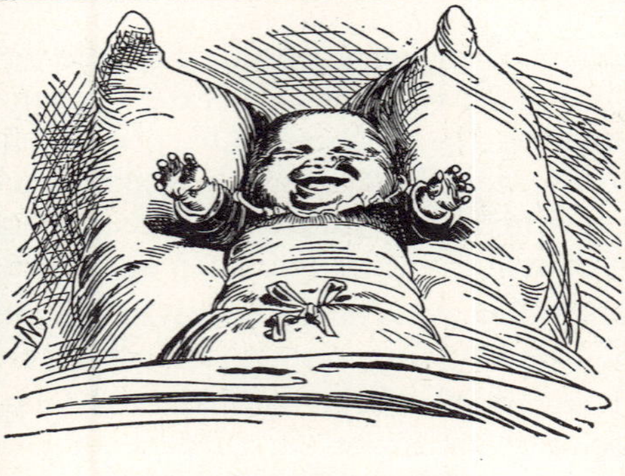

Und Willi, der von Schmerz befreit,
Lacht laut vor lauter Heiterkeit.

Das Schreien ist meistens kräftig und sehr bestimmt, und schon bald kann sich der Säugling auf verschiedene Art melden:

Durch lautes Brüllen oder durch Quengeln, Quäken, Wimmern, und die aufmerksame Mutter weiß dies genau zu unterscheiden.

In den ersten Wochen zeigt sich wiederum, daß Mutter und Kind voneinander lernen können. Das Kind stellt sich sehr bald in seinem Verhalten darauf ein, ob und wie sein Schreien beachtet wird. Es hat noch keine andere Möglichkeit, seinen Unlustgefühlen Ausdruck zu geben. Die Mutter hört aus der Art des Schreiens heraus, was dem Säugling nicht gefällt, ob er Hunger oder Bauchschmerzen hat, oder ob er, fast möchte man sagen, aus Langeweile, vor sich hin quäkt.
Der einfühlsamen Mutter gelingt es bald, zusammen mit dem Säugling den besten Rhythmus im Tagesablauf von gegenseitiger Zuwendung und In-Ruhe-gelassen-Werden zu finden.

Viele Mütter haben Angst, daß sie einen Haustyrannen erziehen, wenn sie dem Schreien des Kindes nachgeben und nicht von Anfang an einen starren Ordnungsplan der Fütterungs-, Pflege- und Ruhezeiten einhalten: 6—10—14—18—22 Uhr füttern und wickeln, 10 Uhr baden, 22—6 Uhr Nachtruhe.
Die Mutter muß sich klarmachen, daß der Säugling vor der Geburt an keine festen Zeiten in der Nahrungszufuhr gewöhnt war. Was er zum Wachsen brauchte, bekam er fortlaufend zum richtigen Zeitpunkt. Nun soll er, nachdem er eben erst den im Unterbewußtsein als sehr schmerzhaft registrierten Ausstoßungsvorgang aus dem Mutterleib erlebt hat, in ein starres Schema hineingezwungen werden?

Richtig ist vielmehr, daß der gesunde Säugling seinen Schlaf- und Wachrhythmus selbst bestimmen darf, und die Mutter wird bald merken, daß er sie dadurch nicht überbeansprucht, oder daß er verwöhnt wird.

Die meisten Kinder verlangen nachts eine Zwischenmahlzeit. Sie sind dann mit wenigem zufrieden, und nach einer halben Stunde schlafen Mutter und Kind wieder friedlich. Niemand im Haus wird durch anhaltendes Brüllen gestört, der Säugling verausgabt sich nicht durch anstrengendes Schreien, die Nerven der Eltern und Geschwister werden nicht strapaziert, und die Harmonie bleibt erhalten. Schon nach wenigen Wochen, wenn feste Nahrung das Hungergefühl später aufkommen läßt, schläft der Säugling nachts länger, und bald hält er eine 7—8stündige Nachtruhe ein.

Das Wichtigste an dieser Pflegeart, der „free-demand"-Methode (Freie-Wahl-Methode), ist, daß das Kind von Anfang an in seinem Vertrauen zu seiner Umwelt bestärkt wird und die Erfahrung macht, daß ihm geholfen wird, wenn es Hilfe braucht.

Entscheidende Fehler kann die Mutter nur machen, wenn sie die Sprache des Säuglings, sein verschiedenartiges Schreien, nicht versteht und jede Unmutsäußerung mit Nahrungszufuhr und Aufnehmen beantwortet. Oft genügt es, das Kind trockenzulegen, eine Licht- und Lärmquelle auszuschalten, die angenehmste Temperatur im Bettchen durch entsprechende Zudecken herzustellen, ein beruhigendes Wort zu sagen, um den Säugling wieder zufrieden zu stellen.

Manche junge Mutter lächelt ungläubig zu dem Rat, von Anfang an mit dem Kind zu sprechen, wenn sie es wickelt oder stillt. Der Säugling versteht sie doch nicht!

Natürlich begreift er den Sinn der Worte nicht, aber sehr wohl ihren Klang. Liebevolles Zureden beruhigt ihn, und seine Antwort ist ein zufriedener Gesichtsausdruck.
Ein Erwachsener, der in Eile sein Essen hinunterschlingen muß, ist mißgelaunt. In ähnlich unausgeglichener Stimmung befindet sich der Säugling, der in hastiger,

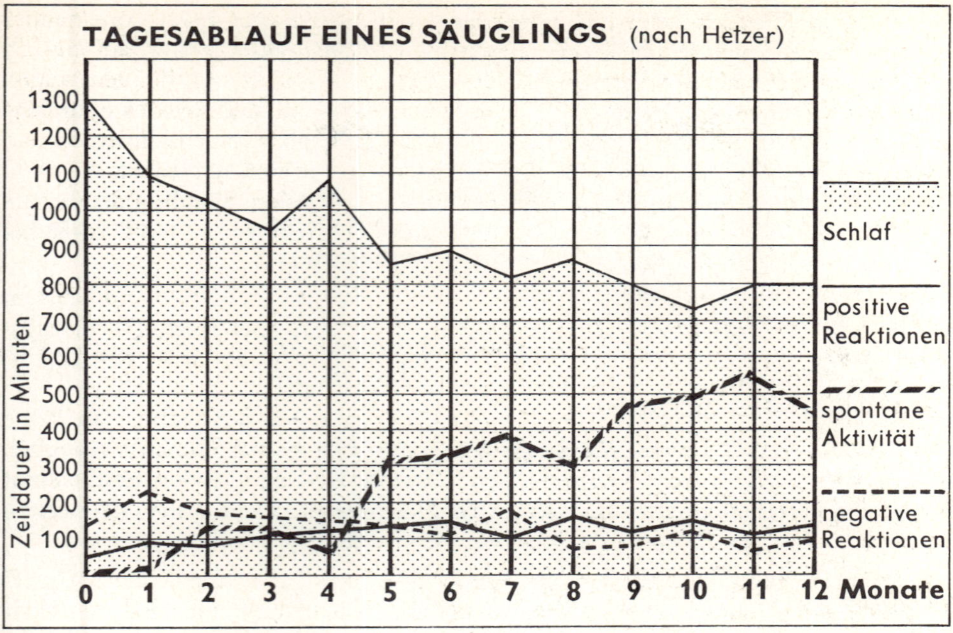

liebloser Weise abgefüttert wird. Er reagiert sofort mit Unruhe und Protest. Er will mit Behagen trinken, die Nahrungsaufnahme soll Freude machen. Er möchte die Wärme der Mutterbrust spüren, Pausen einlegen dürfen, trinken, ruhen. Oft schläft er dann noch im Arm der Mutter zufrieden ein.

Bei einer stillenden Mutter bilden sich — medizinisch nachweisbar — alle geburtsbeteiligten Organe (Gebärmutter, Bauchmuskeln) wesentlich schneller zur ursprünglichen Form zurück.
Für die körperliche und geistig-seelische Entwicklung des Babys ist das Stillen durch nichts zu ersetzen. „Nach der Geburt kümmert sich die Mutter intensiver als je um das Wohlergehen des Kindes. Ihr ganzer Körper ist bereit, seine Bedürfnisse zu erfüllen, sie möchte es streicheln, zärtlich mit ihm sprechen und es nähren", schreibt Professor Ashley Montagu aus Princeton, New Jersey/USA. „Das Erlebnis des an der mütterlichen Brust Gestilltwerdens ist die Grundlage aller mitmenschlichen Beziehungen, und die Bindungen, die das Kind durch die Wärme ihrer Haut erfährt, sind die ersten, die es in die menschliche Gesellschaft eingliedern."
Die Psychagogin Christa Mewes hat herausgefunden, daß ungestillte Kinder einen Hang zum Kaugummi- und Nägelkauen, zur Freßsucht, zum Zigarettenrauchen, zu einer insgesamt angespannten und unzufriedenen Grundstimmung entwickeln. „Sie sind höchst lästige, schwierige, unzufriedene Kinder, weil sie wie hungrige Kuckucksvögel Riesenansprüche haben, nach Sofortbefriedigung heischen, nörgelnd, mißtrauisch und aggressiv ihren Angehörigen das Leben zur Hölle machen, und zwar in penetrantem Ausmaß von Jahr zu Jahr scheußlicher."

(Aus: „Der kritische Patient", Dr. Peter Schmidsberger, Burda-Verlag, 1977)

Solche Verhaltensstörungen können Folgen von Verwöhnungen sein, die beim Neugeborenen damit beginnen, daß man die schwerere Saugarbeit an der Mutterbrust durch das leichtere Saugen an der Flasche ersetzt. Das Brustkind ist nach dem anstrengenden Saugen nicht nur satt, sondern zugleich entspannt und wohligzufrieden, denn „nach getaner Arbeit ist gut ruh'n".
Dem Flaschenkind dagegen fließt meistens die Milch ohne große Mühe zu, es erlebt nicht den sich ständig wiederholenden, befriedigenden Rhythmus von Anstrengung und Entspannung, und dieses prägende Mangelerlebnis kann die oben erwähnten negativen Verhaltensweisen auslösen.
Darf eine Mutter aus gesundheitlichen Gründen (z. B. Tuberkulose) nicht stillen, so gibt sie ihrem Kind die Flasche, indem sie es in den Arm nimmt und ihre körperliche Nähe und Wärme spüren läßt. Sie erhält dem Säugling so einen Teil der vorgeburtlichen Geborgenheit und hilft ihm, die schwere nachgeburtliche Phase schadensfrei zu bestehen.

Wie wichtig gerade die Eindrücke in den ersten drei Lebensmonaten für unser ganzes weiteres Leben sind, beweist der bekannte Biochemiker Frederic Vester, München, in seinem Buch „Denken, Lernen, Vergessen", Deutsche Verlagsanstalt Stuttgart, 1975.
Vester schreibt hierin (S. 37 folg.): „Bis zur Geburt ist der größte Teil des menschlichen Gehirns ausgebildet. Die restlichen Zellen und ihre festen Verknüpfungen entstehen in der kurzen Periode der ersten Wochen und Monate nach der Geburt. Damit ist dann das eigentliche Gehirnwachstum abgeschlossen ... Natürlich können wir uns an diese früheste Zeit nicht mehr erinnern. Doch die frühen Informationen durch unser erstes Tasten, Riechen, Schmecken, Fühlen sind ganz ähnlich wie die Erbinformationen (und ebenfalls im Unterbewußten und Unbewußten) fest gespeichert, ja fester sogar als die meisten späteren bewußten Erinnerungen. So arbeitet jeder von uns noch mit genau denselben Zellen, die er schon als Säugling entwickelt hatte.
Damit das Gehirn aber überhaupt damit beginnen konnte, das erste Wort, den ersten Eindruck der äußeren Welt zu speichern, zu behalten, irgendwo im Gehirn einzuordnen und wiederzufinden, muß zunächst einmal ein Grundgerüst, ein Netz aus fest verbundenen Fasern, gebildet werden, an dem sich die späteren Informationen befestigen. Ein Teil dieser Verknüpfungen unserer Neuronen (Nervenzellen) ist schon vor der Geburt festgelegt, durch die Gene, durch die Erbmasse verankert.
Der restliche Teil jedoch wird in den kommenden Monaten vollendet, in denen sich die Gehirnzellen noch teilen und vermehren, und in denen sie mit ihren faserartigen Fortsätzen gegenseitig Kontakte knüpfen. Und hier passiert etwas Einzigartiges, was wir im übrigen Körper des Menschen nicht kennen: Die Zellen wachsen je nach der vorhandenen Umwelt anders! Es ist dies die einzige Zeit, in der sich äußere Einflüsse, wie die Wahrnehmung durch das Auge, die Nase, den Geschmack, Hören und Fühlen, in der Ausbildung des Gehirns direkt niederschlagen können, das heißt in anatomischen Veränderungen, in festen Verknüpfungen zwischen den wachsenden Zellen.
Woher weiß man das? Der amerikanische Jesuitenpater Conel hat in jahrzehntelanger Registrierarbeit gleiche Bezirke der grauen Gehirnrinde in verschiedenen Zeitabständen nach der Geburt genau untersucht und ... gezeigt, daß ab dem

dritten Monat die Zahl der Gehirnzellen praktisch nicht mehr zunimmt und auch die Verdrahtungen nicht mehr wesentlich dichter werden. Durch Conel wurde somit erstmals publik, daß die ersten Lebensmonate einen entscheidenden Einfluß auf die Ausbildung des Gehirns haben."
Vester schließt aus diesen Forschungsergebnissen:
„So unterschiedlich die ersten Wahrnehmungen jedes Säuglings in seinem kleinen Lebenskreis sind, so unterschiedlich sind auch dessen Auswirkungen auf das sich jetzt ausbildende Grundmuster des kindlichen Gehirns — gerade in dem allerfrühesten Stadium, wenn das Kind noch nichts bewußt erfaßt. Dazu gehören Lichtmuster, Raumgeräusche, viel Weiß, Geruch von frischer Wäsche, Bohnerwachs, Stäbe, rechte Winkel, Dinge, die sich bewegen, Kunstlicht, die Stimme der Mutter ... Daß wir noch keine Regeln ableiten können, welche Einflüsse, welche erste Umgebung für diese Zeit nach der Geburt nun die bestmögliche ist, mag jetzt bei Eltern eine gewisse Unsicherheit erzeugen ... Der beste Weg scheint zur Zeit zu sein, möglichst alle unnatürlichen Einflüsse fernzuhalten. Es ist eben doch wichtig, ob eine Mutter dem Baby die Brust gibt oder nicht, und welche Atmosphäre den Säugling umgibt, einfach weil sein Ge-

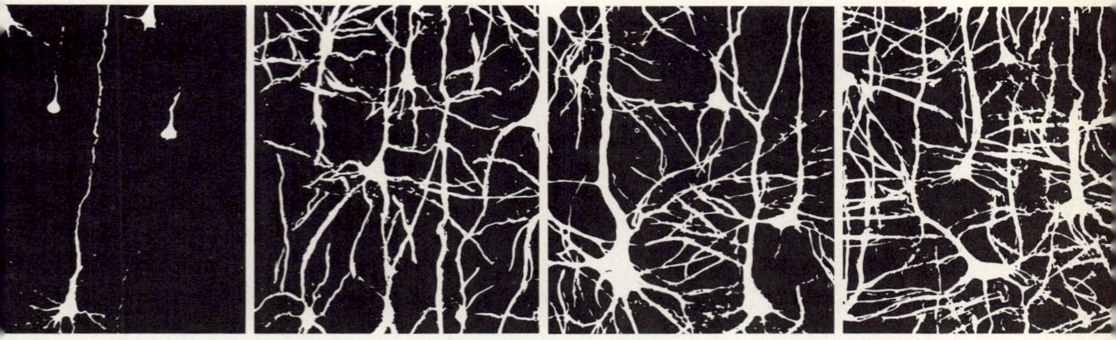

Schnitte durch eine Partie der menschlichen Großhirnrinde zum Zeitpunkt der Geburt (links; daneben im Alter von drei Monaten, von fünfzehn Monaten und von drei Jahren) zeigen deutlich, daß sich die entscheidenden Veränderungen im Gehirn innerhalb der ersten drei Lebensmonate abspielen.

hirn alles aufnimmt und speichert, und zwar in gewisser Weise tiefer, wenn auch undeutlicher als je im späteren Leben. Liebe und Wärme dürften in dieser ersten Lebensphase, in der sich feste Neuronenbahnen zu einem Grundmuster von Assoziationen (Verknüpfungen von Vorstellungen) ausbilden, wo man ein Baby aber oft noch als stumpfsinnig einstuft, mindestens ebenso wichtig sein wie in späteren Altersstufen. Damit werden auch von dieser rein biologischen Seite aus die neueren Beobachtungen der Psychologen bestätigt, sozusagen mit einer naturwissenschaftlichen Grundlage versehen."

Der Säugling ist nicht „dumm" im ersten Vierteljahr. Die Erfahrungen, die er schon jetzt mit seiner Umwelt macht, prägen sich ihm ein. Je liebevoller er behandelt wird, je geborgener er sich fühlen darf, um so kontaktfreudiger zeigt er sich in den nächsten Monaten, in denen er sich Personen und Dingen seiner Umgebung bewußter zuwendet.

5. Das Zuwendungsalter: Vom dritten Lebensmonat bis zum ersten Geburtstag

Anregungen:

1. Fragen Sie Ihre Mutter, wann Sie zum ersten Mal gelächelt haben. Schreiben Sie die Antwort in Ihr persönliches Begleitheft. Fügen Sie ein entsprechendes Foto aus Ihrer Säuglingszeit hinzu.

2. Beobachten Sie bei einem ungefähr 8 Wochen alten Säugling, ob er mit den Augen der Bewegung eines Gegenstandes folgt, ob er auf ein Geräusch hört, wie er sich zur Umwelt verhält, wie seine Grundstimmung ist. Tragen Sie alle Beobachtungen in Ihr Arbeitsheft ein.

Das erste Lächeln ihres Kindes erfüllt jede Mutter mit besonderer Freude und wird in der Familie als wichtiges Ereignis gewertet. Vater und Geschwister sind stolz, wenn es auch ihnen gelingt, das ungefähr 8 Wochen alte Baby durch Anreiz-Worte dazu zu bringen, sie anzulächeln.

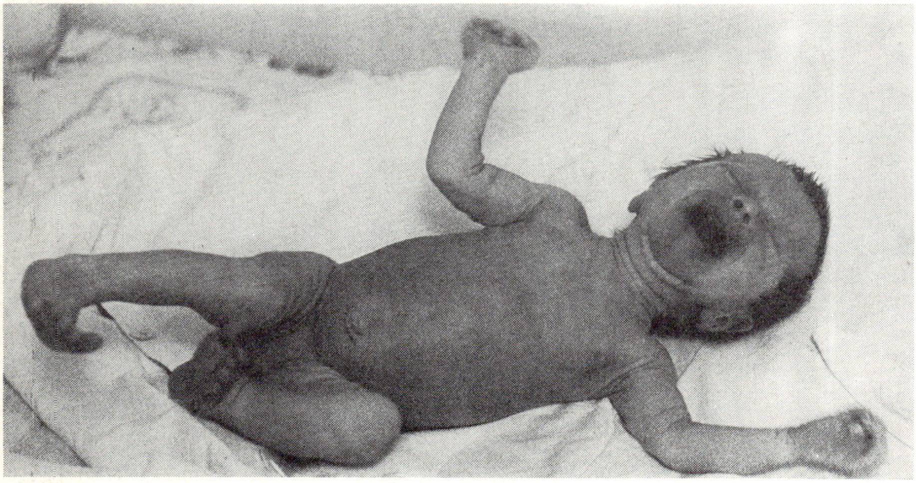

Der deutlich wachere Blick des Kindes regt die Familienmitglieder an, dem Säugling auf verschiedene Weise neue Reaktionen zu entlocken. Immer lieber stehen sie nun am Kinderbett oder Wickeltisch und registrieren erfreut Babys Fortschritte, und nichts ist für das Kind besser als diese Einbeziehung in das Familienleben.

Das 6—8 Wochen alte Kind schielt nicht mehr, es lernt, seine Augenmuskeln zu lenken. Mit großen Augen schaut es nun interessiert in seine Umwelt, und ermüdet es anfangs auch noch schnell, so bleibt es doch von Tag zu Tag länger wach, so daß es schon mit 6 Monaten 5—6 Stunden und mit einem Jahr ca. 7 Stunden am Tage munter ist.

Gestaltwandel: Neugeborenes (auf Seite 36), Siebenmonatskind (Mitte) und vierjähriges Vorschulkind (rechts).

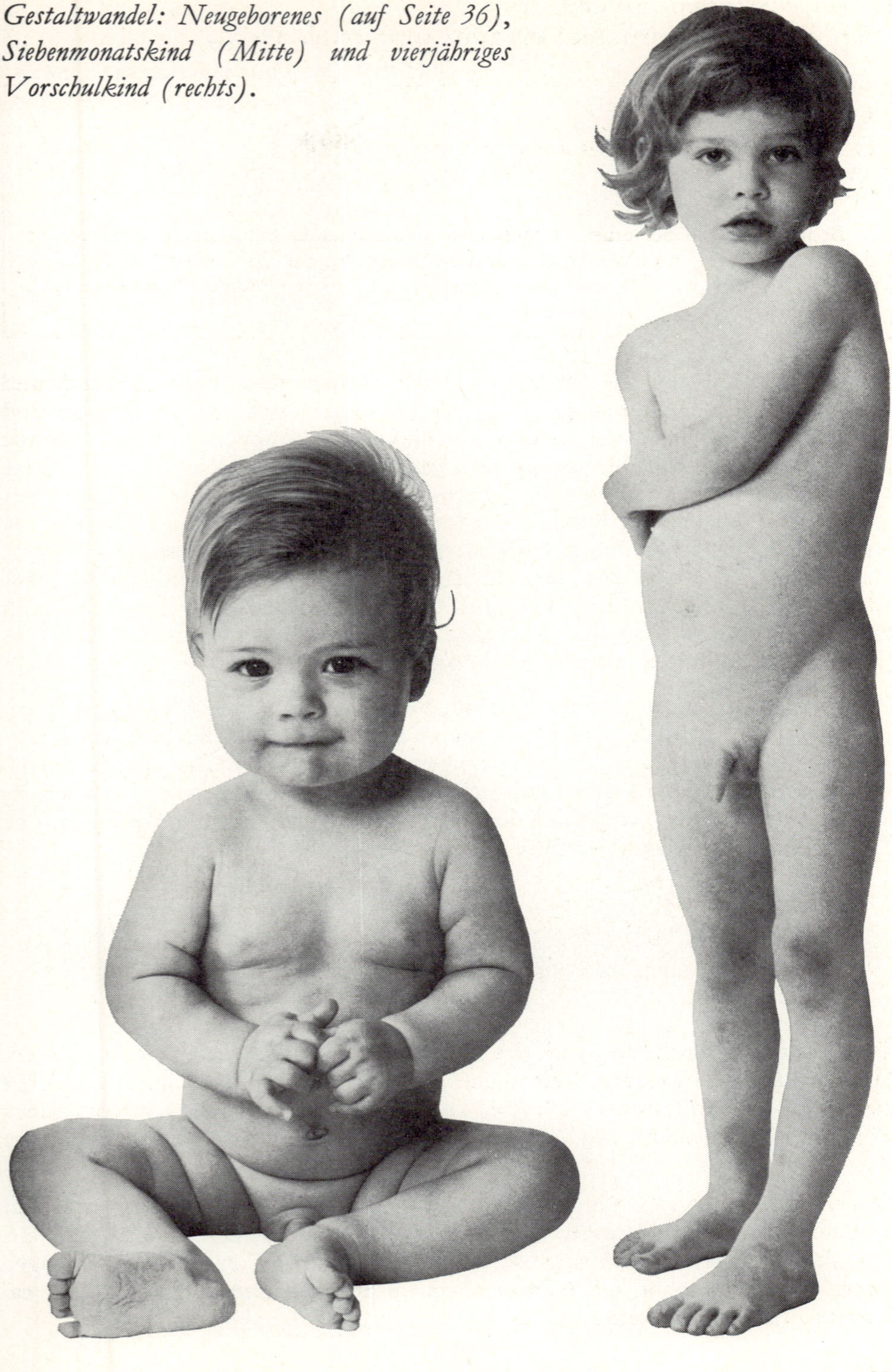

Das Schauen macht ihm sichtlich Spaß, und die Eltern hängen nun ein Mobile so auf, daß das Kind die sich sanft bewegenden, schimmernden Teile mit den Augen verfolgen kann. Die Mutter führt Säuglingsspielzeug, z. B. eine Rassel, einen Beißring, ein einfaches Gummitier vor seinen Augen langsam hin und her, und interessiert folgt es dieser Bewegung. Deutlich sieht man die freudige Spannung in seinem Blick. Legt man den Säugling auf den Bauch, so hebt er, wenige Wochen alt, den Kopf, und bald darauf stemmt er sich auf die Arme, während die Beine noch unruhig und unkontrolliert zappeln.
Bald beginnt das Kind nach den Dingen zu greifen, die es sieht, und die es jetzt haben möchte. Zuerst faßt es mit der ganzen Hand, und diese Greifbewegungen sind noch ruckartig und führen selten zum Erfolg. Aber es übt immer wieder und mit großem Eifer. Es zaust in Vaters Haaren, greift nach Mutters Augen, ihrer Nase, will ihr in den Mund fassen. Nach einer blinkenden Kette, einem Schlüsselbund hascht es besonders gern. Die älteren Geschwister halten ihm eine Rassel hin, und groß ist das Entzücken auf beiden Seiten, wenn das Baby sie ergriffen hat und nicht mehr hergeben will.

Vergnügt spielt es mit seinen Fingern, versucht, mit einer Hand die andere festzuhalten. Auch die zappelnden Füße will es fangen, und die moderne Babywäsche, die Strampelhöschen, begünstigen sein Vorhaben. Aus dem fest eingepackten, zum stillen Liegen gezwungenen Wickelkind vergangener Zeiten ist heute das munter mit seinen Gliedern spielende Strampelkind geworden, das die körperliche Bewegungsfreiheit sichtlich genießt.

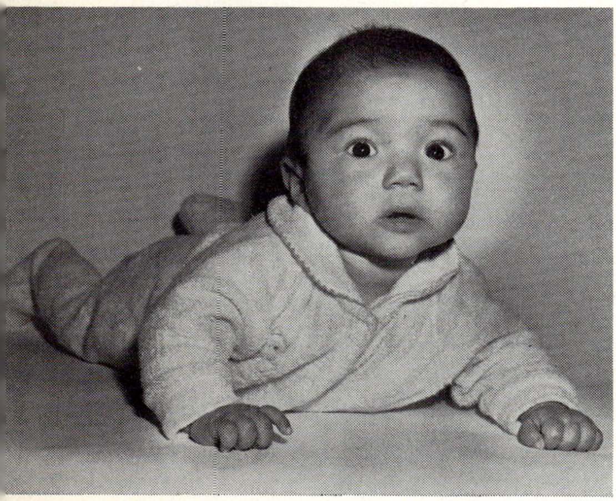

Schaualter.
Der Säugling kann sich zwar noch nicht im Raum bewegen. Aber mit seinen Augen folgt er Bewegungen oder Geräuschen und entdeckt seine Umgebung.

Vaters Haare, die Augen der Mutter und die eigenen Füße — alles Greifbare wird dem Säugling zum erstrebten „Spielzeug“, wenn er mit seinen Händen tastend und fassend seine Umgebung zu „begreifen“ beginnt.

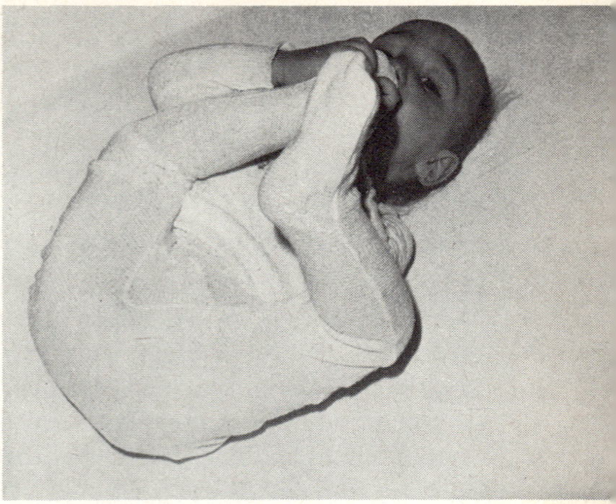

Mehr Freiheit für das Baby bedeutet mehr verantwortungsvolle Aufmerksamkeit durch seine Bezugspersonen. Alle erreichbaren Gegenstände führt das Kind zum Mund. Darum dürfen nur solche Dinge in seiner Nähe sein, die es nicht verschlucken kann, die sauber sind und keine harten, scharfen Kanten haben. Vor kurzem erstickte ein Säugling beinahe, weil er sich aus der offenen Dose Puder in den Mund geschüttet hatte.

Die Bezeichnung „Zuwendungsalter“ ist gut gewählt. Das Baby wendet sich immer mehr mit allen Sinnen freudig der Umwelt zu. Auf Geräusche lauscht es gespannt, und die Stimmen von Mutter, Vater und Geschwistern erkennt es gut; es hebt den Kopf, um festzustellen, woher die Töne kommen. Singen und fröhliche Worte bereiten ihm Spaß. Auf grobe, abgehackte Sprechweise antwortet es mit Geschrei. Darum vermeiden vernünftige Eltern und Geschwister in seiner Gegenwart Streitereien. Je ausgeglichener das Umweltklima des Kindes ist, um so zufriedener ist es selbst. Im Lauschalter soll die Mutter möglichst während der wachen Stunden des Kindes in Hörweite sein, bei der Hausarbeit mit ihm sprechen, so daß eine Wortverbingung bestehen bleibt, wenn eine Sehverbindung nicht möglich ist.

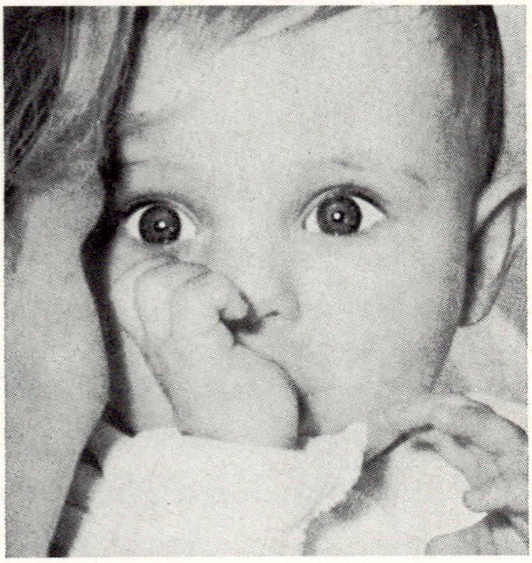

Der Säugling soll nicht mehr, wenn er einige Monate alt ist, isoliert in seinem Bett in einem Zimmer stehen. Er braucht zum guten Gedeihen die spürbare Nähe seiner Bezugsperson, und sein Vertrauen zur Umwelt wächst um so mehr, je deutlicher er ihre Zuneigung spürt. In fast allen Wohnungen läßt es sich einrichten, das man das Kinderbett in die Nähe der arbeitenden Mutter schiebt, wenn das Baby seine Spielstunden hat.

▷ Alles Tun mit und an ihrem Kind kann die Mutter zu Spaß-Lernstunden gestalten.

Das Bad ist meistens ein Höhepunkt des Tages. Das Baby planscht aufgeregt und freudig im Wasser, erwischt den Waschlappen, schiebt ihn in den Mund, greift nach der glitschigen Seife, schmeckt sie und spuckt sie aus. Meistens protestiert es laut, wenn es aus der Wanne gehoben wird, aber es beruhigt sich schnell wieder, wenn die Mutter beim Wickeln mit ihm lacht und scherzt.

Selbst das alltägliche Pudern und Einreiben mit Creme wird mit Lust- oder Unlustäußerungen beantwortet, je nachdem, ob die Mutter sanft und zärtlich oder hastig und grob Babys Haut berührt. Dabei versucht das Kind wieder, alle erreichbaren Gegenstände zu greifen. Die Mutter muß aufpassen. Das Kind kann auch leicht vom Wickeltisch fallen, weil es sich nun schon vom Rücken plötzlich auf den Bauch herumwerfen kann. Es darf niemals unbeobachtet auf dem Wickeltisch liegen bleiben. Muß die Mutter es wirklich einmal kurz allein lassen, so legt sie es schnell in sein Bett zurück.

Wir Erwachsenen möchten gern in Ruhe und Harmonie essen, und dasselbe will das Baby auch. Die Stillstunden an Mutters Brust werden mit zunehmenden Lebensmonaten abgelöst durch Breimahlzeiten. Wie unerträglich ist es für das Kind, wenn es hastig vollgestopft wird und man ihm keine Zeit läßt, in Ruhe hinunterzuschlucken! Wie wohlig fühlt es sich auch jetzt, wenn Mutter oder Vater ihm beim Essen freundlich zusprechen und es nicht mit übertrieben großer Nahrungsmenge quälen.

Spätere Essensschwierigkeiten erwachsen fast immer aus falscher Fütterungstechnik, und die Mutter soll auch auf die wachsenden Geschmacksansprüche des Kindes eingehen. Auch wir wollen nicht jeden Tag gekochte Möhren essen! Die moderne Säuglings-Nahrungsmittelindustrie bietet genügend gesunde Baby-Mahlzeiten an, um die Ernährung des Kindes abwechslungsreich gestalten zu können.

Bisher war immer nur vom Ansprechen des Kindes die Rede. Schon im Alter von 2—3 Monaten spricht das Kind selbst auf seine Weise: Es *lallt*. Es findet einfache Laute, reiht Silben wie „ba" und „da" aneinander zu langen *Lallmonologen*, quietscht und hat sichtbaren Spaß an seinen Sprechversuchen.

Die Mutter hört bald heraus, was das Baby mit seiner Sprache sagen will, es kann sehr deutlich mit seinem Lallen Ärger, Freude, Hunger, Zorn, Angst, Zufriedenheit ausdrücken.

Es versucht bald, Mundbewegungen und Laute der Mutter nachzuahmen. Wenn man seine Silbenfolgen wiederholt, antwortet es mit den gleichen Silben. Dieses Lallen ist eine wichtige Vorübung zum Sprechen und soll gefördert und nicht unterdrückt werden.

Wenn das Kind $\frac{1}{2}$ bis $\frac{3}{4}$ Jahr alt ist, versucht es zu *sitzen*. Zuerst sackt es mit dem krummen Rücken zusammen oder fällt zur Seite und wimmert, wenn es zum Sitzen gezwungen wird. Aber bald richtet es sich immer öfter von allein auf, setzt sich im Bett oder Ställchen hin und beginnt im 10. Lebensmonat sehr aktiv zu *kriechen*.

Jetzt muß man mehr denn je aufpassen. Es ist die Zeit, in der so viele Säuglinge Opfer von Unfällen werden.

Gefahren lauern überall: Stecknadeln auf dem Fußboden, Knöpfe, die das Krabbelkind findet und in Mund, Nase und Ohren schiebt, ungesicherte Steckdosen, Tischdecken-Zipfel, an denen das Baby zieht und dann alles auf dem Tisch mit der Decke auf sich herabreißt, Fußbodenvasen, die es umstößt, elektrische Leitungsschnüre, offene Schränke und Regale, die es leerräumt, harte Kanten, heiße Herdplatten, Töpfe mit kochendem Inhalt in seiner Reichweite, spitze Scheren, Pillenschachteln, die achtlos herumliegen.

Das Baby soll kriechen und krabbeln, aber immer unter Aufsicht und Voraussicht. Es soll sich seine Umwelt erobern, aber so, daß es keinen Schaden nimmt. Warnende Worte wie „heiß", „paß auf", „nein, nein!" versteht es durchaus, ebenso den besorgten Tonfall in der Stimme der Mutter oder einen Schreckruf. Wenn es, ohne daß es sich verbrennt, den heißen Ofen kurz anfassen darf und Mutter oder Vater dabei mit ernstem Gesicht „heiß, heiß!" sagen, versteht es den Zusammenhang und meidet allmählich das schmerzbringende Ding „Ofen".

Hat das Kind in seiner Eroberungslust, in seiner unersättlichen Neugier eine Vase umgeworfen, so handeln die Erwachsenen grausam, wenn sie das Baby nun schelten oder gar schlagen. Die Großen wissen, was passieren kann und sorgen vorher dafür, daß das Baby nicht in den Konflikt „Vase umwerfen" gerät!

Lebensgefährliche Fallen müssen beseitigt werden — Erfahrungen aber soll das Kind sammeln, um sich seine Umwelt lernend zu erschließen.

Es versucht z. B. verbissen 10mal, sich an der Couch hochzuziehen; immer wieder plumpst es zurück. Aber beim 11. Mal klappt es, da steht es und patscht voll Freude auf die Polster. Ein triumphierender Blick trifft die Zuschauer, und diese loben das Kind: „Fein hast Du das gemacht, Du kannst das aber schon gut!"

Ein anderes Beispiel: Das Baby krabbelt hinter einem Ball her, aber immer wieder rutscht das runde Ding unter den zugreifenden Händen weg. Das Kind fängt unmutig an zu schreien. Die Mutter ermuntert es: „Versuch es doch noch einmal, komm, hier ist der Ball." Wieder probiert es das Kind, die Mutter hilft ein wenig nach — und nun hat es den ersehnten Ball zwischen beiden Händen. „Siehst Du", sagt die Mutter, „nun hast Du es doch geschafft", und das Baby wird durch das Lob zu weiterem Lernspiel angeregt.

Anregungen:

1. Schreiben Sie in Ihr Arbeitsheft ähnliche Erlebnisse mit Krabbel-Kindern.
2. Stellen Sie in Gruppenarbeit eine möglichst vollständige Liste aller Gegenstände und Fallen zusammen, die ein krabbelndes Baby bedrohen können, und schreiben Sie diese in Ihr Arbeitsheft.
3. Sammeln Sie Zeitungsausschnitte über Unfälle mit Babys und kleben Sie diese in Ihr Arbeitsheft.
4. Schreiben Sie in Ihr persönliches Begleitheft, was Ihre Eltern mit Ihnen erlebt haben, als Sie im Krabbel-Alter waren. Fügen Sie eine Fotografie von sich aus dieser Zeit hinzu.

Die Erwachsenen seiner Umgebung kennt das Kind nun genau und wendet sich ihnen vertrauensvoll zu.

Eines Tages kommt die Mutter mit einer neuen Frisur nach Haus. Sie will ihr Kind auf den Arm nehmen, aber es schreit und klammert sich ängstlich an den Vater. Erst Mutters Stimme beruhigt das Baby, und zögernd greift es wieder nach ihr. Die Mutter ist durch ihr verändertes Aussehen zur Fremden geworden.

Ähnlich ängstlich reagiert das Kind jetzt fremden Gesichtern gegenüber. Es wendet sich ab, hält sich die Augen zu, klammert sich an seine Eltern, versteckt seinen Kopf an Mutters Schultern.

Diese kritische Periode nennt man die „Acht-Monats-Angst".

Das Kind wird sich schreiend und strampelnd gegen die Annäherung Fremder wehren. Man nimmt es auf den Arm und beruhigt es durch freundlichen Zuspruch. Aus diesem sicheren Hort heraus kann das Baby nun in Ruhe neugierig die unbekannte Gestalt betrachten. Bald wagt es von sich aus Annäherungsversuche.

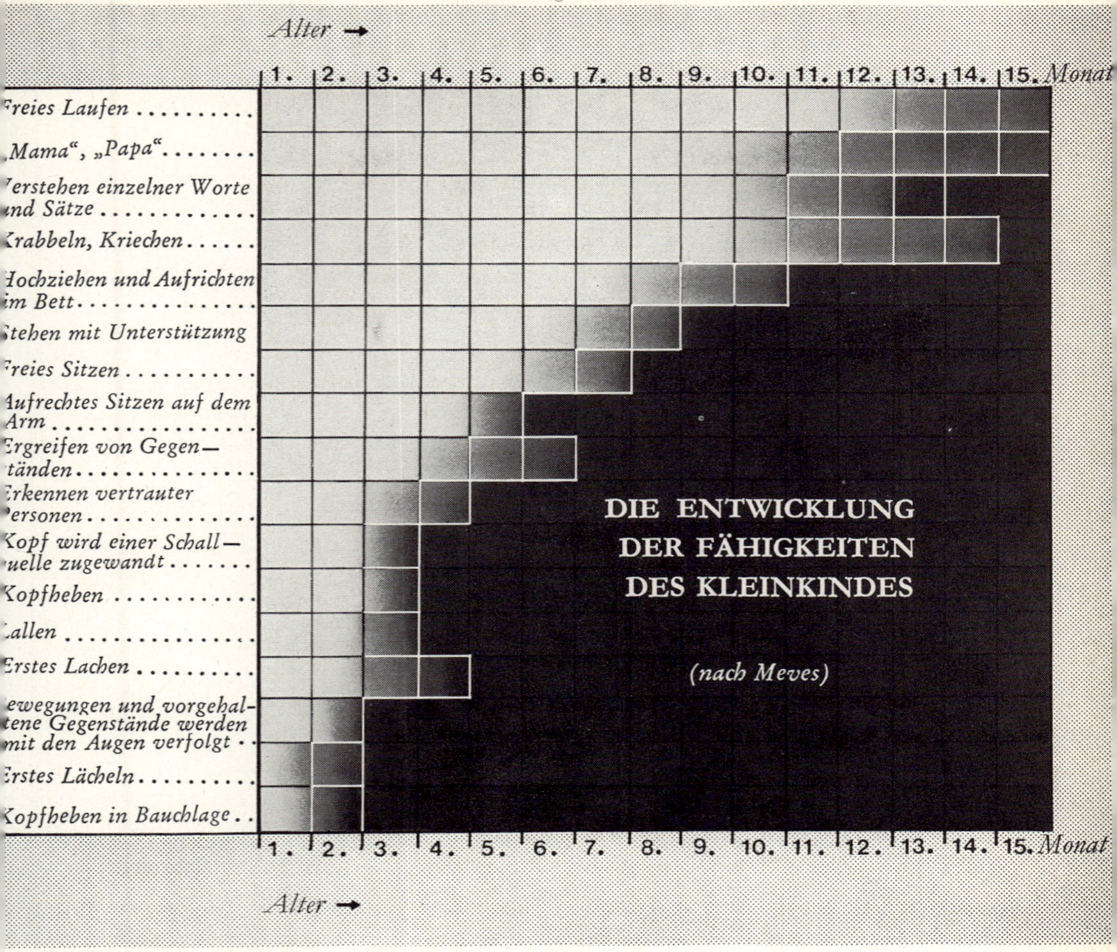

Dieses Schaubild gibt lediglich Durchschnittswerte wieder. Kinder erwerben die aufgezählten Fähigkeiten im Verlauf durchaus normaler Entwicklung zu sehr verschiedenen Zeiten. Das Schaubild gibt deshalb nicht Zeitpunkte, sondern Zeiträume des Erwerbs an, die jedoch unter Umständen noch stärker nach der einen oder anderen Seite ausgeweitet werden können. Insbesondere variiert die Reihenfolge des Erwerbs. Dasselbe Kind wird eine Fähigkeit früher, die andere später als der Durchschnitt erlangen. Das Schaubild darf daher nur als orientierende Übersicht, nicht als „Leistungsmaßstab" betrachtet werden.

Gegen Ende des ersten Lebensjahres zieht sich das Krabbel-Kind immer öfter an Tischen, Stühlen, Gitterstäben hoch und übt solange, bis es frei stehen und sogar die ersten Schritte machen kann. Zum Gehen soll es nicht gezwungen werden, doch darf man es ruhig dazu auffordern, wenn ihm die Geh-Übungen Spaß machen.

Neben der körperlichen Pflege ist für den Säugling im ersten Lebensjahr für seine gesamte geistig-seelische Entwicklung dieser freundliche Aufforderungs- und Anregungscharakter seiner Umwelt äußerst wichtig.

Viele Mütter glauben immer noch, sie müßten das noch nicht einjährige Kind möglichst in Ruhe lassen, um seine Entwicklung nicht zu stören.

Das ist nicht richtig. Vielmehr wird der Säugling geistig um so reger, je mehr seine Bezugspersonen sich mit ihm spielend beschäftigen. Allerdings muß unbedingt beachtet werden, daß alle Anregungen immer auf den Stand der körperlichen Entwicklung des Kindes abgestimmt sein müssen und daß das Lern-Spiel dann sofort aufhört, wenn das Baby Ermüdungserscheinungen zeigt.

Sowohl überängstliche als auch ehrgeizige Eltern, die mit dem Können ihres Kindes prahlen wollen, schaden ihm sehr in seiner harmonischen Entwicklung.

Anregungen:

1. Kleben Sie in Ihr persönliches Begleitheft eine Fotografie aus der Zeit, als Sie ungefähr ein Jahr alt waren.
2. Fragen Sie Ihre Eltern, was Sie selbst an Ihrem ersten Geburtstag konnten, und schreiben Sie dies in Ihr persönliches Begleitheft.
3. Beobachten Sie Einjährige und erzählen Sie darüber im Unterricht.

Wir Erwachsene beklagen oft, wie schnell ein Jahr vergeht. Dabei vergessen wir, daß z. B. für den 50jährigen ein Jahr nur noch $^1/_{50}$ seines Lebens ausmacht.

Für das einjährige Kind aber ist dieses Jahr sein ganzes Leben, und es ist immer wieder des Staunens wert, wieviel es unter einer durchdachten Führung seiner Bezugspersonen in diesem Jahr gelernt hat.

▷ Es steht und geht und lag doch ein Jahr zuvor noch hilflos in seinem Bett.

▷ Es greift, ordnet Gegenstände zueinander und benutzt sie als Werkzeuge.

▷ Es trinkt aus der Tasse und ißt unbeholfen mit dem Löffel.

▷ Es ahmt Laute und Bewegungen nach, z. B. Winken und in die Hände klatschen und beginnt, Gegenstände in seiner Sprache zu benennen.

▷ Es erobert immer neue Räume durch sein Neugierverhalten und zeigt deutliche Hinwendungs- und Abwehrreaktionen zu Menschen und Dingen.

▷ Es drückt Gefühle aus wie Freude, Fröhlichkeit, Erwartung, Unruhe, Ungeduld, Ärger, Zorn, Wut, Angst, Kummer.

▷ Es versteht die Sprache der Erwachsenen und reagiert auf einfache Wünsche wie: „Komm bitte zu mir“, „gib mir den Teddy“, „setz Dich bitte hin!“

▷ Es erinnert sich für kurze Zeit an ein verlorenes Spielzeug.

Das Kindesalter I

Alter:	Entwicklung: körperlich:	intellektuell, geistig-seelisch:
Das Säuglingsalter: 0 bis 1 Jahr (Kapitel II)	schreien, strampeln	Schreien und Strampeln als Ausdruck der jeweiligen Stimmungslage
	saugen	Hautkontakt zur Bezugsperson als seelisches Grundbedürfnis
	klammern, „zehengehen“, sich wenden; noch ungezielte reflexartige Bewegungen	Überwiegend schlafen, dösen; negative Grundstimmung
	schmecken, fühlen, riechen, sehen, hören	Allmählich zunehmender Gebrauch aller Sinne, Bewußtseinszunahme
	lächeln	Erwiderndes und aufforderndes Lächeln als Kontaktaufnahme zu anderen Personen, positive Zuwendung zur Umwelt
	anheben von Kopf und Gliedmaßen, greifen, kriechen, stehen, gehen	Neugierverhalten; Vielfalt der Lernprozesse beim Schauen, Lauschen Greifen, Kriechen, Gehen, Stehen
	sprechen	Laute, Silben, Lallen, Lallmonologe, Wortbildung, Ein-Wort-Sätze, Benennung der Dinge

▷ Es bevorzugt einzelne Spielzeuge und schläft zufrieden ein, wenn ein geliebtes Stofftier in seinem Arm liegt.

▷ Es ordnet die Dinge seiner Umgebung nach ihrem Gebrauchswert und Aufforderungscharakter und stimmt damit natürlich nicht mit den Erwachsenen überein. Ein Topf und ein Deckel sind gut, weil man damit klappern kann, eine Zeitung macht Spaß, weil sie sich zerreißen läßt.

▷ Es löst Denk- und Intelligenzaufgaben, indem es z. B. einen versteckten Gegenstand sucht und findet.

▷ Es ist im Gegensatz zu den ersten Lebenswochen vorwiegend freudig gestimmt und offen für alle Eindrücke, die sein Vertrauen in seine Umwelt und zu seinen Bezugspersonen stärken.

▷ Darum müssen die Erfahrungen, die es im Laufe seines ersten Lebensjahres sammelt, heißen: Geborgenheit, Zuwendung, Liebe, Lob und Mutmachen.

Kleine Vietnamesen.
Der Krieg hat ihnen die Eltern geraubt — haben sie inzwischen „Ersatz-Eltern“ gefunden, oder müssen Waisenhaus, Wohlfahrtsorganisationen und „öffentliche Hand“ für sie sorgen?

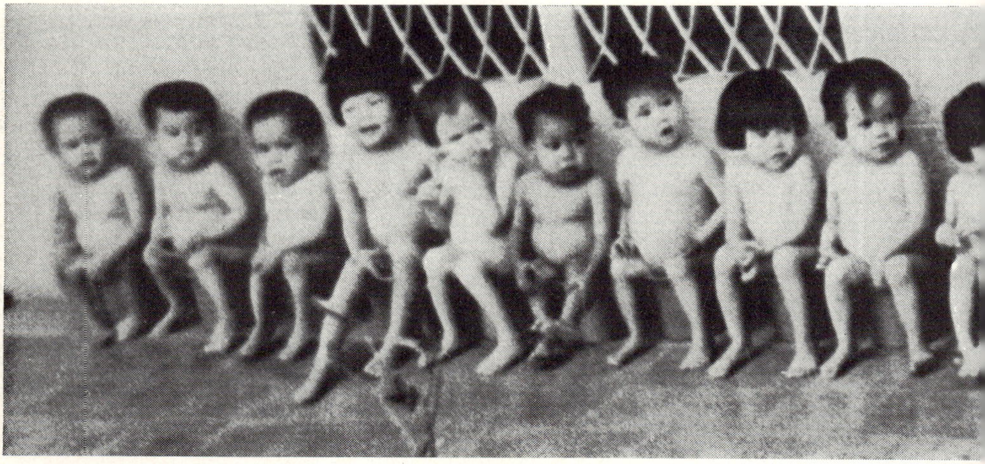

III. Säuglingshospitalismus: Der seelisch vernachlässigte Säugling

Anregungen:

1. Besuchen Sie ein Säuglingsheim und beobachten Sie die Verhaltensweisen der Säuglinge.

2. Säuglingsheime haben oft Mangel an Pflegekräften — vielleicht können Sie dort an Wochenenden helfen.

3. Schreiben Sie auf, was nach Ihrer Meinung in einem solchen Heim verbessert werden könnte.

Die Fächer Soziallehre, Politik, Gemeinschaftskunde, Psychologie, Religion vermitteln Ihnen u. a. Wissen über menschliches Verhalten. Sie lernen den Menschen kennen als Individuum und zugleich als von der Gesellschaft abhängiges Wesen. Sie sehen ihn in seinem Verhältnis zu Gott, zu seinem Nächsten, zur Gruppe, zur Gemeinschaft mit vielen anderen Menschen, zum Staat. Sie begreifen, daß wir in keiner heilen Welt leben, daß in der Familie, im Nachbarhaus, im Staat und im

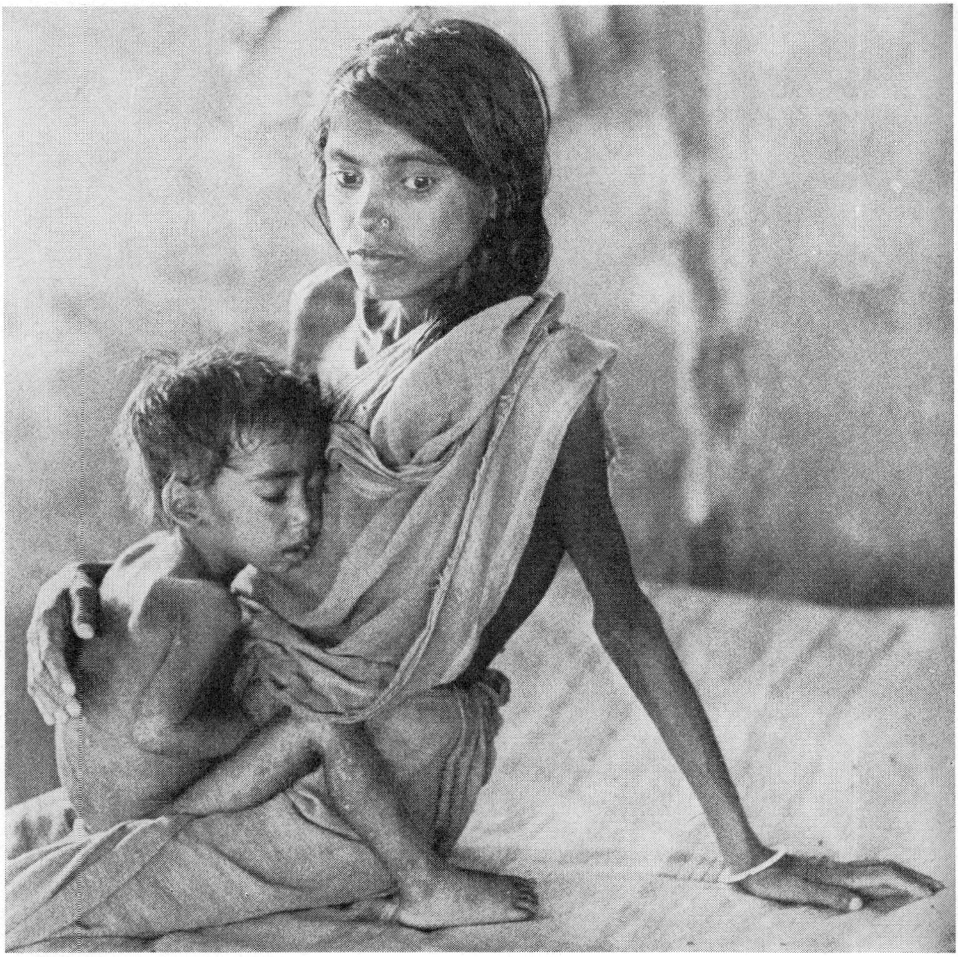

Verhalten der Staaten zueinander menschliche Unzulänglichkeit und menschliches Versagen unnennbare Not schaffen. Das bittere Wort: „Der Mensch ist des Menschen größter Feind" hat Gültigkeit.

An dieser nicht-heilen Welt leiden die Kinder am meisten.

Sie sind uns Erwachsenen, je kleiner sie sind, um so hilfloser ausgeliefert, und wir müssen zugeben, daß Kinder leiden, weil wir versagen.

Wir versagen auf sozialem Gebiet,

1. wenn wir das Mutterschutzgesetz nicht so erweitern, daß eine Mutter wenigstens im ersten Jahr ohne finanzielle Not bei ihrem Säugling bleiben kann;

2. wenn wir Säuglings- und Kinderheime zwar nach den hygienischen, nicht aber zugleich nach den seelischen Bedürfnissen der Kinder einrichten;

3. wenn wir nicht endlich die pflegerischen den pädagogischen Berufen wert- und rangmäßig gleichstellen.

Wir versagen moralisch,

1. wenn wir der ledigen Mutter mit ihrem Kind noch immer die volle Eingliederung in unsere Gesellschaft verweigern;

2. wenn wir lieblose, abartige Eltern, die ihr Kind quälen, nicht zu heilen versuchen;

3. wenn wir uns verschließen vor der Not des alleingelassenen Kindes und in gefährlicher Selbstzufriedenheit glauben, alles, was jetzt schon getan wird, sei genug.

Besonders in den letzten Jahren haben Pädagogen, Psychologen und Naturwissenschaftler unanfechtbar nachgewiesen, wie wichtig gerade die ersten drei Lebensjahre, von diesen wieder das erste Jahr, für die Entwicklung eines Menschen sind.

Viele Mütter haben das schon immer gewußt und ihre Kinder entsprechend betreut. Viele aber sind unsicher in ihrem Verhalten zum Säugling und vernachlässigen ihn, und viele können sich ihm aus finanzieller Not, weil sie arbeiten müssen, nicht genügend widmen.

Es ist gut, daß die wissenschaftlichen Ergebnisse über die Erforschung der seelischen Bedürfnisse des Säuglings endlich in allgemeinverständlicher Form und Bildhaftigkeit einem Millionenpublikum zugänglich gemacht werden. Die Radio- und Fernsehanstalten senden vermehrt Elternschulungskurse über Kindererziehung, Eltern-Zeitschriften leisten aufklärerische Arbeit, jedes gute Säuglingspflegebuch weist auf seelische Entwicklungsschäden im ersten Lebensjahr hin.

Schäden solcher Art nennt man Säuglingshospitalismus (Heimprägung). Sie treten auf, wenn der Säugling die Bezugsperson entbehren muß, die sich ihm persönlich widmet und zuwendet.

Wenn eine Schwester in einem Säuglingsheim 8, 10 oder mehr Kinder zu versorgen hat, kann sie beim besten Willen nicht jedes Kind so seelisch betreuen, wie es sein müßte: Sie hat einfach nicht die nötige Zeit. Die Minuten, in denen sie das Kind badet, wickelt, füttert, sind zu kurz für die Kontaktaufnahme. Hinzu kommt, daß das Pflegepersonal häufig wechselt und der Säugling sich immer wieder an neue Gesichter gewöhnen muß.

So bleiben die Kleinen in ihren Betten oft allein, sich selbst überlassen.

Es zeigen sich bald auffällige Anzeichen gestörter Entwicklung:

Die Säuglinge lernen viel später lächeln, sitzen, stehen und gehen als Kinder in der Familie.

Sie schauen den Besucher unkindlich-ernst an, zeigen geringes Interesse an den Dingen ihrer Umgebung und Abwehr und Angst gegenüber Erwachsenen.

Sie beschäftigen sich mit stundenlangem Daumenlutschen, sie wippen, wenn sie sitzen können, mit dem Oberkörper wieder und wieder hin und her.

Mit einfachem Spielzeug wissen sie meist wenig anzufangen.

Die Kontaktarmut kann so groß werden, daß sie im ganzen späteren Leben bestehen bleibt. Darum ist es so sehr wichtig, daß Heimkinder möglichst schon im frühen Säuglingsalter adoptiert werden können.

Aber nicht nur Heimkinder leiden unter den genannten Erscheinungen. Eine Schülerin erzählt unbeschwert: „Unser Kläuschen (9 Monate alt) bumst immer mit dem Kopf gegen die Wand, die Tapete ist schon ganz kaputt!"

Ihre Eltern sind bei der zuständigen Sozialarbeiterin dafür bekannt, daß sie ihre Kinder stark vernachlässigen.

Viele Heimleiter und -leiterinnen wirken dem Säuglingshospitalismus entgegen, indem sie die langweilig-hygienische Umgebung der Babys durch Bilder, Farben, Mobiles anregend gestalten und damit die Kinder zur Aufmerksamkeit hinführen. Sie überlassen einer Pflegerin eine möglichst kleine Anzahl von Schützlingen, damit sie sich jedem einzelnen um so mehr zuwendet.

Hospitalismus, Heimprägung, äußert sich nicht nur quantitativ in der — verglichen mit einer normalen Entwicklung — geringeren Anzahl von Kontaktaufnahmen zu anderen Menschen, sondern vor allem qualitativ in der immer größeren Verarmung hinsichtlich der Vielzahl von Kommunikationsformen.
Bezeichnend ist der tragische Knick der Kurve im unteren Diagramm, der die wachsende Vereinsamung und Verkümmerung der hospitalismusgeschädigten, andererseits den immer weiteren Vorsprung der glücklicheren Kinder zeigt.

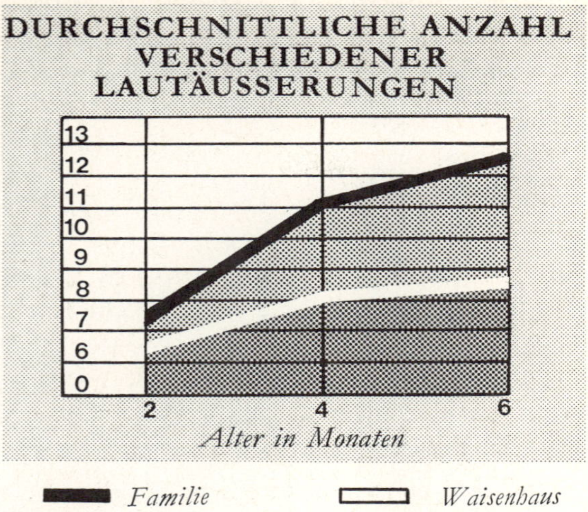

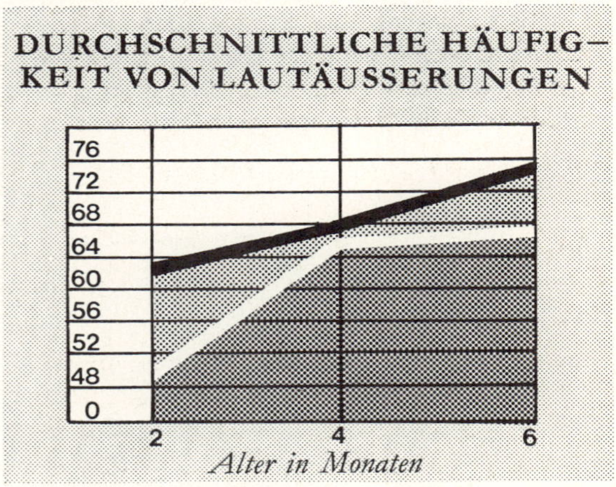

In kleinen Säuglingsgruppen kann die pädagogisch geschulte Schwester weitgehend die fehlende Mutter ersetzen, indem sie mit den Kindern spielt, sie auf den Arm nimmt, streichelt und liebevoll mit ihnen spricht.

Aber hierzu muß sie Zeit haben und darf nicht durch Überbeanspruchung von diesem so wichtigen Tun ferngehalten werden.

Solange aber der Mangel an geschulten Fachkräften in den Säuglingsheimen so groß ist, wird der Säuglingshospitalismus mit all seinen verheerenden Wirkungen auf die Gesamtentwicklung des elternlosen Kindes eine traurige Tatsache in unserer Gesellschaft bleiben.

(Siehe hierzu auch die Kapitel „Die negativen Auswirkungen von mangelnden Spracherwerbsmöglichkeiten für die geistig-seelische Entwicklung des Kindes“; „Das Vorschulkind rückt in den Mittelpunkt pädagogischen und politischen Interesses“; „Großeltern, Pflegeeltern, Adoptiveltern, Heime“.)

IV. Das Kleinkindalter: 1 bis 2 3/4 Jahre

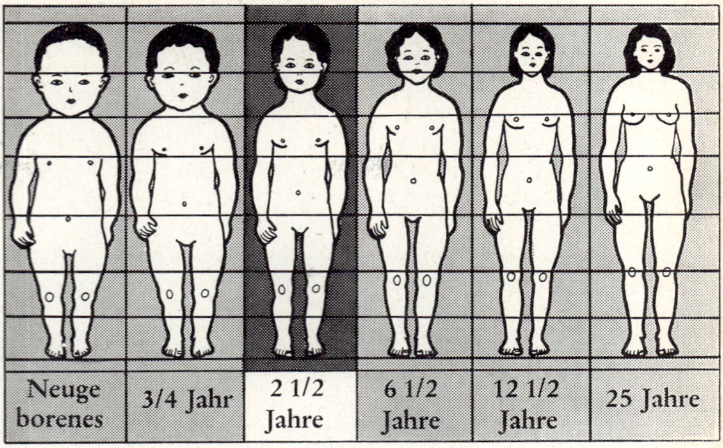

1. Das Laufenkönnen und seine Bedeutung für die körperlich-geistig-seelische Entwicklung des Kindes

Anregungen:

1. Kleben Sie ein Bild in Ihr persönliches Begleitheft aus Ihrer Kinderzeit, das Sie darstellt, als Sie die ersten, tapsigen Schritte machten.
2. Beaufsichtigen und beobachten Sie ein Kind, das eben laufen gelernt hat. Schreiben Sie diese Beobachtungen in Ihr Arbeitsheft.

Das ein- bis zweijährige, gesunde Kind wird von den Erwachsenen fast immer „niedlich, süß, reizend, goldig" genannt. Mehr noch als beim Neugeborenen und Säugling wirken die Verhältnisse der Körperteile zueinander (beim Zweijährigen beträgt das Verhältnis Kopfhöhe zur Gesamthöhe 1 : 5) anziehend und lösen in den Bezugspersonen des Kindes positive, dem Kleinen zugewendete Gedanken und Handlungen aus.

Darum haben es die normalentwickelten Kinder zunächst meistens nicht schwer, jemanden aus dem Familien- oder Nachbarschaftskreis zu finden, der ihnen beim Laufenlernen hilft.

Hat das Kind erst einmal begriffen, daß Laufenkönnen gleichzeitig Eroberung der Wohnungs-, Garten- und Straßenwelt bedeutet, so übt es mit zielstrebigem Eifer und teils fröhlicher, teils zorniger Verbissenheit — je nach Temperament und Gefühlslage — das Fortbewegen in der dritten Dimension:

den aufrechten Gang.

Nur, wer gern wandert, vermag sich vielleicht undeutlich vorzustellen, welche Freude und welches Abenteuer „Gehen können" für das Kleinkind bedeutet.

Zuerst macht es nur wenige, taumelige Schritte, und die Mutter fängt das noch Ängstliche zärtlich in ihren Armen auf. Dann überwindet es schon zimmerlange Strecken, fällt aber von seinen kurzen Beinen noch oft, ohne sich sehr weh zu tun, auf sein Hinterteil zurück. Anfangs krabbelt es zu Sesseln, Tischen, Stühlen, um

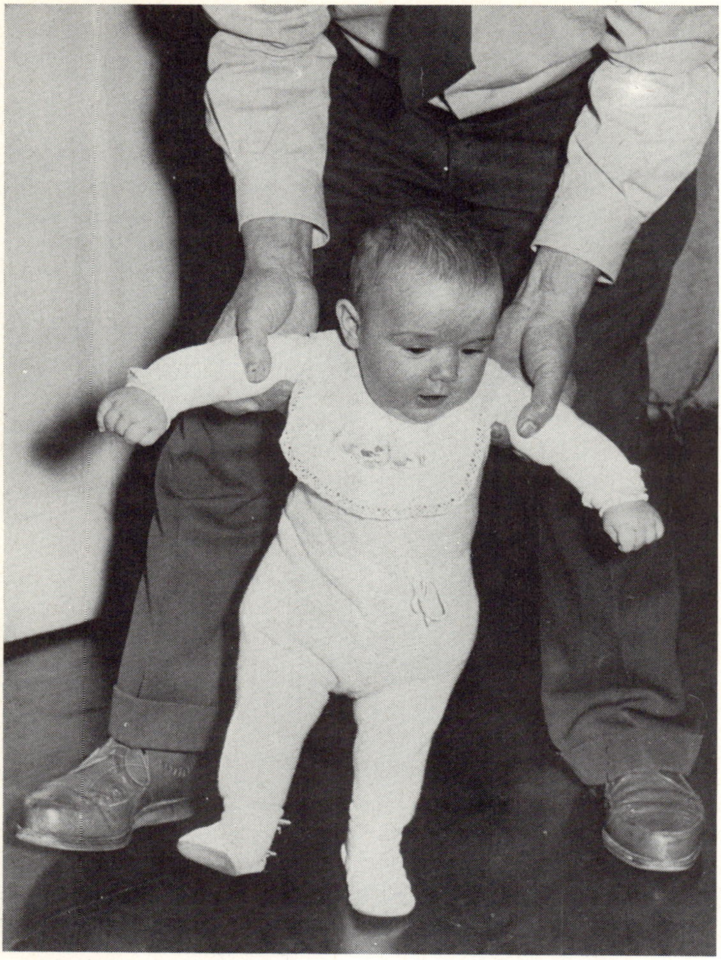

Gehen lernen an Vaters Hand

sich daran zu erneuten Geh-Übungen aufzurichten. Kurze Zeit darauf aber schafft es dies ohne fremde Hilfsmittel, nur durch Aufstützen auf die Hände.

▷ In dieser Zeit darf das Kind nicht mehr — wenn man dies in den Monaten vorher aus Sicherheitsgründen nötig hatte — in ein Ställchen eingesperrt werden.

▷ Der einen Quadratmeter umfassende Raum ist viel zu klein geworden. Schon das Krabbelkind durfte sich ja seine Nah-Welt kriechend erobern. Um wieviel größer ist jetzt der Bewegungs- und Erkundungsdrang des gehenden Kindes!

▷ Die Menschen seiner Umwelt machen einen ganz entscheidenden Erziehungsfehler, wenn sie Neugier und Entdeckungsdrang des Kleinkindes aus Überängstlichkeit, Bequemlichkeit oder Unkenntnis der Wichtigkeit dieses körperlichen und geistigen Reifungsprozesses einschränken.

Es ist für die Mutter und die anderen Bezugspersonen eine anstrengende Zeit, denn der Erkundungsdrang des Ein- bis Zweijährigen macht vor nichts halt.

Wenn es vielleicht als Krabbelkind schon „heiß“ am Ofen kennen und meiden gelernt hat, so bleiben doch alle anderen Gefahrenstellen in der Wohnung, die schon aufgezählt wurden, (siehe „Krabbelkind“ im Kapitel: „Das Zuwendungsalter“) wie zum Beispiel Steckdosen, Behälter mit kochendem Wasser, alle spitzen und scharfen Gegenstände, kleine Kugeln, Knöpfe, Schubladen, Vasen u. a. m. zugänglich und werden durch neue ergänzt:

Im Haus:
Tischkanten, rutschende Läufer, Treppen

Im Garten:
Fauliger Abfall, giftige Pflanzen, Wasserbecken

Auf der Straße:
Der Verkehr, Hunde, Tierkot, Zigaretten-Kippen.

Anregung:

Ergänzen Sie die Gefahrenquellen für das Kleinkind möglichst vollzählig und halten Sie diese Aufzählung in Ihrem Arbeitsheft fest.

In dem Maße, in dem das Kleinkind unter vorausschauendem Gewährenlassen durch seine Begleitperson gehen, sehen, erproben und handeln darf, in diesem Maße wird es sich körperlich und geistig-seelisch entwickeln.

Mit welcher Begeisterung geht das Kind spazieren, allerdings nur dort, wo es sich nach Lust und Laune bewegen, herumkugeln, sich hinsetzen und wieder losrennen kann: Auf Wiesen, in Gärten, Parkanlagen und im Wald!

Wann endlich wird unsere Gesellschaft begreifen, daß unsere Kinder, vor allem die Kleinkinder, die wenigen Grünflächen in den Großstädten zum Herumtollen brauchen? Sollte es wirklich nicht möglich sein, von Kindern benutzte Grün-

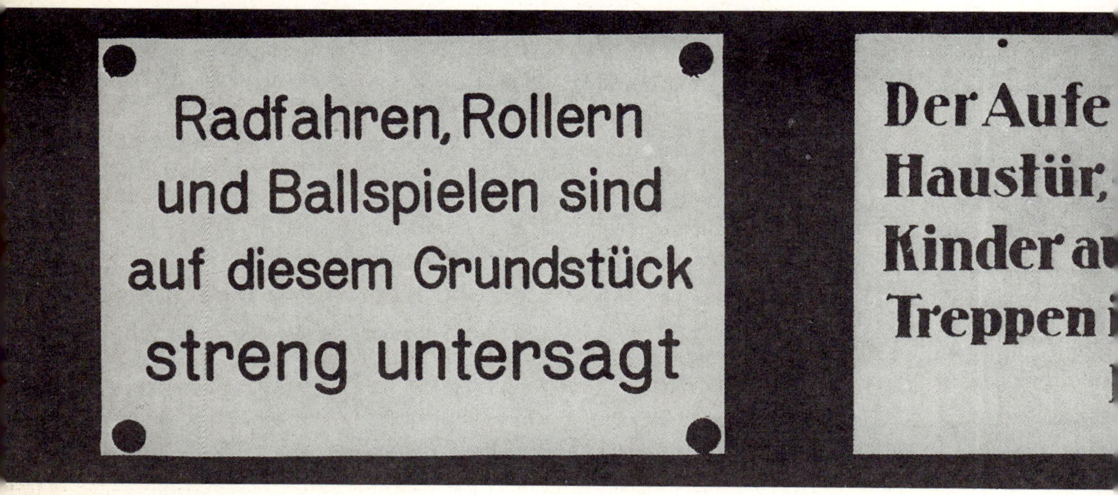

flächen so zu erhalten wie die bestimmt mehr strapazierten Fußballplätze? „Betreten verboten" heißt gleichzeitig „Spielen, Bewegen, Lernen, Lebensfreude genießen verboten!"

Hier sollten Eltern energisch notwendige Rechte von den Kommunen fordern, denn mit dem „Betreten verboten" werden Sachwerte begünstigt, Kinder aber, also junge Staatsbürger, erheblich benachteiligt.

Das Spazierengehen wird für die Begleitperson oft zu einem anstrengenden „Spazieren-Stehen", denn das Kind muß ja unterwegs so viele Dinge bestaunen und begreifen und kennenlernen: Steine, Grashalme, Blumen, Türklinken, Treppen, Mauern, Zäune, Ameisen, Würmer, Schnecken, Spinnen, Käfer, Vögel, Katzen, Hunde, an denen Erwachsene gleichgültig vorübergehen.

Aber es ist verkehrt, das Aufpassenmüssen seufzend als Zeitverlust zu erdulden. Vielmehr können Kleinkind und Begleitperson in diesen gemeinschaftlichen

Stunden viel miteinander und voneinander lernen. Die bunten Kiesel, die das Kind aufhebt, die Schnecke, deren vorgestreckte Fühler es anstupft, die Pusteblume, die es in einer Mauernische entdeckt, den Marienkäfer, den es über seine Hand krabbeln läßt — hilft es mit solchem Verhalten nicht dem Erwachsenen, sich an eigene, ähnliche Kindheitserlebnisse zurückzuerinnern und vergessene Entdeckerfreuden erneut nachzuvollziehen? Der kleine Partner zeigt, was ihn fesselt, der große Partner nennt die zugehörigen Bezeichnungen und spricht mit dem Kind. Er erklärt und erzählt, warnt und verhütet, je nach der erforderlichen Situation. Dadurch entsteht nicht nur ein herzliches Vertrauensverhältnis zwischen beiden. Zugleich nimmt das Kind zahlreiche Informationen und Hinweise auf, die es zwar noch nicht mit Worten rekapitulieren kann. Aber es zeigt durch Mimik und Gebärden, ob es sie verstanden oder nicht verstanden hat. Auf diese Art und Weise begreift das Kind sehr früh, daß es etwas nicht tun soll, weil es sich selbst oder anderen schaden könnte.

Beispiel:

Die Mutter geht mit dem einjährigen Frank spazieren. Frank will im Vorgarten des Nachbarn eine Nelke abpflücken. Mutter sagt ruhig: „Nein, Frank, die Blume gehört uns nicht, die wollen wir stehenlassen." Im nächsten Gärtchen wiederholt sich das Gleiche, ebenso im übernächsten.
Im vierten Garten bleibt Frank wieder vor einer Blume stehen, zieht die Stirn kraus, schlägt die Hände auf den Rücken, schüttelt den Kopf, sagt: „Nein, nein" und geht unaufgefordert weiter. So hat er auf seine Art gezeigt, daß er das Gebot der Mutter verstanden hat und befolgen will.

Anregung:

Schreiben Sie eine ähnliche Beobachtung, die Sie beim Aufpassen auf ein Kleinkind machen konnten, in Ihr Arbeitsheft.

2. Der Spracherwerb und seine Bedeutung für die geistige Entfaltung des Kleinkindes

Anregungen:

1. Schreiben Sie Wörter in Ihr Arbeitsheft, die Sie von ein- oder zweijährigen Kindern gehört haben.

2. Vergleichen Sie diese Wortsammlung mit dem Wortschatz von drei- bis vierjährigen Kindern.

3. Lassen Sie sich von Ihren Eltern sagen, welche Wörter Sie als erste beherrschten' und schreiben Sie diese in Ihr persönliches Begleitheft.

Der erste Schritt — das erste Wort: Es sind tatsächlich Marksteine auf dem Wege der Entwicklung des Kindes.
Das Stehen-, Gehen- und Sprechenkönnen erhebt es in die körperliche und geistige Sphäre der Erwachsenen. Körperliche Reifungsvorgänge und geistige Lernprozesse ergänzen einander, und je besser beide zeitlich zusammenpassen, um so größer ist die ganzheitliche, menschliche Entfaltung.
Mit dem Spracherwerb endet das Nurangewiesensein des Kindes, wenn es sich verständlich machen will, auf Schreien, Lallen, Mimik und Gebärdensprache.

Vergegenwärtigen Sie sich noch einmal, was Sie schon im Kapitel „Das Säuglingsalter“ über den Spracherwerb im ersten Lebensjahr hörten:

▷ Das Schreien der ersten Lebenswochen differenziert sich zu Ausdrucksgeschrei je nach den Wünschen und Stimmungen des Babys. Für die aufmerksame Mutter ist dieses verschiedenartige Schreien bereits eine deutlich variierte „Sprache“.

▷ In den nächsten Monaten übt das Baby Vokale wie äh-äh-äh-äh oder i-i-i-i und Konsonanten und Zischlaute: m, m, m, m; b, b, b, b; sch, sch, sch, sch. Es „spricht“ diese Laute voll Freude und Ausdauer und je lieber, je mehr seine Angehörigen entsprechend antworten.
„Mmmmm“ macht das Baby und streicht mit dem Händchen über seinen Bauch, wenn ihm sein Essen schmeckt. Das hat ihm die Mutter vorgemacht, und das Kind hat schon begriffen: „Mmmmm“ ist nicht nur ein hübscher Laut, mit „mmmmm“ kann man seine Lust an einer guten Mahlzeit ausdrücken.

▷ Es begnügt sich bald nicht mehr mit einzelnen Lauten, sondern reiht Silben in Lallmonologen aneinander: Dadadadada, mamamamam, papapapap. Es bläst die Wangen auf, stülpt die Lippen vor, runzelt die Stirn, patscht auf die Bettdecke: Die Sprechübungen werden durch Mimik und Gestik bekräftigt.

▷ Das eigentliche Sprechenkönnen beginnt, wenn das Kleinkind verstanden hat, daß z. B. „Mammam“ Mutter heißt, daß der Vater kommt, wenn es „Papap“ ruft, daß es Essen erhält, wenn es „hamham“ sagt:

▷ Das Kind benennt die Dinge! Seine Umwelt ist nicht mehr nur anschau- und anfühlbar, sondern kann durch Namensgebung benannt, geordnet, voneinander getrennt und erklärt werden. Der entscheidende Schritt zum Spracherwerb ist getan.

Im allgemeinen entwickelt sich die Kindersprache im 1. und 2. Lebensjahr vom Einwort- über den Zweiwort- zum ungegliederten Mehrwortsatz.

Beispiele:

1. Balla! Das kann heißen:
Da ist ein Ball. Oder: Ich möchte den Ball haben.
Tommt! Oder: Tommt? Das kann heißen:
Papa kommt. Oder: Kommt da Papa?

2. Mama teita! Das heißt:
Mama, wir wollen spazieren gehen.
Ranki Aam! Das heißt:
Frank möchte auf den Arm genommen werden.

3. Papa Auto fort! Das heißt:
Papa ist mit dem Auto fortgefahren.
Puppa happa macht. Das heißt:
Die Puppe ißt. Oder: Die Puppe hat gegessen.

Im dritten Lebensjahr werden die Sätze erweitert durch Beugungs- und Steigerungsformen, die aber noch dem grammatischen Verständnis des Kindes angepaßt sind:

Beispiele:

„Oma (hat) Lade mitdebingt." Das heißt:
„Oma hat Schokolade mitgebracht."

„Teffi (is) hocher hunterdepungen!" Das heißt:
„Stefan ist noch eine Stufe höher von der Treppe heruntergesprungen!"

Auch in den letzten beiden Beispielen ist die Aussprache der Wörter noch unvollkommen.
Die Sprechmuskulatur des Kleinkindes ist noch nicht voll entwickelt, und das Gedächtnis reicht in seiner Spannweite noch nicht aus, um lange Wörter, wie z. B. „Schokolade" richtig zu reproduzieren. So wird das Wortteil „Lade" für das ganze Wort genommen.
Es braucht die Eltern ferner nicht zu beunruhigen, wenn einzelne Lautverbindungen, wie „zw" bei „zwischen" — das Kind sagt „wischen" — in den ersten fünf bis sechs Lebensjahren noch nicht beherrscht werden.
Überhaupt sind zeitlich genau abgegrenzte Angaben über die Sprachentwicklung schwierig aus folgenden Gründen:

Die Sprachgewinnung des Kindes hängt ab:

1. Von seinem persönlichen Entwicklungstempo,
2. von seinem Geschlecht: Jungen sprechen meist etwas später als Mädchen,
3. von seiner Intelligenz, vor allem aber
4. von den angebotenen Umweltreizen.

Daraus folgt, daß der Sprachentwicklungsprozeß um so eher im Kinde zustande kommt, je mehr die Personen seiner Umwelt vernünftig, in gutem, klarem Deutsch und auf seine Gedankenwelt abgestimmt mit ihm sprechen.
Die „Babysprache", also die Kindersprache der ersten Lebensjahre, hört sich zwar niedlich an, aber wir tun dem Kind keinen Gefallen, wenn wir in seiner Sprache mit ihm reden. Wie soll das Kind richtig sprechen lernen, wenn wir wie ein Echo immer nur seine eigenen Wortschöpfungen wiederholen?

Es muß noch einmal ganz deutlich gesagt werden:

- ▷ Die sprachliche Entwicklung ist eng an die geistige Entfaltung gekoppelt.
- ▷ Das Sprechenlernen des Kindes ist ein Prozeß höchster geistiger Aktivität, weil es Worte nicht einfach nachplappert wie ein Papagei, sondern sich denkend das gesprochene Wort in seiner Bedeutung zu eigen macht.
- ▷ So heißt Sprachtraining zugleich Denktraining und Ausweitung der Intelligenz, denn wir wissen ja heute, daß Intelligenz keine einmal vorgegebene und festliegende Größe ist, sondern durch Übung und erhöhte Anforderungen verbessert werden kann. Darum muß mit dem Kind gesprochen werden, und die einzige Grenze heißt: Ermüdung und sichtbare Überforderung des Kindes. Gegen zu viele, laute Worte des Erwachsenen weiß es sich wohl zu wehren — Mangel an Worten aber tragen zu seiner Verkümmerung bei. Dabei beachten die Angehörigen, daß das Kind nicht nur angesprochen, sondern daß ihm auch ruhig

Großmutter erzählt Märchen. (Ludwig Richter)

und beteiligt zugehört wird. Denn das Kind will sich mitteilen können, und da es weder die Worte noch die Sprechmuskulatur vollkommen beherrscht, purzeln die Laute oft durcheinander; es verheddert sich, stammelt, stockt und stottert. Je mehr Aufmerksamkeit es aber erfährt — welcher Erwachsene wünscht sich nicht, daß man ihm anteilnehmend zuhört? — je ausführlicher es sich in Ruhe mitteilen kann, um so seltener werden solche Sprechfehler und verschwinden nach einer gewissen Zeit ganz.
Unterstützt wird die Sprachentwicklung durch das Anschauen und Vorlesen von Bilderbüchern.

Das sind die schönsten Stunden des Kleinkindes, wenn es bei Mutter oder Vater auf dem Schoß sitzen darf und beide gemeinsam Bilder betrachten und „darüber sprechen.“ Das Kind wird nicht müde, immer wieder dieselben Bilder anzusehen, die gleichen passenden Verschen zu hören. Nach kurzer Zeit kann es dann selbst „lesen“: Es wiederholt die Verse ganz oder teilweise auswendig.

Ein kleinkindgemäßes Bilderbuch muß entsprechende Eigenschaften aufweisen:

1. Es muß ganz aus fester Pappe bestehen und einen sehr haltbaren Einband haben, damit es den untersuchenden kleinen Händen standhalten kann.

2. Die Bilder müssen deutlich einen oder wenige Gegenstände darstellen: Ein Auto, einen Zug, einen Hasen, ein Kind mit einem Ball, einen Elefanten mit Jungem, ein Haus mit Garten. Viele Gegenstände auf einem Bild nützen dem Kind gar nichts, sie verwirren nur, weil sie überreichlich Informationen bieten, die noch nicht verarbeitet werden können.

Aus den anfänglichen Hinweisen des Erwachsenen: „Da ist ein Ball", „da ist ein Pferd" werden kleine Geschichten, die er zu jedem Bild erfindet, Kurzgeschichten mit positiv-lehrreichem Inhalt. Bald versucht das Kind, diese Geschichten nachzuerzählen und voll Freude auch anderen mitzuteilen.

In der nächsten „Bilderbuchstunde" will es dieselben Geschichten wiederhören. Oft wird es ungeduldig, wenn der Erzähler andere Worte gebraucht oder der Geschichte einen neuen Inhalt gibt. Häufig fragt es dazwischen: „Issas?" („Was ist das?"), „Bume bau?" („Ist die Blume blau?"); „Puff-puff fort?" („Ist die Eisenbahn fortgefahren?") Im geduldigen Beantworten der vielen, vielen Fragen gibt der Erwachsene dem Kleinkind Entwicklungshilfen, die er in ihrer Tragweite meist gar nicht übersieht:

Sprachschulung, Denkanstöße, Intelligenztraining, Üben des Dialogs und damit erste Formen sozialen Verhaltens,
Entwicklung der Liebesfähigkeit im Kinde durch eigene liebevolle Zuwendung.

3. Die negativen Auswirkungen von mangelnden Spracherwerbsmöglichkeiten für die geistig-seelische Entwicklung des Kindes

Anregungen:

1. Beobachten Sie Eltern und Kleinkinder im Bus, auf der Straße, in der Nachbarschaft, zu Hause: In welchem Ton und in welcher Art und Weise wird mit den Kleinen gesprochen? Schreiben Sie einige dieser Beobachtungen in Ihr Arbeitsheft.

2. Lassen Sie sich erzählen und schreiben Sie in Ihr persönliches Begleitheft, ob Sie als kleines Kind stotterten, ob Sie viel redeten oder meistens ruhig waren, ob Sie mit Ihrem „Gebrabbel" Freude machten, oder ob es als Störung empfunden wurde.

3. Fügen Sie ein Bild aus dieser Zeit von sich hinzu.

Taub geborene Kinder beginnen in den ersten Lebensmonaten auch, Laute zu bilden und Lallmonologe zu formen, aber sie verstummen allmählich, denn sie hören sich selbst und andere nicht, der Anreiz zur Nachahmung eines gesprochenen Wortes fehlt. Sie zeigen in den nächsten Jahren gegenüber hörenden Kindern einen entscheidenden geistigen Rückstand und müssen daher so früh wie möglich in Spezialschulen und unter Zuhilfenahme von modernsten Geräten unterrichtet werden, damit evtl. vorhandene Hörreste ausgenutzt oder bei ganz Ertaubten ein spezielles Sprachtraining baldmöglichst begonnen werden kann.

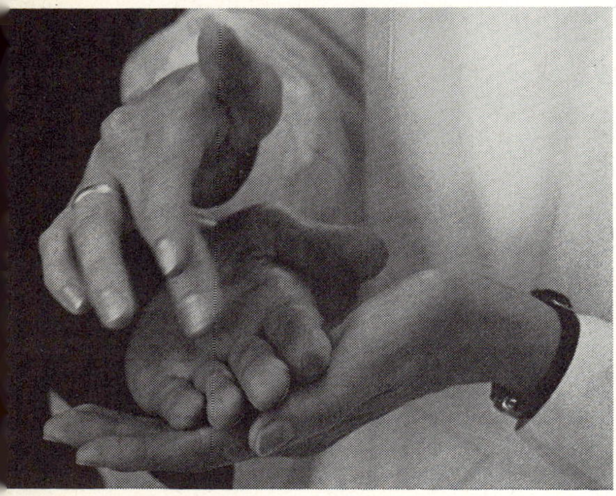

Trotz bester Betreuung aber bleiben Taube gegenüber Hörenden in bezug auf ihre geistige Entwicklung meistens zurück. Ein erfahrener Gehörlosenlehrer berichtet, daß er nur selten 17- bis 18jährige Schüler hat, die in der Lage sind, Tageszeitungen verstehend zu lesen.

Eine bewundernswerte Ausnahme machte die blind-taube Helen Keller (1880 bis 1968). Mit Hilfe ihrer ebenso bewunderungswürdigen Lehrerin Anne Sullivan, die ihr Wörter mit unermüdlicher Geduld in die Hand buchstabierte, ihre Finger auf Lippen, Zunge und Kehlkopf legte, sie die Blindenschrift lehrte, lernte sie Wörter und Begriffe erkennen, lesen und sprechen. Sie studierte, indem die Lehrerin ihr die Vorlesungen in die Hand „sprach", erwarb den Doktor-Grad, schrieb mehrere Bücher und hielt viele Vorträge in einer heiser-monotonen, aber verständlichen Sprache.

Sie erzählt in ihrem Buche „Die Geschichte meines Lebens", wie sie zum ersten Mal mit sieben Jahren den Zusammenhang zwischen einem in die Hand buchstabierten Wort und dem zugehörigen Gegenstand begreift: Ihre Lehrerin buchstabierte w-a-t-e-r (Wasser) in ihre Handfläche und ließ gleichzeitig kaltes Brunnenwasser über ihre Hand laufen: „Ich wußte jetzt, daß „water" jenes wundervolle, kühle Naß bedeutete, das über meine Hand hinströmte. Dieses lebendige Wort erweckte meine Seele zum Leben, spendete ihr Licht, Hoffnung, Freude, befreite sie von ihren Fesseln ... Ich lernte an diesem Tag eine große Menge neuer Wörter ..., Wörter, die die Welt für mich erblühen machten!"*

* In: „Das Kind", hrsg. von Wolfgang Behler, Herder-Verlag, 1971, Seite 123.

Helen Keller in ihrer Bibliothek. Sie liest (mit der Hand) ein in Blindenschrift geschriebenes Buch. Unten: So wird einem Taub-Blinden in die Hand buchstabiert.

Wenn man hörenden Kindern den Dialog vorenthält, bringt man sie gedankenlos in die geistige Notsituation von tauben Kindern.
Wenn man nicht mit kleinen Kindern spricht, verweigert man ihnen das rechtzeitige Erwachen ihrer Denk- und Geisteswelt, und das ist genauso grausam, als wenn man ihnen Nahrung entzieht und sie verhungern läßt.

Beispiel 1:

Klaus fährt mit seiner Mutter im Bus in die Stadt. Er sieht Dinge, die er kennt und benennt sie laut: „Auto! Haus! Da, Onkel!" Zwischendurch aber fragt er, als er ein im Bus hängendes Reklameschild erklärt haben möchte: „Issas?" („Was ist das?") Die Mutter unterhält sich mit einer Nachbarin. Klaus fragt lauter: „Issas da?" und stupft seine Mutter an. Schließlich fordert er ganz energisch: „Mama, issas??" und will auf Mutters Schoß klettern. Da wird er barsch auf seinen Platz gesetzt und angeherrscht: „Sei ruhig, sitz still!" Klaus ist erschrocken, und dann sagt er gar nichts mehr, auch nicht freudig „Haus, Auto"; er schaut nicht mehr hinaus, sondern nur noch verschüchtert auf seine Hände.

Beispiel 2:

In einem Kinderheim, in dem nachweislich aus Pflegerinnenmangel mit den Kindern kaum gesprochen werden kann, wird die Sprachentwicklung von 21 Kindern zwischen zwei und vier Jahren untersucht. Die Kinder zeigen folgende Sprachkenntnisse:

Es können überhaupt nicht sprechen:	6 Kinder
Wortschatz: 2 Wörter	5 Kinder
Wortschatz: 3 bis 5 Wörter	8 Kinder
Wortschatz: 1 Dtzd. Wörter	1 Kind
Sätze	1 Kind
	21 Kinder[1]

Im Vergleich hierzu:

Kinder aus einem ihnen zugewendeten, sprachfreudigen Milieu kennen

mit 2 Jahren	ca. 270 Wörter	mit 6 Jahren	ca. 2560 Wörter
mit 3 Jahren	ca. 900 Wörter	mit 7 Jahren	ca. 4000 Wörter
mit 4 Jahren	ca. 1540 Wörter	mit 14 Jahren	ca. 9000 Wörter
mit 5 Jahren	ca. 2070 Wörter	mit 21 Jahren	ca. 15000 Wörter[2]

Die angeführten Beispiele zeigen, daß sowohl Familien- als auch Heimkinder am Spracherwerb gehindert werden können.
Bei den Heimkindern fehlt es an ausreichenden und ausgebildeten Pflegekräften, bei den Familienkindern spielen die Zuwendungsbereitschaft, die Einstellung zum Kind, die Bildung der Eltern, die Stellung in der Geschwisterreihe und die Lage der Wohnung in Stadt oder Land eine erhebliche Rolle.
Unerwünschte Kinder, Kinder aus spracharmem Milieu, die dem ersten Kind nachfolgender Kinder, Landkinder haben erwiesenermaßen oft einen erheblich geringeren und schlechter differenzierten Wortschatz als erwünschte Kinder, Kinder der Mittelschicht, erste und Einzelkinder, Stadtkinder.

---

[1] Rene A. Spitz in „Hospitalismus II", in „Erziehung in früher Kindheit", hrsg. von Günther Bittner, R. Piper und Co.-Verlag, München, 1970, S. 101.
[2] Vgl. Neuhaus, W., „Der Aufbau der geistigen Welt des Kindes", München 1962[3].

So sind wesentliche Sprachmerkmale der Kinder aus spracharmem Milieu:

1. Kurze, einfache, oft unfertige, dürftige Sätze
2. Verwendung einfacher und immer derselben Konjunktionen: „und, dann, so"
3. Häufige Verwendung kurzer Befehle und Fragen: „Komm her!" „Hau ab!" „Ha?"
4. Seltener Gebrauch der unpersönlichen Pronomen „es" und „man"
5. Starre und begrenzte Verwendung von Adjektiven und Adverbien: gut, schön, schlecht u. a. m.
6. Persönliche Absichten werden nicht mit sprachlichen Mitteln erläutert, sondern wortarm durchgeführt.

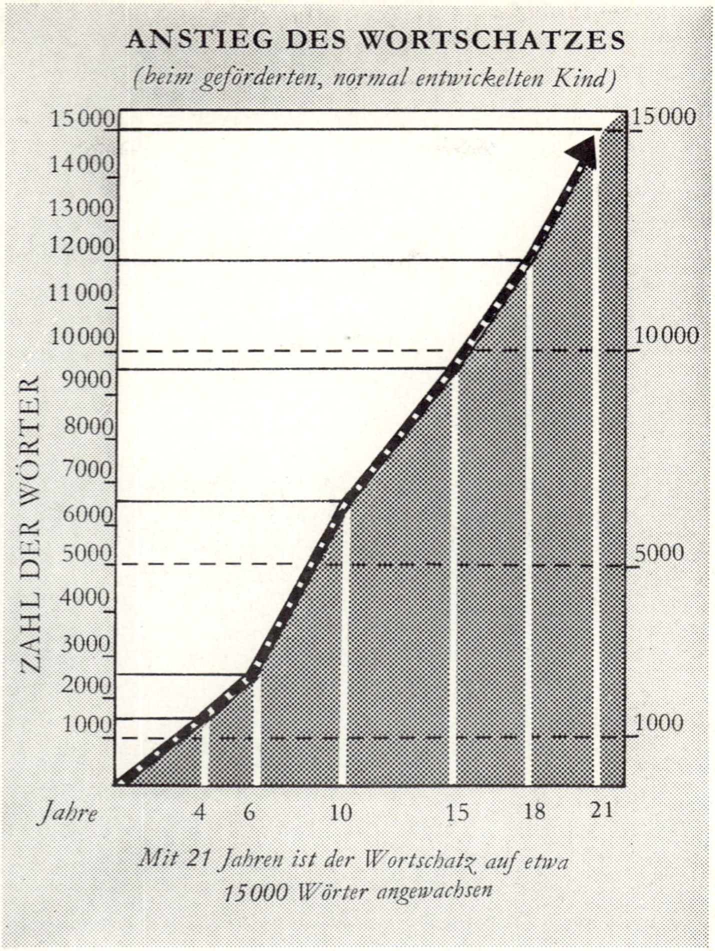

Dagegen beherrschen Kinder der Mittelschicht folgende sprachliche Ausdrucksmöglichkeiten:

1. Grammatisch umfangreichere Satzkonstruktionen mit Konjunktionen, Nebensätzen und logischem Zusammenhang

2. Häufiger Gebrauch von Präpositionen, wie in, an, auf, unter, über, neben, vor u. a. m.

3. Häufiger Gebrauch der unpersönlichen Pronomen „es" und „man"

4. Auswahl aus einer Reihe von Adjektiven und Adverbien

5. Persönliche Absichten werden in passenden Worten und klaren Sätzen erläutert[1].

[1] In: „Das Kind", a.a.O., S. 132.

„Alle Erfahrungen sprechen dafür, daß nicht nur ein enger Zusammenhang zwischen der Sprachentwicklung und der geistigen Entfaltung besteht, sondern daß die gesamte Entwicklungsfähigkeit des Menschen auf dem Ausbildungsgrad seiner Sprache beruht“[1].

Die negativen Folgen für Kinder mit mangelnden Spracherwerbsmöglichkeiten sind erheblich:

▷ 1. Da die Anreize zur Sprachnachahmung und Sprachausübung in der Umwelt nicht gegeben sind, verkümmert in den ersten Lebensjahren die Sprechbereitschaft. Das Kind kann stumm werden bis zum Mutismus. (Stummheit infolge psychischer Hemmung).

▷ 2. Denkfähigkeit und Intelligenz des Kindes werden nicht durch den Dialog mit anderen Menschen gesteigert und verbessert und verkümmern durch Nichtinanspruchnahme.

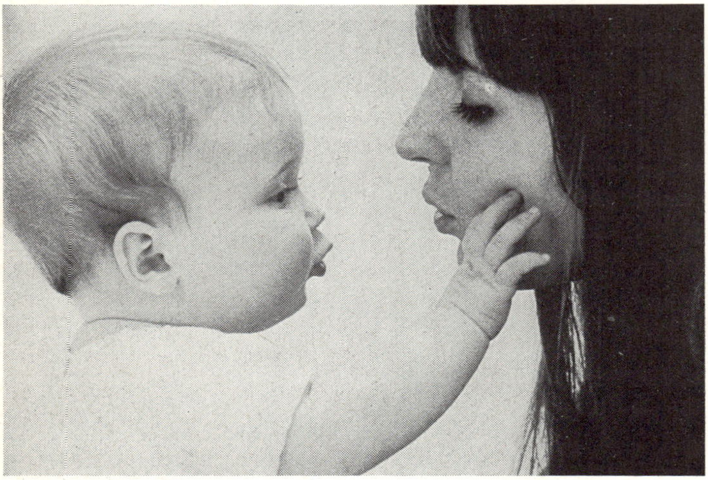

Sprechenlernen — Nachahmung von Lauten, Bewegungen und Mimik.

▷ 3. Bereits Kleinkinder können an Depressionen und an Schwermut erkranken, weil kaum mit ihnen gesprochen wird.

▷ 4. Der Sprachentzug kann sogar tödliche Folgen haben.
Friedrich II. von Hohenstaufen (1194—1250) versuchte, an einer Gruppe von noch nicht sprechenden Kleinkindern die Ursprache der Menschheit festzustellen. Den Pflegerinnen war streng untersagt worden, mit den Kindern zu sprechen. Die Kleinen starben alle, weil ihnen die sprachliche Zuwendung und damit ein unverzichtbares menschliches Grundbedürfnis entzogen worden war.

▷ 5. Schwer wiederaufholbare geistige Mangelerscheinungen zeigen sich in den ersten Schuljahren: Spracharme Kinder bleiben eher sitzen, erreichen schwerer die Hauptschulreife oder müssen in Sonderschulen weiterlernen, obwohl ihre Intelligenz, wäre sie durch frühes Sprechen gefordert und gefördert worden, durchaus zum Besuch von allgemeinbildenden Schulen berechtigt hätte.

---

[1] In: Dr. Willy Starck, „Kindes- und Jugendpsychologie“, Dr. Felix Büchner-Verlag, Handwerk und Technik, 1971, S. 42.

6. So geraten Kinder aus Gründen, die die Gesellschaft und die Elternhäuser zu verantworten haben, schuldlos in einen Teufelskreis: Sie kommen aus einer sozial schwachen Schicht, werden geistig nicht gefördert, erreichen nur mangelhafte Schulabschlüsse und verbleiben damit wieder ihr Leben lang in sozial benachteiligten Gruppen.

Diese wissenschaftlich bewiesenen Tatsachen muß unsere Gesellschaft zur Kenntnis nehmen und daraus folgern, daß Kleinkind- und Vorschulerziehung durch den Bau von mehr Kindergärten unter Leitung ausgebildeten Fachpersonals intensiviert werden muß.

„Diese Forderung dient nicht nur dem einzelnen Kind, das Recht auf eine optimale Entfaltung hat, sondern überdies dem Volksganzen. Denn nur eine verbesserte Kleinkindererziehung eröffnet die Chance, das Gesamtbildungs- und Intelligenzniveau den zukünftigen Erfordernissen entsprechend anzuheben. Versäumnisse während des Kleinkindalters sind in späteren Jahren — etwa durch schulische Einflüsse — kaum noch auszugleichen.“[1]

Beim Bilderbuchbetrachten oder Spazierengehen mit Eltern und Geschwistern erhalten die Dinge Namen.

Anregung, Bitte:

Wortreiche und tatarme Kritik an unserer Gesellschaft ist billig, für die Gesellschaft handeln gibt Befriedigung.

Kennen Sie Kleinkinder, um die sich noch niemand recht kümmert, die viel zu viel sich selbst überlassen sind? Vielleicht leiden sogar Ihre eigenen, kleinen Geschwister unter dem Zeitmangel der Erwachsenen?

Vielleicht haben Kinder aus der Nachbarschaft sprachliche Zuwendungen nötig? Möglicherweise wohnen Sie in der Nähe eines Säuglings- oder Kinderheimes? Dann schenken Sie diesen Kindern einen Teil Ihrer Freizeit. Spielen und sprechen Sie mit den Kleinen, gehen Sie mit ihnen spazieren, erklären Sie ihnen ihre Umwelt. Halten Sie einem solchen Kind die Treue, bis es Ihrer Hilfe nicht mehr so oft bedarf. Nach einiger Zeit werden Sie ohne Sentimentalität, in aller Nüchternheit feststellen, daß Sie einem Kind dabei halfen, eine bessere Chance für den Weg ins Leben bekommen zu haben.

[1] Dr. W. Starck, a.a.O., S. 42.

4. Der Umgang mit den Dingen

Anregungen:

1. Beobachten Sie Kleinkinder in ihrem Umgang mit Sachen und Dingen.
2. Notieren Sie die Gegenstände, die das Kleinkind bevorzugt.
3. Erinnern sich Ihre Eltern an eine gefährliche Situation, in die Sie sich als Kleinkind durch Ihr Neugierverhalten brachten? Schreiben Sie dies Erlebnis in Ihr persönliches Begleitheft.

Vor dem Erkundungs- und Tatendrang des gesunden Kleinkindes ist kein Gegenstand sicher.

Je mehr Anerkennung als Partner der Erwachsenen es erfahren darf, um so unbekümmerter folgt es seiner Neugier. Es will seine Umwelt begreifen lernen — darum muß es alles anfassen, auseinandernehmen, hinwerfen, zerreißen, belecken, ausprobieren. Es kann zwar gehen, aber seine geringe Körpergröße ist ihm oft hinderlich. Deshalb klettert es nach Möglichkeit auf Stühle, Tische, Fensterbänke, Mauern, Treppen.

Gefahren kann es noch kaum abschätzen.

Beispiel:

Der zwei Jahre alte Frank hält seinen Mittagsschlaf. Sein Zimmer liegt im ersten Stockwerk eines Miethauses. Die Mutter wäscht in der Küche das Geschirr ab. Plötzlich schellt es heftig an der Tür. Eine Nachbarin ruft der öffnenden Mutter erregt zu: „Ihr Sohn — am Fenster!" Die Mutter stürzt ins Kinderzimmer und holt Frank schrekkensbleich von der Fensterbank herunter. Der Kleine hatte sich einen Schemel vor das Fenster geschoben, war auf die Fensterbank geklettert und soeben eifrig damit beschäftigt, den Riegel zu öffnen. Die Nachbarin hatte vom Nebenhaus aus glücklicherweise sein Tun bemerkt. Es war noch einmal gut gegangen.

Die Ein- bis Zweijährigen benötigen jetzt viel Geduld, eine Tugend, die Eltern besitzen müssen, wenn sie gute Erzieher sein wollen.
Das Kind will z. B. den Wecker nicht nur ticken und rasseln hören, es will auch selbst der Uhr diese schönen Geräusche entlocken. Dabei ist schnell eine Feder überdreht, denn die kleinen Hände sind schon kräftig genug. Schrankschlüssel muß man immer wieder ins Schlüsselloch stecken und herausziehen — hinterher ist das Holz schlimm zerkratzt. Schränke mit Magnetverschlüssen sind für die kleinen Forscher natürlich am idealsten, denn hier kann man voller Lust die Schubladen und Fächer leerräumen.
Muß man nicht mal ausprobieren, einen Stuhl zum Spülbecken zu schieben, den Wasserhahn anzustellen und mit der Hand gegen den Strahl zu drücken, daß das Wasser nach allen Seiten hin spritzt? Oder sollte man nicht lieber einen ordentlichen Schluck aus der Leitung nehmen? Danach muß das Becken mit dem Stopfen fest verschlossen werden — und nun wird der Wasserhahn ganz weit aufgedreht — wie das rauscht! Jetzt ist das Becken schon ganz voll . . .!

Krankheiten aus dem Sand

AP **Sindelfingen,** 21. Juli. Die im Prinzip bekannte Tatsache, daß Sandkästen auf Kinderspielplätzen vielfach gefährliche Krankheitskeime enthalten, hat jetzt eine 15jährige Gymnasiastin in einem wissenschaftlich sorgfältigen Experiment präzise bewiesen.

Die Schülerin Heike Müller aus Sindelfingen hat im Rahmen des Wettbewerbs „Schüler experimentieren" mit einem Membranfilterverfahren den Sand der Sindelfinger Kinderspielkästen untersucht und dort Coli-Bakterien (Escheria Coli) sowie Enterokokken festgestellt. Die Keime sind zwar nicht pathogen, da sie natürlicherweise im Darm vorkommen, der Befund sei deshalb nicht weniger alarmierend. Die Tatsache, daß der Spielsand für die Kinder mit Fäkalien verunreinigt ist, besagte vielmehr, daß jede Krankheit, die auf dem Weg über Ausscheidungen übertragen wird, auch in Spielsandkästen über-

Solche Beispiele ungehemmten Tatendranges des Kleinkindes kann jede Mutter täglich erleben. Alle Vorausschau der Erwachsenen wird immer wieder durch die Erfindungsgabe des Kindes, neue Gebiete zu erobern, übertroffen. So entstehen Konflikte, denn natürlich können die Eltern nicht zusehen, wie ihre Wohnung unter Wasser gesetzt oder die neuen Möbel zerstört werden.

Was kann man tun, um einerseits das Kind nicht in seiner Welteroberungslust einzuengen, andererseits Möbel und Sachen seinem Zugriff zu entziehen?

1. Das Kleinkind muß in der Nähe der Mutter oder einer gewissenhaften Bezugsperson spielen und ständig unter Beobachtung sein.

2. Das Kleinkind darf möglichst oft mit Mutter, Vater oder Geschwistern nach draußen. Das Großstadtkind allerdings sieht von der Vielfalt der Natur wenig,

Der Erkundungs- und Tatendrang des Kleinkindes, das eine Welt zu entdecken hat, führt es oft in schwindelerregende und lebensgefährliche Situationen. Weniger denn je kann es jetzt auf die ständige Obhut seiner Erzieher verzichten.

tragen werden kann. Dazu gehören Cholera, Hepatitis (infektiöse Gelbsucht) und vor allem die Kinderlähmung. In diesem Fall ist das Ergebnis des Experiments besonders schwerwiegend, weil unter Umständen auch Ausscheidungen von frisch mit Polio-Vakzinen geimpften Kindern darunter sein können. Aus diesen Gründen sollte der Sandkastensand regelmäßig und oft erneuert oder durch Dampf sterilisiert werden, meint die 15jährige Jungforscherin.

ihm muß oft ein Kasten mit bakterienverseuchtem Sand genügen, den es noch dazu mit vielen anderen Kleinkindern teilen muß.

3. Man räumt Wichtiges und Zerbrechliches aus den unteren Schrankfächern in die oberen und füllt die dem Kind zugänglichen mit interessanten Sachen, wie Pappe, Papier, Kleinkind-Legosteinen, alten Topfdeckeln, ausrangierten Kochlöffeln. Die Gegenstände dürfen nicht zu klein sein, damit sie nicht in Nase, Mund und Ohr passen.

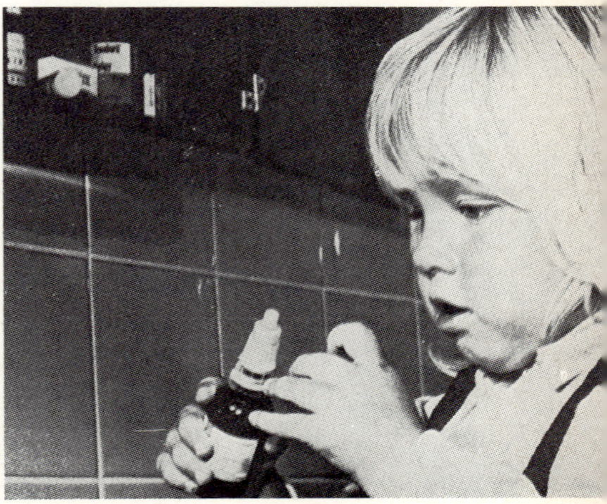

4. Dem Kind wird auch in einer engen Wohnung eine Spielecke eingerichtet, in der es mit seinen Schätzen wie Bauklötzen, Stoff- und Tapetenresten, Stofftieren, Schachteln u. a. m. hantieren kann.

5. Die Mutter bezieht das Kleinkind in ihre häuslichen Verrichtungen mit ein. Wenn sie im Kochtopf rührt, darf das Kleine mitrühren. Es gibt verhältnismäßig stumpfe, ungefährliche Kunststoffkindermesser, mit denen das Kind Kartoffelscheiben zerschneiden kann, während die Mutter Kartoffeln schält. Beim Bettenmachen streicht das Kind die Decken schön glatt. Beim Kuchenbacken kann es Teig ausrollen oder mit Förmchen ausstechen. Solche Möglichkeiten kindlichen Mittuns lassen sich beliebig vermehren. Man sieht, daß die verantwortlichen Erwachsenen zur Lenkung des Tatendranges ihres Kleinkindes viel Phantasie brauchen.

Zweierlei aber dürfen die Erwachsenen nicht tun:

1. Das Kind einfach gewähren lassen, weil es dann aus Unkenntnis und Mangel an Erfahrungen sich täglich in Lebensgefahr bringt oder Sachschaden anrichtet.
2. Das Kind gewaltsam in seiner Aktivität behindern.

Das Kind muß einen Grundbestand an Erkenntnissen sammeln, es muß Wahrnehmungen machen können. Erlebnisfähigkeit und frühkindliche Anteilnahme sollen sich in ihm entwickeln.

Verbote lassen sich fast immer durch Ablenkung auf eine andere Tätigkeit ersetzen.

Beispiel:

Gundula will unbedingt die neueste Zeitung zerreißen. Sie hält sie fest in beiden Händen und ist nicht bereit, eine andere, alte Zeitung zu nehmen. Da holt Mutter schnell einen Buntstift und ein Blatt Papier und beginnt, Kreise zu malen.

Das will Gundula nun auch tun, und schon faßt sie nach dem Stift, die Zeitung fällt achtlos zu Boden und interessiert nicht mehr. Malen ist jetzt viel schöner als Papier zerreißen!

Durch voreilige, gedankenlose Verbote wird das von Natur aus fröhliche Kleinkind bald unlustig. Seine aktive Auseinandersetzung mit der Umwelt schlägt um in Passivität. Das Kind wird verschüchtert und gehemmt, es kommt zwangsläufig zu einer Entwicklungsbehinderung, in krassen Fällen zum Entwicklungsrückgang.

„Mitarbeit" bei den häuslichen Verrichtungen der Mutter befriedigt den Tatendurst der Kleinkinder auf eine verhältnismäßig wenig riskante Weise.

5. Das Spiel des Kleinkindes

Anregungen:

1. Schauen Sie einem Kleinkind beim Spielen zu und notieren Sie Ihre Beobachtungen in Ihrem Arbeitsheft.

2. Lassen Sie sich berichten, welche Spiele Sie als Kleinkind bevorzugten, und schreiben Sie diese in Ihr persönliches Begleitheft.

Viele Mütter und Väter verhalten sich oft nur aus Unkenntnis und Überängstlichkeit ihrem Kleinkind gegenüber falsch.

Wenn wir alle endlich einsehen würden, daß man zur Elternschaft nicht automatisch begabt ist, sondern daß man Eltern-Sein lernen muß, würde für viele Kinder das Leben schöner.

Wenn man dem Kinde berechtigterweise bestimmte Dinge und Sachen aus den angeführten Gründen entzieht, muß man ihm andere Möglichkeiten zur Betätigung anbieten.

Das beste Mittel hierzu ist das Spiel.

Versucht man, die ungeheure Vielfalt von Spielen zu ordnen, so kann man für das Kleinkindalter folgende Spielarten hervorheben:

1. Übungs- und Funktionsspiele, Experimentierspiele

Hierzu gehört schon das Spielen des Säuglings mit seinen Gliedmaßen. Körperliche und geistige Funktionen werden spielend eingeübt. Das Einjährige spielt gern Verstecken, experimentiert spielend mit allen Gegenständen seiner Umgebung (siehe das Kapitel: „Der Umgang mit den Dingen") und liebt vor allem, entsprechend seinem Tatendrang, Spiele, in denen es sich viel bewegen kann.

2. Rollenspiele, Illusionsspiele

Das Kind ahmt im Spiel die Welt der Erwachsenen nach.
Es spielt: „Baby baden", „Suppe kochen", „Einkaufen", „Papa und Mama", „Besuch kommt" u. a. m. Dabei nehmen die Spielmittel in seiner Vorstellungswelt die gewünschten Eigenschaften an: Ein Stock ist der Rührlöffel, Sand das Essen, ein Förmchen der Kochtopf. Der Schemel wird zum Auto, mehrere umgedrehte Stühle sind ein Eisenbahnzug.

Das Kleinkind braucht zum Spielen also noch kein naturgetreues Spielzeug. Wie viele Eltern machen hier beim Spielzeugkauf entscheidende Fehler, indem sie den Zwei- bis Dreijährigen elektrische Eisenbahnen, komplizierte Autos, aufziehbare, perfekte Puppen schenken! Beobachten Sie einmal ein Kleinkind, das solch ein „vollkommenes" Spielzeug auspackt. Es verliert oft sehr schnell das Interesse daran und kann statt dessen mit dem Karton viel besser und länger spielen.

Nicht perfekte Spielzeuge mit festliegender Bedeutung, sondern Baumaterialien, aus denen man immer neue Gebilde entstehen lassen kann, und vor allem viel Papier — nicht nur für unzählige phantasievolle Malereien und Kritzeleien — braucht das Kind bei seinen Gestaltungsspielen.

3. Gestaltungsspiele:

Hierzu gehören Kneten, Kritzeln, Malen, Bauen mit verschiedenen Materialien wie Sand, Holzklötzen, Legosteinen.

Entscheidend an den Gestaltungsspielen ist nicht das Ergebnis, das oft sofort nach Vollendung wieder zerstört wird — der Holzklotzturm wird unter Jubelgeschrei umgestürzt, der Sand-Kuchen zerpatscht — sondern das Tun selbst, die Freude an der Betätigung. Je lustvoller und ungestörter sich das Kind spielend mühen darf, um so unkomplizierter wird später sein Verhältnis zur Arbeit sein.

Entsprechend der Vielfalt der Spielarten ist die Zahl der Spielmittel und Spielzeuge groß, und vieles kann das Kind gebrauchen:

Papier, Pappe, Kartons, Stöckchen, Holzklötze, Sand, Wasser, Matsch, Stofffetzen, Kissen, Kisten, alte Hüte, ausrangierte Kleinmöbel;
Bälle, Ringe, Reifen, Nachziehtiere, Stofftiere, Puppen, Schubkarren, Schaufeln, Förmchen, Knete, Fingerfarben, Stifte, große Kugeln;
diese Liste kann phantasiereich von Ihnen beliebig vermehrt werden.

Folgende Anforderungen müssen an Spielmittel und Spielzeuge gestellt werden:

1. Sie sollen einfach gestaltet sein.
2. Sie dürfen weder gefährdend sein (scharfe Kanten, Holzsplitter) noch Krankheiten übertragen.
3. Sie sollen zum Spielen herausfordern, dem Bedürfnis nach Bewegung, Sammeln von neuen Erfahrungen, dem Nachahmungstrieb und dem Gestaltungswillen entgegenkommen.
4. Vergessen darf man nicht, dem Kinde wuschelige Stoff- und Schlaftiere zu schenken, die es liebhaben und im „Mutter-Vater-Kind-Spiel" umsorgen kann. Dieses Spielzeug kommt einem seelischen Grundbedürfnis entgegen: Liebe empfangen und Liebe geben zu können. (Siehe auch das Kapitel VI, 10: „Kinderängste im Vorschulalter")

Anregungen:

1. Stellen Sie eine Liste von Spielmitteln und Spielzeugen für das Kleinkind zusammen, geordnet nach den genannten Spielarten, die den gewünschten Anforderungen entsprechen.

2. Betrachten Sie kritisch die Auslagen eines Spielwarengeschäftes und schreiben Sie in Ihr Arbeitsheft, was Sie von dem angebotenen Spielzeug einem Kleinkind schenken würden.

3. Beurteilen Sie Kataloge und Reklameschriften von Spielzeugfirmen nach den Anforderungen, die Sie an ein Spielzeug für das Kleinkind stellen müssen.

Dem Spiel des Kleinkindes kommt aus folgenden Gründen so große Bedeutung zu:

1. Das Kleinkind spielt sechs bis sieben Stunden am Tag, seine wachen Stunden sind fast ausschließlich mit Spiel ausgefüllt.

2. Fertigkeiten und Geschicklichkeiten werden geübt und alle Sinnesorgane erprobt und spielend geschärft.

3. Wortschatz und Denkvermögen werden erweitert im Selbstgespräch, im Gespräch mit den Dingen und im Dialog mit den mitspielenden Kindern oder Erwachsenen.

4. Phantasie, Gemüt und Empfinden können sich entfalten im Umgang mit Puppe oder Teddy; erste soziale Verhaltensweisen werden eingeübt. Hier wird das Verhalten der Eltern besonders wichtig: Da das Kind die Erwachsenen spielend nachahmt, spiegelt sich in seinen Spielen ihre Lebensart wider, und für manche Eltern müßte das Spiel ihres Kleinkindes Anlaß zu ernsthafter Selbstkritik sein.

5. Selbstvertrauen und Lebensfreude werden im Kleinkind durch die positive Einstellung der Erwachsenen zu seinem Spielverhalten gestärkt.

6. Die spielerische Nachahmung der Welt der Großen ist eine Vorübung zum reibungsloseren Eintritt in die Arbeits- und Leistungswelt der Erwachsenen.

7. Im Spiel werden überschüssige Kräfte abreagiert.

8. Tiefenpsychologie und Heilpädagogik machen die heilenden Kräfte des Spiels für bereits geschädigte Kinder nutzbar. Kinder, die am Spielen gehindert werden, sind oft nervös, unruhig, unausgeglichen, phlegmatisch, verschüchtert, gehemmt und manchmal geistig zurückgeblieben.

6. Die Sauberkeitserziehung

Anregung:

Fragen Sie Ihre Eltern, wann und durch welche Methoden Sie sauber wurden, und schreiben Sie die Antwort in Ihr persönliches Begleitheft.

Es ist durchaus verständlich, daß jede Mutter daran interessiert ist, ihr Kind möglichst früh sauber zu haben. Die tägliche Windel- und Höschenwäsche bedeutet Mühe. Solange das Kind noch einnäßt, ist immer noch die Gefahr des Wundwerdens vorhanden.

Viele Mütter aber versuchen deswegen so krampfhaft, ihr Kind möglichst frühzeitig sauber zu bekommen, weil sie dies für ein Zeichen besonderer Klugheit ihres Lieblings halten, und weil sie damit angeben wollen. Ebenso wie der frühe erste Schritt und das erste Wort erfüllen sie trockengebliebene Windeln des Kindes mit besonderem Stolz, und sie wenden für dies Ergebnis wesentlich mehr Mühe auf, als sie für das Waschen der Windeln in der Waschmaschine benötigt hätten.

Das wäre nicht gar so schlimm, wenn das Kind nicht der leidtragende Teil wäre, weil es durch verfrühte und harte Reinlichkeitsdressur bleibende Charakterschäden behalten kann.

Das Kind muß nämlich, ehe es sauber werden kann, komplizierte Vorgänge lernen:

1. Es muß Harn- und Stuhldrang selbst örtlich bewußt empfinden.

2. Es muß erkennen, was der Druck im Unterbauch bedeutet.

3. Es muß sich daraufhin melden können.

4. Es muß lernen, die Schließmuskeln so lange geschlossen zu halten, bis es auf den Topf oder die Toilette gesetzt worden ist.

5. Es muß lernen, freiwillig und gern abzugeben, was ihm gehört.

Dem Kind werden also im Verlauf des Sauberwerdens erhebliche Leistungen abgefordert, die es solange einüben muß, bis es sie insgesamt gleichzeitig erbringen kann. Erst dann hat es den Dauerzustand „Saubersein" erreicht.

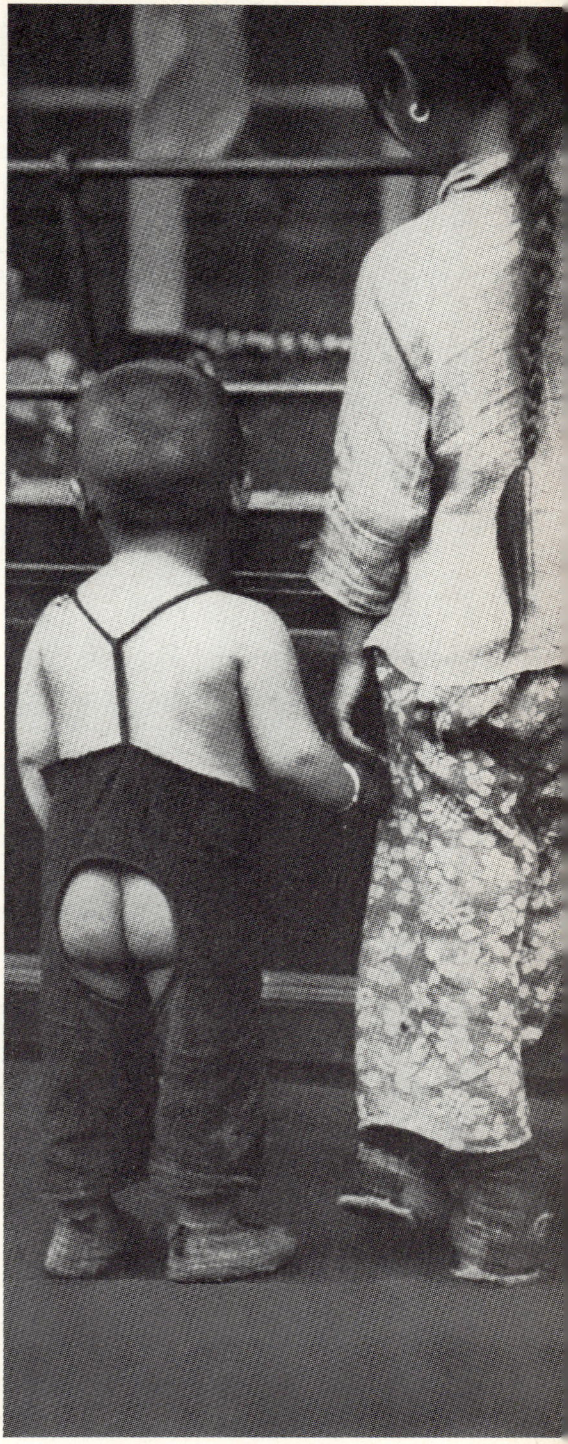

Man darf ohne Übertreibung sagen, daß von der lust- oder leidvoll erlebten Sauberkeitserziehung spätere positive oder negative Charaktereigenschaften herrühren.

▷ Ein Kind, das geduldiges Abwarten, verbunden mit freudigem Loben jedes Teilerfolges, durch die Mutter erlebt, wird von sich aus eher zum Abgeben seiner Ausscheidungen bereit sein. Im späteren Leben ist es aufgeschlossen zu freiwilliger Besitzabgabe und zu fröhlicher Leistungsbereitschaft.

▷ Ein qualvoll zur Sauberkeit dressiertes Kind wird später möglicherweise zu kleinlichem Geiz neigen und den von ihm geforderten Leistungen ängstlich oder trotzig widerstehen. Außerdem kann es sich dadurch „rächen", daß es immer wieder zu Rückfällen neigt, zum Bettnässer wird und auch im Schulalter noch einkotet.

Darum sieht die richtige Sauberkeitserziehung folgendermaßen aus:

1. Das Kind darf erst auf den Topf gesetzt werden, wenn es wirklich sitzen kann.
2. Sträubt es sich, werden die „Sitzungen" sofort eingestellt und auf einen späteren Zeitpunkt verschoben, solange, bis es dazu bereit ist.
3. Keine „Sitzung" darf länger als 10 Minuten dauern.
4. Ablenkung durch Spielzeug ist nicht erlaubt.
5. Das Rauschen eines geöffneten Wasserhahnes, auffordernde Sätze („mach fein aa") dürfen als Hilfen gebraucht werden.
6. Anfängliche Mißerfolge werden mit Gelassenheit und Vertrösten auf spätere Erfolge behandelt.
7. Erfolge werden mit fröhlichem Lob bedacht und auch den anderen Familienmitgliedern mitgeteilt, die in das Lob einstimmen.
8. Von Rückfällen, die jedem Kind passieren, wird keinerlei Aufhebens gemacht.

Sauberkeitserziehung — Dressur oder liebevolle Gewöhnung?

Selber die Schuhe anziehen — das ist zunächst ein Ereignis, ein Schritt zur Selbständigkeit. Bald aber wird es zur Selbstverständlichkeit, zur Gewohnheit, die allen „Beteiligten" das Leben erleichtert.

9. Das Kind darf helfen, das Töpfchen zu entleeren und bekommt auf alle Fragen, die es in bezug auf seine Ausscheidung stellt, klare, positive Antworten, die auf keinen Fall Ekel oder Abscheu zum Ausdruck bringen dürfen.

10. Schimpfen, Schlagen und Zwang zu qualvoll langen „Topfsitzungen" sind strengstens verboten! Solche Handlungen Erwachsener sind grausam und unbegreiflich roh.

7. Gewöhnung und Gewohnheiten

Anregungen:

1. Überlegen Sie, wie weit Sie eigene Angewohnheiten bis in Ihre Kindheit zurückverfolgen können.
Schreiben Sie das Ergebnis Ihres Nachdenkens in Ihr persönliches Begleitheft.

2. Nennen Sie gute und schlechte Angewohnheiten Ihrer kleinen Geschwister oder Nachbarskinder.

3. Wie würden Sie vorgehen, wenn Sie einem Kleinkind erwünschte Eigenschaften angewöhnen wollten?

Welches Elternpaar wünscht sich nicht Kinder, die durch ein hohes Maß an liebenswerten Angewohnheiten das Miteinanderleben erleichtern? Regelmäßige Nahrungsaufnahme, Sauberkeit, Höflichkeit, Ordentlichkeit — das sind Eigenschaften, die viele Eltern äußerst hoch einschätzen. Sie kämpfen um die Erreichung dieser Ziele bereits beim Kleinkind oft schon verbissen und verwechseln dabei leider — dies geht zu Lasten der gesunden Entwicklung des Kindes — Gewöhnung mit Dressur.

Dressur beinhaltet Zwang, Gewaltanwendung, und beides darf das Kleinkind nicht erleben.

Gewöhnung dagegen heißt zwangloses Hinführen zu einem erstrebenswerten Ziel, das altersmäßig auch tatsächlich erreicht werden kann, und das beste Mittel hierzu ist das eigene Vorbild.

Beispiel 1:

Frank, 2½ Jahre alt, spielt hingebungsvoll, auf dem Fußboden liegend, mit seiner Holzeisenbahn. Mutter deckt den Tisch und sagt: „Wir essen bald." Nach zehn Minuten sitzen alle Familienmitglieder am Tisch, aber Frank rührt sich auch nach Aufforderung nicht, zum Essen zu kommen. Da geht Mutter zu ihm hin, hebt ihn auf und sagt freundlich: „Komm, wir wollen zusammen essen, es schmeckt uns allen nicht so gut, wenn unser Frank fehlt." Der Kleine rutscht willig auf seinen Stuhl.

Beispiel 2:

Christian, 2 Jahre alt, macht von Anfang an nie Schwierigkeiten, wenn er vor dem Essen die Hände waschen soll. Warum? Erstens durfte er immer vergnüglich im Wasser planschen, und zweitens haben ihm seine großen Geschwister erklärt, daß man durch schmutzige Hände krank werden kann.

Beispiel 3:

Christian ist schon als Kleinkind auffallend freundlich zu allen Nachbarn und versucht frühzeitig, Gespräche zu führen. Er erlebt am Vorbild von Eltern und Geschwistern gutnachbarliche Beziehungen.

Beispiel 4:

Gundula kann mit 11 Jahren verschiedene Kuchensorten backen und gut kochen, und sie tut beides mit Begeisterung. Sie war von kleinauf daran gewöhnt worden, der Mutter beim Backen und Kochen zu helfen, weil Mutter und Tochter das gemeinsame Tun Spaß machte.

Kinder haben von sich aus das Bedürfnis nach Regelmäßigkeiten und Wiederholung.
Sie hören immer wieder gern die gleiche Geschichte, sie werden morgens um die gleiche Zeit wach, sie ermüden zu bestimmten Stunden. An ein solches natürliches Ordnungsgefüge kann sich das Hinleiten zu guten Gewohnheiten anlehnen. Es soll ausdrücklich betont werden, daß gute Gewohnheiten den Freiheits- und Spielraum des Kindes nicht einengen, sondern erweitern. Wenn es sich die Hände regelmäßig wäscht, bleibt es eher von Krankheiten verschont. Nimmt es pünktlich an den Mahlzeiten teil, kann es zwischendurch um so ausdauernder spielen. Ein altersgemäßer, geregelter Schlaf-Wachrhythmus nützt seiner Entwicklung.

Bei der Einführung von Gewohnheiten muß beachtet werden,

1. daß das Kind sie möglichst vom Vorbild der Erwachsenen „abguckt",
2. daß sie dem Alter entsprechen und keine Überforderung darstellen,
3. daß das Kind sie sich mit Lust aneignen kann und nicht qualvoll andressiert bekommt,
4. daß sie sich nicht zu starren Regeln auswachsen, sondern gegenüber später zu entwickelnden, neuen, besseren Gewohnheiten austauschbar bleiben.

V. Das sogenannte Trotzalter: $2^3/_4$ bis $3^1/_2$ Jahre Erwachen von Selbständigkeit und Unabhängigkeitsstreben

Anregungen:

1. Berichten Sie von Trotzhandlungen, die Sie bei Kindern erlebt haben.
2. Ihre Eltern können Ihnen bestimmt über Ihr eigenes trotziges Verhalten als dreijähriges Kind erzählen. Schreiben Sie dies in Ihr persönliches Begleitheft.
3. Kleben Sie in Ihr persönliches Begleitheft eine Fotografie, auf der Sie als „Trotzkopf" aufgenommen wurden.

„Starrsinn und ein hartnäckiger Ungehorsam müssen mit Gewalt und mit Schlägen niedergezwungen werden, denn ein anderes Mittel dagegen gibt es nicht... Ich habe eine umsichtige und gute Mutter gekannt, die bei solch einem Anlasse gezwungen war, ihre kleine Tochter ... achtmal nacheinander an demselben Morgen zu schlagen, ehe sie ihren Starrsinn beugen und ihre Nachgiebigkeit in einer sehr leichten und unbedeutenden Sache erreichen konnte. Hätte sie früher aufgehört und bei der siebenten Züchtigung die Sache eingestellt, so hätte sie das Kind für immer verdorben und durch ihre wirkungslosen Schläge es nur in der Widersetzlichkeit bestärkt, die dann später kaum zu heilen gewesen wäre. Weil sie aber klugerweise standhaft blieb, bis sie des Kindes Sinn gebeugt und seinen Willen schmiegsam gemacht hatte, was ja der einzige Zweck der Strafe und Züchtigung gewesen war, so begründete sie bei der allerersten Gelegenheit ihre Autorität unwandelbar fest und fand nachher stets bei ihrer Tochter volle Willfährigkeit und Gehorsam".[1]

John Locke, (1632—1704), war ein bedeutender englischer Pädagoge und Wissenschaftler des 17. Jahrhunderts. Beim Lesen der von ihm verfaßten, obenstehenden Zeilen erschrickt man. So wurden früher kleine Kinder erzogen? So wurde der Wille „schmiegsam", das Kind „willfährig und gehorsam" gemacht? Solche Methoden gibt es doch heute glücklicherweise nicht mehr!

Wirklich nicht?

Wir wissen heute, daß im dritten Lebensjahr Veränderungen im innersekretorischen System des Körpers vor sich gehen, die schnellere Ermüd-

[1] „John Lockes Gedanken über die Erziehung". Verlag Ferdinand Schöningh, 1907, S. 114.

barkeit, Schweißausbrüche und leichte Blutdruckerhöhungen beim Kind hervorrufen können. Es ist gut, wenn viele Eltern dies wissen, denn dann sind sie eher bereit, dem sich nun im Wesen verändernden Kind mit mehr Geduld und Verständnis zu begegnen.
Auch das zweijährige Kind zeigt schon Abwehrreaktionen gegen Maßnahmen der Erwachsenen. Es schreit, wenn es ins Bett gehen soll, es wehrt sich gegen das Füttern und anderes mehr. Aber es läßt sich doch verhältnismäßig leicht wieder beruhigen.
Anders benimmt sich das Kind, das die sogenannte Trotzphase durchläuft, die in der Regel in der zweiten Hälfte des dritten Lebensjahres beginnt und ungefähr ½ bis ¾ Jahr andauert.

Das trotzende Kind wehrt nicht nur ab, sondern es verneint um des Verneinens willen. Es will nicht wollen. Auch zu solchen Tätigkeiten sagt es plötzlich „nein“, die es bisher immer bevorzugt hat, z. B. planschen, spazierengehen, Saft trinken. Es will alles allein tun und wehrt heftig Hilfeleistungen durch Erwachsene ab, z. B. beim Schuheanziehen, beim Waschen.

In dieser Zeit reißen Kinder manchmal bereits aus.

Beispiel:

Kirmeszeit. Mutter und der dreijährige Frank haben viel Spaß auf Karussells, Autoscootern und bei den Losbuden miteinander erlebt. Nun aber wird es Zeit, nach Hause zu gehen. Frank paßt das nicht, noch aber läßt er sich widerwillig an der Hand hinter Mutter herziehen. Da trifft diese Bekannte, man begrüßt sich per Handschlag, Mutter will Frank wieder anfassen — weg ist er! Kein Rufen, kein Suchen hilft, nirgendwo im Getümmel ist Frank zu finden. Nach einer Stunde geht Mutter völlig aufgelöst zur nächsten Polizeidienststelle. Dort sitzt ein reizender, quietschvergnügter „Ranki“, an dessen ulkiger Erzählkunst die Polizeibeamten ihre helle Freude haben. Mutter bemerkt den vorwurfsvollen Unterton in der Stimme der Polizisten: Wie konnte sie nur solch ein liebenswertes Kerlchen ohne Aufsicht lassen?

An diesem Beispiel werden zwei charakteristische Züge der sogenannten Trotzperiode deutlich:
1. Das ungestüme Weglaufen des Kindes, nur dem eigenen Willen gehorchend.
2. Die Verwandlung des trotzenden Kindes bei anderen Erwachsenen: Es ist dort auffallend artig und liebenswert. Kinder, die zu Hause abwehrend keinen Bissen anrühren, essen widerspruchslos bei Nachbarn, Großeltern, Bekannten. Das ist für die Eltern oft peinlich, kann doch leicht dadurch der Eindruck erweckt werden, als bekomme das „arme“ Kind zu Hause nicht genug zu essen, und besonders Großeltern neigen dazu, dem „hungernden“ Kinde mehr zu glauben als den Eltern. So können Konflikte entstehen zwischen Verwandten, an denen der kleine Trotzkopf die Schuld trägt.
In dieser Zeit ist das Kind in seinen Handlungen und Spielen unausgeglichen, es fängt viele Spiele an, ohne sie zu beenden. Es ist von einer ständigen Unruhe geplagt und ermüdet schnell. Es spricht viel, aber lässig und fragt, ohne ernsthaft an der Antwort interessiert zu sein.
Am auffallendsten ist, daß Ausbrüche stärkster Wut mit Schreien, Sich-Hinwerfen, Aufstampfen, Beißen, Schlagen, Treten abwechseln mit Zeiten eines besonders

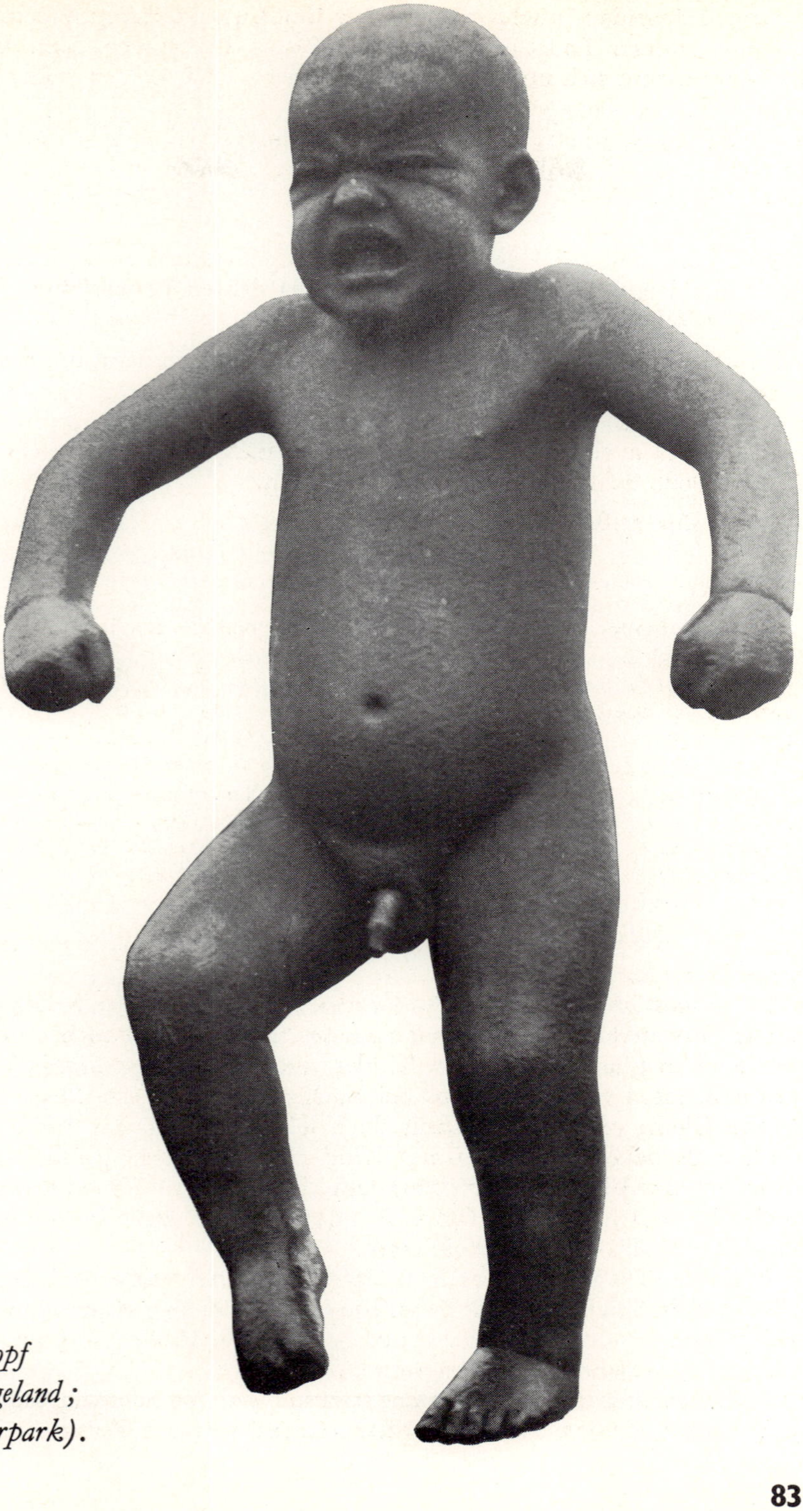

Der Trotzkopf
(von G. Vigeland;
Oslo, Frognerpark).

großen Anschmiegsamkeits- und Zärtlichkeitsbedürfnisses. Das Kind klettert auf Mutters oder Vaters Schoß, drückt sie ganz fest und schmust anhaltend.

Die Unruhe am Tage kann das Kind bis in seine Träume hinein verfolgen. Es schreckt nachts häufig auf, schreit im Traum und will unbedingt bei den Eltern schlafen, weil es Angst hat, allein in seinem Bett zu bleiben.

Das Ablehnungsverhalten kann sich als aktiver oder passiver Trotz zeigen: Das Kind lehnt sich entweder aggressiv gegen den Willen der Erwachsenen auf, oder es überhört die Wünsche seiner Erzieher.

An die Eltern und Erzieher stellt dieses für sie oft unverständliche Verhalten des Kindes große Anforderungen hinsichtlich ihrer Geduld und ihres Einfühlungsvermögens, und nicht selten „platzt ihnen der Kragen".

Beispiel:

Stefan ist ein zartes Kind, und seine Mutter ist ängstlich bemüht, daß er ja ordentlich ißt, damit er kräftiger wird.

Einmal gibt es mittags Reis, und Stefan will nicht essen. Mutter redet ihm liebevoll zu, erzählt ihm eine Geschichte und füttert ihn beiher. Und wirklich macht Stefan nun brav seinen Mund auf, ein Löffel voll nach dem anderen wird hineingeschoben, bis es auf einmal nicht mehr weitergeht: Stefan hat allen Reis in den Backentaschen aufgehoben und nicht einen Bissen hinuntergeschluckt!

Da reißt der Mutter der Geduldsfaden: Stefan bekommt einen kräftigen Schlag auf die Wange, so daß der Reis nach allen Seiten spritzt. Die Flecken an der Tapete sind noch lange danach zu sehen.

Kein Beispiel zur Nachahmung, sondern zur Abschreckung! Es soll nur zeigen, daß Mütter auch nur Menschen sind und bei allem besten Willen doch mitunter versagen, weil ihre Geduld von dem trotzenden Kinde zu sehr beansprucht wurde.

Darum ist es für alle Eltern gut zu wissen, was eigentlich in ihrem Kinde vor sich geht, damit sie es besser verstehen und entsprechend richtiger behandeln können.

▷ Das Kind, das sich bisher mit seiner Umwelt im Einklang befand, beginnt zu ahnen, daß es als selbständiges Wesen, als Individuum, existiert. Bisher machte es keinen wesentlichen Unterschied zwischen sich und den anderen, es lebte (bei normalen Familienverhältnissen) in einer als Einheit empfundenen Welt.

▷ Nun beginnt es zu begreifen, daß zwischen ihm selbst und den anderen eine Distanz besteht, die nicht ohne weiteres überbrückt werden kann.

▷ Das Erfassen solcher Zusammenhänge stürzt das Kind in eine seelische Krise, und voller Not verfängt es sich in Emotionen und Aggressionen, weil es ja nicht in der Lage ist, diese Krise zu durchschauen, geschweige denn durch eigenes Wollen zu überwinden. Das Kind ahnt sein „Selbst-Sosein" und möchte nun auch selbständig werden, möchte sich lösen von der engen Bindung an seine Umwelt.

▷ Darum wird dieses Alter mit Recht besser „Autonomiealter" genannt, denn nicht der Trotz ist das wesentliche Element dieser Phase, sondern das Selbständigwerden.

Das zeigt sich auch daran, daß die Kinder jetzt nicht mehr in der dritten Person von sich reden, sondern „ich“ sagen.

Beispiel:

Der fast dreijährige Frank nennt sich „Ranki“, und seine Sätze beginnen meistens so: „Der Ranki will . . .“. Eines Tages sagt er übergangslos: „Ich will 'pazierengehen.“ Verdutzt schaut er seine Mutter an, die genau so überrascht zu ihm hinunterblickt. Auf einmal hüpft er aufgeregt-fröhlich auf dem Flur herum und juchzt: „Ichichichich-ichichich . . .!“ Dann hört er plötzlich auf, sagt noch einmal deutlich betont: „Ich will 'pazierengehen!“ und läßt sich in seinen Mantel helfen. Den „Ranki“ gibt es für ihn nicht mehr, er ist „ich“.

Franks Geschwister Stefan und Gundula bevorzugten im Alter von vier und drei Jahren bei ihren Auseinandersetzungen den „Ich-Kampf“: „Ich will die Puppe haben!“ „Nein, ich!“ „Nein, ich!“ „Ich!“ — „Ich!“ — „Ichichichich!“ — „Ichichichich-ichich . . .!“ Das dauerte so lange, bis einem von beiden die Luft wegblieb oder eines inzwischen das Streitobjekt erobern konnte.

Wie aber sollen sich nun Eltern verhalten, wenn ihr Kind sie trotzig reizt?

Zwei Fehler müssen entschieden vermieden werden:

1. Das trotzende Kind darf nicht zu hart behandelt werden. Den Willen durch Schläge „schmiegsam“ machen, wie John Locke es für richtig hielt, heißt in Wahrheit einen Duckmäuser, ein verschüchtertes, leistungsabwehrendes, sich stets fügendes, resignierendes Menschenkind zu formen, das im späteren Leben kaum Ansprüche stellen und unter die Mitläufer einzureihen sein wird.

2. Das trotzige Kind darf nicht zu nachgiebig behandelt werden. Wenn es immer seinen Willen bekommt, — was es selbst innerlich gar nicht möchte, denn es sucht mit seinen Ausbrüchen ja gerade die Grenzen, den Rahmen, in dem es trotz größerer Selbständigkeit geborgen weiterleben kann! — wird es zu einem Egoisten erzogen, der sich immer als „Nabel der Welt“ sieht, große Anpassungsschwierigkeiten in allen Gemeinschaften (Familie, Schule, Betrieb) hat und in eine Außenseiterrolle gedrängt wird.

Diese zwei Forderungen kann man mit folgendem Erziehungsverhalten erfüllen:

1. Wenn die Situation es zuläßt und sich nicht zuspitzt, über ein leichtes Trotzen hinwegsehen und es nicht weiter zur Kenntnis nehmen.
Mancher kleine Hitzkopf beendet verblüfft seinen Zornanfall, wenn dieser weiter nicht beachtet und mit ruhiger Gelassenheit übergangen wird.

2. Dem Wunsche, wenn möglich, entsprechen: Dem Kinde den eigenen Willen lassen, wo es sich um ungefährliche Vorgänge handelt.
Wenn Dieter die braunen statt der schwarzen Schuhe anziehen will, mag er es tun.

3. Das Kind vor eine Entscheidung stellen.
„Möchtest Du Milch oder Kaffee trinken?“ „Möchtest Du Wurst oder Marmelade aufs Brot haben?“ „Möchtest Du die gelben oder die blauen Söckchen anziehen?“

Das Kind lernt so, zwischen zwei Möglichkeiten zu entscheiden, das „Nein"-Sagen entfällt, und gleichzeitig erfolgt eine Vorübung für spätere, kompliziertere Entscheidungen.

▷ 4. Entdramatisieren, fröhlich (nicht hämisch oder schadenfroh!) lachen.

Beispiel:

Gundel hat ihren Vater wütend beiseitegestoßen und „oller Papa" gesagt. Vater möchte sie nun keinesfalls strafen, sondern auf den Arm nehmen und ihr sagen, daß er doch ihr „lieber Papa" sei. Aber Gundel faßt Vaters Liebeswerben falsch auf, und je mehr er nach ihr greift, um so mehr schlüpft ihm das wendige Persönchen zwischen Händen und Beinen hindurch. Nun wird Vater zornig und möchte gern einen Klaps anbringen, aber es gelingt ihm nicht. Gundel ist jedesmal schneller. Die Mutter und die großen Brüder schauen dem sich anbahnenden Drama gebannt zu — bis Mutter in schallendes Gelächter ausbricht. Vater, Gundel und die Jungen sehen verdutzt hoch und lachen lauthals mit.

▷ 5. Ablenken — eine hervorragende Methode.

Beispiel:

Christian steht wie festgewurzelt vor Zorn vor seiner Mutter, er will überhaupt nichts mehr, nicht spazierengehen, nicht spielen, nichts hören, er will nur eines: Trotzen! Da nimmt ihn Mutter auf den Arm, und er macht sich steif wie ein Stock, biegt seinen Oberkörper zurück und legt die Hände nach hinten: Nur ja nicht Mutter berühren! Mutter geht mit ihm zum Fenster, zeigt hinaus und sagt: „Sieh, da ist Deine Freundin Sabine, hat die einen schönen, roten Ball! Wo ist eigentlich Dein weißer Ball, wollen wir ihn suchen? Schau, Sabine spielt mit Gaby und hat ihr Dreirädchen mitgebracht." Während sie so redet, beobachtet sie schmunzelnd, wie der zornsteife Christian wieder zu einem weichen Bündelchen Mensch wird, die Arme um ihren Hals legt, seine Wange an ihre anschmiegt, gespannt hinaussieht und dann ganz schnell hinaus will.

Wichtig: Die erzählte Geschichte muß stimmen! Verabscheuungswürdig ist es, z. B. zu sagen: „Sieh, da läuft ein Hund!", aber es ist gar keiner da. So wird der Keim zu Mißtrauen und späterem lügenhaften Verhalten gelegt.

6. Gebote aufstellen und einhalten, wo sie unbedingt nötig sind, z. B. beim Spazierengehen in der Stadt. Losreißen von der Hand kann Tod auf der Straße bedeuten!
Das mutwillige Zerkratzen von Möbeln und Tapeten, das Donnern gegen die Tür mit den Füßen, das Werfen mit greifbaren Gegenständen darf nicht geduldet werden. Notfalls muß das Kind ein paar Minuten lang isoliert werden im Nebenraum (nicht im dunklen Keller!), um ihm die Möglichkeit einer — wenn auch mangelhaften, weil kindlichen — Einsicht zu geben. Notfalls hilft auch ein (ein!) Klaps auf die Hand, das Bein, die Körperteile also, die den Schaden angerichtet haben (Werfen oder Treten). Solch einen leichten Klaps empfindet das Kind nicht als entwürdigend, im Gegenteil, nicht das ganze Kind ist bestraft worden, sondern nur der aktiv-böse Teil, und danach ist das ganze kleine „Ich" wieder eine Einheit, das von dem Erwachsenen in Liebe angenommen bleibt.

Die Herausforderung (von e. o. plauen)

7. Nach jedem Zornausbruch und trotz aller Aggressionen dem Kind immer in liebevoller Zuwendung entgegenkommen.

In solchen Krisenzeiten — auch nach dem Trotz- oder Autonomiealter ereignen sich, abwechselnd mit Beruhigungsphasen, immer wieder emotionsgeladene Reifungsabläufe im menschlichen Leben — braucht der junge Mensch besonders stark den verständnisbereiten und verzeihenden, nicht nachtragenden, liebevollen und partnerschaftlichen Erzieher.

VI. Das Vorschulalter: $3^1/_2$ bis 6 Jahre

1. Die Zeit der Versachlichung und der zielgerichteten Neugierde: Die „Warum"-Fragen

Anregungen:

1. Sammeln Sie Kinderfragen — Sie werden Ihre helle Freude daran haben. Schreiben Sie diese mit den passenden Antworten in Ihr Arbeitsheft.

2. Fragen Sie Ihre Eltern nach den „Warum"-Fragen, die Sie als Kind stellten, und schreiben Sie diese in Ihr persönliches Begleitheft.

3. Kleben Sie ein Bild in dieses Heft aus der Zeit, in der Sie vier bis sechs Jahre alt waren.

Die Gewitterwolken der Trotzperiode verziehen sich, letzte Ausläufer des Unwetters beunruhigen nicht mehr.

Das vierjährige Kind wird wieder ausgeglichener, fröhlicher und gelassener. Sein Interesse an der Umwelt hat sachliche Züge. Die Distanz zu Menschen und Dingen, die Eigenständigkeit werden nicht mehr in Emotionsschüben ertrotzt, sondern sind Selbstverständlichkeit im kindlichen Leben geworden.

Sachliche Unterschiede, wie Form, Farbe oder Größe eines Gegenstandes, werden jetzt erkannt. Schon ein 3½ jähriges Kind kann Dinge nach Merkmalen ordnen, z. B. rote Klötzchen von blauen, dreieckige Formen von viereckigen trennen.

Die ursprüngliche Neugierde auf alles und jedes in seiner Umwelt wird differenzierter und detailbedachter. Die „Issas"-? — „Was ist das?"-Fragen, die durch eine einfache Antwort befriedigt wurden, verändern sich zu den „Warum"-Fragen, die in langer Kettenfolge bohrend gestellt werden können.

Zum Beispiel: Das Kind sieht der Mutter beim Kartoffelschälen zu. Nun fragt es: Warum schälst Du die Kartoffeln? Warum wäschst Du sie? Warum müssen sie kochen?

Andere Fragen sind schon schwieriger zu beantworten: Warum ist das Auto rot und das da blau? Im Bus: Warum hat der Onkel die Warze auf der Backe? Warum hat die Tante so viele Falten im Gesicht? Warum hat die Frau so'nen Hut auf?

Welterkundung. Mit zielgerichteter Neugier „erobert" das Vorschulkind seine Umwelt.
Seine noch von keinen Hemmungen gebremste Entdeckungskunst richtet sich auf alles, was die Welt an Sichtbarem und Greifbarem bietet. Unerschrocken und unermüdlich stellt es seine „Warum"-Fragen.

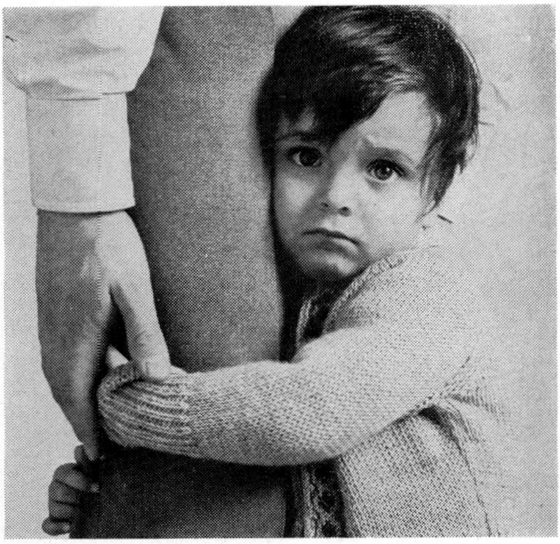

Vater und Mutter bleiben trotz der beginnenden Lösung von der Elternbindung und trotz der Weltaufgeschlossenheit des Vorschulkindes die sichere Zuflucht. Sie müssen immer noch ständig als Bezugspersonen zur Verfügung stehen.

Alle Eltern kennen die peinlichen Situationen, die aus solchen Kinderfragen entstehen können. Trotzdem sollten sie sich nicht an der Beantwortung vorbeidrücken oder das Kind gar barsch zum Schweigen auffordern. Kinderfragen sind wichtige Zeichen der zustimmenden, gesunden Anteilnahme an der Umwelt. Ein Kind, das fragt, will mehr wissen, steckt voller Leben — das nicht fragende Kind hat schon so negative Erfahrungen gemacht, daß es bereits resigniert, sein Lebenswille ist geschwächt.

2. Das Verhältnis zu den Eltern

Anregung:

Können Sie sich noch entsinnen, mit welchem Elternteil Sie im Vorschulalter am liebsten gespielt haben? Schreiben Sie dies in Ihr persönliches Begleitheft.

Bisher hat das normal entwickelte Kind kaum ein Elternteil mit seiner Hinwendung mehr als den anderen bedacht, besonders dann nicht, wenn der Vater von vornherein mit in die Säuglings- und Kindererziehung hineingenommen wurde.

Nun aber bevorzugen viele Jungen plötzlich die Mutter, die kleinen Töchter den Vater. Das Mädchen äußert: „Ich heirate später Papa!", und der Junge sagt, indem er seine Mutter zärtlich drückt: „Mami wird meine Frau."

Es kommt häufig sogar zum Rivalitäts- und Ablehnungsverhalten gegenüber dem gleichgeschlechtlichen Elternteil.

Beispiel:

Vater nimmt Mutter in den Arm und sagt: „Du bist meine Beste." Sofort drängt sich der vierjährige Christian dazwischen. Er will auf Mutters Arm genommen werden. Er schmust und sagt: „Ach, Du bist ja meine allerliebste Mama", und während er mit der einen Hand die Mutter streichelt, drängt er mit der anderen den Vater weg.

Solch kindliches Benehmen bezeichnet man als „Ödipus-Phase". (Ödipus ist ein Held der griechischen Sage, der auf Grund verschiedener dramatischer Entwicklungen in seinem Leben unwissentlich seine eigene Mutter heiratete).

Psychologen haben nachgewiesen, daß dieser Reifungsprozeß erotische Züge, verbunden mit sexueller Neugier, in sich trägt.

Was können Eltern tun, damit diese „ödipale Situation" als Teilstufe der normalen Entwicklung überwunden wird und sich nicht zum „Ödipus-Komplex" auswächst? (Krankhaft-feste Bindung an den gegengeschlechtlichen Elternteil).

1. Väter und Mütter behalten das liebevoll-freundschaftliche Verhalten zu ihren Kindern und die Sicherheit des erwachsenen Partners bei, so wie sie es im Verlauf der ersten Lebensjahre des Kindes miteinander gelernt und aneinander geübt haben.
Sie zeigen möglichst keine Gekränktheit über das ablehnende Benehmen ihres gleichgeschlechtlichen Kindes.

2. Väter sollen ihre Töchter nicht dadurch verwirren, daß sie allzu hautnahen Kontakt mit ihnen haben, z. B. durch langes Schmusen am Sonntagmorgen im Bett, oder daß sie die Tochter der Mutter offensichtlich vorziehen.

3. Mütter erkennen die Aufmerksamkeiten ihrer kleinen Ritter lobend an (Abtrocknen, Einkaufen, Spielzeug wegräumen), wehren aber allzu heftige Umarmung, auf etwas anderes ablenkend, ab.

Wenn nämlich eine übergroße, erotisch gefärbte Bindung an den andersgeschlechtlichen Elternteil zu lange anhält und zu tief verfestigt wird, so ist später eine Lösung kaum noch möglich und erschwert die Aufnahme von Beziehungen zum anderen Geschlecht ungemein, ja, macht sie oft ganz unmöglich.

Zur Erziehung des Kindes zum selbständigen Menschen gehört, daß die Eltern früh genug lernen, liebevolle Zuwendung und behutsame Loslösung in ihrem Verhältnis zum Kind in der Waage zu halten.

3. Das Verhältnis zu anderen Kindern: Kindergartenreife und Kindergartenbesuch

Anregungen:

1. Besuchen Sie einen Kindergarten, und beobachten Sie die Kinder beim Spiel.
2. Notieren Sie diese Beobachtungen in Ihrem Arbeitsheft und ordnen Sie sie nach bestimmten Gesichtspunkten, z. B.: Welches Spielzeug bevorzugten die Vierjährigen, welches die Fünfjährigen? Welche Kinder spielten zusammen? Welche Kinder übernahmen eine Führungsrolle? Wie wurden die Aggressionen zwischen den Kindern abreagiert? Wie wurde die Einhaltung gewisser, notwendiger Ordnungsregeln gehandhabt?
3. Schreiben Sie in Ihr persönliches Begleitheft eigene Kindergartenerlebnisse, und kleben Sie dazu ein Bild aus Ihrer Kindergartenzeit. Vielleicht haben Sie auch noch selbstgefertigte Zeichnungen und Bastelarbeiten, die Sie hinzufügen können.

Das Kleinkind spielt vorwiegend allein oder mit Erwachsenen. Im Sandkasten hütet es sorgsam sein Eimerchen, seine Schaufel vor Gleichaltrigen und gibt freiwillig ungern seinen Besitz ab. Je nach Temperament verteidigt es mit lautem Weinen oder Schlägen seinen Platz und sein Eigentum.

Anders verhält sich das Vierjährige. Es ist bereit und fähig, mit anderen Kindern seines Alters flüchtige Bindungen einzugehen und mit ihnen zusammen zu spielen.

Allerdings brauchen die Kinder dazu noch die Anleitung und Führung von Erwachsenen oder von größeren Kindern, die die Spiele in Gang bringen oder die Spielführung übernehmen. Oft schließen sich Vier- bis Fünfjährige den Gruppen größerer Kinder an und fügen sich willig deren Anordnungen.

Das Kind ist kindergartenreif geworden.

Der Kindergartenbesuch ist freiwillig.

In der Regel wird der Kindergarten morgens von 8—12 Uhr, nachmittags von 14—16 Uhr besucht. Die Ferien entsprechen ungefähr den Schulferien. Kindergärten werden durch den Staat, die Kommunen, die Kirchen oder durch Wohlfahrtsverbände unterhalten.

Ein Kind sollte unbedingt mitentscheiden können, ob es den Kindergarten besuchen will. Ängstliche Kinder überwinden ihre anfängliche Scheu oft, wenn ein Nachbarskind mitgeht und das Kind zunächst einmal beobachtend am Geschehen im Kindergarten teilnehmen darf.

Alleinstehende, berufstätige Mütter haben oft keine andere Wahl, als ihr Kind möglichst früh in den Kindergarten zu schicken. Ebenso sollten Kindergartenplätze für Einzelkinder, Nachkömmlinge, Kinder überbeschäftigter Eltern und insbesondere für vernachlässigte Kinder zur Verfügung stehen, die besonders einfühlsam in kleinen Gruppen betreut werden müssen.

Auch Eltern, die ihre Kinder lieber zu Hause behalten möchten, können doch die Vorzüge des Kindergartens nicht übersehen:

Kindergärten bieten unbestreitbar die Familienerziehung ergänzende Erziehungshilfen, wenn sie nicht zu Kinderbewahranstalten degradiert werden, und wenn die Erzieherinnen sich vor allem den Kindern in kleinen, für sie wie für jedes Kind überschaubaren Gruppen widmen können.

1. Das Kind hat ein reichliches Angebot von ausgesucht gutem Spielmaterial zur Verfügung, das Spiel mit Intelligenz- und Denktraining harmonisch verknüpft.

2. Das Kind muß sich bestimmte Ordnungen und Regeln, die sich jede menschliche Gemeinschaft auferlegen muß, zu eigen machen. Dadurch erlernt es soziales Verhalten. Sein Weg in die menschliche Gemeinschaft wird erleichtert.

Allerdings darf auch im Kindergarten Ordnung nicht zum obersten Prinzip erhoben werden, das die Kinder zu ständiger Anpassung und zum Sich-fügen-Müssen zwingt, sondern Ordnung soll auch hier nur in dem Maße gefordert werden, als sie notwendig ist zur Aufrechterhaltung der Gemeinschaft.

3. Das Kind, das bisher von den Eltern allzu ängstlich behütet wurde, muß hier zwangsläufig wichtige Fertigkeiten lernen: Schuhe zuknüpfen, selbständig essen, Spielsachen wegräumen, Mantel an- und ausziehen.

4. Der Wechsel zwischen Alleinspiel, Gruppenspielen, Werken, Basteln, Hinhören auf Erzählungen durch die Erzieherin, Spaziergängen zur Verkehrserziehung, Turnspielen und vielem anderen mehr fördert Aufmerksamkeit, manuelle und körperliche Fähigkeiten, Konzentrationsvermögen, Intelligenz, Phantasie, Gemüts- und Gewissensbildung des Kindes.

5. Die Familie in ihrer heutigen Struktur (Kleinfamilie, Berufstätigkeit beider Elternteile) kann die Sozialisation der Kinder (Prozeß der Einordnung des einzelnen in die Gemeinschaft) nur noch begrenzt leisten. Kindergärten erweitern den Kreis der Sozialisationspartner von Kindern und Eltern auf positive, vielfältige Weise: In den Gruppen der Drei- bis Fünfjährigen beginnt das Kind, die sozialen Fähigkeiten einzuüben, die Voraussetzung für das Weiterbestehen unserer demokratischen Gesellschaft sind; es lernt, seine individuellen Ansprüche in der Gruppe auf den Anteil zu reduzieren, der allen Kindern gleichermaßen zusteht. Auch die Eltern, die nach den Kindergartengesetzen der Bundesländer Mitbestimmungsmöglichkeiten haben, finden sich in Mitwirkungsgruppen zusammen und knüpfen so Kontakte, die nicht nur den Kindern und ihrem Kindergarten nutzen. Sie selbst gewinnen dadurch freundschaftliche Beziehungen zu-

einander; manche ähnliche Erziehungsprobleme ihrer Kinder lassen sich leichter lösen, wenn Eltern sie partnerschaftlich miteinander besprechen und gemeinsam herausfinden, welche Erziehungswege die besten sind.

6. Nicht zuletzt verstärkt das fröhliche Feiern von Festen in der Kindergartengemeinschaft die positive Lebenseinstellung des Kindes.

Nicht verschwiegen werden soll jedoch, daß überfüllte Kindergärten mit überforderten Erzieherinnen der kindlichen Entwicklung mehr schaden als nützen und außerdem noch epidemieartigen Erkrankungen Vorschub leisten.

Kindergärten sind nur sinnvoll, wenn sie nicht zu Kinderbewahranstalten degradiert werden, wenn die Erzieherinnen mit den neuesten Erkenntnissen der Vorschulkindforschung vertraut sind und sich kleinen Kindergruppen (8 bis 10 Kinder) widmen können.

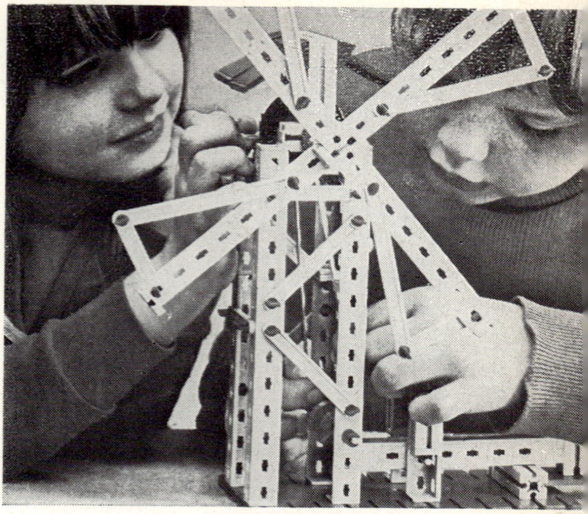

Vorschulkinder beim Basteln.
Baukästen beflügeln Erfindungsgeist und konstruktive Phantasie. Sicher nicht weniger anregend sind aber auch „wertlose" Materialien, Papier, Holzabfälle oder Stroh, aus denen bei einiger Anleitung Menschen, Tiere und vielerlei Spielsachen entstehen, die oft viel schöner sind, als teure gekaufte.

Rollenspiele: „Schiffahrt" und „Hochzeit"

4. Das Spielverhalten des Vorschulkindes: Rollenspiele, Wahrnehmungstraining und gestaltendes Tun

Anregungen:

1. Welche Rollenspiele haben Sie als vier- bis sechsjähriges Kind bevorzugt? Schreiben Sie dies in Ihr persönliches Begleitheft.
2. Beobachten Sie, welche Hilfsmittel ein Vorschulkind gebraucht, um sich im Rollenspiel als Vater, Mutter, Polizist, Lokomotivführer u. a. m. darzustellen.
3. Betrachten Sie die Beispiele für ein Wahrnehmungstraining[1], und suchen Sie ähnliche Möglichkeiten, mit einem Vorschulkind Wahrnehmungsfunktionen spielend zu üben.
4. Notieren Sie Spielzeuge, die man verstreben, verkeilen, verschrauben, ineinanderstecken, verformen und zur Herstellung zahlreicher Gebilde benutzen kann.
5. Nennen Sie Gaben der Natur (Kastanien, Eicheln, Abfälle beim Schreiner u. a. m.), die die Gestaltungskräfte des Kindes geradezu herausfordern.

[1] Aus: „Wahrnehmungstraining“, Marianne Frostig Programm, hrsg. von Anton und Erika Reinartz.

In dem Maße, in dem das Kind realitätsbewußter wird, verändert sich auch die Gestaltung der Rollenspiele, die nach wie vor einen großen Anteil am kindlichen Spielgeschehen haben.

Zum Kochen genügen nicht mehr Sand, Förmchen und Schaufel: Das kleine Mädchen möchte einen „richtigen“ Herd, „richtige“ Teller, Tassen, Kochtöpfe, Pfannen, Messer, Gabeln, Löffel haben. Der Junge möchte wirklich die rote Mütze, das Koppel, die Pfeife und die Kelle besitzen, wenn er „Stationsvorsteher“ spielt.

Die nun viel eingehendere und genauere Beobachtungsgabe veranlaßt die Kinder, das Spiel möglichst der Realität entsprechend zu gestalten, und man sollte ihnen dazu die kleinen Hilfsmittel nicht vorenthalten.

Allerdings muß man das Spielzeug vor dem Kauf sorgfältig prüfen: Häufig stellt die Industrie solches her, das nur auf Schau aufgemacht ist und von „12 Uhr bis Mittag“ hält.

Beispiel:

Gundula bekommt im Alter von vier Jahren einen Puppenherd geschenkt, der mit Trocken-Spiritus-Tafeln zu heizen ist. Die Täfelchen sind weggebrannt, ehe die Suppe kocht. Außerdem riechen sie unangenehm. Die Freude am Spiel erlischt.

Die Eltern kaufen daraufhin einen (leider sehr teuren) elektrischen Puppenkochherd. Obgleich das Kochen hierbei recht lange dauert, kann Gundula doch richtige Mahlzeiten und kleine Kuchen zubereiten. Nun ist sie mit Eifer dabei.

Im Alter von zehn Jahren macht sie mitunter Eltern und Geschwistern das Vergnügen, die Küche in eine Imbißhalle zu verwandeln, Menükarten für mindestens zehn verschiedene Kurzgerichte zu malen und diese Leckerbissen auch tatsächlich für ihre Gäste ganz nach Wunsch schnell und appetitlich aussehend zuzubereiten.

Im Vorschulalter gehen die Mädchen sorgsam mit ihren Puppen um, sie fahren sie im Kinderwagen spazieren und ahmen ganz echt das Benehmen der „großen“ Mütter nach. Jungen führen sich genau so wie die Männer in ihrer Umwelt auf: Sie kopieren in ihrem Spiel den Vater am Mittagstisch, den Maurer auf dem Baugerüst, den Rennfahrer auf der Piste.

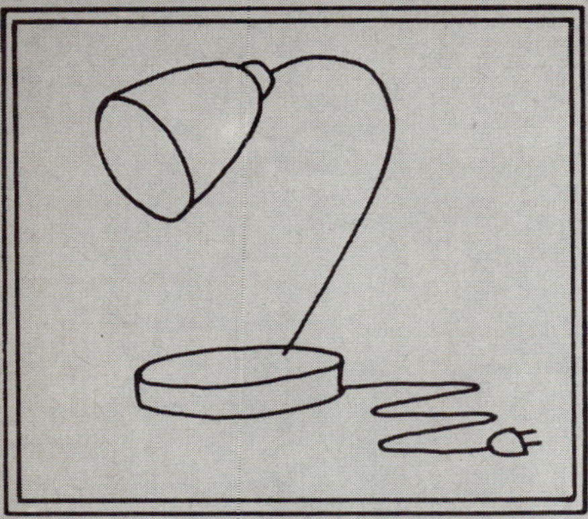

Übung 69
Figur-Grund-Wahrnehmung: Figurenergänzen

Bei der Durchführung dieser Übung wird die Figur-Grund-Wahrnehmung gefördert, weil die Kinder die gesamte Figur im Auge haben müssen, während sie sich einem Detail widmen.

Anweisung: „Hier seht ihr oben im Kästchen eine Lampe. Sie hat einen Schirm, einen Stecker, ein Gestell, einen Fuß und eine Schnur. (Man zeigt jeweils darauf.) Seht euch die Lampe unter dem Kästchen an. Sie sieht nicht genauso aus wie die im Kästchen. Ein Teil fehlt. Könnt ihr das fehlende Teil einzeichnen? Gut! Seht euch die anderen Lampen an. Sie sehen alle ein wenig anders aus als die Lampe links oben. Bei jeder fehlt etwas. Versucht bei jeder Lampe das fehlende Teil einzuzeichnen. Alle Lampen sollen genauso aussehen wie die Lampe im Kästchen."

Geschwindigkeit: Bei der Wiederholung der Übung sollen die Kinder so schnell wie möglich zeichnen.

Begriffsbildung; sprachlicher Ausdruck: Die Funktion der verschiedenen Teile einer Lampe wird besprochen: daß sich in der Schnur ein Draht befindet, der den Strom vom Stecker zur Glühbirne leitet; daß man mit einem Schalter abschalten kann, so daß der Strom nicht durchfließt. Verschiedene Verwendungszwecke des elektrischen Lichts werden aufgezählt (z. B. Leselampe, Lampe in einem Kühlschrank, Straßenlampe, Autoscheinwerfer, Taschenlampen, Leuchttürme).

Schreiben; Rechtschreiben: Die Kinder beschriften gegebenenfalls die Zeichnungen mit den Wörtern Schirm, Ständer, Fuß, Schnur, Stecker. Sie zeichnen und beschriften eine Glühbirne.

Aus: Frostig/Reinartz: Wahrnehmungstraining

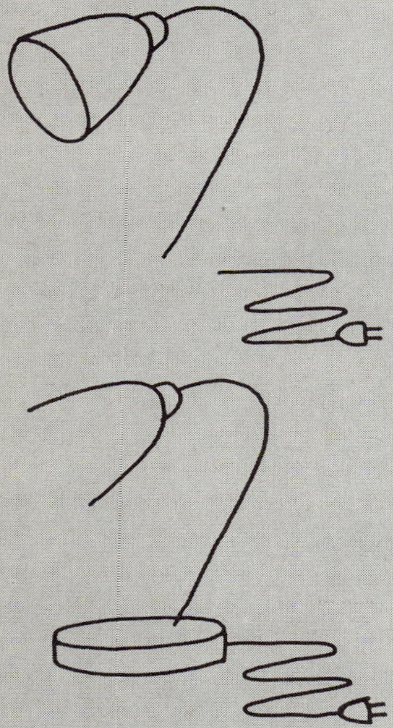

Moderne Pädagogen leiten heute das Vorschulkind mit kindgemäßen Mitteln zu einem Wahrnehmungstraining an, das die realistische Beobachtungsgabe des Kindes nutzt, um die Wahrnehmungsfunktionen spielend zu verbessern. Die Förderung ist eine sinnvolle Entwicklungshilfe für alle Kinder, und das Training der Wahrnehmungsfunktionen kann man vorschulischem Lernen gleichsetzen. Dadurch werden bessere Voraussetzungen für schulisches Lernen geschaffen, und Lernstörungen können vermieden werden.
Lobend unterstützen kluge Eltern den Gestaltungswillen des Vorschulkindes. Es braucht jetzt Mengen von bemalungsfähigem Papier (z. B. Tapetenreste) und alle Hilfsmittel, mit denen man wirklich etwas erschaffen kann. Die Kinder können sich konzentriert lange damit beschäftigen, aus zusammensetzbaren Teilen Autos, Flugzeuge, Häuser zu bauen, aus Plastilin, Kastanien, Eicheln Tiere zu formen, aus Wellpappe Züge und phantastische Gebilde zu basteln.

Anregung:

Bauen Sie einmal aus Legosteinen ein Düsenflugzeug und vergleichen Sie es mit dem eines fünfjährigen Kindes. Sie werden meistens irritiert feststellen, daß das Gebilde des Kindes ungleich phantasiereicher, farbiger, kühner als Ihr eigenes ist.

Beispiel:

Weihnachtszeit. Mutter schneidet mit den Kindern Faltsterne aus. Vater kommt hinzu und sagt ein bißchen herablassend: „Was macht Ihr denn da? Das sollen Sterne sein? Das kann ich aber besser.“ Also erhält Vater auch Zirkel, Schere, Goldpapier zu seiner Verfügung. Nach einer Weile faltet er stolz sein Produkt auseinander — und alle müssen lachen: Der Stern ist ein holpriges Gebilde von einiger Disharmonie; Christians Stern (vier Jahre) aber hat in der Mitte ein kleines Kreuz und ist in allen Abmessungen ausgewogen. Nun bringt Christian stolz seinem Vater bei, wie man schöne Sterne ausschneidet.

Es ist ein Jammer, daß so viele Eltern nicht den Künstler in ihrem Kinde erkennen; aber es ist geradezu barbarisch, die Ergebnisse kindlichen Gestaltens sofort wieder aus lächerlichem Ordnungsgehabe zu vernichten.
Die Bilder werden vielmehr gut sichtbar aufgehängt, die Tiere, Autos, Flugzeuge, Häuser, all die vielgestaltigen Gebilde werden aufgestellt, das Kind darf seine Darstellungen den erfreuten Eltern schenken, Zeichnungen werden gesammelt.

Ganz abgesehen davon, daß mit dem Gestalten die kindliche Hand geübt und schreibbereit gemacht wird, daß das Kind stundenlang beschäftigt ist, daß sich seine Phantasie immer mehr entfaltet,
ist der Wert des kindlichen schöpferischen Tuns noch ungleich höher:

▷ 1. Das Kind lernt, eine eigene schöpferische Leistung zu vollbringen.
▷ 2. Es gewinnt Selbstzutrauen, je mehr diese anerkannt wird und findet dadurch aus sich selbst heraus immer vielfältigere Möglichkeiten künstlerischen Gestaltens.

S. 98: Eine Seite aus dem „Wahrnehmungstraining“ von Frostig/Reinartz.

▷ 3. Der Boden wird bereitet für späteres technisches Erfinden und künstlerisches Tun.

▷ 4. Der Grundstein zur Freude an eigenen Arbeitsleistungen wird gelegt.

▷ 5. Die Freizeit wird vermutlich später nicht mit Passivität (Fernsehen, Dösen, Trödeln) totgeschlagen, sondern aktiv ausgefüllt werden.

5. Die Entwicklung von Hilfsbereitschaft, Gemüt und Gefühl

Anregungen:

1. Was wollten und durften Sie als vier- bis fünfjähriges Kind zu Hause helfen? Schreiben Sie die Antwort in Ihr persönliches Begleitheft. Kleben Sie ein Bild hinzu, das sie bei einer häuslichen Arbeit zeigt.
2. Beobachten Sie Vorschulkinder beim Umgang mit Tieren, und schreiben Sie darüber in Ihr Arbeitsheft.
3. Haben Sie Tierquälereien von Vorschulkindern miterlebt?

Eng verbunden mit dem Gestaltungswillen, dem Wollen zum Tun, sind die jetzt vermehrt auftretenden Angebote des Kindes zur Mithilfe.

Es wischt nun nicht mehr mit einem Tuch ziellos hin und her, sondern es will tatsächlich staubputzen und aufwischen, abtrocknen und einkaufen. Kleine Aufträge erfüllt es willig und um so lieber, je eher es dafür ein dankendes Wort, einen freundlichen Blick gewinnt.
Materielle Belohnungen sind nicht nur unnötig, sie würden sogar schaden. Dem Kind ist die anerkennende Zuwendung viel lieber als der Groschen für das Abtrocknen; und das an kleine, materielle Geschenke gewöhnte Vorschulkind fordert als Heranwachsender für jede Hilfe klingenden Lohn. So kann man freiwillige Hilfsbereitschaft abwerten in bezahlte Lohnarbeit.
Genau so falsch aber ist es, die angebotene Hilfe nicht anzunehmen. Ist es wirklich so schlimm, wenn beim Abtrocknen ein Teller hinfällt und zerspringt, beim Blumengießen die Fensterbank naß wird, das Staubsaugen nicht sehr wirkungsvoll ist, beim Unkrautjäten auch einmal eine Blume geknickt wird?
Natürlich behindert kindlicher Arbeitseifer oft die eilige Mutter, den hastenden Vater. Aber wenn die Eltern überlegen, was für einen Schaden sie anrichten, wenn sie das Kind am Helfen hindern und zu lustloser Untätigkeit verdammen, um dadurch nur zu erreichen, evtl. ½ Stunde eher mit der eigenen Arbeit fertig zu sein — dann können sie doch gar nicht anders, als das Kind mitarbeiten, mit-fürsorglich-sein zu lassen.

Eltern, die ihr Kind miteinbeziehen in ihre tägliche Arbeitswelt, ernten bald den Lohn:

1. Durch freundliche Anleitung wird das Kind rasch geschickter.
2. Dem Kind geht der Sinn der täglich notwendigen, häuslichen Tätigkeiten auf, es lernt, sie zu bejahen.

3. Das Kind lernt, Anteilnahme, Verständnis aufzubringen für ermüdete Eltern.
4. Aus Anteilnahme erwachsen Mitleid, Einfühlungsvermögen und Rücksichtnahme. Das Kind ist nun bereit, der Mutter mittags einsichtsvoll eine Ruhestunde zu gönnen, drängende Fragen an den Vater zu verschieben, bis er seine Schreibtischarbeit beendet hat u. ä.
5. Die sozialen Gefühle entfalten sich im Kinde, seine Gemütskräfte werden geweckt. Es nimmt am Wohlergehen anderer helfen-wollend Anteil.

Das Gemüt des Kindes wird nachhaltig beeindruckt durch seine Beobachtungen an und seinen Umgang mit Tieren.

Das Kleinkind tritt achtlos auf jeden Käfer und zerquetscht die Ameise mit dem Finger. Es zeigt keine Gemütsbewegungen beim Anblick von toten Tieren.

Anders verhält sich das Vorschulkind, allerdings nur, wenn es durch Gespräch und Vorbild der Erwachsenen hingeführt wird zum Mitempfinden mit der Kreatur.

Gemüt und Gefühl sind keine vorgegebenen Größen, die irgendwann im Kinde von allein heranreifen.

Das zeigt sich deutlich am gefühlskalten Verhalten jugendlicher Krimineller, die Mitleid in ihrer Jugend weder erfahren noch erlernt haben.

Beispiel 1:

Vater findet im Garten eine von Rowdies angeschossene, verendete Meise. Er holt den fünfjährigen Frank, zeigt ihm die sinnlose Verletzung und erklärt ihm das Fehlverhalten der großen Jungen. Da hebt Frank ein kleines Grab aus, schmückt es mit Wiesenblumen und beerdigt die kleine Meise.

Beispiel 2:

Der dreieinhalbjährige Stefan weint laut: In der Küche wird in einer Schüssel eine gerupfte Gans gewässert, Kopf und Füße sind noch nicht entfernt. Stefan versucht nun jammernd, den Kopf des Tieres aus dem Wasser zu ziehen, „damit es nicht tot geht".

Beispiel 3:

Vater hat beim Umgraben im Garten eine Maus getötet, seine Söhne finden kurz darauf das Nest mit den mutterlosen, nackten Mäusejungen. Vater tötet sie schnell und schmerzlos.

Die Kinder lernen: Unsere Welt ist nicht heil. Wo Tiere getötet werden müssen, geschieht es erbarmungsvoll rasch.

Kinder, die schon mitempfinden können, sind dennoch oft ungewollt grausam zu Tieren durch tollpatschiges Benehmen. Manchmal auch überwiegt die Lust am Experiment alle Mitleidsgefühle.

Da wird der Hund am Schwanz gezogen, um seine Reaktion feststellen zu können. Der Goldhamster fällt von einer zu hohen Tischkante hinunter, weil man sehen wollte, ob er die Tiefe erkennen kann.

Beobachtet man solches Verhalten, muß man dem Kind im Gespräch klar machen, daß es Tiere nicht unnötig leiden lassen soll und daß das andere Wesen das gleiche

Recht auf Frieden und Leben hat wie es selbst. Bei Spaziergängen zeigt man dem Kind das Wachsen, Blühen, Reifen und Vergehen in der Natur. Drängende Warum-Fragen und Wißbegier bringen die Eltern dabei oft in arge Verlegenheit, und sie tun gut daran, ein Büchlein über die wichtigsten Pflanzen und Tiere unserer Heimat mitzunehmen. Solcher Anschauungsunterricht in Garten, Wiese, Wald und am Strand gehört zu den schönsten Stunden zwischen Eltern und Kindern, und aus dem gemeinsamen Lernen erwächst viel gegenseitiges Vertrauen.

Hinzu kommt, daß der Keim zu einem positiven sozialen Verhalten des Heranwachsenden in das Kind gelegt wurde, als man seine Gefühlswelt entfaltete und sein Gemüt umwelt-anteilnehmende Eindrücke empfing.

6. Die Bildung des Gewissens

Anregungen:

1. Diskutieren Sie über den Begriff „Gewissen". Vielleicht können Sie in der Religionsstunde ebenfalls eine Klärung erarbeiten.

2. Sie entsinnen sich bestimmt einer „gewissenlosen" Handlung aus Ihrer Vorschulkindzeit. Schreiben Sie diese in Ihr persönliches Begleitheft.

3. Beurteilen Sie die Gewissensbildung der Kinder aus den nächsten zwei Beispielen.

Beispiel 1:

Christian, vier Jahre alt, darf im Zimmer seiner Freundin Sabine allein spielen, solange diese beim Frisör ist. Er entdeckt ihre Sparbüchse und kann ihr mühelos etliche Groschen entnehmen. Damit geht er schnell zum nächsten Automaten und holt eine Menge Kaugummis und winzige Spieltiere heraus. Der Rest des Geldes klimpert noch in seinen Hosentaschen, als er nach Hause kommt. Mutter entdeckt sehr bald die Untat. Christian muß nun seine eigene Sparbüchse um die gestohlenen Groschen erleichtern, dann geht Mutter mit ihm zu Sabines Eltern. Er erklärt den Sachverhalt, entschuldigt sich, gibt das Geld zurück und tut von sich aus noch fünf Groschen als Sühne hinzu.

Beispiel 2:

Die fünfjährige Helga hat in einer Apotheke für Mutter Natron gekauft; es fehlen ihr beim Bezahlen 10 Pfennige. Der Apotheker sagt: „Bring das Geld das nächste Mal mit." Helga vergißt in den folgenden Wochen, den Groschen abzugeben.
Nach einigen Monaten soll sie wieder eine einfache Medizin holen. Nun weigert sie sich, ohne den Grund anzugeben: Sie schämt sich, weil sie das fehlende Geld noch nicht zum Apotheker getragen hat. Selbst später, als Erwachsene, betritt sie diese Apotheke ungern.

Die Annahme, das Gewissen sei eine angeborene, höhere Leitinstanz in einem jeden von uns, ist falsch. Man erkennt das leicht daran, daß manche Menschen für gewissenlos halten, was andere überhaupt nicht belastet. Es gibt Eltern, die einen Diebstahl erst als solchen bezeichnen, wenn es sich um wertvollere Gegenstände handelt. Andere wiederum schlagen ihr zweijähriges Kind, weil es eine Erdbeere vom Marktstand nahm und in den Mund steckte. Das Gewissen ist also nicht „an sich" da, sondern gewissenhaftes Verhalten muß eingeübt und erlernt werden.
Wieder gelingt dies dem Kind um so eher, je mehr es vom Vorbild des Erwachsenen „absehen" kann. Der Erzieher kommt nicht um die Tatsache herum, daß *sein* Verhalten entscheidend das Kind prägt, daß *sein* Beispiel, sei es positiv oder negativ, vom Kind nachgeahmt wird. Je erwachsener das Kind wird, um so mehr kann es eigene Verhaltensweisen entwickeln. Das Vorschulkind aber ist noch ganz bereit, das elterliche Vorbild nachzuahmen und sich an ihm zu orientieren.
Je gewissenhafter, zuwendungsbereiter und überlegter also die Kindererziehung durch Eltern und Erzieher gestaltet wird, um so gewissenhafter kann das Kind werden.

Die Torte (von e. o. plauen)

Wie kann nun „Gewissen" erlernt und eingeübt werden?

1. Das Einhalten von Geboten wird belohnt durch Lob, Anerkennung, Ansporn.

Beispiel:

Frank, vier Jahre alt, klettert nicht auf das Baugerüst am Haus, obwohl es im Moment niemand sehen würde. Später lobt ihn der Vater dafür.

2. Besitzverhältnisse zwischen Eltern und Kindern müssen geklärt und geachtet werden.

„Das ist Dein Buch, und dies ist meine Zeitung."
„Du hast Dein Auto, und Stefan behält seine Schubkarre."

3. Dem Kind muß Fehlverhalten ernsthaft, nachdrücklich und wiederholt erklärt werden. Es ist jetzt schon zu Einsichten fähig.

„Du darfst Deinen kleinen Bruder nicht schubsen, er fällt um und tut sich weh. Du willst auch nicht, daß ich Dich umstoße."

4. In dem Maße, in dem die Selbständigkeit des Kindes wächst, ist es auch zu gewissenhafterem Tun fähig.

Der „Große" paßt z. B. eine Stunde lang auf seinen kleinen Bruder auf, damit Mutter in der Zeit die Küche aufräumen kann.

5. In den in diesem Alter so beliebten Märchen- oder Geschichten-Erzählstunden identifiziert sich das Kind mit den guten Gestalten und lernt die bösen verabscheuen. Die Verhaltensweisen der handelnden Personen in Märchen oder Geschichten erweitern die Erlebnis- und Erkenntniswelt des Kindes, indem es einfache sittliche Normen wie „gut wird belohnt, böse wird bestraft" übernimmt.

6. In der magischen Phase dieses Alters (siehe unter „magische Phase") ist das Kind sehr empfänglich für den Inhalt biblischer Geschichten. Gläubige Eltern haben es jetzt leicht, ihrem Kind die christlichen Grundwahrheiten nahe zu bringen. Es ist ohne weiteres in der Lage, an die Kräfte jenseits der wahr-

nehmbaren Welt zu glauben. Der „liebe Gott“ nimmt dabei leicht die Züge des Vaters an, und Gott wird um so mehr Vertrauen geschenkt, je mehr das Kind die Erfahrung macht, einen liebenden Vater zu haben.

Der Glaube an diesen Gott, der sich über eine rechte Tat freut, über eine unrechte traurig ist, der versteht, verzeiht und vergibt, fördert die kindliche Gewissensbildung.

Wird aber das Gottes-Bild zum grausam-gerechten Rachegott verzerrt, kann das Kind niemals fromm-gläubig, sondern nur furchtsam-zitternd an Gott denken und erhält damit wahrscheinlich eine anti-religiöse Prägung für sein ganzes Leben.

Das Gewissen vertieft sich in den kommenden Lebensjahren, wenn es sich unter günstigen Bedingungen weiter entfalten darf. Doch bleibt es weiterhin in seiner optimalen Entwicklung gefährdet, je mehr die Umwelteinflüsse auf das Kind zunehmen.

(Siehe auch das Kapitel „Religiöse Erziehung und Gewissensbildung“, im zweiten Teil, Kapitel VI, Seite 317).

7. Märchen, Geschichten und „magische Phase“ des Vorschulkindes

Anregungen:

1. Wissen Sie noch, wie Sie sich beim Vorlesen von Märchen verhalten haben? Schreiben Sie dies in Ihr persönliches Begleitheft.
2. Spielen Sie „Erzähltante“ bei Vorschulkindern.
3. Diskutieren Sie über das Für und Wider von Märchen.

Die Diskussion über Pro und Kontra von Märchen hält an.

Die Märchen-Gegner nennen ernsthafte Gründe für ihre Argumentation:

1. Märchen stecken voller Grausamkeiten. Die Bösen werden nicht nur bestraft, sondern oft zu Tode gefoltert, gestochen, gespießt, gevierteilt, gesotten, gebraten. Nennen Sie hierzu Beispiele.
2. Stiefmütter sind immer böse und wollen die Stiefkinder töten.
3. Hexen sind das Zerrbild alter Frauen.
4. Tod, endloser Schlaf und Krankheit werden durch böse Feen angehext.
5. Nur wegen Unartigkeit verwünscht eine Mutter ihre sieben Söhne und verwandelt sie in Raben.
6. Eltern setzen ihre Kinder im Wald aus.
7. Der Wolf frißt kleine Kinder.

Die Beispiele lassen sich beliebig vermehren.

Die Gegner der Märchen sehen in ihnen Überlieferungen aus Menschheitsepochen, die voller Roheit, Grausamkeit und sittlicher Verwahrlosung waren. Auch unsere Gegenwart ist leider immer noch reich an abscheulichsten menschlichen Verbrechen, wie Vertreibungen, Massenmorde, Grausamkeiten in Konzentrationslagern und die Erbarmungslosigkeit der Kriege in aller Welt zeigen. Darum soll nun endlich dem Einprägen von Grausamkeiten in das kindliche Gemüt durch Märchen ein Ende gemacht werden. Moderne, kindgerechte Erzählungen und Geschichten sollen die Märchen ersetzen.

Die Befürwörter der Märchen loben

1. ihre kindgemäße Sprache,
2. das Erleben von moralisch-positiven Gesetzmäßigkeiten, den Sieg des Guten über das Böse,
3. den öfter auftretenden Volkshumor,
4. die Anregung der Phantasie,
5. die Hilfe bei der kindlichen Gewissensbildung.

Die Eltern mögen selbst entscheiden, ob sie ihrem Kind Märchen oder kindgemäße Geschichten erzählen wollen — auf keinen Fall sollten sie ganz darauf verzichten, eines von beiden zu tun. Denn das Kind erlebt beim Zuhören Spannung und Freude, Mitleid und Abscheu, Sorge und Befreiung, also eine Vielfalt von mitmenschlichen Gefühlen. Die Phantasie wird beflügelt und entführt das Kind in fabelhafte Reiche, in denen es selbst Held, König oder Prinzessin sein darf.

„Hausmärchen“.
Holzschnitt von
Ludwig Richter

Die Gerechtigkeit siegt immer, und das kommt der kindlichen positiven Weltsicht entgegen.

> **Beispiel:**
>
> **Der vierjährige Christian bekommt ein modernes Märchen von einer Mäusefamilie vorgelesen, in dem ein braves Mitglied der Sippe sterben muß. Christian will in Zukunft nicht nur diese Geschichte nicht mehr hören, sondern das ganze Buch nicht mehr sehen.**

Märchen oder entsprechende Geschichten passen darum so besonders gut zu diesem Alter, weil das Kind — gleich Primitiven — in einer magischen Phase lebt.

Seine Welt ist voller Zauberer, wunderbarer Möglichkeiten, Kobolde, Nixen und anderer unsichtbarer Helfer. Es versucht, das Geschehen in seinem Leben

magisch zu beeinflussen: „Wenn ich meine Suppe esse, wird es aufhören zu regnen." „Wenn ich an meine Lieblingstante denke, wird sie kommen."
Diese magische Denkweise wird oft nicht überwunden, sondern bleibt in vielen Erwachsenen viel tiefer verwurzelt, als sie selbst zugeben wollen: Sie klopfen auf Holz und sagen dazu: „Unberufen, toi, toi, toi!" Oder sie ändern ihren Weg, wenn eine schwarze Katze ihn kreuzte. Sicher finden Sie hierzu noch eine Menge anderer Beispiele.

Wie werden nun Märchen oder Geschichten dargeboten?

▷ 1. Sie werden erzählt oder vorgelesen. Eine noch so gute Schallplatte ersetzt niemals die lebendige Verbindung vom Kind zur Erzählerin. Das Kind braucht den Kontakt mit der erzählenden Person, es muß sie anschauen, muß zwischenfragen können und bei kritischen Situationen den beruhigenden Einfluß der Erzählerin spüren.

▷ 2. Das Kind darf selbständig weiter- und zuendeerzählen. Dadurch werden sein Gedächtnis gestärkt, sein Wortschatz erweitert, seine Aktivität gesteigert.

▷ 3. Das Kind kann selbst der Darbietende werden, es darf eigene Geschichten erfinden und erzählen, und die Erwachsenen hören genau so gespannt zu wie vorher das Kind.

8. Verse, Lieder und Reime

Anregungen:

1. Schreiben Sie, ohne zu lange nachzudenken, in Ihr Arbeitsheft alle Kinderverse, Kinderlieder und -reime, die Ihnen einfallen.
2. Schreiben Sie in Ihr persönliches Begleitheft Ihre Lieblingskinderreime, -verse und -lieder.
3. Singen Sie mit Kindern solche Lieder und halten Sie fest, wie schnell sie diese lernen.

Es macht Spaß, mit dem Vorschulkind zu singen, und die alten Kinderreime und Lieder, die sich von Generation zu Generation vererben, eignen sich vorzüglich dazu.
1. Ihre Melodien sind einfach und leicht zu behalten:
Beispiele: Hoppe, hoppe, Reiter ... Bim, bam, beier, die Katz' mag keine Eier ... Lirum, larum, Löffelstiel ...
2. Ihr Inhalt entspricht manchmal dem magischen Denken:
Beispiel: Heile, heile Segen ...
3. Sie fordern zum rhythmischen Mitmachen heraus:
Beispiel: Zeigt her, Eure Füße, zeigt her, Eure Schuh ...
4. Sie fördern das Zahlenverständnis:
Beispiel: 1, 2, 3, 4, 5, 6, 7 — wo ist denn mein Mann geblieben? ...
5. Das Kind liebt ihre Laut- und Klangmalerei:
Beispiele: Enne, menne, muh, und aus bist Du ... Ene, dene, Tintenfaß, geh in die Schul' und lerne was ... Annele, Bannele, geht in'n Laden ...

Insbesondere die Verquickung von Reim, Ton und Bewegung hat es dem Kind angetan.

Das fängt ganz einfach an mit den „In-die Hand-Zähl-Verschen“ beim Säugling: „Hast ’nen Taler, geh’ auf den Markt . . .“, mit Liedchen wie „Hoppe, hoppe, Reiter . . .“ beim Einjährigen, setzt sich fort in den Finger-Übungs-Liedchen, wie „Steigt ein Büblein auf den Baum . . .“ und hat seinen Höhepunkt in dem so beliebten Umgang mit Klangkörpern und Musikinstrumenten wie Trommel, Trompete, Xylophon, Triangel, Flöte.

Zahllose Kinderlieder kommen der kindlichen Freude an Melodie, Rhythmik, Bewegung und Darstellung entgegen; z. B. „Ringel, ringel, Rose . . .“, „Häschen in der Grube . . .“, „Dornröschen war ein schönes Kind . . .“, „Es war einmal ein kleiner Mann . . .“.

Reime, Verse und Lieder kann die Mutter während ihrer Hausarbeit mit dem Kinde sprechen und singen.

Wie wenig gehört dazu, einem Kind diese Freude zu machen! Daß es Freude daran hat, beweist die Tatsache, daß wir alle noch eine große Anzahl von Kinderliedern behalten haben und sie oft fröhlich summen, wenn wir uns an sie erinnern.

9. Kinderlügen im Vorschulalter

Anregungen:

1. Entsinnen Sie sich an eine Lüge aus Ihrer Vorschulkindzeit? Warum haben Sie damals gelogen? Wurde die Lüge entdeckt? Wie haben die Erwachsenen darauf reagiert? Schreiben Sie darüber in Ihr persönliches Begleitheft.

2. Haben Sie ein Kind schon einmal bei einer Lüge ertappt? Wie reagierte das Kind? Wie Sie selbst? Schreiben Sie dieses Erlebnis in Ihr Arbeitsheft.

Jeder Richter, der im Verlauf einer Untersuchung Kinder befragen muß, weiß, wie schwer es ist, von ihnen die „reine“ Wahrheit zu erfahren, und je jünger das Kind ist, um so weniger gelingt es.

Um zu lügen, muß ein Kind zunächst einmal in der Lage sein, unterscheiden zu können zwischen „wahr“ und „unwahr“, zwischen „richtig“ und „falsch“. Das ganz kleine Kind kann noch gar nicht lügen, weil ihm dieses Auseinanderhalten noch nicht gelingt.

Nun ist es leider so, daß ein Kind um so eher lügen lernt, je mehr es durch Zwänge eingeengt wird.

Es benötigt dann nämlich sehr früh bewußte Täuschungsmanöver, um dadurch seinen so notwendig gebrauchten Freiheitsraum wieder zu erweitern. Viele Kinder aller Schichten, die von klein auf autoritär unterdrückt werden, bringen es — fast möchte man sagen: bewundernswert — weit in ihren Zwang-Entrinnungsversuchen durch Lügen.

Aber nicht nur Zwang, sondern auch Angst vor harter Strafe fördert die Kinderlüge, statt sie, was ja wohl das Straf-Ziel ist, zu verhindern. Ein Kind, das einmal die Erfahrung gemacht hat, für eine Lüge schwer geschlagen worden zu sein, flüchtet wieder in die Lüge, anstatt die Wahrheit zu sagen, um nicht erneut so gequält zu werden.

Es gibt noch andere Gründe, warum Kinder lügen:

Alle Erzieherinnen kennen die Lügen des kleinen Angebers, der sich interessant machen will:

„Mein Vater ist ganz furchtbar reich".
„Mein Onkel hat ein riesengroßes Segelschiff",
das in Wahrheit ein Schlauchboot mit einem kleinen Notsegel ist.

Ein anderes Kind erzählt phantastische Geschichten, die ein seltsames Gemisch aus Wahrheit und Lüge darstellen. Das Kind weiß wohl, daß seine Erzählung nicht stimmt, aber seine zügellose Phantasie nimmt darauf nicht Rücksicht. Es kann sogar passieren, daß es hinterher von der Wahrheit seiner Geschichte selbst überzeugt ist.

Besonders schlimm ist es, wenn ein Kind das Lügen von seinen Eltern lernt.

Wie oft können Kinder leider Szenen wie die folgenden beobachten:

1. Die Mutter sagt am Telefon: „Nein, mein Mann ist leider nicht da", obwohl er daneben sitzt und die Zeitung liest.

2. Das kleine Mädchen bekommt den Auftrag von der in der Küche arbeitenden Mutter, den Vertreter an der Haustür wegzuschicken mit den Worten, daß die Mutter eben einkaufen gegangen sei.

Lügenhafte Erwachsene können nicht von ihren Kindern erwarten, daß diese die Wahrheit sagen.

Die Ausrede, eine „Not"-Lüge sei keine Lüge, verwirrt das Kind nur und ist in keinem Falle eine Entschuldigung.

Kinder werden so zur Wahrhaftigkeit erzogen:

1. Die Eltern vermeiden selbst das Lügen.

2. Die Phantasie-Lüge kann man wohlwollend-vorsichtig bezweifeln. Meistens ist auch das nicht nötig, weil das Kind zunehmend realitätsbewußter wird und seine phantastischen Erzählungen unterläßt.

3. Die Lüge des Angebers wird überhört oder, falls das nichts nützt, ruhig-sachlich zurückgewiesen, ohne das Kind zu beschämen oder zu verspotten.

4. Zur Lüge aus Angst und durch Zwang braucht es erst gar nicht zu kommen. Eine partnerschaftliche Erziehung gewährt dem Kinde soviel Freiheit, daß es im vertrauensvollen Gespräch mit seinen Eltern alles klären kann, seine Wünsche, seine Forderungen, seine Bitten.

Weil aber weder Eltern noch Kinder Heilige sind, kommen bei beiden trotzdem manchmal Lügen vor. Das Kind aber, das verständnisvolle Eltern als Partner hat, weiß, daß es bei einer Lüge keine harte Strafe, sondern ein liebevoll-gerechtes „Wiedergutmachungsunternehmen“ zu erwarten hat, das es selbst mitbestimmen darf. So erzogene Kinder geben lieber ein Mißgeschick zögernd zu, als sich hinter einer Lüge zu verstecken. Sie entwickeln sich oft geradezu zu Wahrheitsfanatikern, die nun ihrerseits die Wahrheitsliebe der Eltern „überwachen“.

Beispiel:

Mutter wird in Zukunft in Gegenwart von Frank besonders peinlich genau die Wahrheit sagen. Sie wollte einen unerwünschten Besuch an der Haustür loswerden, indem sie von einer plötzlichen Erkrankung ihres Mannes berichtete. Frank aber, der mithörte, sagte: „Das stimmt doch gar nicht, Mama, Papa geht es prima, er sitzt am Schreibtisch!“

Beobachtet man jedoch andauerndes, gehäuftes Lügen bei Kindern, das nicht durch Fehlverhalten der Erzieher hervorgerufen sein kann, so müssen Arzt und Kinderpsychologe befragt werden. Es können dann unerkannte Hirnschäden, verzögerte Entwicklung des Realitätsbewußtseins, Fehlverhalten durch ein ungeklärtes, seelisch belastendes Erlebnis, negative Umwelteinflüsse vorliegen, die einer Behandlung durch Fachleute bedürfen.

10. Kinderängste im Vorschulalter

Anregungen:

1. Berichten Sie über Angstverhalten und Angstzustände Ihrer kleinen Geschwister.
2. Wie reagieren Erwachsene nach Ihrer Beobachtung auf ängstliches Verhalten von Vorschulkindern?
3. Erinnern Sie sich an frühe, eigene Angsterlebnisse, und schreiben Sie diese in Ihr persönliches Begleitheft.

Kein Mensch ist frei von Angst. Alle Menschen haben das gleiche Angsterlebnis: Ihre eigene Geburt. Psychologen sprechen von der Urangst, die in jedem Menschen wohnt.

Nach Überwindung der Acht-Monats-Angst zeigt das Kind in den ersten Lebensjahren entsprechend seiner freudig gestimmten Grundhaltung und wegen mangelnder Erfahrungen noch verhältnismäßig wenig Angst. Es streichelt große Hunde, faßt Schlangen und tote Ratten an und klettert auf hohen Mauern herum. Je freier und fröhlicher es sich entfalten kann, je kindbezogener und partnerschaftlicher seine Angehörigen mit ihm umgehen, um so weniger wird es durch Ängste geplagt. Trotzdem aber werden auch diese Kinder Angstzeiten durchstehen müssen.

Denn es gibt zu vieles, was ein Kind mit Angst erfüllen kann:

1. Zu strenge und zu ernste Eltern und Erzieher.

2. Das Angsteinjagen vor Arzt, Polizist, Lehrer; vor dem „schwarzen Mann".

3. Angstmachen vor Gott, Hölle und Teufeln.

4. Das angstvolle Verhalten von Eltern und Erziehern, z. B. bei Gewitter und Sturm.

5. Das überängstliche Verhalten Erwachsener, die das Kind tagsüber fortwährend vor irgendeiner Gefahr warnen.

6. Angst vor Zauberern und Spukgestalten, vor allem, wenn abends Gruselgeschichten und Märchen erzählt werden.

7. Angst in der plötzlichen Dunkelheit und Stille im Kinderschlafzimmer, nachdem das Licht ausgemacht wurde.

8. Unerklärbare Geräusche und Lichtreflexe (vorbeifahrende Autos) während der Nacht.

9. Sensationsgeladene Gespräche der Erwachsenen über Unglücks- und Todesfälle, Schmerzen, Kriegsgeschehen.

10. Der plötzliche Tod eines geliebten Familienmitgliedes.

11. Selbsterlebte Ängste, z. B. bei Verkehrsunfällen, bei Verbrennungen oder Verbrühungen.

12. Das unerklärbare Verhalten der geliebten Eltern, die mit ihren eigenen Problemen, z. B. Auseinandersetzungen oder Scheidung, nicht fertigwerden.

13. Erlebnisse mit Sittenstrolchen.

▷ Zu 1.: Eltern sind häufig aus Angst um ihr Kind zu streng, und daraus erwachsen wieder starke Kindesängste — eine unheilvolle Verkettung. Die Eltern müssen lernen, Strenge, Befehle, Verbote, Strafe durch das Gefühl der Geborgenheit und durch den Dialog, auch schon mit dem Vorschulkind, zu ersetzen. Wer mit partnerschaftlich erzogenen Vier- bis Fünfjährigen spricht, ist immer wieder erstaunt, wie einsichtig sie auf begreifbare Argumente reagieren.

Beispiel:

Aus einem plötzlich eingetretenen, unaufschiebbaren Grund müssen die Eltern den vierjährigen Frank tagsüber zum ersten Mal drei Stunden allein im Haus lassen. Frank wird informiert, daß er weder auf Klingeln an der Haustür reagiert noch mit Feuer oder Wasser spielt.

Als die Eltern zurückkommen, sitzt Frank auf einem Stuhl am Fenster hinter der Gardine und beobachtet die Straße. Seine Augen leuchten vor Stolz: Er hat eine Mutprobe gut bestanden, und seine Eltern sind genau so stolz wie er.

▷ Zu 2.: Es ist unglaublich, aber wahr, daß es noch immer Eltern gibt, die ihrem Kind mit dem „Onkel Doktor", dem Polizisten oder dem Lehrer drohen. Schreit das Kind dann beim Arzt und wehrt sich gegen jede ärztliche Untersuchung,

Der „Struwwelpeter" aus dem Jahre 1845, angeblich „lustige Geschichten und drollige Bilder für Kinder", ist verantwortungsbewußten Erziehern trotz seiner weiten Verbreitung längst sehr problematisch geworden.

wird es obendrein noch verprügelt. Diese Schläge würden besser die angsteinjagenden Erwachsenen beziehen! Und welcher Grundschullehrer kennt nicht die ängstlichen Erstkläßler, die am ersten Schultag vollkommen verschüchtert vor ihm sitzen, Fürchterliches erwartend und erst nach Wochen oder gar Monaten Anzeichen wachsenden Vertrauens von sich geben?
Es gehört mit zum Abscheulichsten, was Erzieher den Kindern antun können, wenn sie ihnen Angst vor irgendjemandem oder irgendetwas einjagen, um sie gefügig zu machen.
Es gibt Kinderlieder, die beweisen, daß von Generation zu Generation die Unterdrückung von Kindern durch Angsteinjagen weitergegeben worden ist, z. B. das Lied-Spiel: „Wer fürchtet sich vorm schwarzen Mann? . . ."

> Zu 3.: Genau so verwerflich ist es, das Kind zum Gehorchen zu bringen, indem man ihm mit dem strafenden Gott, den folternden Teufeln und mit Höllenqualen droht. Seine lebhafte, magisch gefärbte Phantasie muß das Kind dann geradezu in Angstpsychosen stürzen, und Freud- und Lustgefühle werden aus seinem Dasein verdrängt. Wahrscheinlich kann nicht einmal der bestgemachte Horror-Film im Erwachsenen auch nur annähernd die Angstgefühle erzeugen, die das Kind ertragen muß, wenn es sich durch Teufel und Hölle bedroht fühlt.

> Zu 4.: Wie kann wohl ein Kind anders reagieren als mit Ängstlichkeit, wenn Mutter oder Vater bei Gefahren, z. B. bei Gewittern, deutlich und aufgeregt Angst zeigen? Hier hilft nur eines: Die Eltern müssen Selbstdisziplin üben.

Beispiel:

Mutter hat als Kind schreckliche Angst vor Blitzen gehabt und ist diese Angst nie los geworden. Frank soll sie nicht auch erwerben, darum nimmt sie ihn bei Gewittern auf den Arm und erklärt ihm am Fenster: „Schau, die dunklen Wolken, wie sie sich auftürmen! Diese herrlichen Blitze!" Frank hat keine Angst und sieht interessiert hinaus. Mutter macht schnell bei den Blitzen die Augen zu und ist jedesmal froh, wenn das Gewitter vorüber ist.

Thielscher, Erziehungsbasis (18201)

▷ Zu 5.: Die Angst, die Kinder vor Gefahrenquellen haben, ist ein natürlicher Schutz und muß als solcher unbedingt anerkannt werden. Die Eltern tun recht daran, ihre Kinder immer wieder vor der Bedrohung durch den Verkehr, vor giftigen Beeren, unbekannten Flüssigkeiten, Tabletten, vor fremden Menschen, wüsten Spielen u. a. m. zu warnen. Sie dürfen nur nicht trotz aller verständlicher Sorge den Fehler machen, pausenlos und überbetont das Kind mit Angst vor den Umweltgefahren vollzupumpen. Dann hört es zum Schluß entweder gar nicht mehr hin, oder es wird zu überängstlich und furchtsam.

Richtig ist, dem Kind zwar immer wieder z. B. die Gefahren im Verkehr zu erklären, gleichzeitig aber zusätzlich Verkehrsverhalten einzuüben. Zudem gibt es eine Menge von Möglichkeiten, drohende Gefahren zu verringern und gleichzeitig Mut, Tapferkeit und Umsicht im Kind zu verstärken: Man bringt ihm das Schwimmen bei, läßt es im Kinderturnen mitmachen, klettert gemeinsam mit ihm auf Spaziergängen und im Urlaub, klärt es über die Wirkungsweise von Medikamenten und ihren Gefahren auf.

Nachdenkende Eltern finden viele Maßnahmen, das Kind vor Gefahr zu bewahren, indem sie Verhaltensweisen einüben, mit deren Hilfe das Kind Gefahren vermeiden kann.

▷ Zu 6.: Natürlich darf man abends dem um eine Geschichte bettelnden Kind keine Schauermärchen erzählen. Seltsam, daß so viele Eltern dem Wiegenkind beruhigende Schlafliedchen vorsingen, das große Kind aber vor dem Zubettgehen durch aufregende Geschichten erschrecken.

Auch das Vier- bis Sechsjährige hört noch gern ein Kinderlied, und das Kind frommer Eltern findet Beruhigung im gemeinsamen Gebet.

▷ Zu 7.: Trotzdem — ängstliche Unruhe packt das Kind oft, wenn die Mutter nach dem zärtlichen Gute-Nacht-Kuß das Licht im Schlafzimmer ausgemacht hat. Es steht wieder auf, muß angeblich noch einmal zur Toilette, hat plötzlich Durst, muß ganz schnell noch ein Erlebnis vom Tag erzählen oder kriegt auf einmal Bauchschmerzen. Hinter allem steckt die Angst, die aus dem Dunkel heraufkriecht und das Kind erschreckt.

Hier helfen oft Nachtlampen, die das Zimmer matt erleuchten. Oder die Mutter läßt die Tür einen Spalt offenstehen, damit das Kind die undeutlichen Stimmen der Eltern, den schwachen Lichtschein aus dem Wohnzimmer wahrnehmen kann.

▷ Zu 8.: Was macht man aber mit den Kindern, die nachts schreiend aufschrecken, unter deutlichen Anzeichen tiefster Angst ins Bett von Mutter oder Vater streben und unbedingt dort schlafen wollen?

Man muß versuchen, das Kind unter beschwichtigenden und beruhigenden Worten wieder in sein Bett zu bringen, das sich aber nahe beim Elternschlafzimmer befinden muß, damit das Kind die Eltern in wohltuend tröstlicher Nähe weiß. Grundsätzlich dürfen Klein- und Vorschulkinder niemals nachts allein gelassen werden. Eine Verwandte, eine Nachbarin, ein Babysitter müssen im Notfall das Wachamt mit Wissen des Kindes übernehmen.

Erfahren Kinder in der Nacht, daß sie umsonst nach Mutter oder Vater rufen, daß sie „mutterseelenallein" sind, dann erfaßt sie panische Angst, und ein schwer zu heilender seelischer Schock, zumindest eine Vertrauenskrise zwischen Eltern und Kind, ist die Folge.

Beispiel:

In einem Bungalowdorf an der Adria während eines Sommerurlaubs.

Die einjährige Jessica jammert nachts laut nach der Mutter: „Mami, Mami!", aber nur ihr fünfjähriger Bruder Peter ist da, der selbst zunächst Angst hat und die Kleine nicht beruhigen kann. Aber dann faßt Peter einen mutigen Entschluß: Er hebt das Schwesterchen aus dem Bett und begibt sich mit ihr auf die Suche nach den Eltern. Die Haustür ist nicht verschlossen. Glücklicherweise begegnet ein Nachbar auf der nachtdunklen Straße den Kindern, der mit den beiden solange sucht, bis die Eltern, die gemütlich bei anderen Urlaubern sitzen, gefunden sind.

▷ Zu 9.: In Kindernähe vermeiden Erwachsene das Zuflüstern von bösen Geschehnissen in der Nachbarschaft, andeutendes Tuscheln mit entsprechender Mimik und Gestik, aufbauschendes Erzählen über Unglück und Tod mit dem Gehabe der Sensationspressejournalisten.

Gewiß soll das Kind ganzheitlich leben, dazu gehört auch das Miterleben von Not und Tod. Aber die Seelenkräfte des Kindes haben noch nicht die Stärke derjenigen von Erwachsenen. Kinder wehren sich, den Tod anzuerkennen. Wenn sie in der Zeitung oder im Fernsehen Bilder von einem Toten sehen, sagen sie oft: „Der Mann schläft doch nur". Sie benötigen noch einen Schonraum, in dem sich die kindlichen, seelischen Kräfte ungestört entfalten können, und Eltern und Erzieher haben dies zu respektieren.

▷ Zu 10—13.: Aber unsere Welt ist voller Unheil und arm an Rücksichtnahme auf Kinder.

Zahllose Warum-Fragen finden keine Antwort:

Warum starb die Mutter? Warum verunglückte der Vater?
Warum wurde das Kind durch einen betrunkenen Autofahrer schwer verletzt und blieb gelähmt?
Warum streiten und schlagen sich die Eltern?
Warum darf es nur noch bei einem Elternteil sein, obwohl es doch Vater und Mutter gleichermaßen lieb hat?

Vielleicht kann Kindern, deren biologische Eltern versagen, durch Heim- und Pflegeeltern, Erzieher, Psychologen, Theologen, Jugendhelfer, Sozialpädagogen geholfen werden. Vielleicht kann dadurch die namenlose Angst in vielen Kinderseelen vermindert werden.

Aber letztlich sind doch immer noch zuerst die Eltern verantwortlich, denen das Kind „an-heim" gegeben worden ist, nicht als Eigentum, mit dem man beliebig umgehen kann, sondern als Gegenüber, als das „Du", das mit ihnen zusammen ein „Wir" sein möchte.

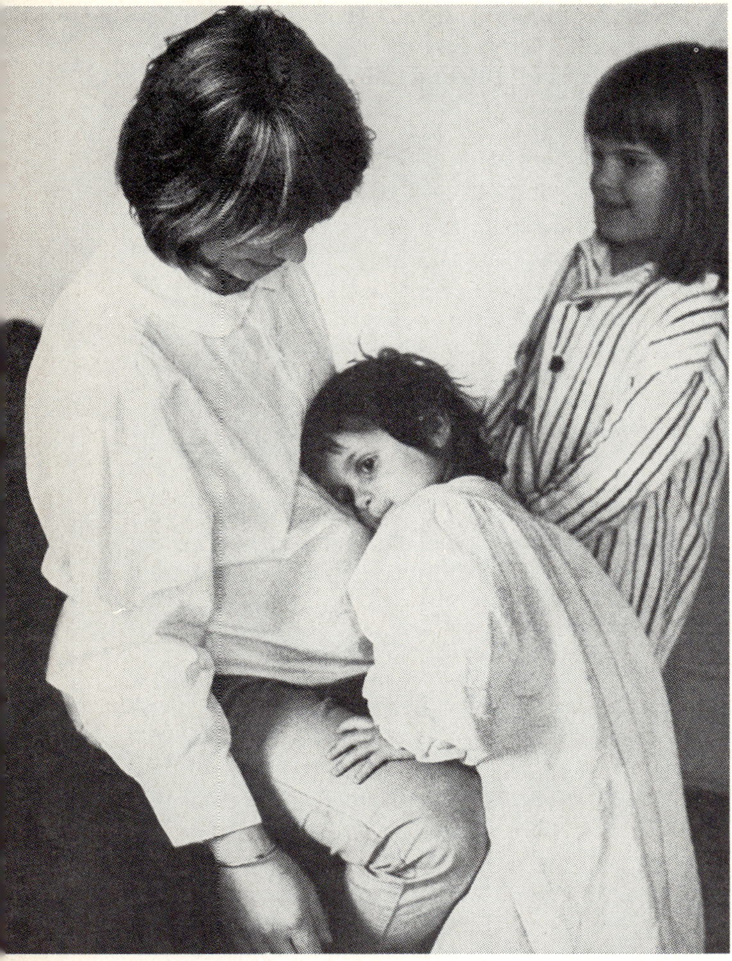

„Wenn du den Atem anhältst, kannst du schon sein Herz klopfen hören."

Kinderprobleme: Woher kommen die Babys? Bekommen sie die Milch durch die Nabelschnur? Brauchen sie nichts zu essen, weil sie schlafen? Oder muß das Baby immer seine Flasche haben?

11. Kindliche Sexualität

Anregungen:

1. Wenn Sie möchten, halten Sie in Ihrem persönlichen Begleitheft die Antworten auf folgende Fragen fest: Durch wen und wann sind Sie aufgeklärt worden? Wie hat sich bei Ihnen Ihre kindliche, sexuelle Neugierde gezeigt?

2. Wie würden Sie Kindern Fragen über Geschlecht und Geburt beantworten?

Beispiel 1:

Frank malt frühzeitig, es ist eine seiner Lieblingsbeschäftigungen. Im Alter von vier Jahren zeichnet er eines Tages einen Mann mit einem übergroßen Penis. Die Eltern wissen nun, daß Frank sich jetzt Gedanken über seine Geschlechtlichkeit macht.

Beispiel 2:

Der vierjährige Christian sitzt auf Mutters Schoß und unterhält sich mit ihr. Plötzlich fährt er mit der Hand in ihren Blusenausschnitt und sagt befriedigt: „Schön weich!“

In seiner Zugewandtheit zur Umwelt sieht das Kind nun auch die *geschlechtlichen Unterschiede* zwischen Junge und Mädchen, zwischen Mann und Frau. *Sexuelle Interessiertheit* und *Neugierde* erwachen.

Wie nach allen anderen Dingen, so fragt das Kind jetzt auch nach seiner Herkunft, und mit derselben Unbefangenheit, mit der die Fragen gestellt werden, sollen sie beantwortet werden. Das Märchen vom Klapperstorch darf Kindern wirklich nicht mehr erzählt werden.

Vorschulkinder fragen z. B.: „Mutti, warum hat die Frau so einen dicken Bauch?“ wenn sie einer Schwangeren auf der Straße begegnen. Man kann auch beobachten, daß sie bei einer geschenkten Puppe schnell mal nachschauen, ob sie Junge oder

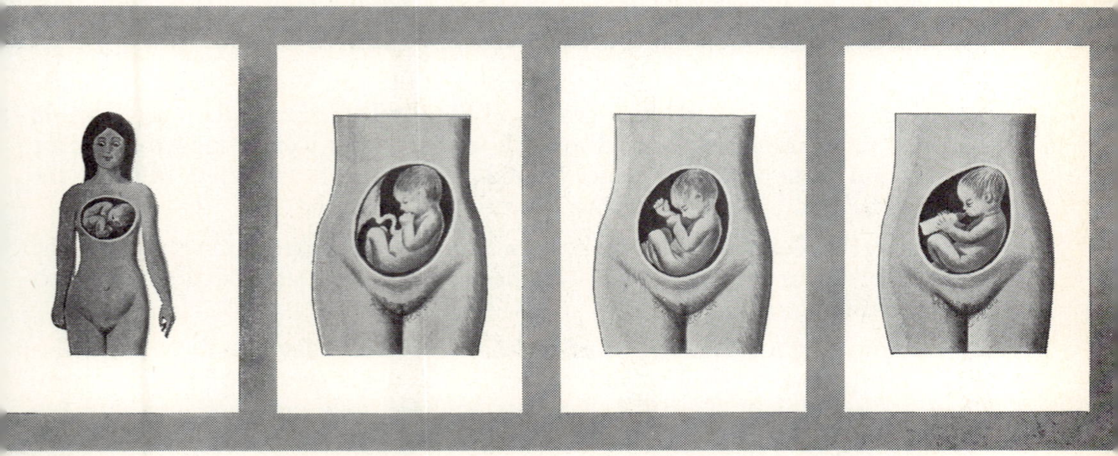

Mädchen sei. Im allgemeinen sind Puppen geschlechtslos, aber neuerdings kann man „männliche“ und „weibliche“ Puppen kaufen, und es hat den Anschein, daß Kinder in ihrer realistischen Denkweise gern mit solchen spielen. Denn sie kleiden die Puppen ja auch möglichst genau für ihre Spiele: „Mutter, Vater, Kind“ oder „Hochzeit“ oder „Schule“.

Mit der Antwort: „Das Kind gedeiht unter dem Herzen der Mutter“ kann das fragende Vorschulkind weniger anfangen, als wenn man deutlicher sagt: „Die Kinder wachsen im Bauch der Mutter heran.“ Man kann ein Lexikon, ein Gesundheitslehrebuch mit guten Abbildungen zu dem Antwortgespräch hinzunehmen und dem Kind die Entwicklung vom Embryo bis zur Geburt, das Aufgehobensein in der Gebärmutter und die enge Verbindung von Mutter und Kind durch die Nabelschnur zeigen.

Ein Zuviel an Erklärungen schadet nicht, sie vergißt das Kind wieder, wohl aber eine ungenügende, hastige oder verschämte Aufklärung. Weicht die Mutter z. B. der Frage aus, wie die Kinder aus dem Bauch herauskommen, so setzen sich allerlei verwirrende und ängstigende Gedanken im Kopf des Kindes fest. Es glaubt dann manchmal, das Kleine würde aus dem Nabel der Mutter geboren, und das müsse doch unheimlich weh tun, denn der Nabel sei doch nur ein ganz kleines Loch.

Wird die Mutter nach dem Geburtsvorgang gefragt, so erklärt sie, am besten wieder mit Hilfe guter, klarer Bilder, daß jede Frau einen Spalt zwischen den Beinen habe, der sich bei der Geburt weite, damit das Kind hinausgelangen könne.

Häufig machen sich Kinder Gedanken über die Schmerzen bei der Geburt. Sie haben Gesprächsfetzen aufgeschnappt wie „Kaiserschnitt“, „gräßlich schwierige Sache!“ oder „der Arzt hat gesagt, so eine schwere Geburt hat er noch nicht erlebt!“ Manche junge Frau hat nur deshalb so große Angst vor der Geburt ihres ersten Kindes, weil sie unverarbeitete Ängste aus ihrer Kinderzeit mit sich herumschleppt, als sie solche wichtigtuerischen Redereien mitanhören mußte.

Die Mutter erklärt auf die Frage nach den Geburtsschmerzen, daß es zwar weh tue, wenn der Kindeskopf durch die enge Öffnung zwischen den Beinen gepreßt würde, daß sie aber diese Schmerzen sofort vergessen habe, als sie den kleinen Frager zum ersten Mal im Arm halten durfte.

Fragen nach Entstehung und Zeugung stellt das Vorschulkind im allgemeinen noch nicht. Ist es daran gewöhnt worden, auf jede Frage eine ausreichende Antwort zu bekommen, so wird es auch im Schulalter weiter und umfassender fragen, und dann kann man einer Fremd-Aufklärung durch ältere Kinder, die oft einseitig und häßlich ist, rechtzeitig zuvorkommen.

Die sexuelle Neugier läßt aber Kinder häufig noch anderes tun als nur fragen: Sie betrachten und betasten die Geschlechtsorgane bei sich oder mit anderen Kindern zusammen.

Schon der Säugling findet beim Spielen mit seinen Gliedern auch seine Geschlechtsorgane und hat offenbar bei ihrer Berührung angenehme Empfindungen. Diesen wiederholten Vorgang, der aber bald bei geborgen und liebevoll betreuten Kindern durch andere Betätigungen abgelöst wird, nennt man Säuglingsonanie. Ammen haben früher — offenbar in Kenntnis dieser Dinge — die ihnen anvertrauten Säuglinge dadurch beruhigt, daß sie sie wiegend auf dem Arm trugen und leicht das kleine Hinterteil streichelten oder klopften.

Bei Vorschulkindern kann man beobachten, daß sie sich gegenseitig die Röcke hochheben, sich in kleinen Gruppen zurückziehen, um sich voreinander auszukleiden, sich gegenseitig zu betrachten und auch zu betasten. Jeder Erwachsene kennt die „Doktor-Spiele". Dies Verhalten geschieht um so eher, je weniger die Kinder in unbefangenem Umgang mit Geschwistern oder Freunden die Geschlechtsmerkmale sehen konnten.

Man darf aber nicht außer acht lassen, daß nicht nur Wissenwollen, sondern auch Lustgewinn die sexuellen Spielereien fördert, ähnlich wie bei der Säuglingsonanie, und ebenso wie beim Säugling verschwinden diese erotisch gefärbten Spielereien an den Genitalien von allein, wenn das Kind neue und befriedigendere Erlebnisse im Spiel und im Umgang mit Kindern und Erwachsenen hat. Nur das in der Betreuung zu kurz gekommene Kind wird die sexuellen Spielereien fortsetzen, um Ersatzbefriedigungen zu bekommen. Diese Kinder verlieren ihre Neigung, wenn ihre Umweltsituation verbessert worden ist.

Nun möchten nicht wenige Eltern die „Doktor-Spiele" ohne viel Aufhebens vorübergehen lassen, andere aber sehen darin eine schlimme Sache und verbieten ihrem Kind den Umgang mit den Spielgefährten, den „Verführern".

Darum sollte man Kindern, die man bei sexuellen Spielen angetroffen hat, ruhig erklären, daß viele Eltern dieses Tun häßlich fänden, und daß die Kinder doch besser andere Unternehmungen starten sollten, damit sie auch weiterhin miteinander spielen dürfen. Am besten kümmert man sich eine Weile besonders um das Verhalten der Kinder, denkt mit ihnen neue Spiele aus und bringt sie so am besten von den sexuellen Spielereien ab, ohne Verklemmungen anzuerziehen.

Viele Eltern wollen heute ihre Kinder von vornherein freiheitlich, sexuell gelöst und ohne Prüderie erziehen. Sie baden, duschen und waschen sich gleichzeitig mit den Kindern im Badezimmer und finden das Nacktsein voreinander natürlich und selbstverständlich. Bei diesem Verhalten dürfen Eltern aber nicht übersehen, daß Vorschulkinder oft von allein Scham entwickeln und selbst gar nicht mehr so gerne, sogar vor der Mutter nicht, nackt sein mögen.

Beispiel 1:

Der fünfjährige Christian sagt eines Abends plötzlich beim Zubettgehen zur Mutter: „Dreh Dich rum, ich will mich ausziehen!" Auch den großen Bruder und die ältere Schwester wirft er aus seinem Zimmer hinaus: „Ihr sollt mich nicht begucken!" Beim Anprobieren von neuen Sachen im Bekleidungsgeschäft strebt er nun den Umkleidekabinen zu, während es ihm früher nichts ausgemacht hat, mal schnell in einer Ladenecke die neue Hose überzuprobieren.

Beispiel 2:

Die fünfjährige Helga ist ein wildes Ding, turnt viel, ißt schlecht und ist entsprechend dünn. Die besorgte Mutter will sich bei einer befreundeten, kinderkundigen Nachbarin Rat holen und stellt das nackte Kind auf einen Stuhl zur Begutachtung. „Es ist doch nichts dabei", sagt sie, „wir sind doch Frauleut' untereinander". Aber Helga schämt sich trotzdem arg, und sie vergißt dies Erlebnis auch nicht, als sie erwachsen ist.

Kindliche Scham muß genau so beachtet und respektiert werden wie kindliche Neugierde und darf nicht im Zuge einer freiheitlichen Erziehung, als unwichtig erachtet, übergangen werden. Mit seiner Scham schafft sich das Kind einen Schutzraum vor allzu aufdringlichen Erwachsenen, ein Stück „Eigen-Art", und das ist ein weiterer Schritt auf seinem Weg zur Selbständigkeit.

12. Das Vorschulkind rückt in den Mittelpunkt pädagogischen und politischen Interesses

In den letzten Jahren hat sich die erziehungswissenschaftliche Forschung mehr und mehr mit dem Vorschulkind befaßt, und auch in staatlichen Bildungsprogrammen und in der Bildungsplanung nimmt die Vorschulkindpädagogik einen wichtigen Platz ein. Den Anstoß dazu gaben wichtige Forschungsergebnisse:

1. Es gibt relativ wenige Kinder, die unter Verhältnissen aufwachsen, die eine größtmögliche Entfaltung ihrer Anlagen garantieren. Wesentliche Bedingungen für eine volle Entwicklung des Kindes sind:

daß es von seinen Eltern erwünscht, angenommen und geliebt wird,
daß die Eltern den guten Willen und die Fähigkeit zum Erziehen besitzen,
daß sie körperliche, geistige und sittliche Anforderungen an das Kind stellen,
daß sie seine Lern- und Erkundungsbereitschaft freudig unterstützen,
daß sie es zwanglos und partnerschaftlich fördern, ohne es durch Besitzenwollen und eigene Probleme zu belasten.

2. Die Intelligenzentwicklung des Menschen ist — wie auch andere Reifungsabläufe — im letzten Jahrzehnt intensiv erforscht worden.

A. Flitner, Professor für Pädagogik an der Universität Tübingen und Herausgeber der „Zeitschrift für Pädagogik", faßte die Untersuchungen des Chikagoer Pädagogen B. S. Bloom über die Entwicklung der Intelligenz folgendermaßen zusammen: „Bloom kommt in Übereinstimmung mit vorausgehenden Forschern zu dem Ergebnis, daß etwa 50% der Intelligenzentwicklung, bezogen auf den Stand eines 17jährigen, sich in den ersten vier Lebensjahren vollzieht, weitere 30% bis zur Vollendung des achten, die restlichen 20% bis zum Ende des 17. Lebensjahres. Den Unterschied, den ein reiches und ein schwaches Erziehungsmilieu zustandebringen können, schätzt er auf etwa 20 Punkte des Intelligenzquotienten."

„Problemkinder" sind nicht nur die vom unteren, sondern auch die vom oberen Ende der IQ-Skala. Wo hohe Intelligenz durch einseitige Förderung auf eine bestimmte Interessenrichtung spezialisiert wird, sind „Wunderkinder", junge Virtuosen oder Mathematikgenies, das Resultat.
Problematisch daran ist der Verlust von Kindheit zugunsten hochgezüchteter früher Leistung. Wird sich eine derartige Verfrühung „lohnen"?

Der IQ (Intelligenzquotient) ist ein Maß für die Höhe der allgemeinen Intelligenz eines Menschen. Mit Hilfe von Testfragen und -aufgaben wird das Intelligenzalter ermittelt (IA), das zum tatsächlichen Lebensalter (LA) ins Verhältnis gesetzt wird. Die ermittelte Zahl wird mit 100 malgenommen.

Die Gleichung zur Feststellung des Intelligenzquotienten lautet demnach:

$$IQ = \frac{IA}{LA} \cdot 100$$

Die Intelligenz der Bevölkerung, prozentual nach dem IQ aufgegliedert, beträgt ungefähr:

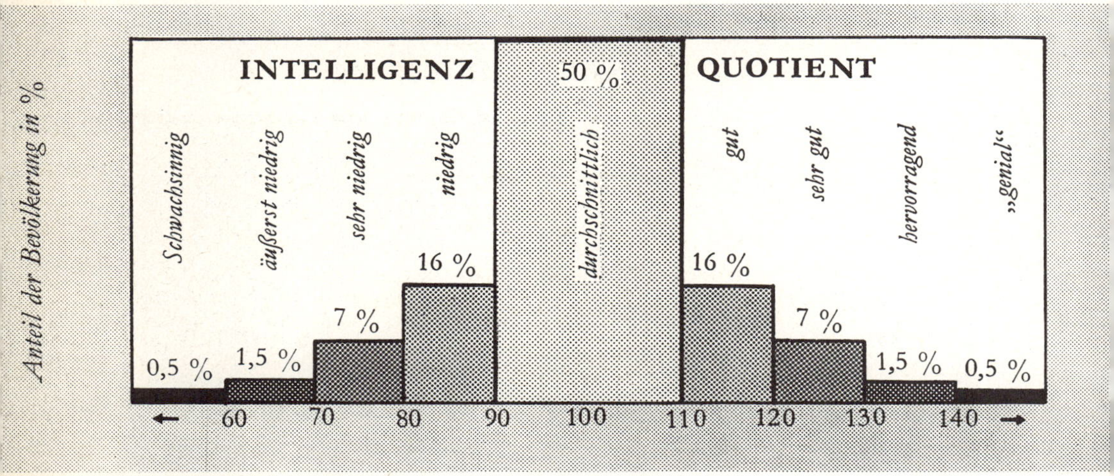

Nach „Brockhaus-Enzyklopädie", Band 9, 1970, Seite 165.

„Der Spielraum der Beeinflußbarkeit verengt sich dabei mit Zunahme der Intelligenz und des Alters: In den ersten vier bis sechs Lebensjahren ist der stärkste Einfluß möglich. Insbesondere die enorme Auswirkung von Erziehungsvernachlässigungen in diesen frühen Jahren ist erwiesen, damit auch die Möglichkeit, in dieser Zeit Ausgleich und Förderung wirksam werden zu lassen. In den späteren Jahren verengt sich der Spielraum weiter. Zwischen 18 und 20 Jahren ist für die meisten Menschen die Intelligenzentwicklung abgeschlossen, das heißt eben auch kaum noch beeinflußbar, wiewohl eine gewisse Spanne weiterer Entwicklung auch in den folgenden Jahrzehnten noch möglich bleibt. Andere Charakteristika nehmen einen ähnlichen Entwicklungsverlauf wie die Intelligenz".[1] Mit den „anderen Charakteristika" sind andere Reifungsmöglichkeiten gemeint, wie z. B. die Lern- und Leistungsbereitschaft eines Kindes, seine Aufnahmefähigkeit und sein soziales Verhalten. Sagten nicht schon unsere Voreltern: „Was Hänschen nicht lernt, lernt Hans nimmermehr"?

[1] A. Flitner in „Erziehung in früher Kindheit", R. Piper und Co.-Verlag, München 1970, S. 366/367.

Man hat also früher schon gewußt, was jetzt weltweit wissenschaftlich bestätigt wird:

Intelligenz ist nicht in kaum veränderbarer Größe mitgegeben, sondern ist, besonders in den ersten sechs Lebensjahren, steigerbar durch Lernprozesse. Menschliches Reifen entsteht nicht von allein, je älter man wird, sondern muß entwickelt und erlernt werden. Dies gelingt um so besser, je eher damit begonnen wird.

Hieß es vor noch gar nicht so langer Zeit, daß man Kinder möglichst spät einschulen solle, so sind auch Bestrebungen im Gange, für alle Kinder eine

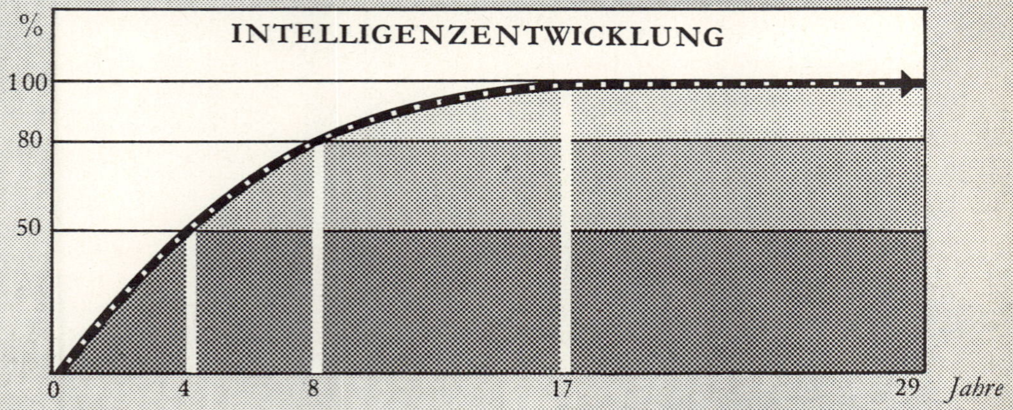

Schulvorstufe einzurichten, die sie im fünften Lebensjahr besuchen und den Kindergartenbau so voranzutreiben, daß dort die Drei- und Vierjährigen in kleinen, überschaubaren Gruppen zu möglichst umfassender Entfaltung angeregt werden.

Schulvorstufen sind als Versuchsprogramme in mehreren Städten eingerichtet worden. Dort wird alles erprobt, was Forschungsergebnisse bekräftigen:

Sprachliche Förderung, vor allem der Kinder mit milieubedingtem, unterentwickeltem Sprachschatz,

Anregung zu selbständigem Spiel und zur Lernbereitschaft,

Einübung von sozialen Verhaltensweisen in einer schulklassenähnlichen Gruppe, die größer sein soll als die Kleingruppe im Kindergarten,

Vorbereitung durch Lern-Spiel auf die Grundschule, um so den Übergang aus dem Elementarbereich in den Primarbereich zu erleichtern.

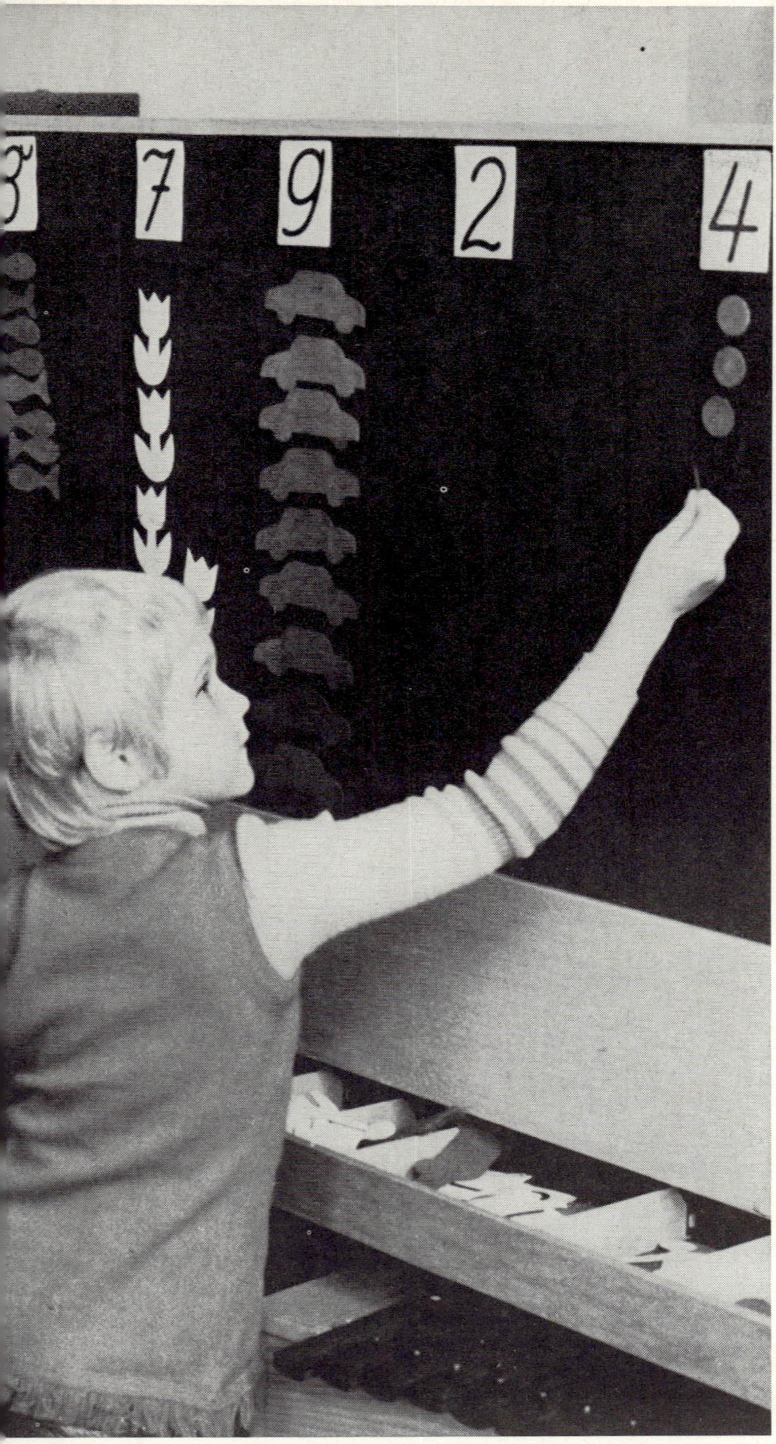

Vorschulklasse — Lernen beim Spielen oder verfrühte Verschulung?

Die Empfehlung der Bildungskommission des Deutschen Bildungsrates in ihrem „Bericht 75", die Primarstufe (Grundstufe) auszuweiten und die Bildungspflicht ein Jahr früher beginnen zu lassen, hat deutliche Kritik hervorgerufen. So setzen sich u. a. die Landesarbeitsgemeinschaft der Familienverbände in NW, die Arbeitsgemeinschaft für Jugendhilfe (AGJ) und namhafte Mediziner und Psychologen wie z. B. Professor Dr. Hellbrügge dafür ein, die Fünfjährigen weiterhin im Kindergarten zu belassen aus folgenden Gründen:

1. Die Vorverlegung der Einschulung hat zu einseitig die Förderung der Intelligenz und der Lerntechniken der Fünfjährigen im Blick, ohne genügende Berücksichtigung der gleichzeitig besonders erforderlichen sozialen und emotionalen Erziehung. Dies gelingt besser in den altersgemischten Gruppen des Kindergartens für Drei-, Vier- und Fünfjährige, in denen die Fünfjährigen bereits altersgemäße Verantwortungsaufgaben übernehmen können.

2. Ein großangelegter, wissenschaftlich begleiteter, fünfjähriger Modellversuch der nordrhein-westfälischen Landesregierung hat erwiesen, daß Kinder auf den schulischen Ernst des Lebens besser im Kindergarten als in — dem ersten Schuljahr vorgeschalteten — Vorklassen vorbereitet werden. Dieses Ergebnis legten Kultusminister Jürgen Girgensohn und Sozialminister Professor Friedhelm Farthmann im Februar 1977 der Öffentlichkeit vor. Die Landesregierung von NW strebt hiernach keine Vorverlegung der Schulpflicht um ein Jahr an; sie will statt dessen auf eine engere Zusammenarbeit zwischen Kindergarten und Grundschule hinwirken.

3. Die Verpflichtung zu regelmäßigem, pünktlichem Schulbesuch überfordert Fünfjährige — der Kindergartenbesuch bleibt freiwillig.

4. Eine Vorverlegung der Schulpflicht fördert den Leistungsdruck in der Schule, anstatt ihn abzubauen. Der forderungsfreie Raum für das Kind wird entscheidend vermindert.

5. Die familienergänzende Erziehungs- und Bildungsfunktion des Kindergartens wird um ein Jahr geschmälert, der Eingriff in den verfassungsrechtlich garantierten Erziehungsraum der Familie erscheint bedenklich.

Für und Wider größerer staatlich gelenkter Bildungsmöglichkeiten des Kindes müssen *für* das Kind zu Ende diskutiert werden.
Inzwischen gilt es, *die Eltern zu aktivieren*, sie zu lehren,
„sich ihren Kindern stärker zu widmen,
die Spiel- und Erfahrungswelt der Kinder anzureichern,
ihre Sozialkontakte und ihre Lernerfahrungen mit zu bedenken und selber zu lernen,
welche Anforderungen das Elternamt heute stellt."[1]

---

[1] A. Flitner, a.a.O., Seite 384.

VII. Das Großkindalter: 6 bis 11 Jahre

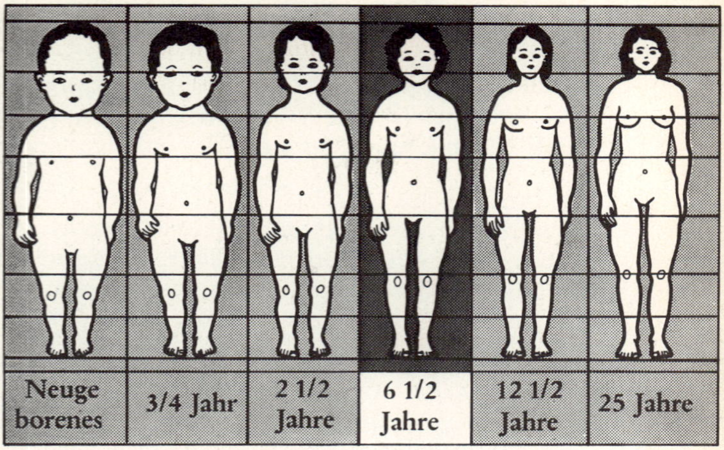

1. Zeit erneuter Spannungen und Konflikte in den Monaten vor und nach dem 6. Geburtstag

Anregungen:

1. Sind Sie am ersten Schultag fotografiert worden? Kleben Sie dieses Bild oder ein anderes aus Ihrer „I-Männchen“-Zeit in Ihr persönliches Begleitheft. Hatten Sie damals noch sehr kindliche Züge und eine rundliche Körperform? Hatte der Zahnwechsel schon eingesetzt?

2. Welche Arten von Spielplätzen standen Ihnen zur Verfügung? Schreiben Sie die Antworten in Ihr persönliches Begleitheft.

3. Welche Spielmöglichkeiten haben Ihre jüngeren Geschwister und Nachbarskinder in der Nähe Ihrer elterlichen Wohnung? Wie könnte man dort Ihrer Meinung nach Spiel- und Bolzplätze schaffen, falls die vorhandenen nicht ausreichen? Schreiben Sie Ihre Überlegungen und Vorschläge hierzu in Ihr Arbeitsheft.

Zu Beginn des siebten Lebensjahres verändert sich die Körperform des Kindes: Es verliert sein rundliches Aussehen und streckt sich. Das Kinn tritt stärker hervor, der Hals wird länger, die Schultern verbreitern sich, der Bauch geht zurück, und die Taillenlinie wird erkennbar — Jungen können endlich Hosen mit Gürtel und ohne Halter tragen.

Die Muskeln zeichnen sich stärker ab, die Bewegungen werden geschickter, gezielter und flinker.

Der Zahnwechsel beginnt mit dem Ausfallen der ersten und dem Nachwachsen der zweiten Schneidezähne.

Der Gesichtsausdruck ist wacher, prüfender und kritischer.

Dieser Gestaltwandel beruht auf einer veränderten Drüsentätigkeit, vor allem auf dem Einfluß der Hypophyse (Hirnanhangdrüse), und wie im Trotzalter, so können auch jetzt die körperlichen Veränderungen seelische Spannungen hervorrufen.

Die Kinder sind in dieser Zeit häufiger krank,
viele Kinderkrankheiten wie Masern, Röteln, Keuchhusten und Entzündungen im Hals-Nasen-Ohren-Raum müssen durchgestanden werden.

Darüberhinaus leiden viele Kinder an Appetitstörungen.

Da alles dies zusammenkommt: Gestaltwandel, Anfälligkeit gegen Krankheit, Appetitmangel, sehen verstörte Eltern oft ein völlig verändertes Kind vor sich: Es ist dünn, blaß, schlapp, unlustig, unzufrieden, in seinen Stimmungen schwankend, launisch, lustlos beim Spiel, unentschlossen in seinen Unternehmungen.

Die Beruhigungsphase des Vorschulkindalters wird abgelöst durch eine Erregungsphase — ähnlich, wie auf das Kleinkindalter das Trotzalter folgt.

Wieder heißt es für Eltern und Erzieher: „Geduld bringt Segen!“

Besonders die Genesungszeiten nach einer Krankheit sind für Kind und Eltern belastend. Das Kind ist zu schlapp zum Aufstehen und zu unzufrieden zum Liegenbleiben. Es nörgelt und quengelt, ißt nicht und tut alles, um seine Mitmenschen zu verärgern.

Erfahrene Mütter überstehen solche Zeiten mit Humor und Gelassenheit — Aufregung, Schimpfen, Jammern hilft niemandem. Wohlweislich haben sie vorher für diese Tage Bastelmaterial jeder Art, z. B. Tierbilder aus alten Zeitungen, Spielautos, die repariert werden müssen, Buntstifte, Kinderbücher, Kinderhefte und tausend andere interessante, zur Beschäftigung notwendige Kleinigkeiten gesammelt, die sie in wohldosierten Portionen anbieten, um als Gegenwert kindliche Zufriedenheit zu ernten.

Den Appetitstörungen begegnet man, indem man dem Kind beim Essen Auswahl und Mengenwahl überläßt — ebenso wie dem Vater und den Geschwistern. Man mischt sich möglichst nicht mit Essenszwang und Essensbefehl ein — das ruft nur Trotz und erhöhte Abwehr hervor. Die Lieblingsmahlzeiten des Kindes berücksichtigt man im Wochenplan. Am gesündesten und die Eßlust fördernd ist eine heitere, gelöste Atmosphäre bei Tisch — nicht nur für das Kind.

Andere Konflikte ergeben sich dadurch, daß das Kind erneut merkbar selbständiger wird und sein „Ich“ nach mehr Beachtung, Anerkennung und Umwelterfahrung drängt.

Es gibt zu Hause freche Antworten, ist zappelig und unruhig, hört kaum auf den Rat der Eltern, zankt mit seinen Geschwistern und strebt hinaus zum Spiel mit Gleichaltrigen. Auch hier ist es streitlustig und aggressiv, will befehlen, ohne sich einordnen zu können, und da es ja auf andere Kinder gleicher Gemütsverfassung trifft, besteht das Spielen häufig aus Geschrei, Beschimpfungen und gegenseitigem Prügeln. Wenn hier die Eltern — außer bei Verletzungen der Kinder — ordnend und parteiisch eingreifen, kommt es oft zu bösen Auseinandersetzungen und Verfeindungen der gegenseitigen Elternpaare, während die Urheber schon längst wieder fröhlich miteinander raufen.

Es kann aber auch sein, daß das Kind zu Hause hockt, ständig über Langeweile jammert und lustlos herumtrödelt.

Man weiß als Erzieher nicht, wer einem mehr auf die Nerven geht: Der unruhige „Streitsüchtige“ oder das keinem noch so freundlichen Spielangebot zugängliche „Zimperlieschen“.

Sitzt man endlich zusammen am Tisch und spielt „Schwarzer Peter“, „Mensch, ärgere Dich nicht“, „Fang den Hut“ oder ein anderes Regelspiel und hat das Pech zu gewinnen, so gibt es erneuten Ärger, weil der kleine Verlierer, je nach Temperament, heult, tobt oder unter Protest den Raum verläßt. Das Kind ist unglaublich leicht gekränkt und beleidigt und vermag keine Schlappe einzustecken. Am heftigsten reagiert es auf Spott und Ironie.

Beispiel:

Christian (6 Jahre alt) hängt an dem großen 19jährigen Bruder, der ihn aber mitunter hänselt und nicht ganz ernst nimmt. Dem Vierjährigen hat das damals nicht viel ausgemacht, jetzt aber reagiert Christian mit zornigen, natürlich aussichtslosen Boxangriffen. Darüber muß der „Große“ sehr lachen, wenn der „Kleine“ mit verbissenem Gesichtsausdruck auf ihn los geht, und um so wütender und erregter wird dieser. Appelle von elterlicher Seite an seine Vernunft, er solle aufhören, der große Bruder sei doch viel stärker, nützen gar nichts — hier hilft nur „Trennung der Gewalten“, denn selbst Friedensangebote des großen Bruders bringen keine Verständigung zustande.

Leichter als Großstadtkinder-Eltern haben es jetzt solche, denen noch ein eigener Garten oder Wiesen und Wald zur Verfügung stehen. Dort kann das Kind seine Unausgeglichenheit und Aggressivität in wünschenswerter Betätigung abreagieren.

Oft helfen die Kinder besonders gern bei Bauarbeiten, beim Sandkarren, Steinetransport, Schuttwegräumen und ähnlichem. Dabei werden sie körperlich gefordert und haben zugleich sichtbare Erfolgserlebnisse ihrer Mitarbeit.

Die Einengung und der Mangel an sinnvollen Beschäftigungen für Großstadtkinder läßt Krisenzeiten in ihrem Kinderleben häufig besonders deutlich hervortreten.

Sie sind gezwungen, mangels besserer Möglichkeiten, in Fluren, auf Straßen, Schuttplätzen, Baustellen und in abbruchreifen Häusern zu spielen. Dadurch sind sie in erhöhtem Maße gefährdet. Außerdem verschlechtert sich schon früh ihr Verhältnis zur Erwachsenenwelt, weil sie überall unerwünscht sind und vertrieben werden. So kann man mitunter schon Sechs- bis Siebenjährige beim ziellosen Streunen beobachten, vor allem auch in Kaufhäusern, und nicht wenige werden beim Stehlen ertappt.

Es müssen also nicht nur mehr, sondern vor allem auch richtigere Spielmöglichkeiten geschaffen werden.

Der Spielplatz mit dem bakterienverseuchten Sand, der Schaukel und der Kinderwippe, benutzbar von 9—12 Uhr und von 15—19 Uhr, ist ja geradezu eine Verhöhnung kindlicher Wünsche.

Die Kinder brauchen Platz, Arbeitsmaterial wie Bohlen, Bretter, Nägel, Hammer und Angebote zur Bewältigung ihrer Abenteurerlust, z. B. alte Dampflokomotiven, Straßenbahnwagen, aber auch Gebüsch, Felsen, Schluchten, Klettermöglichkeiten.

Man mag hier einwenden, daß solche Spielfelder erst das ältere Kind nötig hat. Ja und nein! Das sechs- bis siebenjährige Kind, das heftig hinausstrebt und nur die aufgezählten, negativ zu bewertenden „Spiel“-Stellen vorfindet, muß bereits gute Bolzplätze aufsuchen können; nur dann treibt es keinen Unfug auf Baustellen und in Kaufhäusern.

Natürlich muß es auf diesen guten Kinderplätzen beaufsichtigt werden, sonst gefährdet es sich und andere durch seinen Mangel an Voraussicht und seine unbeherrschte Aktivität. Außerdem wird es leicht von älteren Kindern und Halbwüchsigen schikaniert und wiederum vertrieben.

Es müßte doch möglich sein, Elterngemeinschaften, kinderliebe rüstige Rentnerinnen und Rentner, Studenten der Pädagogik und der Psychologie und Sozialpädagogen zu finden, die solche Bolzplätze verwalten und die Kinder, beratend und helfend, überwachen.

Eltern müssen hellhöriger werden, vor allem mehr die Maßnahmen ihrer Stadtväter kritisch verfolgen.

Wenn aus Kinderspielplätzen Parkplätze gemacht werden, wenn in neuen Siedlungen reichlich Autoeinstellplätze, genügend Grünflächen, aber mangelhaft Spiel- und Bolzplätze angelegt werden — dann sollten sich die Eltern energisch wehren, ehe es zu spät ist!

Kein Platz für Kinder ist leider meist in unseren modernen Vorstädten. Glücklicherweise findet die schöpferische Phantasie der Kinder die wenigen Nischen und schattigen Winkel dieser menschenfeindlichen Betonwelt und verwandelt sie in Spielbereiche.

Die abenteuerlichen Spielplätze draußen vor der Stadt oder auch ihr künstlicher Ersatz, „Abenteuerspielplätze", bieten der Spielphantasie ungezählte Entfaltungsmöglichkeiten.

Zu diesem Zweck aber müssen sie politischer werden, d. h., sie müssen an Gemeinde- und Stadtratssitzungen teilnehmen, sich durch die Zeitung informieren und lernen, den Mut zu positiver Kritik zu haben.

Elternwünsche und Bürgersinn — das sollte zum Wohle der Kinder miteinander gekoppelt sein.

2. Schulfähigkeit und Schulreife
Schulreifetests und ihre kritische Würdigung

Anregungen:

1. Notieren Sie in Ihrem persönlichen Begleitheft, in welchem Alter (mit Monatsangabe) Sie in die Schule aufgenommen wurden und schreiben Sie hinzu, aus welchem Grund Sie entweder besonders spät oder besonders früh zur Schule gingen.
2. Diskutieren Sie mit Eltern und Lehrern über den richtigen Termin des Schuleintritts.

Kaum ein Datum im kindlichen Leben ist so einschneidend und wird wissenschaftlich so hart diskutiert wie die richtige Wahl des Schuleintrittes.

Dabei muß man zwischen Schulfähigkeit und Schulreife unterscheiden.

Schulfähig ist ein Kind, das noch ein Mindestmaß an Aufnahmefähigkeit besitzt, und auch körperlich darf es nicht so schwer behindert sein, daß es dadurch auf jede Art von Unterricht verzichten muß.

Glücklicherweise hat sich die Pädagogik in erfreulich starkem Maße der körperlich und geistig Behinderten angenommen. Es wurden viele Sonderschulen und Fördereinrichtungen geschaffen, so daß heute viel mehr Kinder als früher gezielte schulische Behandlung erfahren, besonders dann mit Erfolg, wenn ihre Schädigungen rechtzeitig erkannt wurden.

Die Schulreife bezieht sich auf die Anforderungen, die die normale Grundschule an einen Erstkläßler stellt.

Man unterscheidet:

▷ 1. Die körperliche Schulreife
Der erste Gestaltwandel soll möglichst vollzogen, eine gewisse Geschicklichkeit, vor allem der Hände, vorhanden sein.

▷ 2. Die geistige Schulreife:
Das Kind soll die magische Phase überwunden haben und realitätsbezogener geworden sein.

▷ 3. Die willensmäßige Schulreife:
Das Kind soll in einem gewissen Umfang selbst lernen „wollen", lernbereit dem

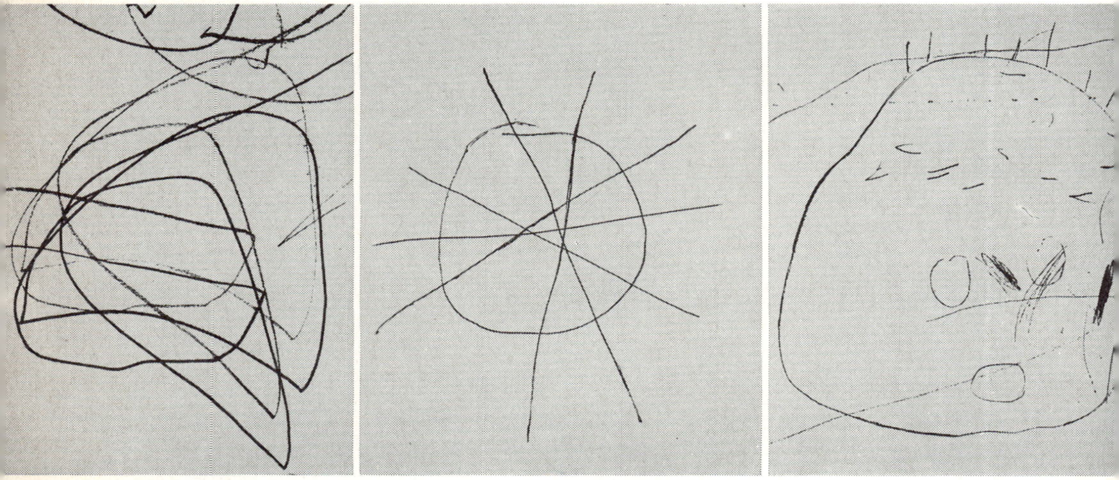

Unterricht folgen und Schulaufgaben erledigen können. Unterrichtsdauer und Schwere der Aufgabe müssen natürlich seinem Alter angepaßt sein.

▷ 4. Die soziale Schulreife:
Das Kind muß sich in eine Gemeinschaft einfügen können, die Mutter-Kind-Bindung soll so weit gelöst sein, daß es die Mutter in der Schulzeit nicht entbehrt und den Lehrer (die Lehrerin) nicht als Mutter-Ersatz für sich allein beansprucht.

Ob ein Kind diese Bedingungen erfüllt, kann man anhand eines Fragekatalogs, den Professor Dr. Roth[1] entwickelt hat, feststellen:
Strebt das Kind von sich aus in die Schule?
„Liest" es schon in seinen Bilderbüchern?
Fährt es der Zeile nach, wenn es „Lesen" spielt?
Ist es stolz auf sein Zählen?

[1] Prof. Dr. Roth, Göttingen, in „Pädagogische Psychologie des Lehrens und Lernens", Hermann Schroedel-Verlag KG, Hannover, 1970, Seite 24/25.

Kinderzeichnungen

Von ziellosen, kreisenden Bewegungen gelangt das etwa dreijährige Kind zu häufig mehrfach durchkreuzten Kreisfiguren, der Vorstufe des „Mondgesichtes“, das sich dann mit Armen und Beinen zum „Kopffüßler“ auswächst. Erst das 4—5jährige Kind lernt, Menschen realistischer darzustellen, wie auf den drei rechts stehenden Zeichnungen. Dieser Übergang vom Kopffüßler zur realistischeren Menschendarstellung hat Testfunktion. Ist er zu Beginn des Schulalters noch nicht eingetreten, so kann auf eine Retardation, eine Entwicklungsverzögerung geschlossen werden.

Kann es für längere Zeit bei einer Sache bleiben?
Stört es noch die Spiele der anderen?
Kann es im Spiel verlieren, ohne zu weinen?
Nimmt es sich schon selbständig Aufgaben vor?
Will es schon mithelfen und sich nützlich machen?
Hat es schon für irgendwelche häuslichen Dienste die Verantwortung übernommen?
Kann es schon mit der Schere Figuren ausschneiden?
Lernt es gern auswendig?
Fragt es nach der Bedeutung von Wörtern?
Führt es Angefangenes zu Ende?
Kann es sich schon alleine anziehen?
Geht es allein zur Toilette?
Bindet es die Schnürsenkel selbst?

Putzt es selbständig die Nase?
Weiß es Nachnamen, Alter und Straße?
Beachtet es Gebote und Verbote?
Trotzt es noch häufig?
Hält es sich noch mehr zu den Erwachsenen als zu den Gleichaltrigen?
Hat es schon Anschluß an Nachbarskinder?
Ging es gern in den Kindergarten?
Hilft es schon freiwillig anderen?
Nimmt es schon zu Fremden von sich aus Kontakt auf?
Zeigt es auch außerhalb des Hauses Unternehmungslust?
Kennt es Konkurrenzgefühle mit Gleichaltrigen?
Sieht es Bestrafungen ein?

Kann man den größten Teil dieser Fragen für ein Kind positiv beantworten, dann darf man ziemlich sicher sein, daß es schulreif ist.
Jedes schulpflichtige Kind wird in der Bundesrepublik Deutschland körperlich untersucht und auf seine geistige, willensmäßige und soziale Schulreife hin getestet.

In solchen Testverfahren wird unter anderm festgestellt:

1. Malen die Kinder noch „Kopffüßler", also Männchen, bei denen der Kopf unmittelbar auf den Gliedmaßen sitzt?

2. Haben die Kinder ein gewisses Zahlen- und Mengenverständnis? Mit Hilfe von Stäbchen läßt man die Kinder zu- und wegtun: „Wieviel Stäbchen liegen hier? Füge zwei hinzu, ziehe drei ab, nimm noch zwei weg und tue wieder vier dazu."

3. Kennen die Kinder die gängigsten Farben, die auch in den Schulbüchern vorkommen?
Die Kinder müssen die Farben von Plättchen und Stäbchen benennen.

4. Wie weit sind Sprache und Ausdrucksfähigkeit entwickelt? Dies kann ein Schulpsychologe im unbefangenen Gespräch mit dem Kind feststellen.

5. Kann das Kind einen Vers mit ca. 14 bis 16 Silben nachsprechen? Beispiel:
Peter schreit ganz laut „Hurra",
denn der Osterhas' war da!

Beispiel aus einem Schulreifetest:
Nachzeichnen schematischer Darstellungen einer Kirche, einer Tanne und eines Tischchens.

Testvorlage

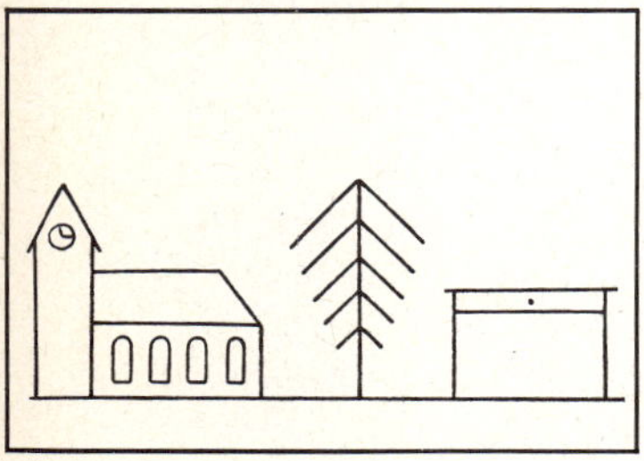

Gute Lösung

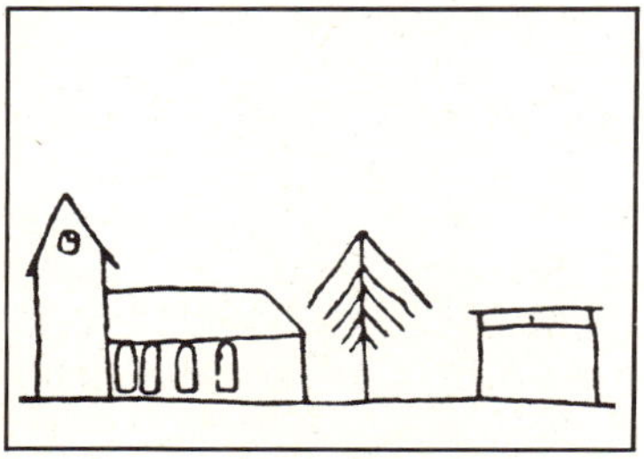

Schlechte Lösung

6. Kann das Kind ein Bild mit einfachen Zusammenhängen beschreiben?
7. Wie malt das Kind eine übersichtliche Strichzeichnung ab?

Das nebenstehende Beispiel aus einem Schulreife-Darstellungstest zeigt gute und schlechte Lösungen: Man erkennt bei der Gegenüberstellung von Plus- und Minusergebnissen die Unterschiede zwischen Wahrnehmungs- und Wiedergabevermögen der getesteten Sechsjährigen.

Alle Testverfahren sollen so gestaltet werden, daß das Kind unbefangen teilnimmt und Spaß daran hat. Die Testergebnisse geben Eltern und Erziehern Anhaltspunkte und Hinweise und müssen gemeinsam so ausgewertet werden, daß ausschließlich das Wohl des Kindes im Vordergrund steht. Prestigedenken von Eltern beispielsweise, die ihr Kind sehr früh einschulen wollen oder Überängstlichkeit anderer Eltern, die das Kind zu lange im Schonraum Familie belassen möchten, sollen zugunsten des Kindes unberücksichtigt bleiben.

3. Mittleres Kindesalter: 6—9 Jahre

a) Pflege der Schul- und Lernfreude des Kindes durch richtiges Verhalten von Eltern und Lehrern

Anregungen:

1. Erinnern Sie sich an besondere Erlebnisse während Ihrer ersten Schuljahre? Schreiben Sie diese in Ihr persönliches Begleitheft. Wenn Sie möchten, fügen Sie die Beurteilung Ihrer schulischen Leistungen hinzu.
2. Haben Sie jüngere Geschwister, die in der Schule nicht gut mitkommen? Versuchen Sie, die Gründe hierfür zu finden. Wenn die Eltern keine Zeit haben, sprechen Sie — mit Einwilligung der Eltern — mit dem Lehrer (der Lehrerin) darüber.

Eltern sollten sich auf den ersten Schultag Ihres Kindes freuen, Mütter dürfen nicht weinen.

„Na warte — wenn Du erst in die Schule kommst!" — dieser Drohsatz muß endgültig ausgemerzt werden; er stammt wohl noch aus der friderizianischen Zeit, in der ausgediente Unteroffiziere als Lehrer in die Volksschulen abkommandiert wurden und dort mit Prügelstrafen regierten.

Der Erstkläßler braucht aufmunternde und mutmachende Worte, denn er muß in den ersten Schulmonaten viel lernen.

Im Vergleich zu späteren Schuljahren, aber auch zu Lehrprogrammen in anderen Ländern, z. B. in Amerika, ist unser erstes Grundschuljahr mit Lernstoff reichlich angefüllt.

Zu dem aufmerksamen Zuhören und Stillsitzen neben Gleichaltrigen, die man sich nicht ausgesucht hat,

zu dem Sich-Einordnen und gleichzeitigem Sich-Behaupten innerhalb einer Gruppe kommt außerdem noch die tägliche Erledigung der Hausaufgaben hinzu.

Das ist oft am schwersten zu erlernen: Die Einschränkung der Spielzeit. Die meisten der zur Schule positiv eingestellten Kinder sagen: „Schule macht Spaß — wenn nur die Hausarbeiten nicht wären"!

Eltern können von Anfang an schwere Erziehungsfehler machen, wenn sie — meistens aus Ehrgeiz — mit negativen Erziehungsmitteln wie Schelten, Schlagen, Einsperren das Schulkind zu sorgfältigster Ausführung der Aufgaben anhalten wollen. Es gibt sogar Eltern, die ihre Kinder zum Schreiben, Rechnen und Lesen zwingen, obwohl ausdrücklich nichts aufgegeben wurde und auch keine Sonderabsprache mit der Lehrerin (dem Lehrer) vorlag.

Selbstverständlich müssen die Schulaufgaben möglichst sorgfältig gemacht werden, aber „möglichst" heißt: Nach Vermögen des Kindes! Die kleine Hand ist noch ungelenk, und das Zusammensetzen von Silben oder Buchstaben zu Wörtern begreift nicht jedes Kind gleich. Zuerst „liest" es, indem es auswendig lernt. Das alles müssen die Eltern wissen und anerkennen, ehe sie dem Kind bei den Schulaufgaben beratend helfen können.

Kinder der ersten Schuljahre haben gern die Mutter während der Hausaufgaben neben sich, und sie soll sich die Zeit dazu nehmen.

Die Schularbeiten dürfen ohnehin höchstens eine halbe bis eine Stunde am Tage dauern.

Je mehr die Eltern jeden Erfolg im Lesen und Schreiben, Rechnen und Malen loben, um so lieber macht das Kind seine Hausaufgaben.

Es lernt noch nicht aus Einsicht, sondern eher wegen der Anerkennung durch Eltern und Lehrer.

Den Sinn des Satzes: „Nicht für die Schule, sondern fürs Leben lernen wir" erfaßt ein Kind erst sehr, sehr viel später, und manches begreift ihn nie.

Ehrliches Lob als Ansporn, Dabeisein bei seiner Arbeit — das braucht das Schulkind jetzt, damit die ursprüngliche Freude am Lernen nicht wieder verloren geht.

Es kommt hinzu, daß das Kind die Eltern nötig hat, um seine Sorgen abladen zu können:

Den Ärger mit den Kameraden(innen), die Angst vor einem strengen Lehrer, die Furcht vor einer Blamage innerhalb der Klassengemeinschaft, die Not bei ablehnendem Verhalten anderer Kinder.

Das sind keine kleinen, sondern echte Sorgen, und wie benachteiligt sind die Kinder, bei denen es ständig heißt: „Ach, das ist doch nicht so wichtig"... „Du mußt damit fertigwerden!" ... „Ich habe jetzt keine Zeit" ... „Hau doch einfach drauf, wehr Dich doch!" ... „Sag's dem Lehrer!"

Zeitaufwand für Schulaufgaben beim	*normalerweise:*	*höchstens:*
sechs- bis siebenjährigen Kind:	*1/2 Stunde*	*3/4 Stunde*
sieben- bis neunjährigen Kind:	*1/2 bis 1 Stunde*	*1 1/4 Stunden*
neun- bis elfjährigen Kind:	*1 bis 1 1/2 Stunden*	*1 3/4 Stunden*

Auch ein Schulkind braucht noch die liebende Zuwendung, auch ein Schulkind will noch getröstet und gestreichelt werden — nur wünscht es Zärtlichkeiten nicht mehr in der Öffentlichkeit.

Besonders wichtig ist es für Kind und Eltern, von Schulanfang an Kontakt mit den Lehrern aufzunehmen, bei ungeklärten Fragen die Pädagogen in ihren Sprechstunden aufzusuchen und an Schulgemeindeversammlungen teilzunehmen. Das Elternrecht wird staatlicherseits gefördert — es bleibt totes Paragraphengestrüpp, wenn die Eltern keinen Gebrauch davon machen. Schon manche Aussprache, mancher Hinweis auf eines Kindes Not, die der Lehrer nicht kennt, hat zu mehr Beobachtung, zu mehr Anteilnahme und damit zur Verbesserung der kindlichen Situation geführt.

Die Kultusministerien der Länder geben Informationsschriften heraus, die Ratschläge über Schulaufgaben, Klassenarbeiten, Mitwirkungsmöglichkeiten der Eltern u. ä. enthalten. In NW werden diese hilfreichen Broschüren an allen Schulen verteilt, man kann sie aber auch kostenlos erhalten vom: Kultusministerium des Landes NW, Völklinger Straße 49, 4000 Düsseldorf.

b) Aktivität und Unternehmungslust des Kindes

Anregung:

Welche besonderen Interessen hatten Sie im Alter zwischen sechs und neun Jahren? Schreiben Sie diese in Ihr persönliches Begleitheft.

Sind die Beschwernisse des ersten Gestaltwandels und der Schuleingewöhnung überwunden, wird das Kind zunehmend ausgeglichener und fröhlicher.

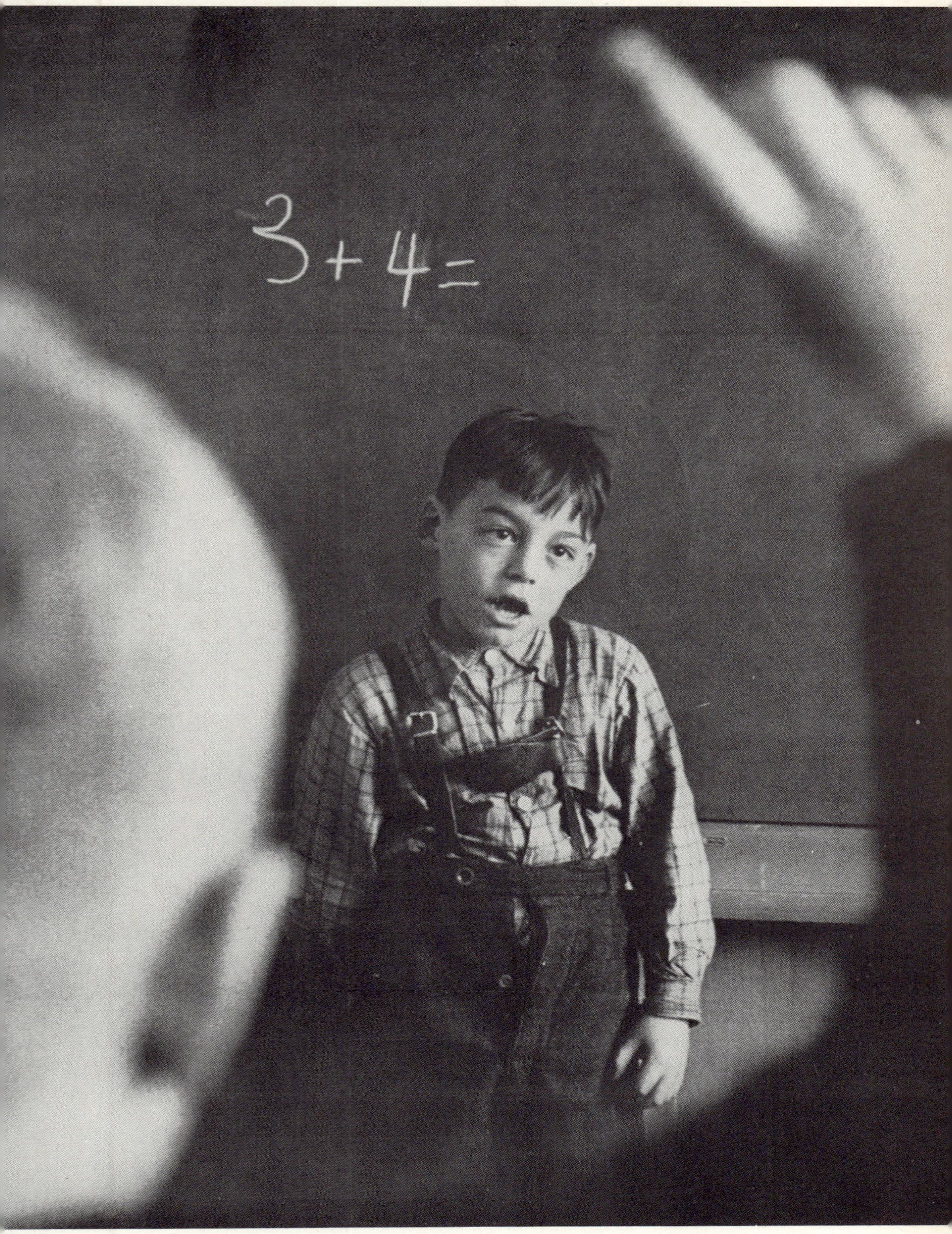
3+4=

Es trällert den ganzen Tag, läuft, anstatt zu gehen, saust das Treppengeländer rittlings herunter, kennt sämtliche Autotypen (nicht nur die Jungen!), hat ständig zerschundene Knie, lächelt geringschätzig über Kinder, die noch an Osterhasen und Weihnachtsmann glauben und ist von einem unbändigen Wissens- und Experimentierdrang und einer wahren Sammelwut besessen.

Zeichnung: Canzler

3 Beispiele:

1. Christian mixt öfter im Badezimmer Zahnpasta, Badeöl, Haarwasser, Hautcreme, Rasierseife, Parfüm zu einer übelriechenden Brühe zusammen.

2. Frank schleppt am Sperrmülltag aus anderer Leute Abfall die wichtigsten Dinge nach Haus: Kugellager, Illustrierte, alte Regenschirme (nach dem Motto: „Im Hüse 'rum geiht he noch"), Fahrradschläuche, Horrorhefte u. ä.

3. Stefan spezialisiert sich auf Abfalldeckel einer Kühlschrankfabrik: „Damit kann man im Winter prima schneerutschen!"

Die Hosentaschen sind voller keineswegs immer appetitlicher Schätze. Das Grundschulkind beobachtet alles, ist an allem und jedem interessiert, beachtet Kleinigkeiten viel genauer als Erwachsene, kann sich bereits ausgezeichnet konzentrieren, vor allem bei gern ausgeführten Arbeiten und lernt leicht anschauliche Texte auswendig.
Das normal entwickelte Kind im Grundschulalter zeigt also im allgemeinen so viele liebenswerte Züge und ist so aufgeschlossen und lernbereit, daß es geradezu Mühe kosten würde, ihm seine Fröhlichkeit und Lernbegierde auszutreiben. Leider bringen das gedankenlose Erzieher manchmal durchaus fertig.

c) Das Verhältnis des Kindes zu Eltern und Lehrern:

Das partnerschaftliche Verhältnis zwischen Eltern und Kind ist jetzt besser als in den nachfolgenden Zeiten der Pubertät.
Das Kind läßt sich leicht lenken und leistet Hilfe um so lieber, je mehr Anforderungen sie enthält. Das Abtrocknen ist nicht mehr beliebt, aber man ist beispielsweise mit Feuereifer dabei, der erkrankten Mutter das Essen zu bringen und ihr Zimmer aufzuräumen. Im nächsten Geschäft einkaufen müssen, ist langweilig, das konnte man ja schon mit drei Jahren! Aber einen Auftrag erledigen, bei dem man einige Kilometer mit Fahrrad oder Bus zu überwinden hat — das macht Spaß! Ins Schwimmbad will man alleine gehen — man ist doch wohl alt genug!
Die Eltern sind immer noch die Besten und werden noch positiv betrachtet — daneben aber gewinnen der Lehrer, die Lehrerin an Einfluß.
Jede Mutter kennt den mit Nachdruck vorgebrachten **Ein**wand bei Schulaufgaben: „Unser Frollein hat aber gesagt . . .!", und so wird es gemacht. Das Kind beobachtet zwar den Lehrer, die Lehrerin auch schon kritisch. So findet

Christan z. B. „die vielen Ketten und das Grüngemalte auf den Augen richtig blöd“ bei einer Lehrerin, aber ihre Ansicht und Meinung übernimmt er noch ohne große Widerrede. Wohl ist der eine Lehrer „lieber“ und „freundlicher“ als der andere, doch grundsätzlich werden die Pädagogen noch als Autorität anerkannt.
Ausnahmen hiervon gibt es meistens dann, wenn Eltern und Geschwister des Kindes der Schule und der Lehrerschaft ablehnend gegenüberstehen. Dann macht sich das Kind die negative Einstellung der Eltern zu eigen.

d) Das Verhältnis des Kindes zu Gleichaltrigen

Die Bindung an Gleichaltrige wird fester, doch kann das Kind noch keine echten Freundschaften schließen, dazu sind Verständnis und Mitleid für andere Kinder noch zu wenig entwickelt. Im Gegenteil, oft muß man die Kinder anhalten, zu sozial benachteiligten Klassenkameraden(innen) und leistungsmäßig Schwächeren freundlich zu sein, denn kindliche Grausamkeit ist manchmal grenzenlos und kann andere Kinder in bedrohliche Isolierung führen. Das beobachtet man in fast jeder Klasse oder Spielgruppe. Eine Außenseiterrolle ist für alle Kinder immer eine echte entwicklungshemmende Gefahr.

Beispiel:

Christian erzählt: „Der Ali ist gemein! Der haut uns. Aber wir lassen uns ja nichts gefallen. Der spricht so komisch, da lachen wir immer.“
Ali ist ein türkisches Gastarbeiterkind. Er ist älter und kräftiger als die deutschen Kinder, aber sprachlich natürlich benachteiligt. Gegen die Hänseleien wehrt er sich mit Schlägen.
Die Eltern erklären Christian das ungleich schwerere Los eines Gastarbeiterkindes. „Na ja“, sagt Christian, aber ganz leuchten ihm die Argumente nicht ein. Man muß noch öfter mit ihm darüber sprechen.

e) Das Spielverhalten des Grundschulkindes

Gruppenspiele mit viel Bewegungsmöglichkeiten sind am beliebtesten, z. B. Indianer- und Cowboy-Spiele, Kriegen, Verstecken, Ballspiele. Freude am Abenteuer, Lust am Beobachten, Anschleichen, Überlisten, gegenseitiges Kräftemessen machten diese Spiele so reizvoll.
Das Kind ordnet sich jetzt schon leichter ein und hält sich eher an die Spielvorschriften.
Bei den Regelspielen (Quartette aller Art, Verkehrsspiele, Würfelspiele u. a. m.) fällt das Verlieren nicht mehr gar so schwer. Man bewahrt eine bessere Haltung, das Spielergebnis wird sachlicher bewertet. Besonders gern werden die Erwachsenen zu Konzentrationsspielen herangezogen, denn hierbei gewinnen die Kinder fast immer. Es ist bewundernswert, wie genau sie z. B. bei dem Spiel „Memory“ die Lage der zueinandergehörenden Kärtchen behalten.
Eltern sollen diese Gesellschaftsspiele mit ihren Kindern durchführen. Es sind oft so fröhliche, gemeinschaftsfördernde Stunden.
Wenn Sie einmal überlegen, woran Sie sich am liebsten aus Ihrer Kinderzeit erinnern, dann sind mit Sicherheit solche Spielstunden mit Ihren Eltern dabei.

Wieviel schöner ist es doch, an einem verregneten Sonntagnachmittag die Spielkiste aufzumachen, als das Fernsehprogramm abzusitzen. Geist, Gemüt, Gefühl, Gemeinschaftserleben leiden beim sturen „In-die-Röhre-Sehen“, zumal das Sonntagsprogramm selten kinderfreundlich ist.

Beim Spielen aber rückt die in der Woche oft vernachlässigte Familiengemeinschaft wieder mehr in den Mittelpunkt, und soziale Verhaltensweisen werden eingeübt.

Wenn es wirklich Streit gibt — was soll's? Mit ein wenig Humor, Ablenkung und Ersatzangeboten, z. B. einem Spaziergang, einem besonders leckeren Abendbrot ist die Auseinandersetzung schnell vergessen.

f) Das ständige Risiko einer Erziehung, die dem Kind optimale Entfaltungsmöglichkeiten gewährt

Experimentierlust und Sammelleidenschaft,
Tatendrang und Freude am Abenteuer,
Selbständigkeitsstreben und Lösungstendenzen,
Lernbereitschaft und Wissensdurst —
das alles sind Eigenschaften, die an sich sehr positiv zu bewerten sind, den Erzieher aber vor kaum zu bewältigende Aufgaben stellen.

Immer steht er im Konflikt zwischen seiner Sorgfaltspflicht und dem Wunsch, dem Kind größere Freiheiten zu gewähren.

Haben nicht viele Kinder schon Augenlicht, Gliedmaßen oder Leben eingebüßt, weil sie mit gefundenen Granaten oder mit selbst hergestelltem Sprengstoff experimentierten?

Sind nicht Kinder verschüttet worden, weil sie auf Baustellen, in Steinbrüchen oder Kiesgruben herumkletterten?

Wurden nicht etliche Opfer von Sittlichkeitsverbrechern, weil sie zu vertrauensselig waren oder sich allein zu weit von zu Hause entfernten?

Sind aus Gewehren in Kinderhand nicht schon tödliche Schüsse abgefeuert worden?

Werden nicht täglich Kinder auf unseren Straßen bei Verkehrsunfällen schwer verletzt oder getötet?

Es muß deutlich gesagt werden:

Es gibt kein Patentrezept, um Kinder immer vor der Gefährdung durch sich und durch andere zu schützen.

Wenn ein Kind seine Kräfte entfalten soll, muß es sie erproben — wenn es sie ausprobiert, ist Gefahr im Spiel.

Es gilt nur immer wieder dies:

Die Eltern und Erzieher müssen

▷ beraten und aufklären, warnen und vorausdenken,
▷ mitgehen und mitmachen, sich berichten lassen und mit der Spielgruppe ihres Kindes reden,

- die Spielplätze besichtigen und begutachten,
- Verkehrsverhalten einüben,
- an die Kindes-Vernunft appellieren und das partnerschaftliche Verhältnis zum Kinde ständig ausbauen.

Dadurch läßt sich die Gefährdung des Kindes wesentlich verringern, aber nicht gänzlich vermeiden.

4. Spätes Kindesalter: 9—11 Jahre

Anregungen:

1. Erinnern Sie sich an Streiche, die Sie in diesem Alter gemacht haben? Schreiben Sie darüber in Ihr persönliches Begleitheft.

2. Beobachten Sie Ihre 9—11jährigen Geschwister, Nachbarskinder, Vettern, Basen: Welche Hobbys pflegen sie? Wie sind Sprachvermögen, Verhalten und Benehmen, Humor dieser Kinder zu bewerten? Schreiben Sie die Antworten in Ihr Arbeitsheft.

a) Das harmonische äußere Erscheinungsbild des Kindes

Was für liebenswerte Geschöpfe ihre Neun- bis Elfjährigen waren, wissen Eltern erst richtig einzuschätzen, wenn dieselben Kinder wenig später in den Pubertätswirren stecken.

Das späte Kindesalter ist zugleich Krönung und Abschluß der Kindheit.

Mit den 9—11jährigen kann man im allgemeinen „Staat" machen. Ihr äußeres Erscheinungsbild ist harmonisch, die Bewegungen sind gelenkig, bei Mädchen oft graziös. Die Kinderkrankheiten sind weitgehend überstanden, das körperliche und seelische Wohlbefinden läßt das Kind heiter, aufgeschlossen und umweltfreundlich sein.

b) Das Schwatzalter

Zwar können Neunjährige die Erwachsenen durch Kichern über alles und jedes und durch Tuscheln und Schwätzen verärgern, und natürlich stört solches Verhalten in der Schule den Unterricht. Aber mit dem Motto: „Lachen ist gesund, und Reden fördert die Sprachgewandtheit" läßt sich dies Benehmen nicht allzu schwer ertragen.

Das Schwatzalter ist wieder eine leichte Erregungsphase in der Entwicklung des Kindes, die sich aber im allgemeinen nicht zu störend auswirkt und bald wieder abklingt.

Beispiel:

Frank erzählt in seiner Schwatzphase am liebsten einen Witz nach dem anderen und ist in seiner Auswahl nicht zimperlich. Am Mittagstisch fragt er: „Kennt Ihr den?" und sprudelt los. Vater sagt: „Nr. 1784!", Mutter hat Angst vor der „Güteklasse" des Witzes; äußerst gespannt hören die kleineren Geschwister zu. Sie werden auf diese Art teilweise „aufgeklärt", denn sie verstehen die Pointe gewisser Witzsorten nicht und fragen solange, bis alle Unklarheiten beseitigt sind.

c) Zunahme des wirklichkeitsbezogenen, naturwissenschaftlichen Denkvermögens

Der Wortschatz des nach wie vor äußerst lernbegierigen Kindes vergrößert sich rasch. Es denkt weiter und tiefer, es geht den Dingen auf den Grund, fragt nach Ursache und Wirkung und kann sich mit abstrakten Begriffen wie Gerechtigkeit, Mut, Toleranz auseinandersetzen. Das Kind vermag nun auch, in ordnenden Kategorien zu denken, die Umwelt nicht mehr einheitlich, sondern gegliedert zu betrachten, Systeme zu erkennen und phantastische Denkmodelle auszuschalten.

Es ist darum den Naturwissenschaften besonders zugewandt und läßt vielfach nur gelten, was der „Wirklichkeit" entspricht.

Es ist keineswegs erwiesen, daß Mädchen weniger naturwissenschaftlich interessiert sind als Jungen. Wahrscheinlich werden sie eher durch Vorurteile der Erwachsenen — „für Mädchen ist das nichts!" — auf andere, „weiblichere" Gebiete verwiesen.

d) Besondere Interessengebiete und die Gefahr ihrer zu starken Bevorzugung

Es kommt jetzt häufig vor, daß Spezialinteressen und -gebiete ausgebaut werden und unter Umständen einen zu breiten Raum im Tagesplan einnehmen.

Manche Kinder sind von einer wahren Lesewut besessen, von „Robinson Crusoe" über Karl May-Bücher bis zu den abenteuerlichsten Wild-West-Geschichten ist nichts vor ihnen sicher. Dabei sind sie sehr kritisch: Das Buch wird abgelehnt, wenn die Geschichte sich nicht tatsächlich so zugetragen haben könnte. Mädchen wie Jungen huldigen der gleichen Abenteurer-Buch-Leidenschaft.

Eltern und Erzieher sollen die Lektüre ihrer Kinder kennen. Sie dürfen auf keinen Fall zulassen, daß Kinder primitivste Literatur lesen, z. B. Horrorhefte, die voller sadistischer Grausamkeiten sind.

Diese Hefte sind im Vergleich zu guten Kinderbüchern außerdem viel zu teuer, und im Gespräch kann man das Kind dahin leiten, daß es das Geld von drei, vier Schundheften spart, um sich dafür ein gutes Buch zu kaufen. Jede Buchhandlung hat geschultes Personal genug, um Eltern und Kind zu beraten. Außerdem können sich die Kinder in Stadtbibliotheken und Schülerbüchereien gute Bücher ausleihen.

Andere Kinder, die nicht so gerne lesen, basteln lieber und bauen Ritterburgen, Landschaften für ihre Eisenbahnanlage, Dörfer, Städte, Zoos — und alles muß möglichst naturgetreu sein.

Musische Interessen erwachen bei vielen Kindern und sollen unterstützt werden. Manche wollen von sich aus ein Instrument erlernen, andere sammeln Schallplatten, einige malen mit Begeisterung und schmücken ihr Zimmer mit ihren eigenen Bildern.

10 Thielscher, Erziehungsbasis (18201)

Das alles ist sehr begrüßenswert, birgt aber die Konflikte falsch gesetzter Schwerpunkte in sich: Liebhaberei geht vor Arbeit, die Schulaufgaben werden mangelhaft oder gar nicht erledigt.

In diesem Punkt müssen sich die Eltern durchsetzen, man muß an den Realitätssinn appellieren, auf die Notwendigkeit des einen und den Hobbycharakter des anderen hinweisen. Wenn das nichts nützt, soll man das Buch, die Bastelarbeit, das Instrument, den Plattenspieler so lange beschlagnahmen, bis die Aufgaben gemacht worden sind. Da die Kinder durchaus noch am Schulerfolg und an der Anerkennung durch die Lehrer interessiert sind, gibt es meistens noch keine größeren Erziehungsschwierigkeiten bei solchen Maßnahmen.

e) Das positiv-kritische Verhältnis zu Eltern und Lehrern — die Bedeutung der Lehrerpersönlichkeit für das lernfreudige Kind

Das Kind ist grundsätzlich noch geneigt, die Autorität von Eltern und Lehrern anzuerkennen, jetzt aber schon mit kritischer Wachheit und nüchterner Fehlerfeststellung.

Besonders Mädchen nehmen die Kleidung der Lehrerin, die Krawatte des Lehrers unter die Lupe und beurteilen danach den ganzen Menschen allzu leicht.

Mütter müssen sich sagen lassen, sie sollten auf ihre Figur achten; Väter kaufen auf Grund kindlicher Kritik endlich den überfälligen, neuen Hut.

Am schonungslosesten wird das gerechte Verhalten von Eltern und Lehrern beurteilt, etwa bei der Einmischung in geschwisterlichen Streit oder beim Zensurenerteilen:

Ungerechtigkeit und Vorziehen sind die Hauptvorwürfe, die die Kinder in diesem Alter erheben. Ungleiche Behandlung, selbst wegen sozialer Härten oder körperlicher Benachteiligung, lassen sie von sich aus oft nicht gelten. Nach eingehender Beratung aber über solch einen Fall zeigen sie sich dann erstaunlich einsichtig und tolerant: Mitleidsverhalten muß auch jetzt noch erlernt werden!

Ein Lehrer, eine Lehrerin, die die Kinder zu lenken wissen, können ganze Klassen zur Hilfe bei alten Leuten, in sozialen Einrichtungen, bei Nachbarn, bei Körperbehinderten, zur Betreuung von Gastarbeiterkindern (Schularbeiten-Beaufsichtigung) mobilisieren. Die Lehrerpersönlichkeit gibt hier oft den Ausschlag.

Das Kind, das jetzt so außerordentlich lernbereit und ansprechbar ist, müßte die partnerschaftlichsten Eltern und Lehrer haben.

Beispiel 1:

Gundulas Klassenlehrerin organisiert mit ihren Schülerinnen und Schülern des sechsten Schuljahres Betreuungsnachmittage für Gastarbeiterkinder in den Schulräumen. Durch ihr dauerndes Engagement erreicht sie, daß die deutschen Schulkinder nicht nur kurze Zeit in anfänglicher Begeisterung mitmachen, sondern jahrelang nach einem ausgewogenen Plan, der alle miteinbezieht und niemanden überfordert, den ausländischen Kindern bei ihren Eingliederungsschwierigkeiten helfen.

Beispiel 2:

Eine andere Lehrerin erreicht bei vier Klassen, daß sie je eine Patenschaft für vietnamesische und pakistanische kriegsgeschädigte Kinder übernehmen.
(Solche Patenschaften vermitteln z. B. die Organisationen „Kindernothilfe e.V.", Kufsteiner Straße 100, 4100 Duisburg 28 und „Terre des Hommes", Deutschland, e.V., Postfach 4126, 4500 Osnabrück). An jedem Monatsanfang zweigen alle Schülerinnen ca. 1 DM von ihrem Taschengeld freiwillig ab; für manches Kind ist dies ein echter Verzicht.

In dieser Zeit kommen sehr viele Kinder auf weiterführende Schulen. Wer diesen Übergang selbst mit eigenen Kindern erlebt und zusätzlich durch pädagogische und psychologische Vorbildung einen größeren Einblick in das Erziehungsgeschehen unserer Schulen hat, der möchte nahezu jedes Wort, das Prof. Dr. Roth in seinem Buch: „Pädagogische Psychologie des Lehrens und Lernens"[1] darüber schreibt, rot unterstreichen:

„Es ist eine glückliche Zeit um das 11. Lebensjahr. Ein Kraftüberschuß verströmt sich in die Welt, treibt zu täglich neuen Entdeckungen und Eroberungen, fast mühelos saugt sich dabei der Elfjährige Wissen und Kenntnisse ein wie die Biene den Honig. Er hängt sein ganzes Herz noch an die Erwachsenen. Er ist noch hungrig nach der Weisheit der Schule. Er will sich die Dinge des Wissens noch einverleiben. Im genußreichen, rhythmischen Wiederholen von Gesehenem, Gehörtem, Gelerntem macht er sich zum Herrn von Namen, Wörtern, Zahlen, Schreibweisen, Denkverfahren, Rechenoperationen, Zeichenschemas, Theorien...

Die Schüler bis zum 12. Lebensjahr sind noch Kinder, sie müssen noch in vollem Umfang Kind und Jugend sein dürfen. Was heißt das?
Sie müssen noch im Schutz und in der Liebe der Erwachsenen leben dürfen, sie müssen noch spielend lernen dürfen, sie müssen noch ohne die schlimmsten Zeugnisfolgen mit ihren Begabungen und Interessen experimentieren dürfen, um zunehmend sich selbst in der eigenen Wesensart finden zu können.
Der Elfjährige bedarf noch des Schutzes und der Liebe der Erwachsenen. Er hat noch keine Freunde, die ihm dafür Ersatz bieten können. Auch die Klassengemeinschaft trägt ihn noch nicht. Das heißt aber, daß seine Lehrer noch ein offenes Herz für ihn haben müssen... Es ist eine Hilfe des Lebens, daß der Elfjährige noch die ungebrochene Lust zeigt, seine Begabung zu wagen, sein Können aufs Spiel zu setzen. Dieses Vertrauen müssen wir stärken, nicht brechen. Wir wissen so wenig, was Begabung ist und ausmacht, daß in diesem Alter nur eine pädagogische Schutzmaßnahme als sichere Regel gilt: eine Begabung erhalten und fördern heißt das Vertrauen erhalten und fördern, das die Jugend zu einer Sache zu gewinnen im Begriff ist. In diesem Alter schon Jungen und Mädchen durch zweifelhafte Zeugnissysteme, Prüfungs- und Versetzungsängste mit Minderwertigkeitsgewichten zu belasten (die meist nur eine Seite des Versagens kennzeichnen, an denen aber der ganze Mensch leidet), ist das gerade Gegenteil von der Atmosphäre, in der sich Begabungen aufschließen... Wir dürfen in unserer Lage einfach nicht das schulmäßige Lernen vernachlässigen, aber es ist dann unsere pädagogische Pflicht, das Lernen, auf das wir nicht ver-

[1] Hermann Schroedel-Verlag KG. Hannover, 1970, Seite 74/75.

zichten können, fröhlich zu gestalten. Fröhlich gestalten heißt aber nichts anderes als dem Elfjährigen gemäß gestalten. Das verlangt in der Zeit des 10.—12. Lebensjahres ein geschicktes Neben- und Ineinander der Grundschul- und Oberschulpädagogik, ein spielendes Lernen, das ihm den spielerischen Schwung seiner Jahre läßt (wie wir es oben zu kennzeichnen versuchten) und eine echte Befriedigung seiner vitalen Interessen herbeiführt, weil er sie sonst notwendig außerhalb der Schule stillt. Dazu sind ebenso gute wissenschaftlich wie psychologisch-pädagogisch ausgebildete Lehrer nötig, die sowohl ein Herz für ihn haben als auch verstehen, selbst die langweiligsten Kapitel in den Anfangsgründen aller Wissenschaften (mit Hilfe der noch ungebrochenen Funktionslust des Elfjährigen am wiederholenden Einverleiben) interessant, fröhlich und leistungssicher zu gestalten. . . Der Ausweg kann also nicht sein, den pädagogischen Bezug des Lehrer-Schüler-Verhältnisses aufzulösen, sondern aus dem üblichen „Freund-Feind-Verhältnis", zu dem es allmählich geworden ist, wieder herauszulösen und rückzuverwandeln in ein echtes Meister-Lehrling-Verhältnis, um nicht zu sagen Meister-Jünger-Verhältnis, das sich in der kleinen Kameradschaftsgruppe von Lehrer zu Schüler und Schüler zu Lehrer, allmählich auch von Schüler zu Schüler, verwirklichen kann, wo die menschliche Begegnung das innerste Geheimnis aller Erziehung ausmacht. Das Fachlehrersystem darf nur nach und nach das Klassenlehrersystem ablösen."

Warum wird in diesem Abschnitt so ausführlich vom elfjährigen Kind und seinen Lehrer- und Lernproblemen gesprochen?

1. Weil das Lernen viel mehr von der Art des Lehrens abhängt, als man bisher wußte.

2. Weil der Übergang von der Grundschule zur höheren Schule meistens nicht reibungslos verläuft, sondern oft einen Einbruch in die kindliche Weiterentwicklung darstellt und die angestrebte optimale Entfaltung zumindest verzögern kann. Die „abgebrochenen Riesen", die vielen Schüler und Schülerinnen, die vorzeitig die höhere Schule verlassen, sind ein trauriger Beweis hierfür.

3. Die Fehlentwicklung vieler höherer Schüler ist zum Teil auf das zu früh einsetzende Fachlehrersystem und auf überfüllte Klassen zurückzuführen, in denen jeder Klein-Gruppen-Unterricht unmöglich ist.

4. Weil viele Eltern dies nicht wissen, lasten sie oft ihren Kindern ein Schulversagen an, das diese in Wahrheit nicht allein zu verantworten haben.

5. Dadurch fühlen sich die Kinder nicht nur von der Schule, sondern auch vom Elternhaus verlassen und flüchten nun erst recht in Ersatzangebote für Betätigungs- und Wissensdurst wie frühe Bandenbildung, Diebstahlsdelikte, Renommier- und Tyrannisiergehabe in Gruppen jüngerer Kinder; oder sie resignieren und werden zusehends oberflächlicher, gleichgültiger und unintelligenter.

6. Was in diesen Jahren durch mangelnde pädagogische Einsicht in den Kindern an Lernbereitschaft und Wissensdurst zugeschüttet wird, rächt sich einige Jahre später am Volksganzen durch Zunahme der Jugendkriminalität, der jugendlichen Frührentner, (Ausweichen in Drogen-, Alkohol-, Nikotin-Konsum), des Rocker-Unwesens und einer staatsgefährdenden Desinteressiertheit großer Teile der jungen Generation am politischen Geschehen.

7. Eine moderne, umfassende, vertiefte, mit der Gegenwart schritthaltende Lehrerausbildung ist immer noch billiger als die Versorgung der jugendlichen Kriminellen und Frührentner, der Kampf gegen Süchte und Rowdytum.

8. Gesellschaftspolitisch weitsichtige Lehrer können rechtzeitig einer politischen Orientierungslosigkeit großer Bevölkerungskreise entgegenwirken, welche demokratietödlich werden kann. Denn der Schritt vom „wissen"-losen Desinteresse am Staat bis zum „gewissen"-losen Anerkennen eines Diktators oder eines diktaturähnlichen Systems ist nicht groß.

9. Alle Erziehungsbeteiligten müssen lernen, den überflüssigen und kindschädigenden Eltern-Lehrer-Gegensatz durch ein demokratisches Eltern-Lehrer-Kontakt-Verhältnis zu ersetzen. Bei gutem Willen ist das möglich.

f) Die kritische Selbstbetrachtung des Kindes und die Folgen einer positiven oder negativen Beurteilung seines Tuns durch die Erwachsenen

Anregungen:

1. Schreiben Sie in Ihr persönliches Begleitheft, welche Aufgaben Sie als neun- bis elfjähriges Kind besonders gern erledigten. Fügen Sie hinzu, warum Ihnen gerade diese Tätigkeiten so viel Freude machten.

2. Machen Sie in Ihrem Arbeitsheft Vorschläge, wie man stille, schüchterne neun- bis elfjährige Kinder Ihrer Meinung nach zu größerem Selbstvertrauen anspornen kann.

Erstmals werden Spiegel wichtig.

Der Junge betrachtet seine Figur, das Mädchen sein Gesicht; der eine legt Wert auf sportliches Aussehen, das andere möchte schön sein. Die Kritiklust macht vor dem „Ich" nicht halt, man vergleicht sich mit den gerade beliebten Stars aus Sport und Show-Welt und mit dem Aussehen der Altersgenossen. Der großen Schwester entwendet die jüngere Kosmetika, und Jungen wünschen sich zum Geburtstag häufig Muskel-Trainiergeräte.

Erfolgserlebnisse sind sehr wichtig und haben verstärkenden Charakter:
Weil ein Kind eine besondere Leistung im Sport vollbringt, darum wird es sportbegeistert. Ein anderes verliert nur deshalb die Freude an der Musik, weil es beim Vorsingen ausgelacht wurde.

Weder das Kind selbst noch seine Eltern und Lehrer sind jetzt schon in der Lage, eindeutig seine besonderen Begabungen zu erkennen. Darum ist es so sehr wichtig, in dieser lernfreudigen Phase die Interessengebiete des Kindes möglichst auszuweiten und nicht etwa schon zu spezialisieren. Gerade weil das Kind von sich aus dazu neigt, Fächer, in denen es im Anfang erfolglos war, nun ganz zu vernachlässigen, muß es immer wieder ermutigt werden, nicht so schnell aufzugeben und trotz mangelnden Erfolges weiterzumachen. Die Erwachsenen dürfen nicht vergessen, daß das elfjährige Kind noch auf sie hört und ihrem Vorbild folgt, daß es noch angeleitet werden möchte, noch Halt und überlegten Rat braucht. Auch wenn die Kinder oft so tun, als seien sie schon sehr selbständig und erwachsen — dahinter stecken immer noch die unausgesprochenen, bänglichen Fragen: „Du verstehst mich doch? Du hilfst mir doch? Du hältst doch zu mir?“

Eltern und Lehrer erreichen durch Tadel nichts, durch sachliches Lob fast alles.

„Wir können loben, was trotz des Versagens noch lobenswert blieb: Die Anstrengung etwa, die saubere Schrift, Teilrichtigkeiten usw. Der beste Tadel ist der, der in die Form eines geringeren Lobes eingekleidet ist.“[1]

Warum glauben nur so viele Eltern und Erzieher, mit negativer Kritik, mit Anprangern der Fehler würden sie mehr erreichen? Kocht etwa die Mutter dadurch besser, daß man an ihrem Essen ständig herummäkelt? Steigert sie ihre Kochkunst nicht vielmehr dann, wenn sie für gelungene Mahlzeiten gelobt wird? Ist der Vater nicht ein um so besserer Arbeiter, je mehr seine Vorgesetzten seine Leistungen anerkennen? Reagiert er nicht mit Verbitterung, wenn sein Einsatz unbeachtet bleibt? Beim Kind aber glauben die Eltern richtig zu handeln, wenn sie mit Lob geizig, mit Tadel und Kritik freigebig umgehen.

Loben heißt nun nicht, wortreich das Kind zu „vergötzen“, jedes negative Verhalten zu übersehen oder zu entschuldigen. Das wäre der wachsenden, positiv zu bewertenden Selbstkritik des Kindes sehr im Wege. Loben heißt schon gar nicht, mit Geschenken überaus freigebig zu sein. Dahinter steckt leider oft nur das schlechte Gewissen der Eltern, die spüren und auf diese Weise gutmachen wollen, daß sie ihrem Kinde zu wenig persönliche Zuwendung gaben.

Loben heißt: Echte, nicht vorgetäuschte, Anteilnahme am kindlichen Tun, ein anerkennendes Schulterklopfen, ein aufmunterndes: „Na, siehst Du, geschafft!“, ein liebevolles: „Ich habe es gewußt, Du kannst es!“, ein bewunderndes „Alle Achtung, gut!”, ein Über-den-Kopf-Streicheln, ein Händedruck.

Noch etwas macht die elterliche Kritiksucht so gefährlich: Sie treibt das Kind in ein gewisses Maß an Unehrlichkeit hinein. Es kann sich jetzt nämlich schon „verstellen“, kann Mimik und Gestik beherrschen und „so tun, als ob“. Ein Kind in einer aufgeschlossenen, nach wie vor zuwendungsbereiten Umwelt hat das nicht nötig; ein ständig kritisiertes Kind aber rettet sich in eine gewisse Verschlagenheit und Hinterlist.

Wenn ihm zu Hause oder in der Schule fortwährend Lob und Anerkennung versagt werden, wenn seine berechtigten Geltungswünsche nicht beachtet werden, dann reagiert es außerdem leicht mit Angebertum und Aufschneiderei, und dadurch verschlechtert sich seine Situation von Mal zu Mal: Je stärker es Erfolge durch Prahlen herbeiführen will, um so mehr wird es getadelt und abgelehnt, um so größer wird aber nun wieder sein Renommierbedürfnis.

Das Einjährige lobt jeder, weil es so niedlich aussieht und dadurch besser laufen lernt — das elfjährige Kind braucht genau so noch anspornende Zustimmung, damit es mit Freude die ihm innewohnenden Möglichkeiten erprobt.

[1] Heinrich Roth, a.a.O., S. 241/242.

g) Stellung und Verhalten des Kindes innerhalb einer Gruppe Gleichaltriger

Anregungen:

1. Schreiben Sie in Ihr persönliches Begleitheft, welche Stellung Sie innerhalb einer Gruppe als neun- bis elfjähriges Kind einnahmen. Fügen Sie ein Bild hinzu, das Sie in einer Gruppe Gleichaltriger zeigt.

2. Vielleicht leiten Sie eine Kindergruppe im Sportverein, im Kindergottesdienst o. ä. Schildern Sie die verschiedenen Verhaltensweisen der Kinder in einer solchen Gruppe.

Weil das Kind sich selbst jetzt besser kennt, kann es auch Gleichaltrige leichter verstehen. Es kommt zum ersten Mal zu verhältnismäßig festgefügten Gruppenbildungen von längerer Dauer. Tiefe Freundschaften sind aber immer noch selten. Die Kinder sind eher gesellig und meistens wegen der gemeinsamen Spielinteressen zusammen.

Es gibt aber auch noch eine große Anzahl Kinder, bei denen die Freude am eigenen Hobby stärker ist als das Geselligkeitsbedürfnis. Sie sind deshalb jedoch nicht etwa als Außenseiter zu betrachten. Eltern, die beobachten, daß ihr Kind lieber zu Hause bastelt, als draußen mit anderen zu spielen, sollen darum nicht gleich besorgt sein. Lediglich der Mangel an Bewegung muß ausgeglichen werden, damit keine Haltungsschäden entstehen. Das Kind sollte zum Sporttreiben angeregt werden.

Mädchen schließen sich eher aneinander an und bevorzugen kleine Gruppen, in denen man so schön über Eltern, Geschwister, Lehrer, Freundinnen „reden" kann. Die Zuordnung der Mädchen innerhalb verschiedener Gruppen zueinander wechselt öfter. Wird von einem Mädchen ein anderes in eine Zweier-Gruppe hineingebracht, so ist das erste Mädchen oft beleidigt und „schert aus". Die Gespräche entbehren nicht des Klatschcharakters, und Mütter sollten dies nicht unterstützen.

Innerhalb einer größeren Gruppe schälen sich nun schon einzelne Charaktere heraus. Es gibt Anführer und Mitläufer, Aktive und Passive, im Mittelpunkt Stehende und Außenseiter.

Der Anführer wird oft aus ganz verschiedenen Motiven gewählt. Seltener ist er der Intelligenteste. Eher muß er andere Vorzüge haben wie Durchsetzungsvermögen, Überzeugungskraft, Einsatzbereitschaft und Zähigkeit. Spezielle, nützliche Kenntnisse, z. B. handwerkliche Fertigkeiten, können auch ausschlaggebend sein, einem Kind den ersten Rang einzuräumen: Wenn man Zelte aufbaut, braucht man zuerst den, der dazu am geschicktesten ist.

Anerkannt werden ist wohltuend, beiseitegedrücktwerden tut weh. Der Außenseiter ist in jeder Gruppe ein ernstes Problem. Er macht sich durch eigenes Verhalten oft selbst dazu: Prahlsucht, unangenehmer Ehrgeiz, Einschmeicheln beim Gruppenführer, Petzen, Lügen — das sind wohl die Eigenschaften, die die anderen am wenigsten leiden können. Aber auch körperliche Mängel, Zugehörigkeit zu einer anderen sozialen Schicht, höhere Intelligenz können ein Kind ungewollt zum Außenseiter abstempeln und ihm sein Leben schwer machen.

Eltern und Erzieher müssen sich immer des Außenseiters annehmen.
Was sich als charakterlicher Mangel darstellt, ist oft nur die Antwort auf Fehlverhalten der Erwachsenen in früheren Jahren. Prahlsucht wird z. B. häufig durch zu frühen Liebesentzug seitens der Eltern hervorgerufen.
Ähnlich wie der Lehrer in der Klasse kann der Gruppenführer (die Gruppenleiterin) im Einzel- oder im Gruppengespräch vorsichtig den Dingen auf den Grund gehen. Es ist gar nicht so schwer in diesem Alter, einem Außenseiter sein falsches Verhalten klarzumachen und die Gruppe zum Einlenken und Entgegenkommen zu bewegen.
Wenn kindliche Grausamkeit und Lieblosigkeit ein Kind in die Außenseiterrolle drängte, so muß der Leiter die Gruppe soweit bringen, daß sie von sich aus einsichtig das betroffene Kind wieder eingliedert. Wenn Eltern merken, daß ihr Kind plötzlich nur ungern an Gruppenspielen teilnimmt oder auf einmal lustlos zur Schule geht, sollten sie sofort nachfragen und feststellen, warum das Kind sich jetzt so verhält. Sie müssen ihm Gelegenheit zur Aussprache geben, müssen mit den anderen Gruppenmitgliedern, dem Leiter, dem Klassenlehrer sprechen, und gemeinsam muß ein Weg gefunden werden, auf dem man dem Kind helfen kann. Einige Schulen haben schon einen Erziehungsberater, einen Schulpsychologen, der herangezogen werden kann.
Das Außenseiterdasein ist für ein Kind manchmal so unerträglich, daß es dadurch zum Selbstmordversuch getrieben werden kann.

h) Die Folgen fehlender Möglichkeiten, die Abenteuerlust zu befriedigen

Anregungen:

1. Lesen Sie die „Lausbubengeschichten“ von Ludwig Thoma, es lohnt sich.
2. Schreiben Sie Ihre eigenen Streiche und deren Ausgang in Ihr persönliches Begleitheft. Schmunzeln Sie darüber, oder haben Sie noch nachträglich ungute Gefühle, wenn Sie daran zurückdenken?
3. Sammeln Sie Zeitungsnotizen, die von den bösen Folgen von Kinderstreichen berichten.

Wenn man mit wohlmeinendem Unterton in der Stimme von „Lausbuben“ spricht, meint man meistens die Neun- bis Elfjährigen.

Humorvolle Eltern haben an ihren Kindern willige Zuhörer, wenn sie über ihre eigenen Streiche berichten. Vielleicht sind sie darin immer ein wenig mehr „Held“, „Anführer“, „Urheber“, als sie es in Wirklichkeit waren, und das um so eher, je bewundernder ihre Kinder sie anstarren — wer kann das nicht verstehen! Väter, die etwas aus ihren „Lausbubenjahren“ in die Erwachsenenzeit hinübergerettet haben, werden die beliebten „Spielväter“: Sie spielen „Pferd und Reiter“ mit den Zweijährigen, sind später

bei „Räuber und Schandiz“ mit dabei oder zeigen den Kindern, wie man sich aufs Fahrrad wie auf ein Pferd schwingt. Beim „Versteckel“-Spiel in der Abenddämmerung machen sie begeistert mit und finden die sichersten Plätze. Im Urlaub stehen sie am Strand vor den staunenden Kindern plötzlich buchstäblich Kopf oder animieren Ehefrau und Sprößlinge zum Bau einer lebenden Pyramide, die zwar meist nicht zirkusreif ist, aber allen Beteiligten und Zuschauern sehr viel Spaß bringt.
Kinder, die solche Eltern haben, dürfen sich freuen. Denn ihre eigenen Streiche werden nicht zu ernst genommen, nicht zu ängstlich durchleuchtet. Sie hören nicht dauernd: „Das tut man doch nicht!“ oder: „Wie kannst Du nur . . .?“ Sie stoßen auf wohlwollendes Verständnis, sofern nicht Menschen geschädigt und Sachen zerstört werden.
Aber das ist leicht gesagt und schwer getan:
Das Kind soll zwar seine *Abenteuer erleben dürfen, aber niemanden dabei verletzen und nichts beschädigen.*

Und die eingeworfenen Fensterscheiben?
Der Schneeball im Nacken des Lehrers?
Die tote Maus auf dem Pult der Lehrerin?
Der Stuhl, der Vater hinterrücks weggezogen wird, so daß er sich gefährlich hart hinsetzt?
Der im Dienstzimmer eingeschlossene Rektor? (Der Schlüssel steckte leichtsinnigerweise außen in der Tür).
Das durch einen Fußballvolltreffer zerbeulte Auto?

Aus „Vater und Sohn“
von e. o. plauen

Die geklauten Äpfel des Nachbarn?
Die beschmierte Wand des neuverputzten Hauses?
Die Stinkbombe im Laden?
Das „Flämmen“ auf Wiesen?
Das Gefährden von Zuginsassen durch Steinewerfen auf vorbeifahrende Züge?
Das Hantieren mit Feuerwerkskörpern in Hausfluren?
Das Verursachen von Waldbränden durch „Indianer“-Feuerstellen?
Der Banden-Test im Warenhaus: Es wird nur der als Mitglied aufgenommen, der nachweislich gestohlen hat?

Man kann diese Aufzählung beliebig verlängern. Sie enthält bis hierhin lustige und weniger humorvolle, harmlose, gefährliche, gefährdende und gesetzwidrige Streiche, und einem solchen „gemischten“ Angebot ihrer Kinder stehen Eltern oft gegenüber. Vorsorgliche Eltern gehen rechtzeitig in eine Schadenersatzversicherung — schon mancher Vater hat große Summen aufbringen müssen für das, was seine Kinder angerichtet haben.

Aber nicht immer kann der Schaden durch Geld beglichen werden! Wenn jemand durch explodierende Feuerwerkskörper das Augenlicht verliert — wer kann das je wieder gutmachen?

Aus „Max und Moritz“
von Wilhelm Busch

Was also ist zu tun, wenn das Kind zwar seinem Abenteuerdrang nachgehen, aber dadurch keine Konflikte heraufbeschwören soll?

▷ 1. Immer wieder dort, wo sie fehlen, Spielmöglichkeiten und Bolzplätze fordern.

▷ 2. Falschverstandene Abenteurerlust und falsches Kräftemessen auf die sportliche Ebene verlagern: Anstatt der Beste im Stehlen zu sein, soll das Kind anstreben, einer der Ersten in einer Sportart zu werden.

▷ 3. Aus dem Anstifter einen überlegenden Leiter machen: Durch Gespräch und Vorbild kann ein Kind dazu gebracht werden, daß es seine Bandenchef-Rolle aufgibt und mit seinen Anhängern gute Taten vollbringt: Man muß auf denselben Baum klettern, ob man nun die Äpfel klaut oder sie für einen alten Mann pflückt.

▷ 4. Die Hintergründe der Streiche zu erfahren suchen: Wie viele Untaten von Kindern werden nur begangen, damit man endlich auf sie aufmerksam wird!

▷ 5. Mit dem Kind Freizeit und Ferien verbringen.
Wie können Eltern hier erfinderisch sein: Drachen, Flugzeuge, Schiffe zusammen basteln und gemeinsam starten lassen — Puppenkleider nähen — Radtouren machen — wandern — schwimmen — paddeln — im Wohnwagen oder Zelt verreisen — malen — fotografieren — Holz hacken — Wettspiele veranstalten — die Freunde und Freundinnen einladen, Kinderpartys (früher: Geburtstagsfeiern) arrangieren — Fahrten ins Blaue machen — zusammen in Büchern herumschmökern — Museen, Bibliotheken gemeinsam besuchen — Familienfeste mit den Kindern gemeinsam feiern (und nicht ohne Kinder, „die ja doch nur die Erwachsenen stören") — Rätsel raten — diese Liste kann beliebig erweitert werden!

▷ 6. Eines niemals tun: Die Kinder abschieben ins Kino, vor den Fernsehapparat, auf die Straße, „weil man doch auch mal seine Ruhe haben will". Man muß mit den Kindern Absprachen treffen, — und hier erntet man wieder Früchte einer von Anfang an geübten partnerschaftlichen Erziehung — wann man selbst Ruhe braucht. Die Elfjährigen erkennen das ohne weiteres an. Die Eltern sollen aber immer wissen, wo ihre Kinder in solchen Stunden sind.

▷ 7. Über durch Kinderleichtsinn verursachte und bekannt gewordene Unfälle mit dem Kind sprechen und gemeinsam überlegen, wie sie hätten vermieden werden können.

Sachlichen Argumenten sind Kinder in diesem Alter besonders zugänglich, und wenn sie bisher in gegenseitigem Vertrauen erzogen wurden, kann man sich weitgehend darauf verlassen, daß sie ihr Versprechen halten, Ähnliches selber nicht zu tun.

i) Gefühlsarmut, Schnoddrigkeit und Kaltschnäuzigkeit

Anregungen:

1. Schreiben Sie in Ihr persönliches Begleitheft ähnliche eigene Erlebnisse, wie sie in den Beispielen dieses Kapitels berichtet werden.

2. Versuchen Sie in einem Rollenspiel einer Klassenkameradin, die ein neun- bis elfjähriges Kind darstellt, das eine Altersgenossin absichtlich gequält hat, im Gespräch ihr Unrecht klarzumachen und sie zur Einsicht zu bringen.

Beispiel 1:

Die fünfjährige Helga flüchtet entsetzt zu ihrer Mutter: Sie hat draußen am Bach große Jungen beobachtet, die Frösche mit Strohhalmen hinten aufgeblasen und dann über die Reaktion der gequälten Tiere schadenfroh gelacht haben.

Beispiel 2:

Ein paar „Starke" eines fünften Schuljahres drängen regelmäßig einige schwächere Klassenkameraden auf dem Heimweg in einen hochumzäunten Garten und verbarrikadieren sie dort. Diese Kinder kommen jeden Mittag zu spät nach Haus und werden dafür bestraft. Sie trauen sich nicht, etwas zu sagen, weil die größeren Jungen ihnen „schwere Dresche" angedroht haben, falls sie sie „verpetzen". Erst als den „Starken" das „Spiel" zu langweilig wurde, hören sie mit der Kameradenquälerei auf.

Das Kindesalter II

Alter:	Entwicklung: körperlich:	intellektuell, geistig-seelisch:
Das Kleinkindalter: 1 bis $2^3/_4$ Jahre (Kapitel IV)	Sicheres Gehen	Ständige Zunahme von Umweltorientierung und -information
	Verbesserte Sprechmuskulatur und -technik	Mehr-Wort-Sätze, wachsende Intelligenz mit zunehmender Sprachentfaltung und -förderung
	Geschicktere Hände	Das Be-Greifen der Dinge durch genügend Spielmöglichkeiten fördern, Aktivität, Kreativität, Intelligenz, Gemüt, Phantasie, Lebensfreude, erste soziale Erfahrungen
	Eigenkontrolle der Darm- und Blasenfunktion	Komplizierte Lernvorgänge beim Sauberwerden, Einsicht in Begriffe wie „behalten" und „abgeben"
Das sog. Trotzalter, besser: Das Autonomiealter: $2^3/_4$ bis $3^1/_2$ Jahre (Kapitel V)	Veränderungen im innersekretorischen System des Körpers	Erkennen des „Ich", der Individualität, der Distanz zu den Bezugspersonen. Erste Loslösungstendenzen, erstes Streben nach Selbständigkeit
Das Vorschulalter: $3^1/_2$ bis 6 Jahre (Kapitel VI)	Anfangs noch überwiegend rundliche Körperformen	Warum-Fragen; Wahrnehmungsbereitschaft; zunehmender Gestaltungsdrang; Entwicklungsfähigkeit von Hilfsbereitschaft, Gemüt, Gewissen, Wahrhaftigkeit, Phantasie, „magische" Phase; „ödipale" Phase: Auseinandersetzung mit der Geschlechterrolle; kindliche Sexualität; Kindergartenreife; Vorschulreife
Mittleres Kindesalter: 6 bis 9 Jahre (Kapitel VII, 3)	Streckung, Verlust der kindlichen Rundungen; Beginn des Zahnwechsels	Schulreife; Lernfreude, Unternehmungslust, Spaß an körperlichen Tätigkeiten, Bewegungsspiele; Lebensfreude; realistischeres Denken; lose Kontakte zu Gleichaltrigen; Anerkennung von gewissen Ordnungen, z. B. beim Regelspiel und in der Gruppe; positives Verhältnis zu Eltern und Erziehern
Spätes Kindesalter: 9 bis 11 Jahre (Kapitel VII, 4)	Harmonisierung des körperlichen Erscheinungsbildes	Zunahme des wirklichkeitsbezogenen, naturwissenschaftlichen Denkvermögens; Lernbereitschaft für besondere Interessengebiete; positiv-kritisches Verhalten gegenüber Eltern und Erziehern; erste Eigenkritikfähigkeit; Abenteuerlust: Gruppen- oder Bandenbildung; Gefühlsarmut; Schnoddrigkeit und Kaltschnäuzigkeit.

Es ist wahr, daß Kinder in diesem Alter manchmal wenig Gemütsregungen und kaum tiefe Gefühle zeigen.

Zum Tod von älteren Leuten äußern sie sich z. B. mitunter merkwürdig gleichgültig. Es kann passieren, daß sie bei Verkehrsunfällen mehr Bedauern über das zerstörte Auto als über die schwerverletzten Insassen zeigen.

Verständlicherweise sind Eltern entsetzt über solches Benehmen, besonders dann, wenn sie bei ihrem Kind, als es jünger war, mitleidiges Verhalten und ein empfindsames Gewissen schon bemerken konnten.

Man kann vieles von diesem kindlichen Verhalten erklären mit Experimentierlust, technischem Interesse, Geltungsstreben — übersehen soll man es auf keinen Fall!

Tier- und Kameradenquälerei sind Roheitsdelikte, die sehr ernst zu nehmen sind. Geht man darüber achselzuckend hinweg, so braucht man sich nicht zu wundern, wenn der Heranwachsende zu noch größeren Grausamkeiten fähig wird.

Das Gespräch mit sachlichen Argumenten ist auch hier wieder die beste Möglichkeit, das Kind von seinem Unrechttun zu überzeugen.

Ein Gespräch allein genügt meistens nicht, man muß es wiederholen in einer ruhigen Stunde, in der beide, Eltern und Kind, Zeit füreinander haben. Das verlangt mitunter viel Geduld, die man keineswegs immer hat — dann soll man daran denken, daß dies eine gute Vorübung für die kommenden Jahre ist, die vielleicht noch viel mehr Geduld abfordern werden.

Das neun- bis elfjährige Kind zeigt neben diesem negativen Zug der Gefühlsarmut andere Seiten, die einem zwar durchaus die Sprache verschlagen, aber doch auch wieder zum Lachen bringen können.

Es ist mitunter wie ein Kobold, sprühend vor Witz, treibt Schabernack, wo es kann und ist auf eine umwerfende Art schnoddrig bis zur Kaltschnäuzigkeit, der man oft nicht gewachsen ist.

Beispiel 1:

Stefan, elf Jahre alt, kommt aus der Schule nach Haus. Er hat an der Autobushaltestelle immer 1/4 Stunde Zeit, die ausgestellten Illustrierten in einem Kiosk zu betrachten. Am Mittagstisch sagt er lässig: „Also, Mama und Papa, Ihr könnt jetzt ganz beruhigt Liebesnächte miteinander verbringen, die Pille ist wirklich nicht schädlich."

Beispiel 2:

Die elfjährige Gundula sagt ungerührt, als davon die Rede ist, daß ihr großer Bruder Frank demnächst eingezogen wird: „Au, Klasse, ein Esser weniger am Tisch!"

Solche Äußerungen sind gewiß nicht „die feine, englische Art." Aber wenn es nicht gar zu schlimm kommt, wenn die Kraftmeierei mit gewissen Ausdrücken nicht allzusehr ausartet, dann geht man am besten mit Humor darüber hinweg. Entspannung durch Lachen — das ist, wenn irgend möglich, immer noch eins der besten Heilmittel im Erziehungsgeschehen.

VIII. Das Jugendalter: 11 bis ca. 21 Jahre

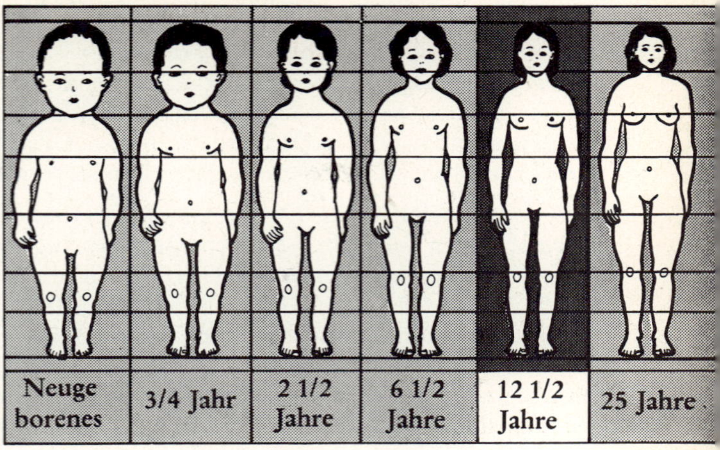

1. Die Vorpubertät: 11 bis 13, 14 Jahre (Vorreifezeit)

a) Akzeleration und Retardation

> **Anregungen:**
>
> Kleben Sie Bilder aus Ihrem 10. und 13. Lebensjahr nebeneinander in Ihr persönliches Begleitheft und fügen Sie Schriftproben aus alten Schulheften des 4.—5. und 7. Schuljahres hinzu.

Bis zum 12. Lebensjahr sind die meisten Kinder noch nicht so groß wie ihre Eltern, aber bald darauf fangen die Jugendlichen an, den Erwachsenen buchstäblich über den Kopf zu wachsen. Das stark einsetzende Längenwachstum ist ein äußeres Zeichen für Veränderungen im kindlichen Organismus, die durch tiefgreifende Umstellungen im Körperchemismus hervorgerufen werden. Von den Hormonen, die von Drüsen mit innerer Sekretion (Zirbeldrüse, Hirnanhangdrüse, Thymusdrüse, Keimdrüse) direkt in die Blutbahn abgegeben werden, gewinnen jetzt die Geschlechtshormone zunehmend an Bedeutung.

Das charakteristische Längenwachstum, das den Beginn der Pubertät[1] (Geschlechtsreife) anzeigt, verläuft nicht harmonisch und gleichmäßig.

Hände und Füße sind eine Zeitlang im Vergleich zu den Gliedmaßen zu groß. Arme und Beine aber wachsen wiederum schneller als der Rumpf. Im Gesicht tritt jetzt die Nase deutlich hervor, und gegen Ende der Vorpubertät wächst auf der Oberlippe der Jungen der erste Bartflaum.

Der „Stimmbruch" bei Jungen setzt allmählich ein: Die Stimmlage wechselt und wird insgesamt dunkler, der Kehlkopf hebt sich nach außen sichtbar ab. Die Größe von Hoden, Hodensack und Penis nimmt deutlich zu, die Schambehaarung beginnt zu wachsen. Am Ende der Vorpubertät können die ersten Samenergüsse (Ejakulationen) vorkommen, die häufig als unwillkürliche, nächtliche Samenergüsse (Pollutionen) auftreten.

---

[1] Pubertas, lat. = die Mannbarkeit, Manneskraft.

Bei den bis jetzt meist knabenhaft schlanken Mädchen sind erste Anzeichen für die einsetzende Geschlechtsreifung die Entwicklung der Brüste und die Rundung der Hüften. Ebenso beginnen die Schamhaare, etwa ein Jahr später die Achselhaare zu wachsen. Gegen Ende der Vorpubertät tritt die Erstmenstruation ein. Damit ist aber die volle Geschlechtsreife noch nicht erreicht, zumal die Monatsblutungen in der ersten Zeit noch unregelmäßig vorkommen.

Mit der zunehmenden Disharmonisierung der körperlichen Gestalt verändern sich auch die Bewegungen der Jugendlichen ungünstig. Sie schlenkern mit Armen und Beinen, die Schritte wirken tapsig, ungelenk bei den Jungen, ungraziös bei den Mädchen. Sie stoßen an Möbel und Ecken an, setzen sich nicht, sondern wuchten sich in die Sessel, und je mehr sie ihre eigene körperliche Veränderung wahrnehmen, um so ungeschickter und linkischer benehmen sie sich. Bei Jungen treten diese Erscheinungen deutlicher auf als bei Mädchen.

Recht häufig verändert sich das Schriftbild. Die kindliche Schrift wird jetzt unruhig und zittrig, die Buchstaben wechseln ihre Richtung oft von Wort zu Wort. Man glaubt manchmal nicht, daß ein Aufsatz von ein und demselben Kind geschrieben wurde, so sehr verändert sich die Schrift innerhalb der Zeilen. Oft wird sie durch willkürlich hinzugefügte Schnörkel „verziert".

Akzeleration und Retardation

Auffallend ist, daß in den letzten Jahrzehnten die körperliche, insbesonders die geschlechtliche Reife der jungen Menschen in unserem Kulturraum ständig früher eintritt. Die Großmütter hatten ihre erste Monatsblutung mit 15 Jahren, ihre Enkelinnen müssen zwei bis drei Jahre eher damit rechnen. Mädchen wie Jungen überragen ihre erwachsenen Angehörigen oft um Haupteslänge. In Museen amüsieren sich die Jungen über Ritterrüstungen, in die man sie mit aller Gewalt nicht hineinzwängen könnte, die aber im Mittelalter erwachsenen Männern Platz genug boten. Untersuchungsreihen haben ergeben, daß Kinder aus sozial höheren Schichten und die Großstadtjugend körperlich früher heranreifen als Kinder der unteren Schichten und die Landjugend.

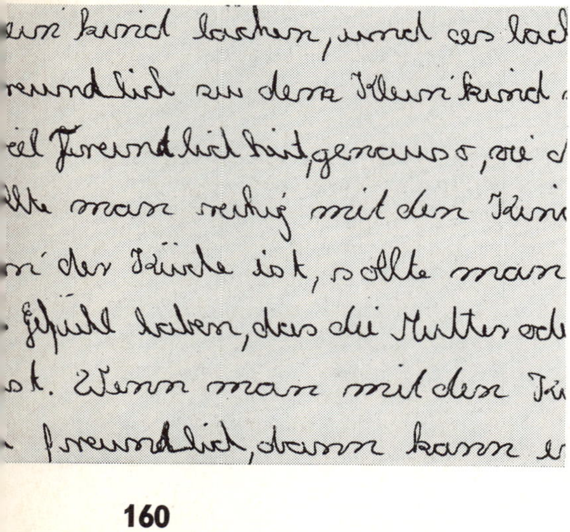

Man nennt diesen Vorgang Akzeleration (Beschleunigung). Er ist bis heute nicht einwandfrei wissenschaftlich geklärt. Möglicherweise tragen die bessere Ernährung, der verlängerte Tag durch künstliches Licht, intensivere Sonnenbestrahlung des Körpers auf Grund von leichterer Bekleidung, vermehrte sportliche Betätigung und frühere Selbständigkeit vieler Jugendlicher dazu bei.

Tritt umgekehrt die körperliche Reifung sehr spät ein, so spricht man von Retardation (Verzögerung).

Insbesondere die Akzeleration bringt für die betroffenen Jugendlichen

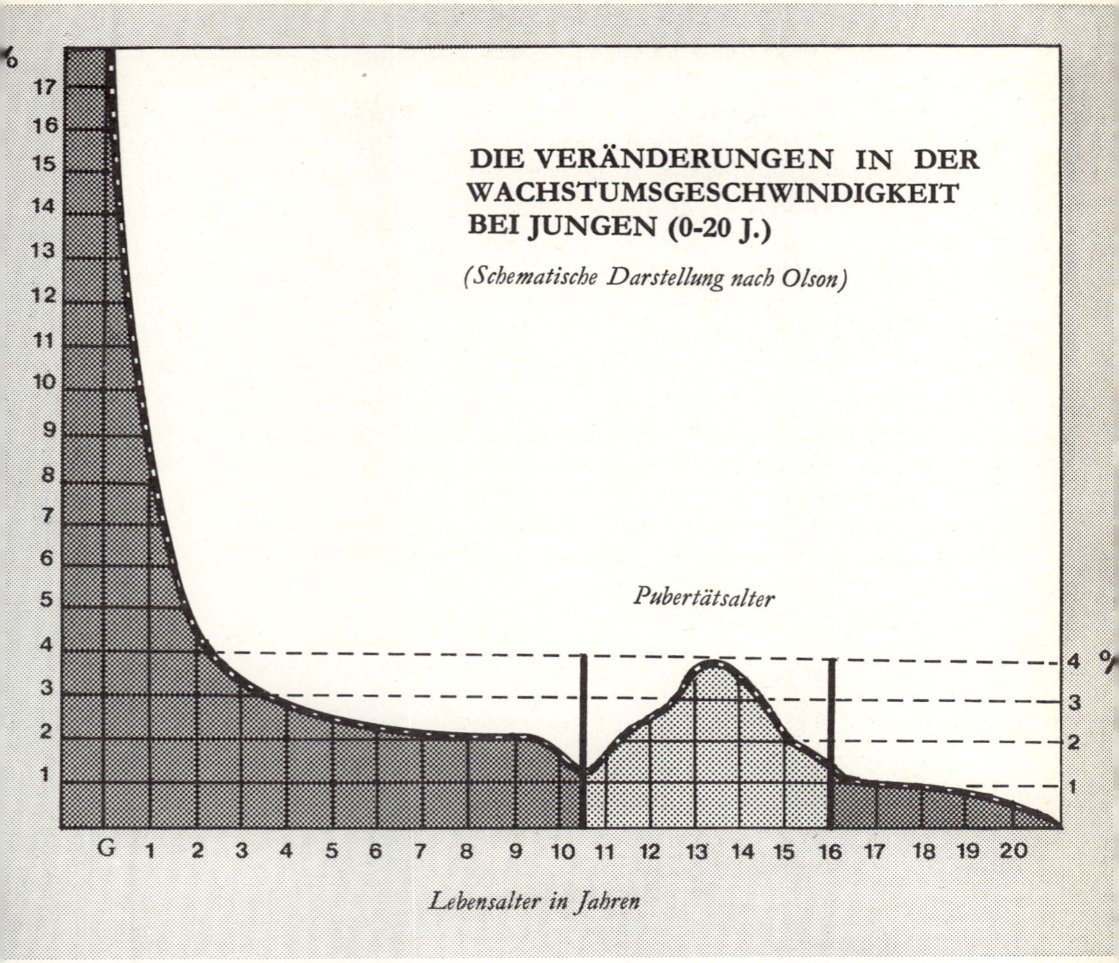

Ein sich rasch verstärkender Wachstumsstoß, der seinen Gipfel gewöhnlich im 14. Lebensjahr erreicht, trägt wesentlich zu den körperlichen und seelischen Spannungen und Disharmonien der Pubertät bei.

Probleme und Gefahren mit sich. So werden sie häufig wegen des reifen Eindrucks, den sie auf andere machen, vorzeitigen Anforderungen in Elternhaus und Schule ausgesetzt, denen sie altersmäßig nicht gewachsen sind. Außerdem besteht eine erhöhte Krankheitsgefährdung, die auf der Vorverlegung des Erkrankungsalters bestimmter Krankheiten, wie Herz- und Kreislaufstörungen, Magen- und Darmgeschwüre, beruht. Auch treten durch das stärkere Größenwachstum häufig Haltungsschäden auf.

Ebenso bringt die verfrühte sexuelle Reifung Konflikte mit sich, weil die erwachenden Triebregungen von der teilweise noch kindlichen Gesamtpersönlichkeit der Jugendlichen noch nicht verarbeitet werden können.

b) Das verunsicherte Verhalten des Jugendlichen

> **Anregung:**
>
> Lesen Sie das folgende Kapitel aufmerksam durch und überlegen Sie, ob Sie sich zwischen dem 11. und 14. Lebensjahr manchmal ähnlich verhalten haben, wie es hier geschildert wird. Wenn Sie wollen, schreiben Sie die Antwort in Ihr persönliches Begleitheft.

Nicht umsonst wird die Vorpubertät auch zweites Trotzalter oder Flegelalter genannt.

Die Eltern und Erzieher stehen oft fassungslos vor ihrem offenbar so völlig veränderten Kind. Ebenso aber, wie die Heilung eines Kranken eher möglich ist, wenn man die Krankheit und ihre Ursache kennt, so ist auch Erziehung in diesem Alter für die Beauftragten wesentlich leichter, wenn sie wissen, was in den jungen Menschen vor sich geht.

Sehr auffallend treten in Erscheinung:

- ▷ Spannungen,
- ▷ Rastlosigkeit,
- ▷ Fehleinschätzung des eigenen Leistungsvermögens,
- ▷ Tagträume,
- ▷ Stimmungsschwankungen,
- ▷ Empfindsamkeit,
- ▷ Niedergeschlagenheit,
- ▷ Reizbarkeit.

Die Vorgänge bei den körperlichen Veränderungen sind zum großen Teil schuld hieran. Besonders die geschlechtliche Reifung erzeugt große Spannungen, und da die Jugendlichen noch nicht „erwachsen" genug sind, die innere Zerrissenheit verstandesmäßig zu durchschauen und willensmäßig zu dirigieren, sind sie ihr ziemlich hilflos ausgeliefert. Sie leiden darunter mindestens genau so wie ihre Umwelt.

Die bisher fröhlich-aktiven Kinder zeigen nun auf einmal einen rastlosen Betätigungsdrang und Unternehmungsgeist, der aber oft schnell wieder in Desinteresse und Lustlosigkeit versandet.

> **Beispiel:**
>
> Gundula, 13 Jahre alt, entdeckt plötzlich ihre Liebe zum Klavierspielen. Fünf Tage lang übt sie buchstäblich in jeder freien Minute — dann hat sie von einer Stunde zur anderen keine Lust mehr. Die Eltern würden sie gern zum Klavierunterricht anmelden, aber nun mag sie nicht mehr. Inzwischen hat sie etwas Neues, wie sie meint, Besseres, entdeckt: Stricken und Häkeln. Sie kauft Fachzeitschriften und Wolle von ihrem Taschengeld, berät mit der Mutter, sucht ein passendes Modellkleid aus und fängt mit Feuereifer an zu häkeln. Auch der kleine Bruder soll nun nur noch „Selbstgestricktes" anziehen. Aber: Nicht ein Teil wird fertig! Der angefangenen Schulhandarbeiten erbarmt sich schließlich die Mutter, damit die Handarbeitszensur nicht gar zu schlecht ausfällt.

Ähnliches Verhalten beobachtet man bei Jugendlichen, die sich die Bewältigung viel zu schwieriger Aufgaben zutrauen, und dabei versagen, weil sie ihre eigenen Fähigkeiten einfach überschätzen.

Beispiel:

Frank, 14 Jahre alt, hat den Entschluß gefaßt, endlich ernsthaft für die Schule zu arbeiten und das Versäumte morgens nachzuholen. Er stellt den Wecker auf fünf Uhr, steht auf und lernt. Der Erfolg ist, daß er nachmittags erst schläft, dann um 17 Uhr lustlos mit den Schulaufgaben für den nächsten Tag beginnt, nicht fertig wird und nun den Wecker auf fünf Uhr stellen muß, damit er das Restpensum des Vortages noch erledigen kann. So gerät er in einen Teufelskreis hinein, der erst durch die nächsten Ferien unterbrochen wird.

Oft beginnt man aber gar nicht erst mit einer großen Aufgabe, sondern träumt nur von ihr. Die Jungen und Mädchen können sich hingebungsvoll in Tagträume verlieren. In ihrer Phantasie erleben sie sich als Held, als Show-Star, als Super-Sportler, als Schüler, der endlich mal dem Lehrer Bescheid sagt, als Erwachsene, die tatsächlich das erreichen, was die Jämmerlinge ringsum ja niemals fertigbringen. In diesen Träumen sind die Jugendlichen schon, was sie sein möchten, und da der Gegensatz zwischen Sein und Schein so bedrückend groß ist, verweilen sie lieber stundenlang in ihren Phantasievorstellungen, als aktiv-produktiv tätig zu sein. Die Erwachsenen nennen dies dann — vom Standpunkt der Jugendlichen aus schnöde und unverständig — „Dösen, Faulenzen, Nichtstun".

Die innere Unrast zeigt sich auch in starken Stimmungsschwankungen. Sie wechseln von übertriebener Ausgelassenheit nahezu übergangslos zu Zornausbrüchen, Mißmut und Niedergeschlagenheit. Eben noch hat der Jugendliche z. B. zum großen Ärger von Eltern und Nachbarn seinen Plattenspieler in höchster Lautstärke laufen lassen, hat sich von den Songs mitreißen lassen, den Rhythmus dazu geklatscht und begeistert mitgesungen. Wird er nun gebeten, etwas weniger laut sein Hobby zu pflegen, so reagiert er häufig mit heftigen Zornausbrüchen, knallt die Tür zu seinem Zimmer zu, schimpft auf die anderen, die ihm nichts gönnen, immer etwas an ihm auszusetzen haben und ihm nur Böses zufügen wollen. Mädchen ziehen sich dann leicht in mißmutiges Schmollen zurück, weinen laut und anhaltend, bleiben stundenlang in ihrem Zimmer und sind nicht zu sprechen.

Die Stimmungsschwankungen sind deswegen so besonders schwer zu ertragen, weil sie sowohl den Vorpubertierenden als auch seine Umwelt so unvorbereitet überfallen. Man kann friedlich zusammensitzen, freundlich miteinander sprechen — da macht irgend jemand eine Bemerkung, die dem jungen Menschen nicht paßt — und schon ist ein affektgeladener, lauter, wortreicher Streit im Gange. Auffallend sind dabei Humorlosigkeit, Bissigkeit, Heftigkeit und Beleidigtsein des Jugendlichen über Äußerungen, die Kritik an seiner Person enthalten. Er ist empfindsam bis zur Unbegreiflichkeit, und eine jede solche Auseinandersetzung um seine Person und sein Verhalten scheint ihm nur zu bestätigen, wie bedauernswert er doch ist, daß er mit solchen Mitmenschen zusammenleben muß.

Empfindsamkeit und Selbstmitleid treiben die Vorpubertierenden oft in tiefste Niedergeschlagenheit hinein, die den Charakter von Depressionen annehmen kann. Zum ersten Mal — das ist statistisch bewiesen — steigt die Zahl der Selbstmordversuche erschreckend an. Solche Handlungen sind nicht vorbereitet, sondern geschehen im Zustand eines seelischen Tiefs. Oft zeugen Aussagen von Geretteten davon, wie un-überlegt sie handelten. Es überwältigte sie einfach das Gefühl tiefer Mutlosigkeit, totalen Versagens und des Überflüssigseins. Nicht selten sind auch solche Gedanken im Spiel: „Wenn ich tot bin, dann werden die anderen erst wissen, was sie an mir gehabt und was sie mir angetan haben! Dann wird ihnen jedes böse Wort leid tun — aber dann ist es zu spät!"

Auch wenn der extreme Fall, ein Selbstmordversuch, nicht unternommen wird — die oft auftretende Niedergeschlagenheit ist ein schweres Hindernis für die Jugendlichen, weil sie sich in solchen Zeiten so schlecht zur Leistungsbereitschaft durchringen können. Das „Die-Dinge-laufen-Lassen", „es hat ja doch keinen Zweck!" ist viel öfter schuld am Schulversagen als Intelligenzmangel.
Man weiß als Erwachsener oft nicht, welche jeden Tag neu auftretenden Züge am Vorpubertierenden am schwersten zu ertragen sind.
Besonders starke Geduld aber fordert die leichte Reizbarkeit ab. Man kann freundlich und gelassen sein, eine abwartende Haltung einnehmen — es wird einem nicht gelingen, die jungen „Löwen und Löwinnen" nicht zu reizen. Jeder, der mit 11- bis 14jährigen zu tun hat, kennt ihr zeitweiliges Verhalten, das an eingekerkerte Tiere erinnert, die gereizt im Käfig hin- und herrennen, wenn sie auf ihr Futter warten. Fast immer sind die Jugendlichen auf dem Sprung, um zu kontern; durch Kleinigkeiten können sie in höchste Erregungszustände gebracht werden. Was das Grundschulkind mit einem Achselzucken abtat, etwa die Bitte, ein wenig sorgfältiger bei den schriftlichen Hausaufgaben zu verfahren, kann beim Vorpubertierenden ein ungeahnt heftiges Palaver über „zu starke Einmischung, Bevormundung" u. a. m. hervorrufen.

Besonders die leichte Übererreg- und Reizbarkeit zeigen, daß die neuen, inneren Antriebe noch nicht beherrscht und von den Jungen und Mädchen durch selbstgesteuerte Willenskräfte noch nicht unter Kontrolle gebracht werden können.

c) Das Streben nach Selbständigkeit — die Ablehnung der Fremderziehung durch Eltern und Lehrer bei gleichzeitiger Unfähigkeit der Jugendlichen, sich schon selbst zu erziehen

Anregung:

Haben Sie ähnliche Unfälle, wie sie in diesem Kapitel berichtet werden, selbst miterlebt? Schreiben Sie darüber in Ihr persönliches Begleitheft.

Sehr betroffen sind die Eltern meistens über die heftig bekundeten Loslösungswünsche. Ging das Dreijährige mitunter schon eigene Wege, so kann man bei Jungen und Mädchen, die im zweiten Trotzalter stecken, verstärkt Ausreißerversuche erleben. Das muß nicht immer gleich „die Reise nach Amerika" sein. Oft aber verlassen die 13- bis 14jährigen grollend das Haus, die Tür laut hinter sich zuschlagend, und sind erst einmal für einige Stunden der elterlichen „Nörgelei" und „Gängelei" entronnen.

Beispiel:

Die 13jährige Helga hat Streit mit ihrer Mutter. Sie wünscht sich einen goldenen Ring — die Freundin hat auch einen — und will nicht begreifen, daß die Mutter aus finanziellen Gründen jetzt keinen Ring kaufen kann. Das Gespräch wird immer hitziger, bis Helga ihren Mantel anzieht und das Haus verläßt. Sie rennt in der Dunkelheit drei Stunden umher, die Straßen werden immer menschenleerer. Schließlich bekommt sie Angst und geht nach Hause. Mit der Mutter redet sie — immer noch beleidigt — nur das Notwendigste.
Das alles würde die Mutter noch leichter ertragen haben, wenn nicht ausgerechnet Heiliger Abend wäre und der Vater nicht auch dazu noch im Krankenhaus läge! So grausam können 13—14jährige sein, die um alles in der Welt selbständig werden wollen, ohne aber bereits die Qualifikation zu einsichtig-selbständigem Handeln zu besitzen.

Mit den Eltern beginnt jetzt der Kampf um scheinbare Kleinigkeiten. Man will abends länger Ausgang haben, die Zeitangaben der Eltern werden als „altmodisch“ abgetan und hintergangen. Oft sucht man sich Freunde und Freundinnen, die den Eltern gar nicht gefallen, vielleicht gerade aus diesem Grunde. Vorschriften über die eigene Zeiteinteilung läßt man sich schon überhaupt nicht machen, was wissen denn die „Alten“ davon, wann man am besten arbeiten kann? Zur Mitarbeit in Haus und Garten zur Entlastung der Eltern ist man äußerst unwillig bereit. Statt dessen sucht man lieber Verständnis und Rückendeckung im Kreise Gleichaltriger, die „ähnlichen Ärger“ mit ihren Eltern haben.

Zu Gruppen schließt man sich darum jetzt gern zusammen, weil man das Gefühl hat, dadurch die Macht zu gewinnen, die man als einzelner noch nicht besitzt.

Wenn eine solche Gruppe von Halbflüggen einen sehr heftig vorpubertierenden Anführer hat, der fast krankhaft stark unter den eigenen Spannungen leidet, kann sich das sehr ungünstig für die Gruppe und ihre Einzelmitglieder auswirken. Denn dann arten die Streiche in groben Unfug oder schwere Vergehen aus.

Beispiel:

Eine Gruppe von Dreizehn- bis Vierzehnjährigen wird von ihrem Anführer dazu angehalten, ihren Mut dadurch zu beweisen, daß die Jugendlichen an einer bestimmten bergigen Strecke auf einen dort langsamer fahrenden Güterzug aufspringen. Eines Tages verfehlt ein Junge das Trittbrett eines Wagens und stürzt so unglücklich unter den Zug, daß seine Beine überrollt werden. Beide Unterschenkel müssen amputiert werden.

Jungen und Mädchen lassen kaum eine Gelegenheit aus, ein elterliches Ge- oder Verbot zu umgehen.

Jungen sind in der Regel rebellischer, zorniger, offener auflehnungsbereit. Mädchen neigen mehr zu passivem Trotz, zum Sichzurückziehen, Beleidigtsein, Schmollen.

Nicht nur die Eltern bekommen dieses Ablehnungsverhalten schmerzlich zu spüren — auch die Lehrer können einiges darüber sagen. Wenn irgendwo in der Schule gelärmt und besonders getobt wird, dann wissen die erfahrenen

Lehrer: „Aha, das ist das 7. oder 8. Schuljahr!" Die noch im vergangenen Jahr so ansprechbaren und lernfreudigen Kinder erscheinen nun manchmal wie ungezähmte Wilde, die weder lernen noch aufpassen noch stillsitzen noch sich benehmen wollen. Sie zeigen deutlich ihre Desinteressiertheit an „all dem Quatsch", indem sie während der Stunde Skat spielen, mit dem Ohrhörer Radio Luxemburg hören oder sich den beliebten Tagträumen hingeben. Die üblichen Streiche, daß z. B. kurz nacheinander mehrere Wecker klingeln, daß ein Teil der Schüler und Schülerinnen in den Schränken oder auf der Fensterbank hinter den Gardinen hockt, übergeht ja wohl jeder Lehrer mit Humor.

Schlimm aber wird es, wenn aus den Streichen Rüpeleien und Flegeleien mit Körperverletzung werden. Jeder aufsichtführende Lehrer, der Erfahrung im Umgang mit Jugendlichen hat, behält immer besonders die „Flegelalterklassen" im Auge. Denn aus den vormals nur in den Pausen herumtobenden Kindern sind nun manchmal Heimtücker und Hinterlistige geworden, die absichtlich anderen „Beinchen stellen", extra harte Eisbälle im Winter mit hohem Verletzungsrisiko schleudern, sich in den Ecken herumdrücken und rauchen und jedem noch so vernünftigen Schulgebot ausweichen.

Beispiel:

In der Klasse, vor den Augen des Lehrers, entsteht ganz plötzlich eine Keilerei. Ehe er eingreifen kann, hat ein Junge den anderen mit dem Kopf in die Glasscheibe eines geöffneten Fensters gestoßen, ein dritter schlägt einem vierten den schweren Atlas auf den Kopf. Folgen: Junge Nr. 2 hat Gesichtsverletzungen, Junge Nr. 4 liegt 14 Tage mit einer Gehirnerschütterung im Bett.

Fragen die Eltern zu Hause, wie es in der Schule war, so bekommen sie Antworten wie „doof, wie immer", „blöd", „Quatsch" und nur die „Streiche", die meistens in Belästigungen der Lehrer und der Klassenkameraden und -kameradinnen ausarten, werden voll Stolz am Mittagstisch erzählt. Üben die Eltern daran Kritik, müssen sie damit rechnen, für „ziemlich hinter dem Mond geblieben" gehalten zu werden.

d) Der Leistungsrückgang in der Schule

Anregung:

Vergleichen Sie Ihre Zeugnisnoten aus dem vierten mit denen aus dem siebten oder achten Schuljahr. Können Sie Gründe für eine Notenverschlechterung nennen? Schreiben Sie darüber, wenn Sie wollen, in Ihr persönliches Begleitheft.

Es wird wohl niemanden sehr wundern, der die Entwicklung Elf- bis Vierzehnjähriger kennt, daß ihre Leistungen in der Schule oft zurückgehen.

Nicht selten müssen Jugendliche ins Schul-Krankenzimmer gebracht werden, weil plötzlich der Kreislauf versagt. Ihre körperliche Belastbarkeit ist durch das schnelle Wachstum deutlich geringer als früher. Häufig klagen sie über Kopfschmerzen und Konzentrationsmangel und sind schlapp und leicht ermüdbar. Aus der Schule kommen sie mit hängenden Schultern und gesenktem

Kopf, feuern ihre Mappe in die nächstbeste Ecke und machen einen total überarbeiteten Eindruck. Während zwei Jahre vorher der Schulheimweg noch im Laufschritt und unter Einbeziehung mancher abenteuerlicher Nebenwege genommen wurde, ist jetzt der gleiche Weg zum schwer zu überwindenden Hindernis geworden.

Zu den körperlichen Beschwernissen kommen die schon genannten inneren Mißstimmungen.

Der dauernde Wechsel zwischen seelischen Hochs und Tiefs,
das Sich-Verlieren in Träume und Niedergeschlagenheit,
die plötzliche hektische Aktivität mit nachfolgendem Sturz in ein Sich-treiben-Lassen,
der hohe Grad von Empfindsamkeit und die ganze innere Zerrissenheit sind wahrhaftig nicht dazu angetan, leistungssteigernd oder auch nur leistungserhaltend zu wirken.

Erschwerend kommt noch hinzu, daß die Jungen und Mädchen allen Erwachsenen in ihrem Lösungsbestreben äußerst kritisch gegenüber stehen und darin besonders ihre Lehrer aufs Korn nehmen. Sie bringen es daher kaum fertig, für ein Fach zu lernen, dessen Lehrer sie subjektiv ablehnen.

e) Sexuelle Probleme und Nöte

An allen Problemen der Jugendlichen in der Vorpubertät sind in hohem Maße die Vorgänge um die geschlechtliche Reifung beteiligt.

Auf die besonderen Formen kindlicher Sexualität im Vorschulalter folgt im allgemeinen eine Beruhigungsphase sexuellen Verhaltens im Großkindalter.

In dieser Zeit sachlicher Fragen und naturwissenschaftlicher Interessen muß unbedingt die Aufklärung über den Zeugungsvorgang erfolgen.

Ehe das Kind in die vorpubertäre, spannungsgeladene Zeit eintritt, muß es über das menschliche Geschlechtsverhalten Bescheid wissen, muß es weibliche und männliche Geschlechtsmerkmale kennen und benennen können und darüberhinaus, möglichst durch das Vorbild der Eltern angeleitet, ahnen dürfen, daß leibliches Geschehen ein wesentlicher Teil, aber nicht das Ganze in der Vereinigung von Mann und Frau ist, daß sexuelles Verhalten sich einfügen soll in das Füreinander-da-Sein von Menschen, die von sich sagen, daß sie sich lieben.

Denn wenn jetzt die sexuellen Spannungen die Jugendlichen so sehr beanspruchen, wenn das Geschehen im eigenen Körper sie überrumpelt, dann ist es wahrscheinlich zu spät für eine sich positiv auswirkende Aufklärung. Dann entziehen sich die Jugendlichen nämlich oft allen elterlichen Aufklärungsgesprächen, weil ihnen diese jetzt peinlich sind. Sie erklären großspurig, daß sie „das ja alles längst wüßten“, geben sich sicher und erhaben, und die Eltern atmen erleichtert auf. Dann werden wohl der Lehrer oder der Pfarrer die Kinder „richtig“ aufgeklärt haben.

Nichts davon stimmt. Die „Kinder“ versuchen vielmehr, von Gleichaltrigen, durch ältere Jugendliche, durch Schmöker und pornographische Machwerke Aufklärung zu erlangen. Das alles geschieht meistens in einer dunklen Ecke irgendwo auf eine schwüle, widerwärtige Art. Zoten werden gerissen, Renommiergehabe und Großmannssucht sind im Spiel, Ängste werden erzeugt, aber nicht zugegeben.

Beispiel:

Carla entsinnt sich in allen Einzelheiten an ihre „Aufklärung" durch ältere Jugendliche in einer abgelegenen Ecke auf dem Nachhauseweg von der Schule. Verzweifelt brüllt sie die „Berichterstatter" an: „Das ist nicht wahr, meine Eltern tun das nicht!" Sie erntet Hohngelächter. Zuhause macht sie sich mit der gleichfalls unaufgeklärten Freundin Juliane über alle verfügbaren Lexika her, natürlich heimlich. — Als Juliane abends nach Hause kommt, fragen ihre Eltern sie, warum sie einen so roten Kopf habe. Juliane erzählt stockend über die „Forschungsarbeit" mit Carla. Daraufhin verbieten ihr die Eltern den Umgang mit Carla, „weil sie ihre Tochter zu Unsauberem verführt".

Durch solch törichtes Verhalten von Erziehern ist schon viel Unglück entstanden. Frauen wie Männer leiden oft nur deshalb unter Störungen im geschlechtlichen Verhalten, weil sich durch mangelhafte und häßliche Aufklärung Ängste in ihnen gestaut haben, die erst in langwieriger Behandlung durch einen Psychotherapeuten aufgedeckt und abgebaut werden können. Und wie viele Mädchen werden Opfer von Verführern, die sich unter dem Vorwand an sie heranmachten, ihnen zu sexueller Aufklärung verhelfen zu wollen!

Eine gute, rechtzeitige Aufklärung ist also unbedingt nötig vor den Vorpubertätsjahren, damit der Jugendliche wenigstens weiß, was auf ihn zukommt.

Denn auch die beste Aufklärung kann die Spannungen nicht nehmen, sondern nur durchschaubar machen.

Beispiel:

Frank sagt später: „Das war eine Zeit so voller Sehnen und Sich-Fühlen, besonders an den lauen, weichen Mai-Abenden. Man wußte nicht, wohin und was tun und war zum Zerreißen gespannt und wollte am liebsten weit, weit fortlaufen."

Vielleicht scheuen manche Eltern sich deswegen vor aufklärenden Gesprächen, weil sie fürchten, daß sie ihre Kinder erst dadurch auf zu frühe sexuelle Gedanken und Geschlechtsbeziehungen brächten.

Das ist falsch, denn die geschlechtliche Reifung erfolgt ohne irgendwelches Zutun in jedem normalen Menschen. Aber das sexuelle Interesse am anderen Geschlecht wird durch umfassende Aufklärung, die auch das seelische Geschehen unbedingt mit einbeziehen muß, für die Jugendlichen durchschaubarer und damit eher vernunftmäßig regulierbar.

Hinzu kommt, daß die Elf- bis Vierzehnjährigen zwar auffallendes Interesse an Nacktfotos, einschlägigen Heften und Kiosk-Auslagen bekunden. Zu den Gleichaltrigen des anderen Geschlechtes aber zeigen sie sich im allgemeinen ruppig und abweisend. Die Mädchen machen sich über „die dämlichen Jungen" lustig, die Jungen fühlen sich erhaben über „die dummen Ziegen". Dieses Verhalten steht wie ein Schutzwall vor den Jugendlichen, denn in Wirklichkeit ist das Interesse am Andersgeschlechtlichen schon da, wird aber noch aus dem

Bewußtwerden verdrängt. Verwirrung und Schüchternheit werden oft durch großspuriges Überlegenheitsgehabe überspielt. Um so eher aber kommt der Jugendliche auf sich selbst zurück, vor allem der Junge. Am Ende der Vorpubertät wird häufig Selbstbefriedigung ausgeübt (Onanie).

Nach dem Kinsey-Report[1] haben 87,5% aller Männer irgendwann als Jugendliche onaniert. Manche anderen Erhebungen nennen sogar 100%. Die entsprechenden Zahlenangaben bei Frauen sind ungenau, zeigen aber, daß Mädchen wesentlich seltener Selbstbefriedigung betreiben. Das hängt damit zusammen, daß beim Mann von Anfang an geschlechtliches Geschehen mehr genital-bezogen ist, die Frau dagegen eher zu allgemeiner Zärtlichkeit neigt.

Die Onanie wird in der Entwicklungszeit mehr oder weniger intensiv betrieben und klingt ab, wenn die zwischengeschlechtlichen Beziehungen beginnen.

Man ist heute wissenschaftlicherseits davon überzeugt, daß zeitweiliges Onanieren weder triebhaft noch abartig ist, denn dann müßten ja 85—100% aller Männer abartig veranlagt sein! Erst häufiges, zwangsweises Onanieren hat krankhafte Hintergründe, meist seelischer Art, die unbedingt wie eine Krankheit aufgehellt und geheilt werden müssen. Oft muß hier wieder der Psychotherapeut helfen Gerade die notwendige Aufklärung über das Onanieren fehlt vielen Jugendlichen, denn sie sind meistens noch dahingehend belehrt worden, daß Selbstbefriedigung krank mache. Da sie es aber trotzdem tun, um mit den sexuellen Spannungen fertig zu werden, häufen sich in ihnen Anstgefühle an, die zu erneuten Spannungen, zu erneutem Onanieren führen — ein Teufelkreis entsteht. Aufklärende Beratung nimmt unnötige Ängste und damit angstvolle Spannungen.

f) Die besondere Situation des Jugendlichen in der Vorpubertät erfordert besonderes pädagogisches Geschick

Die Vorpubertät ist in besonderer Weise eine krisenhafte Zeit und erfordert von Eltern und Erziehern pädagogisches Einfühlungsvermögen in hohem Maße. Von ihrem Verhalten hängt es weitgehend ab, ob die Jugendlichen zu größerer innerer und äußerer Freiheit durchstoßen oder in der Unausgeglichenheit und Unausgereiftheit eines Vorpubertierenden steckenbleiben.

Im körperlichen und seelischen Bereich ist einiges im jungen Menschen aus der Ordnung in eine vorübergehende Unordnung, aus einer gewissen Harmonie in eine Disharmonie geraten. Dies alles geschieht im Zuge eines Reifungsprozesses, an dessen Abschluß ein Mensch mit neuen Möglichkeiten steht.

Darum kann Erziehung jetzt auf keinen Fall Bewahrung des alten, sondern nur Hilfe bei der Gewinnung des neuen Seins heißen.

Wer als Erzieher die Loslösungsbestrebungen der Jugendlichen richtig sieht, der darf sie nicht zu verhindern suchen, sondern muß sie unterstützen. Das heißt, daß man um den nach allen Richtungen ausbrechenden Vorpubertierenden nicht Wälle von Ge- und Verboten errichten darf, die ihn immer mehr in Eigensinn und Auflehnung treiben. Man muß ihn vielmehr „an der langen Leine" gehen lassen, wo immer man es verantworten kann.

---

[1] Alfred Kinsey, amerikanischer Zoologe, 1894—1956, wertete die Angaben von ca. 20000 amerikanischen Männern und Frauen über ihr Geschlechtsleben statistisch im sog. „Kinsey-Report" aus.

„Pubertät"
(von Edward Munch, 1894)

Beispiel:

Frank, 13 Jahre, fährt von der Schule aus öfter nicht gleich nach Haus, sondern holt sich erst in der Stadt für sein Taschengeld Beat-Schallplatten. Daß er nachessen muß, stört weder ihn noch die Eltern. Am Nachmittag spielt er Mutter die Platten vor. Damit ist eine Menge gewonnen:

1. Eltern und Sohn haben Vertrauen zueinander, keiner nimmt vom andern an, daß er belogen wird.
2. Frank kann selbständig sein Hobby pflegen, niemand redet ihm hinein. Über sein Taschengeld darf er frei verfügen. Seine Mutter bemerkt, daß er Buch führt und nur dann Schallplatten kauft, wenn er Sonderangebote ergattern kann. So erzieht er sich selbst zur Sparsamkeit und zum Einteilen.
3. Mutter ist mehr für klassische Musik, aber durch das häufige Hinhören auf Beatmusik lernt sie doch zumindest begreifen, was junge Leute daran so schätzen. Nach einem Jahr kennt sie alle guten Bands und Stars, kann mit Frank darüber reden und versteht insgesamt die Musikwünsche Jugendlicher besser.

Das ist es, was die Jugendlichen jetzt brauchen:

Behutsame Anteilnahme, Interessiertheit an dem, was sie bewegt, und vor allem: Entgegenkommende Gesprächsbereitschaft, Anbieten eines Kompromisses, wann immer es geht.

Selbst der störrischste, abweisendste Jugendliche will im Grunde genommen die Eltern und Erzieher als Gesprächspartner haben, um mit ihnen über seine Nöte reden zu können. Dabei beobachtet er genau, ob man ihn ernst nimmt, und die Erziehungsberechtigten tun das Verkehrteste, wenn sie von oben herab, mit erhobenem Zeigefinger, weise Reden führen, die sofort trotzig abgelehnt werden.

Vielmehr muß das partnerschaftliche Verhältnis dahingehend vertieft werden, daß sich der Erwachsene nicht über, sondern neben den Jugendlichen stellt, dessen Probleme zu seinen eigenen macht, seine eigenen Erfahrungen und seine eigenen Fehler gleichermaßen zur gemeinsamen Diskussion stellt und Vertrauen gegen Vertrauen setzt.

Solche Gespräche verlaufen keineswegs immer ruhig, die Standpunkte prallen oft hart aufeinander. Aber wenn der Erwachsene versteht, daß der Jugendliche das Recht hat, ein falsches Wort zu sagen, weil er ja noch gar nicht die Gereiftheit und die Selbstdisziplin seines Partners haben kann, dann wird er nicht beleidigt vorzeitig die Diskussion abbrechen, sondern gelassen manches hitzige Wort überhören, ein anderes ruhig zurückweisen und zu Ende diskutieren.

Nur dort, wo Menschen im Groll aufhören, miteinander zu sprechen, ist eine Verständigung nicht mehr möglich, ist ein böses Ende erreicht.

Im Durchdiskutieren der Standpunkte, etwa über die wünschenswerte Zeiteinteilung des Jugendlichen, muß man gemeinsam einen Rahmen finden, an den beide, Eltern wie Jugendliche, sich gebunden fühlen. Diese gemeinsam gefundene Grenze, die der Erwachsene auf Grund seiner größeren Lebenserfahrung, seiner besseren Einsicht und Voraussicht, anbieten und begründen kann, wird von den jungen Menschen weitgehendst anerkannt.

Sie wissen nämlich im Grunde wohl, daß sie durchaus noch einer Führung bedürfen. Nur wollen sie jetzt die Führung durch ihre Erzieher in einer durchdachten Beratung sehen, auf keinen Fall in einer anhaltenden „Gängelei".

Der Erwachsene soll die **Grenzen dort** setzen, wo der **Jugendliche sich selbst und andere gefährdet.**

Darum ist es so wichtig, daß in **täglichen Gesprächen** die Eltern erfahren, was ihre Kinder tun. Sie sollen von sich aus Anteil nehmen, dann wird der Jugendliche auch nicht den Eindruck haben, daß er „ausgehorcht" wird.

Beispiel:

Stefan und Gundula sind nicht sehr gesprächig, sondern ausgesprochen „mundfaul". Aber wenn sie nach dem Mittagessen gemeinsam mit der Mutter spülen und abtrocknen, dann erzählen sie aus der Schule, von den Klassenangehörigen, über Kleiderwünsche und über alles andere, was sie bewegt. Diese Gespräche sind deshalb so beliebt, weil man während des Redens etwas in der Hand, etwas zu tun hat; man kann manches leichter loswerden, wenn man nicht den forschenden oder strafenden Blick der Erzieher ständig auf sich spürt.

Die **Gespräche** müssen über alles geführt werden können, **auch über sexuelle Probleme.**

Sie ausklammern, heißt Wesentliches versäumen. Man kann sehr gut den jungen Menschen anhand von Zeitschriften, Annoncen, Reklamebildern, Sex-Magazinen, Kunstwerken u. ä. den Unterschied zwischen Pornographie, Sexualität, Erotik und Liebe deutlich machen. Man kann sich ihre Witze erzählen lassen und sagen, was man daran scheußlich findet.

Man soll Liebe vorleben, dann wird am besten ihre Überordnung über die Sexualität deutlich.

Jede Mutter merkt am Bettzeug und an der Wäsche ihres Jungen, ob er onaniert. Dann soll sie ruhig mit ihm darüber sprechen, ihm seinen Zustand erklären, ihm seine Ängste vor etwaigen Folgen nehmen und ihm kein Versprechen abzwingen, das er jetzt nicht geben kann, sondern ihn auf die kommende Zeit verweisen, in der solche Spannungen nachlassen und durch neue Interessengebiete, geistiger oder körperlicher Art, abgelöst werden.

Die Mädchen sollen mit ihren Modewünschen nicht kurzerhand abgewiesen werden. Auch hier findet sich meistens im Gespräch eine Lösung, die sowohl dem Geldbeutel als auch den Ansprüchen der Töchter gerecht wird.

Das **Gespräch** muß weiterhin **mit den Lehrern** geführt werden, damit Lehrer, Schüler, Schülerinnen und Eltern einander kennen und sich aufeinander einstellen können.

Es nützt gar nichts, zu Hause mit den jungen Menschen gemeinsam auf die Lehrer zu schimpfen. Es ist vielmehr richtig, dem Jugendlichen seine Fehlleistungen deutlich zu machen, aber nicht im Verurteilen stecken zu bleiben, sondern sich vom Lehrer beraten zu lassen, woran das Versagen in der Schule liegen kann, ob etwa an Tagträumerei, Trotzverhalten oder Schüchternheit.

Mit dem Lehrer, nicht gegen den Lehrer müssen Wege gesucht werden, einen weiteren Leistungsabfall aufzuhalten, bis die Entwicklung wieder in eine ruhigere Phase eintritt. Wenn die Lehrer das Benehmen der Jugendlichen zu Hause, die Eltern deren Betragen in der Schule erfahren, wird beiden das Gesamtverhalten des Vorpubertierenden klarer, und sie haben mehr Möglichkeiten, beratend-lenkend einzugreifen.

Die seelischen Unstimmigkeiten der Jugendlichen hängen so deutlich mit den körperlichen Veränderungen zusammen, daß man auch über den Weg einer körperlichen Kräftigung die Stimmungslage anheben kann.

Genügend Schlaf, vitamin- und eiweißreiche Kost, keine sportlichen Höchstleistungen, aber ausreichende körperliche Bewegung und entspannende Spiele sind unerläßliche Forderungen.

Genau das Gegenteil hiervon als Strafe halten manche Eltern und Erzieher für richtig: Essensentzug, Stubenarrest, zusätzliche schriftliche Übungen. Wohin das führen kann, zeigt folgender Bericht:

Beispiel:

Richard hat in der Schule gebummelt. Im Versetzungszeugnis hat er eine „5" in Französisch. Nun zwingen ihn seine Eltern, im Urlaub zwei Stunden täglich Vokabeln zu wiederholen.
Richard fügt sich scheinbar willig. Jedermann kann sehen, daß er vor dem geöffneten Buch sitzt und büffelt. Aber er hintergeht seine Eltern dennoch; er weiß, daß sie kein Französisch sprechen und infolgedessen nicht recht beurteilen können, was er eigentlich übt. So wiederholt Richard die Vokabeln des ersten Französisch-Buches, obwohl er bereits im zweiten Jahr diese Fremdsprache lernt. Die leichten Anfangsgründe beherrscht er noch ziemlich und hat sie nach einmaligem Durchlesen im Kopf. In der übrigen Zeit hängt er seinen Tagträumen nach oder spielt seinen Eltern den beleidigten, gequälten Sohn vor.

Trotz aller genannter Hilfen, das Geschehen zwischen Erziehern und Jugendlichen in diesem Alter zu entschärfen, wird es nicht gelingen, Konflikte zu vermeiden. Das ist auch gar nicht wünschenswert, denn an Gegensätzen reifen Menschen.

Die Möglichkeit des Fehlverhaltens muß ausdrücklich gegeben sein — auf beiden Seiten! Denn auch die Eltern dürfen das Recht des Versagens für sich in Anspruch nehmen, allerdings im Rahmen ihres Erwachsenseins. Das bedeutet, daß sie als erste in einem ungelösten Konflikt den Anfang machen und dem Jungen oder Mädchen eine Brücke bauen sollen, auf der beide, Eltern und Jugendliche, wieder vertrauensvoll zueinander finden können.

Anregung:

Auf die sonst vorausgeschickten Anregungen wurde in den letzten beiden Kapiteln bewußt verzichtet, weil nicht durch eine möglicherweise zu eindringliche Fragestellung die Intimsphäre des einzelnen (der einzelnen) verletzt werden sollte. Doch wäre es wünschenswert, wenn Sie, die Sie diese Jahre überstanden haben, rückschauend nachdenklich und selbstkritisch dazu in Ihrem persönlichen Begleitheft Stellung nehmen würden. Außerdem können Sie jüngeren Jugendlichen vielleicht schon mit eigenen Erfahrungen beratend helfen.
Kleben Sie Fotografien aus Ihrem zwölften, dreizehnten Lebensjahr unter Ihre Zeilen.

Beschneidungen sind die häufigste Form der „Initiation“, eines „Einweihungs“-Ritus, der bei vielen Naturvölkern den Einschnitt zwischen Kindheit und Erwachsenenalter markiert. Die Jugendlichen werden vor der Aufnahme in die Erwachsenengesellschaft eine Zeitlang abgesondert und auf ihr „neues Leben“ vorbereitet. Die Pubertätsriten sollen eine zweite Geburt darstellen: Unter blutigen, häufig sehr schmerzhaften Zeremonien wird der Jugendliche symbolisch getötet, um als neuer Mensch in die Erwachsenengesellschaft einzutreten. Weit verbreitet sind Beschneidungen (vor allem bei Jungen, wobei die Vorhaut des männlichen Gliedes abgeschnitten wird).

2. Die Pubertät: 13, 14 Jahre bis 16, 17 Jahre (Reifezeit)

a) Weitere körperliche Veränderungen: Das äußere Erscheinungsbild des Erwachsenen entsteht

Zwischen dem 13., 14. und 16., 17. Lebensjahr gibt es in der körperlichen Entwicklung der Jugendlichen weitere Veränderungen:

Bei den Mädchen — meistens sind sie nicht sehr erfreut darüber, weil sie am liebsten überschlank bleiben wollen — zeigen Brust und Hüften häufig schon frauliche Rundungen, die Scham- und Achselbehaarung nimmt ihre endgültige Form an, die Menstruation erfolgt jetzt regelmäßig.

Bei den Jungen entwickelt sich allmählich die männliche Gestalt: Der Backenbart wächst, die Stirn erscheint freier, das Kinn ist ausgeprägter, der Adamsapfel wird deutlich sichtbar, die Schultern verbreitern sich, das Verhältnis von Gliedern und Rumpf wird wieder harmonischer, Penis und Hodensack nehmen die männliche Form an, die Scham-, Achsel-, Brust- und Beinbehaarung wird stärker. Die Stimme gewinnt den tiefen, männlichen Klang. Die sexuelle Reifung ist erreicht.

b) Die endgültige Entdeckung des „Ich“ und damit verbundene Probleme

Anregungen:

1. Versuchen Sie, Ihre Gefühlswelt, Ihre Gefühlsskala zu erfassen und schreiben Sie die Antwort in Ihr persönliches Begleitheft. Fügen Sie, wenn Sie wollen, hinzu, ob Sie Tagebuch führen, ob Sie Entspannung bei einer künstlerischen Tätigkeit finden, ob Sie einen vertrauten Gesprächspartner haben, wie Sie am liebsten Ihre Freizeit verbringen. Kleben Sie eine Fotografie, eine selbst angefertigte Zeichnung, eine Collage o. ä. dazu.

2. Diskutieren Sie über die Erscheinungen in Ihrer Umwelt und in unserer Gesellschaft, die Ihrer Meinung nach reformbedürftig sind.

Vergleicht man Paßbilder von Elfjährigen mit denen von Sechzehnjährigen, wird eines ganz deutlich: Die Gesichter der Älteren haben meist einen nach innen gekehrten, ernsten Ausdruck.

Die weite Skala der Gefühle:

Tatsächlich legen die Jugendlichen in den Jahren um das fünfzehnte Lebensjahr herum ihre vorpubertäre Unausgeglichenheit und Kratzbürstigkeit allmählich ab zugunsten einer zunehmenden Verinnerlichung. Die jungen Menschen wenden sich, nachdem sie die Erfahrungen mit der eigenen Geschlechtlichkeit durchgestanden haben, zunehmend ihrem seelischen Bereich zu.

Sie versuchen, ihr eigentliches Sein zu ergründen, auf die Tiefe des eigenen Seelengrundes vorzustoßen, sich selbst zu erkennen. Während die Vorpubertierenden kaum je Schuld bei sich selbst fanden, so begreifen die Pubertierenden allmählich schmerzlich die Wahrheit, daß auch sie nur Menschen sind, die sich wie alle anderen in Schuld verstricken können; daß auch in ihnen negative Kräfte sind, die stärker als ihr eigenes Wollen sein können.

Andererseits erleben sie an sich selbst, daß sie zu bisher nie gekannten tiefen, beglückenden Gefühlen fähig sind, daß sie sich für einen Menschen oder eine Idee begeistern können in bisher ungeahntem Ausmaß.
So werden sie von Gefühlen und Stimmungen erfaßt, die zwischen tiefer Traurigkeit, Weltschmerz, Verlassenheit, Sentimentalität und Heiterkeit, Ausgelassenheit, rauschhafter Begeisterungsfähigkeit schwanken.

Beispiel 1:

Jugendforum 1972. Thema: „Du lebst mit der Gewalt".
Ort: Eine große Berufs-, Berufsfach- und Fachschule.

Im Politik-Unterricht wirbt eine Lehrerin in sechs Klassen (15—17jährige Mädchen und Jungen) um Teilnahme. Viele sind hellauf begeistert. Da machen sie mit! Einige wollen fotografieren, andere wollen malen, dichten, komponieren, singen, Guitarre spielen oder ein Referat halten. Ausführlich werden alle Möglichkeiten durchgesprochen. Die Lehrerin kennt ihre Schülerinnen und Schüler: Sie schreibt gleich die Namen derjenigen auf, die bestimmt mitmachen wollen.

Eine Woche später zeigt sich in jeder Klasse das gleiche Bild: Mutlosigkeit, Zurückweichen, Nicht-mehr-mitmachen-Wollen: „Das können wir nicht — wir haben's probiert — das wird nichts — wir blamieren uns!"

Die Lehrerin läßt nicht nach, sie ermutigt, spornt an, lockt mit der Fahrt zum Bezirksforum, das in einer anderen Stadt abgehalten wird, auf dem man noch viele andere Jugendliche kennenlernen kann. Aber wenn sie nicht wochenlang in jeder Politik-Stunde geworben, das bisher Erarbeitete geprobt, befürwortet, eine mögliche Verbesserung vorgeschlagen und immer wieder Mut gemacht hätte — kaum eine der ursprünglich so Begeisterten hätte durchgehalten. Schließlich bleiben in jeder Klasse drei bis sechs Schülerinnen und Schüler übrig, die mit zum Bezirksforum fahren und dort im großen Rahmen ihre Songs vortragen, ihre Bilder ausstellen.

Der Lehrerin fällt auf, daß dabei die 15jährigen wesentlich forscher, frischer und ungehemmter an die Aufgabe herangehen als die Siebzehnjährigen.

Beispiel 2:

Eine 16jährige Schülerin beschreibt ihren seelischen Zustand so:

Manchmal ist mir so, als ob ich vier oder fünf Jahre wäre. Ich spiele im Sandkasten oder mit Figuren, mit Knet oder Puppen wie früher, als ich noch in die Schule ging. Aber schon kurze Zeit später meine ich, älter als zwanzig zu sein. Ich denke so „alt" und erfahren, ich bin so überaus vernünftig, daß ich mich fast selbst nicht kenne. Ich denke, ich stehe an einem tiefen, klaren Bergsee, der mein Leben ist; ich brauche nur hineinzuspringen.

(Schülerin mit mittlerem Bildungsabschluß, 16 Jahre alt; aus: „Das vergsse ich nie!", S. 200, Nr. 17 — Erläuterungen zu diesem Buch stehen am Ende der Einführung).

Der Individualitätsanspruch in bezug auf das Äußere:

Die Suche nach sich selbst, die Erkenntnis, eine unverwechselbare Einzelpersönlichkeit zu sein, führt die jungen Menschen nicht nur dazu, sich zuviel mit ihrem Seelenleben zu befassen, sondern auch dahin, ihre Individualität durch besondere Kleidung, einen anderen Haarschnitt zu betonen.

Da aber viele gleichaltrige junge Menschen dies zeigen wollen, ergibt sich die verblüffende Tatsache, daß sie durch ihr Andersseinwollen zur Uniformität gelangen: Die Jungen möchten die Haare anders tragen als die Erwachsenen, also haben viele von ihnen lange Haare. Die Mädchen verabscheuen „ordentliche, brave“ Kleider: also bevorzugen sehr viele Blue Jeans und Pullis. Zumindest ein Teil der erstrebten Individualität geht dadurch wieder verloren, und das gibt der älteren Generation das Schein-Recht, in Bausch und Bogen von „der“ Jugend zu sprechen.

Die Wichtigkeit von Tagebuch, Briefeschreiben, künstlerischer Betätigung:

Das Gefühl, ein einzelner zu sein, kann in Mädchen und Jungen Einsamkeits- und Verlassenseinempfindungen hervorrufen.

Sie suchen jemanden, dem sie sich anvertrauen können, ohne befürchten zu müssen, ausgelacht zu werden. Viele schreiben jetzt in ein Tagebuch, was sie bewegt, und in diesen Büchern sammeln sich alle seelischen Beunruhigungen, alles Unverstandensein, jede Not. Dem Tagebuch wird alles anvertraut:
Die Suche nach dem Freund, nach der Freundin,
die Auseinandersetzung mit Gott,
Die Frage nach dem Sinn des Lebens,
die Kritik an den Erwachsenen,
das immer wieder hervorbrechende Streben nach Selbständigkeit,
die unnennbaren Sehnsüchte und Wünsche.

Nicht wenige Jugendliche fangen an zu dichten, zu malen oder greifen zu anderen Mitteln künstlerischer Gestaltung:

Beispiele:

Frank zieht sich in sein Zimmer zurück und spielt stundenlang Gitarre.
Gundula schreibt Tagebuch, Helga auch. Sie nennt es „Maja“.
Karin schreibt jeden Tag Briefe. Sie hat eine große Zahl Freundinnen, die ihrerseits mit seitenlangen Briefen antworten. So helfen sich die Mädchen gegenseitig, indem sie beim Schreiben eigenen Ballast abwerfen und beim Briefpartner mit Verständnis rechnen können.

Die Suche nach einem Gesprächspartner:

Auf der Suche nach demjenigen, der sie versteht, sind in diesen Jahren viele Jungen und Mädchen.

Nicht immer nur wird der gleichaltrige Partner bevorzugt.

Häufig wendet man sich an ältere Menschen, zu denen man Vertrauen geschöpft hat. In vielen Fällen sind das nicht die Eltern; ihnen will man die intimen Gedanken nicht offenbaren.

Manchmal findet man in Lehrerinnen und Lehrern, Großeltern, älteren Geschwistern oder Freunden geduldige und verständnisbereite Zuhörer.

„Dz hab Ich aus eim spigell nach
mir selbs kunterfet Im 1484 Jar
Do ich noch ein kind was.
Albrecht Dürer“

Dürer (geb. 1471) hat das Selbstporträt als Dreizehnjähriger gezeichnet. Charakteristischerweise ist dieses frühe Jugendwerk, zugleich das erste und älteste, von dem der Künstler später noch glaubte, daß es Aufbewahrens wert sei, ein Werk der Selbstdarstellung und Selbstfindung.

In solchen Gesprächen kreisen Worte und Gedanken der Jugendlichen fast ausschließlich um ihr eigenes So-Sein, das sie in Frage stellen, dessen Sinn sie begreifen wollen, und um ihre aufwühlende Erlebnisfähigkeit, die sie in Selbst-Bestaunen versetzen kann.

Der andere ist der Zuhörer, dessen eigene Sorgen den egozentrischen jungen Menschen kaum interessieren. Er soll nur da sein, die Probleme zwar besprechen, mitüberlegen, mitdenken, aber sich doch mehr im Sinne eines Sparring-Partners verhalten, der für den Champion auf dem Wege zum Sieg eine Zeitlang zum Trainieren nötig ist, aber immer im Hintergrund bleibt.

Die kompromißlose Kulturkritik:

Mit Eltern, Erziehern und Ausbildern setzen sich Mädchen und Jungen weiterhin kritisch auseinander.

Hierzu ein Beispiel aus „Das vergesse ich nie!“, Seite 15, Nr. 2 (Erläuterungen zu diesem Buch stehen in der Einführung):

> Was sind eigentlich Eltern? Das frage ich mich oft. Sind es zwei verschiedene Geschlechter, die ein paar Kinder versorgen, solange, bis sie selbständig sind? So scheint es mir bei uns zu Hause zu sein. Bei uns ist kein „zu Hause“, sondern es gleicht eher einem Heim oder einer Pension, wo man schläft, ißt, ein- und ausgeht, weiter nichts.
>
> Ich stelle mir Eltern so nicht vor.
>
> Es gibt kaum Gespräche zwischen Eltern und Kindern bei uns, und wenn es zu welchen kommt, sind sie so verkümmert, und alles ist so belangloses Gerede. Die eigenen Probleme kann man nicht aussprechen, schon gar nicht bei meinem Vater. Der versucht gar nicht, einen zu verstehen. Meine Mutter nimmt sich gar keine richtige Zeit.
>
> Also stauen sich die Sorgen und Probleme, und einmal wird es zuviel. Es ist genau wie bei einem Luftballon: Wenn man ihn zu weit aufbläst, platzt er und ist kaputt.
> (Auszubildende in der Hauswirtschaft, Oberstufe, 17 Jahre alt, 1974).

Da ihre Urteilsfähigkeit, ihr Unterscheidungsvermögen, das Anerkennen eigener und fremder Schuld, die Fähigkeit zum logischen Denken und zur Selbstkritik mehr und mehr zunehmen, zeigen sie allmählich eine nicht mehr so hitzige Kritisiererei, sondern eine abwartendere, vernunftgebundenere Haltung gegenüber ihren Erziehern als in der Vorpubertät. Allerdings muß man dazu sagen, daß die Schwächen der Erwachsenen genau so schonungslos aufgedeckt werden wie die eigenen.

Das Gesamtverhalten von Eltern, Erziehern, Ausbildern und Männern und Frauen, die in der Öffentlichkeitsarbeit stehen, wird durchleuchtet und kompromißlos angeprangert:

Das Auseinanderfallen von Wort und Tat, die Unehrlichkeit, die Machtgier, das Profitstreben, die Verflachung und Oberflächlichkeit, Engstirnigkeit und Feigheit, das Mehr-Scheinen- als Seinwollen.

Beispiel:

Richard sagt von seinem Vater erbittert: „Immer kommt er mir damit, was für ein toller Kerl er in meinem Alter war, und was er alles schon damals geleistet haben will. Wenn es so wäre, warum hat er dann nicht so weitergemacht, warum ist er dann jetzt bloß ein kleiner Angestellter, der in der Freizeit vorm Fernseher hockt oder Kreuzworträtsel löst?"

So entsteht in der Pubertät durch die unbedingte, kompromißlos harte Auseinandersetzung mit den Eltern, Erziehern und Vorgesetzten im besonderen und den Erwachsenen im allgemeinen eine echte Autoritätskrise, in der wirklich eine tiefe Kluft zwischen Älteren und Jüngeren aufbrechen kann.

Denn die Erwachsenen, die „durch Erfahrungen klug" und kompromißbereit geworden sind, stehen in dem Konflikt zwischen

einerseits der Anerkennung dieser Unbedingtheit der Jugendlichen, der Erkenntnis, selbst früher einen Teil solcher Idealvorstellungen besessen und dem Lebenskampf geopfert zu haben,

andererseits aber der Einsicht, daß die Schwarz-Weiß-Malerei vieler junger Menschen auch keinen Anspruch auf Endgültigkeit hat und deshalb nicht ungeklärt hingenommen werden kann.

Diese Schwarz-Weiß-Malerei, die nur „die eine Wahrheit" gelten läßt, die nur das Grundsätzliche und nicht das Besondere im Einzelfall anerkennt, überträgt der Jugendliche kompromißlos und wenig verständigungsbereit auf alle Lebensbereiche:

Religion und Politik, Ehe und Familie, Wirtschaft und Kultur, Schule und Betrieb, Jugend und Alter, Reichtum und Armut, Krieg und Frieden, Rassenprobleme, Bildung und Erziehung u. v. a. m.

In dem Maße, in dem sich der junge Mensch selbst entdeckt, glaubt er auch an die notwendige Neugestaltung der Umwelt durch ihn und seinesgleichen.

Anpassung an das Vorhandene ist oft verpönt. In Überschätzung seiner eigenen Erkenntnisse lehnt er häufig radikal alles „Alte" ab, auch das, was Generationen vor ihm unter Opfern und schmerzlichen Erfahrungen erarbeitet haben und an ihn weitergeben wollen.

Beispiel 1:

Karin wirft ihren Eltern vor, daß sie sich nicht um sie kümmern, daß ihnen ihr Haus, die kleineren Geschwister, die Meinung der Nachbarn, das Geschäft wichtiger seien. Sie erkennt nicht an, daß die Eltern für ihre Ausbildung zur Krankenschwester sorgen, obwohl die Mutter sie im Hause so gut gebrauchen könnte. Denn die Eltern schuften von früh bis spät, damit alle acht Kinder einen Beruf erlernen sollen.

Beispiel 2:

Piet will die Welt verändern. Er will nach dem Prinzip der Gleichheit aller Menschen den Reichtum umverteilen, so daß möglichst alle Menschen gleich viel besitzen. Auf dem Wege zu diesem Ziel will er solche Menschen, die seinem Plan entgegenstehen, zwar nicht liquidieren, aber doch durch getto-ähnliche Einkerkerung ausschalten. Er glaubt an die totale Vernunft des zukünftigen Menschen, an die Machbarkeit der Menschen durch die Menschen.

Bevorzugte Freizeitgestaltung und Orientierung an Idolen:

Die Auseinandersetzung mit der Umwelt wirkt sich auch auf die Freizeitgestaltung und die Suche nach einem Leitbild aus.

Viele Jugendliche, vor allem die bereits arbeitenden und verdienenden Mädchen und Jungen, beanspruchen weitgehende Selbständigkeit im Bezug darauf, wie, mit wem und wann sie ihre freie Zeit verbringen und fordern mehr und mehr Freiheit in der Wahl der Kleidung und im Geldverbrauch.

Bevorzugt werden Diskotheken besucht. Dort treffen sich viele Jugendliche, und schichtenspezifische Unterschiede zwischen Schülern, Auszubildenden, Jungarbeitern spielen hier keine große Rolle. Alle lieben ihre Musik, ihre Bands, ihre Schlagerstars, die von vielen Jugendlichen mehr oder weniger in Haartracht, Kleidung, Benehmen nachgeahmt werden, auch wenn sie das nicht zugeben wollen.

Man denke nur an den Einfluß, den die Beatles, die Rolling Stones oder Stars wie Elvis Presley auf eine ganze, junge Generation gehabt haben. Aber die Bands, Schlagersänger und -sängerinnen kommen und gehen, sie halten sich kaum länger als ein paar Jahre in der Gunst ihres Publikums, die kompromißlose Kritik von Jugendlichen macht auch vor ihnen nicht halt.

Der häufige Wechsel der Idole (Idol, gr., = Abbild, Götzenbild) hat etwas Gutes, denn der negative Einfluß, der von ihnen ausgehen kann, ist dann nicht von langer Dauer, und die irregeleitete Begeisterungsfähigkeit der Jugendlichen kann sich besseren Leitbildern zuwenden.

Die Eltern und Erzieher, die sich gegen eine allzu heftige Verehrung und Nachahmung von Schlagerstars durch die ihnen anvertrauten Jugendlichen mit Recht wehren, mögen aber folgendes bedenken:

Erstens ist auch dies meistens kein Dauerzustand, sondern eine Übergangsphase, und zweitens sind die Folgen vergleichsweise harmlos gegenüber den Verführungskünsten politischer Rattenfänger, Diktatoren und Demagogen. Die jetzige Elterngeneration hat hoffentlich nicht vergessen, wie ihr eigener jugendlicher Idealismus unter Hitler so schamlos und für viele tödlich ausgenutzt worden ist.

Lautstarke Begeisterungsausbrüche sind für die meisten Teenager ein echtes seelisches Bedürfnis. Stars und Jugendidole geben nur den willkommenen Anlaß für immer neue Begeisterungswellen. Dieser Idol„fan"atismus braucht die Gruppe. Bestimmte auffällige Sprachformen und Kleidungsstücke — das Geschäft der Jugendmodenindustrie — sind Erkennungszeichen der Gruppenzugehörigkeit. Sie grenzen von den Generationen der Alten und der Kinder ab und zeigen an, wo die eigene bewegte Seelenstimmung gleichgesinnte Resonanz erwarten kann.

Frühe sexuelle Beziehungen:

Die Kritik an allen Verhaltensweisen der Älteren und die zunehmende Selbständigkeit, die Ablehnung überkommener Sitten und Gebräuche zeigt sich auch in der Einstellung vieler Jugendlicher zu frühen sexuellen Beziehungen.

Die Sex-Welle mit nachfolgender Porno-Welle ist über Erwachsene wie Jugendliche hinweggerollt, hat ehemalige Tabus (tabu = unantastbar) fortgespült, Klüfte aufgerissen und noch nicht abgetragene Berge zurückgelassen.

Hart prallen hier die Vorstellungen von Jugendlichen und Erwachsenen aufeinander: Viele junge Menschen bejahen frühe sexuelle Beziehungen zum anderen Geschlecht, Partnerwechsel, beides begünstigt durch die Pille und lehnen es ab, die von ihren Erziehern geforderte Zurückhaltung auf diesem Gebiet zu üben. Sie können ja in jeder Illustrierten lesen, daß die Unterdrückung der sexu-

ellen Wünsche seelische Verklemmungen hervorruft, daß Mädchen endlich auch hier gleichberechtigt sein sollen und ähnliche Halbwahrheiten mehr. Diese gewissenlose Presse trägt aus reiner Profitgier dazu bei, durch Bilder und Artikel die Jugendlichen zu verwirren, in falschen Ansichten zu bestärken und die sexuellen Nöte zu vergrößern, anstatt zur Klärung beizutragen.
Das Verhalten der Eltern und Erzieher zum sexuellen Problem der Pubertierenden soll im nachfolgenden Kapitel ausführlich behandelt werden.

Revolutionen leben weitgehend vom Idealismus jugendlicher Revolutionäre. Ihr Kampf gegen die alte, „abgelebte" Welt entspringt der Kompromißlosigkeit des Glaubens, daß die neue, ideale Gesellschaft verwirklicht werden könne, wenn nur alle so einsichtig und opferbereit wären, wie sie selbst, oder wenn sie dazu gezwungen würden.

Zu welchen Leistungen jugendliche Hingabe an „die Sache" befähigt, zeigt deutlich der Leistungssport.

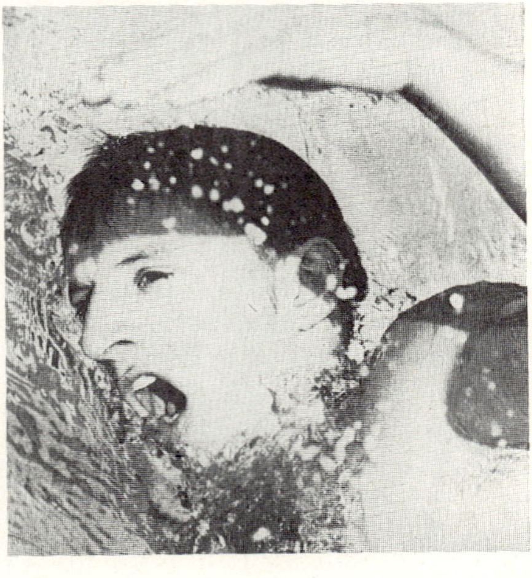

Die Vielfalt der Verhaltensweisen von Pubertierenden:

Zum Abschluß dieses Abschnittes soll nachdrücklich darauf hingewiesen werden, daß den Pubertierenden zwar viele gemeinsam-typische Verhaltensweisen zugeordnet werden können, daß sie sich aber als heranreifende Erwachsene immer verschiedener und individueller entwickeln.

Neben den Revoluzzern gibt es die Stillen, neben jugendlichen Atheisten die Anhänger der Jesus-People-Bewegung. In derselben Klasse sitzen Streber und Gammler nebeneinander, Intellektuelle und Schwärmer, Fortschrittsgläubige und Konservative, Oberflächliche und Schwermütige, Führernaturen und Mitläufer. Ebensowenig wie die Schüler und Schülerinnen gibt es die Auszubildenden, die Jungarbeiter und -arbeiterinnen. Da finden sich in Hobby-Clubs quer durch alle Schichten die Gleichinteressierten, da spielt in der Band der Schüler neben dem Jungarbeiter. Die Sportpresse lebt z. T. von sportlichen, die Stiftung „Jugend forscht" von geistigen Spitzenleistungen Jugendlicher. Es gibt den jugendlichen Verbrecher ebenso wie das junge Genie, den geistig-seelisch Verkümmerten ebenso wie den körperlich Benachteiligten. Kaum eine menschliche Leidenschaft ist manchen Jugendlichen fremd, der Drogen-, Nikotin- und Alkoholsucht sind etliche verfallen, Geschlechtskrankheiten nehmen zu, sexuelle Abartigkeiten mit nachfolgenden gräßlichsten Verbrechen sind in diesem Alter schon möglich (Jürgen Bartsch).

Über einzelne, besonders wichtige Verhaltensweisen wird in anderem Zusammenhang noch ausführlich gesprochen, z. B. in den Kapiteln über Suchtgefahren, Jugendkriminalität, Miterzieher, Reizüberflutung u. a. m.

Ganz unmöglich jedoch ist es, hier über jedes einzelne Detail im Verhalten Pubertierender zu sprechen. Darüber gibt es nicht nur viele Bücher, sondern ganze Bibliotheken, und die Meinungen der Wissenschaftler und Forscher sind oft keineswegs einheitlich. Darum muß an dieser Stelle der Jugendliche, der spezielle Fragen hat, an den Spezialisten verwiesen werden, z. B. an den Arzt, den Jugendrichter, den Fachlehrer, den Pfarrer, den Psychotherapeuten, die Sozialarbeiterin, den Ausbilder, an das Betriebsratsmitglied, an die Angestellten des Jugend- und Sozialamtes, der Krankenkassen u. a. m.

So vielgestaltig, wie der Jugendliche sich darstellt, so umfangreich, wie sein Fragenkatalog ist, so zahlreich sind die Antworten, die er erhalten kann.

Darum werden im folgenden Kapitel Antworten nicht auf viele einzelne, sondern auf typische Probleme der Pubertierenden gegeben.

c) Antworten auf Probleme der Pubertierenden

1. Kritische Stellungnahme zu der „Wir-früher-"-Erziehung

Eltern und Erzieher müssen sich von vornherein darüber klar sein, daß sie in wesentlichen Dingen überhaupt nicht helfen können, weil sie selbst keinerlei Erfahrung darin haben und ebenso wie die jungen Menschen davon überrollt werden:

Von der hektischen Weiterentwicklung der Technik, der Medizin, von der Umweltverschmutzung, der Bevölkerungsexplosion, der Ausbreitung des Hungers in der Welt, der Verarmung der Armen, des zunehmenden Reichtums der reichen Völker, von den weltanschaulichen Auseinandersetzungen, dem zu schnellen Wechsel aller Werte und Wertvorstellungen.

Eine sehr schlechte Antwort der Erwachsenen auf die drängenden Fragen der Jugendlichen ist in diesem Zusammenhang die „Wir-früher"-Erziehung.

Kommt man in den Klassen der Fünfzehnjährigen darauf zu sprechen, stößt man auf große Erbitterung. Schüler und Schülerinnen mögen es nicht mehr hören: „Wir früher kriegten nur 20 Pfennig für die Kirmes — wir früher mußten von früh bis spät schuften — wir früher liefen noch zwei Stunden morgens und zwei Stunden nachmittags zur Schule und zurück — wir früher kannten überhaupt keine Freizeit — wir früher hatten noch Ehrfurcht vor den alten Leuten — wir früher hätten das nicht sagen dürfen! — Wir früher kannten noch Zucht und Ordnung — wir früher mußten abends um neun zu Hause sein — wir früher hätten einfach ein paar hinter die Ohren gekriegt! — Wir früher hätten doch in euerm Alter mit keinem Mädchen (keinem Jungen) ausgehen dürfen!" — Die Liste läßt sich noch sehr erweitern.

Wir früher! — junge Leute sind mit Recht unmutig über diese Art von Erziehung, und manche verlassen deshalb viel zu vorzeitig ihr Elternhaus, weil sie diesem „Wir-früher"-Gejammer entfliehen wollen.

Was ist daran so falsch?

▷ Falsch ist, daß die Eltern und Erzieher nicht die inzwischen eingetretenen Veränderungen wahrnehmen oder wahrhaben wollen. Sie argumentieren hilflos mit vergangenen Erziehungsmöglichkeiten, ohne gegenwartsbezogene zu suchen und auszuprobieren.

▷ Sie legen den Maßstab an die nächste Generation an, mit dem sie selbst von ihren Eltern gemessen wurden.

▷ Sie glauben, die Jugendlichen in die Bewältigung der Zukunft durch ausschließliche Orientierung an der Vergangenheit entlassen zu können.

Sollen nun die Erwachsenen überhaupt nicht mehr an Vergangenes rühren?

Sollen sie fasziniert auf diese Jugend starren, die alle Möglichkeiten der Zukunft in Händen hat? Sollen sie dem in Wirtschaft, Politik und Reklame sich breitmachenden Jugendkult nacheifern: Nur der kann Leistungen erbringen, der unter 35 Jahre alt ist; nur „junge" Zahnpasta, „junge" Seife, „junge" Getränke, „junge" Mode haben Zukunft?

Natürlich wäre diese einseitige Einstellung genau so falsch wie die andere.

Die Wahrheit liegt vielmehr dort, wo man die Vergangenheit als gewesene Gegenwart betrachtet, wo den jungen Menschen Einblick gewährt wird: „Seht ihr, so war das damals, so mußten wir mit unseren Problemen fertig werden, so haben wir in euerm Alter gelebt." Diese Darstellung ist ein Bericht, eine Feststellung von dem, was war, ohne den jammervollen Unterton, daß alles früher besser war!

Wer in seinen Erzählstunden von früher alle verherrlichenden Gedanken, das schulmeisterliche Rückverweisen, die Überbewertung von Leistungen der eigenen Generation wegläßt, der wird immer interessierte Zuhörer an den Jugendlichen haben.

Dann stellt sich ganz nebenbei der Erfolg ein, den die „Wir-früher"-Erziehung so ergebnislos anstrebt: Dann lernen junge Menschen tatsächlich aus dem, was ihre Großeltern und Eltern beispielsweise unter einer Diktatur, in Kriegs- und Nachkriegswirren leisten mußten, um überhaupt überleben zu können;

dann entwickeln sich von selbst Anteilnahme, neue Fragen und Gespräche voll Nachdenklichkeit und gemeinsamer Suche nach dem, was Eltern und Erzieher richtig oder falsch gemacht haben, was man als junger Mensch ebenso oder anders machen sollte;

dann können solche Eltern oder Erzieher zu positiven Leitbildern werden, denen Jugendliche ihrer Wahrhaftigkeit und Ehrlichkeit wegen nacheifern wollen.

Dann ist erreicht, was Erziehung im besten Sinne bedeutet: Das Aneinander- und Voneinanderlernen der verschiedenaltrigen Partner.

2. Die notwendige Toleranz bei Äußerlichkeiten

Wenn die männlichen Jugendlichen durchaus im Sommer unter Bart und schulterlangen Locken leiden und dreimal wöchentlich Zeit für Waschen und Toupieren opfern wollen,

wenn keine noch so wohlmeinenden Ratschläge über Hygiene und Aussehen Beachtung finden,

wenn mit Friedrich Schiller und Urgroßvaters Bild gekontert wird —

warum will man dann eigentlich immer noch den Jugendlichen gewaltsam ihr Äußeres aufzwingen? Wird ihnen die Haartracht nicht von ganz allein nach ein paar Jahren lästig? Und wenn man Künstlern das Recht der langen Locken einräumt — warum dann nicht auch den jungen Leuten?

Die gammelige, äußere Erscheinung vieler Töchter schockt die Eltern, und sie weisen mit Recht auf den besseren Eindruck hin, den ein gepflegtes junges Mädchen macht. Es fällt schwer, die Tochter so betont lässig und unordentlich zu sehen und mit den besten Einwänden und ruhigsten Worten keine Änderung zu erreichen.

Oder doch?

Kann man nicht beim gemeinsamen Schaufensterbummel, auf Spaziergängen durch sachliche Feststellung, wie hübsch sich heute Mädchen kleiden können, aus der eigenen Tochter die „Eva“ hervorlocken, die doch lieber anziehend als abstoßend aussehen möchte?

Diese Beispiele stehen für viele, und sie führen wie alle Ratschläge für den richtigen Umgang mit Jugendlichen wieder zu dem einen zentralen Punkt hin:

zum unaufdringlichen, aber immer wieder notwendigen Gespräch.

3. Die Wichtigkeit des Gespräches, besonders über sexuelle Probleme

Wenn die Eltern die Gesprächspartner in der Kindheit waren und in der Jugendzeit bleiben, dann brauchen die Jugendlichen sich nicht an Idole, unpassende Freundinnen oder Freunde, Banden und Rockergruppen zu hängen.

Im Gespräch kann vorab geklärt werden, was sonst vielleicht erst auf bitteren Umwegen erfahren werden muß, z. B. die richtige Berufswahl.

Im Gespräch werden die Konflikte, wenn nicht beseitigt, so doch durchschaubar gemacht.

Im Miteinandersprechen wird die Kulturkritik der jungen Menschen den älteren verständlich,

nur im Miteinanderreden kann man zu klären versuchen, wie revolutionäre, reformerische und konservativ-bewahrende Methoden zu neuen Möglichkeiten, z. B. im Bildungswesen, in der Medizin u. a. m. vereint werden können, oder ob eine Einigung nicht möglich ist.

Im wahrheitssuchenden Gespräch steckt vor allem der größte Teil der Hilfe, die man den Jugendlichen in ihren drängenden sexuellen Problemen zukommen lassen muß.

Beispiel 1:

Carola sucht seit langem verzweifelt nach einem Gesprächspartner. Sie wird früh hin- und hergerissen zwischen ihren sexuellen Empfindungen und den Lehren eines christlich-engen Elternhauses. Mit ihren älteren Brüdern erlebt sie in der Kindheit die „Doktorspiele". Das bedrückt die Elfjährige so, daß sie sich einem Prediger anvertraut. Sie bekommt als Antwort, daß sie mit ewigen Höllenqualen zu rechnen habe, wenn sie ihr sündiges Tun und Denken nicht ließe. Sie sucht nun die Freundschaft eines Mädchens und hat mit ihr lesbischen Umgang. Verzweifelt versucht sie, mit Gebet und Härte gegen sich, den ständigen sexuell gefärbten Gedanken und Träumen zu entfliehen. Es gelingt nicht. Mit 14 Jahren unternimmt sie den ersten Selbstmordversuch mit Tabletten. Nach ihrer Rettung bezieht sie von der Anstaltsleiterin — sie ist zur Berufsausbildung in einer anderen Stadt in einem Internat untergebracht — eine schallende Ohrfeige.

In der Berufsschule vertraut sie sich einer Lehrerin an, und nun gehen beide zusammen durch die seelischen Hochs und Tiefs dieses Mädchens. Der Lehrerin wird oft die Verantwortung zu schwer, aber Carola will auf gar keinen Fall zu einem Erziehungsberater. Sie schwankt in ihrer Haltung wie ein Rohr im Winde. Mal raucht sie 15—20 Zigaretten am Tag, auf der Straße, in der Schule, (sie ist jetzt erst 15 Jahre alt), mal raucht sie gar nicht. Dann jubelt sie wieder überschwenglich: „Ich habe es geschafft, ich kann glauben, ich werde nur noch für andere Menschen da sein!", kurz darauf fällt sie in tiefste Depressionen. Zeitweise kümmert sie sich sehr um ihre Mitschülerinnen, vor allem um deren Seelenheil, dann wieder lassen sie die anderen kalt, und allein sie selbst steht im Mittelpunkt. Die Briefe an die Lehrerin schwanken zwischen schwärmerischer Verehrung und krasser Ablehnung: „Sie können mir auch nicht helfen!" und ängstlicher Scheu: „Falle ich Ihnen auch nicht zur Last?" und der fortwährenden Bitte: „Aber mit niemandem darüber reden!"

Sie hat ein flüchtiges intimes Verhältnis mit zwei jungen Männern, die überhaupt nicht zu ihr passen: Der eine ist ein jugendlicher Krimineller, der andere ein älterer Mitschüler, der sie offensichtlich im Vorübergehen „mitnimmt". Sie glaubt, ihn zu lieben, hängt sich an ihn und macht es ihm sehr leicht. In dieser Zeit sammelt sie Tabletten für den zweiten Selbstmordversuch. Dazu kommt es aber glücklicherweise nicht, weil sie einen jungen Mann kennenlernt, mit dem sie „nur seelische Freundschaft" verbindet. Diese Beziehung dauert an, als sie zur weiteren Berufsausbildung ins Elternhaus zurückkehrt.

Zu diesem Zeitpunkt scheint sie die schlimmste Krisenzeit überwunden zu haben, sie macht einen gelasseneren Eindruck. Aber sie ist gerade erst 16 Jahre alt geworden. Mit der Lehrerin verkehrt sie weiterhin brieflich.

Die Eltern ahnen von allem nichts. Carola hat jeden Versuch, die Eltern mit einzubeziehen, mit heftigem Protest abgelehnt.

Beispiel 2:

Der siebzehnjährige Manfred fragt die Frau seines Berufschullehrers: „Können Sie mir nicht mal ein Mädchen zeigen, das nicht so leicht rumzukriegen ist? Immer, wenn ich 'ne Neue kennenlerne, wette ich mit meinen Kumpels um 'nen Kasten Bier oder um 'ne Pulle Sekt, daß ich das Mädchen nach spätestens einem Abend so weit habe — und ich habe noch keine Wette verloren. Gibt es denn keine anständigen Mädchen mehr?"

Beispiel 3:

Der siebzehnjährige Bert ist mit der fünfzehnjährigen Rosi eng befreundet. Beide werden bald auch von den Eltern als ein Paar fürs Leben angesehen, und niemand macht ihnen ernstliche Schwierigkeiten. Bert bewacht seine Rosi eifersüchtig, es gibt für ihn kein anderes Mädchen. Er vergöttert sie mit dem ganzen Gefühlsüberschwang seiner siebzehn Jahre.

Rosi fühlt sich anfangs sehr davon angetan, aber nach und nach wird ihr die zu enge Bindung lästig, sie hält sich mit Recht noch für zu jung, denn Bert schmiedet bereits Verlobungspläne. So macht sie eines Tages „Schluß".

Für Bert bricht eine Welt zusammen. Er leidet wochenlang entsetzlich. Dann geschieht etwas Seltsames: Er kippt völlig um. Nach ungefähr zwei Monaten hat er ständig neue Freundinnen, mit denen er betont intim umgeht. Keines dieser neuen Verhältnisse dauert länger als zwei Wochen. Mit Rosi spricht er kaum noch. Er scheint sie kaum gekannt zu haben.

Beispiel 4:

Die siebzehnjährige Erika erzählt unaufgefordert und ohne Scheu in der Klasse: „Ich nehme die Pille, seit ich einen festen Freund habe. Ich habe mit meiner Mutter darüber gesprochen, als es soweit war. Sie ist mit mir zu einer Ärztin gegangen, die mir nach einem Gespräch die Pille verschrieben hat."

In jedem dieser Beispiele steckt das sexuelle Problem Heranwachsender.

In Beispiel Nr. 4 wird der Wunsch nach vorehelichem Geschlechtsverkehr durch Einnahme der Pille ermöglicht.

Was machen aber die Mädchen, die die Pille aus religiösen, moralischen oder medizinischen Gründen ablehnen, oder die sie wegen körperlicher Schäden, z. B. wegen eines Leberleidens, nicht schlucken dürfen? Die Pille ist also keineswegs die, sondern höchstens eine Möglichkeit, sexuellen Schwierigkeiten aus dem Wege zu gehen, d. h. richtiger, eine zu frühe, unerwünschte Schwangerschaft zu verhindern.

Die Beispiele 1, 2 und 3 zeigen verschiedene, sehr bittere Erfahrungen, die junge Menschen durch ihre sexuelle Bedrängtheit machen müssen, und alle haben das Gespräch mit den Eltern über ihre Geschlechtlichkeit entbehren müssen von Kindheit an. Gewiß — die Eltern haben selbst meistens keine Aufklärung erhalten, finden nun nicht die rechten Worte und schämen sich, mit ihren eigenen Kindern „über sowas" zu reden.

Aber sie wissen doch alle, was sie von ihren Kindern erwarten. Sie wollen doch alle, daß ihre Kinder „das" nicht tun, daß ihre Töchter „nicht 'mal mit 'nem Kleinen ankommen, dann können sie was erleben!"

Wenn man aber solche und ähnliche Sätze formulieren kann, dann ist es auch möglich, ein wenn auch noch so stockendes und unbeholfenes Gespräch in Gang zu bringen, das auf jeden Fall besser ist als gar keines oder als irgendwelche angsterregenden Drohungen.

Welchen Rat kann man den Jungen und Mädchen nun geben?

▷ Das Drängen nach geschlechtlicher Vereinigung ist da, vor allem bei den männlichen Jugendlichen. Man kann dies weder leugnen, noch soll man es unnötig überbetonen.

▷ Gleichzeitig mit der Anerkennung des sexuellen Triebes kann man den Jugendlichen klar machen, daß Menschen die einzigen Lebewesen sind, die diesen Trieb beherrschen lernen können. Gründe hierzu können sein:
Die Achtung vor dem Mädchen, das man liebt, und das noch keinen Verkehr wünscht;
die Vermeidung einer zu frühen Schwangerschaft, die ein unerwünschtes Kind mit allen damit zusammenhängenden Nöten zur Folge hat;
die Einsicht in die eigene menschliche und berufliche Unreife; die Angst vor einer zu frühen, später bereuten Bindung.

▷ Die Erfüllung jedes Wunsches, auch des der sexuellen Befriedigung, hält Jugendliche in einer infantilen (infantil = kindlich, zurückgeblieben) Haltung unnötig lange zurück und verhindert ihre Reifung. Verzicht bedeutet Gewinn — der Satz trifft hier in hohem Maße zu.

▷ Damit sollen dem Jugendlichen keine unnötigen Leiden und Verhinderungen auferlegt werden. Man muß vielmehr mit ihm darüber reden, ob er nicht lernen kann, die Triebenergien in andere Bahnen zu lenken, z. B. in aktive sportliche Tätigkeit, in Beteiligung bei sozialen Hilfsmaßnahmen, in die Ankurbelung seiner eigenen Berufsvorbereitung. Hierbei handelt es sich also nicht um Triebverzicht, sondern um Triebumwandlung.

▷ Man muß ferner mit dem Jugendlichen durchdiskutieren, ob der häufige Partnerwechsel für Jungen und Mädchen so unschädlich ist, wie er heute oft dargestellt wird, und ob der dauernde Lustgewinn wirklich Lust ist oder nicht doch in zunehmendem Maße fade und schal wird. Man muß die Jungen fragen, ob es ihnen gleichgültig wäre, wenn sie von ihrer Mutter wüßten, daß sie früher viele Liebhaber gehabt habe. Auf die Frage, ob sie ein Mädchen heiraten würden, das vor ihnen viele intime Bekanntschaften gehabt hat, antworten sie in den meisten Fällen mit einem eindeutigen „Nein“. Wenn sie aber selbst immer noch unterscheiden nach „Mädchen zum Spaß“ und „Mädchen zum Heiraten“, dann vertreten sie genau die gleiche „doppelte Moral“, die sie bei den Erwachsenen so anprangern.
Den Mädchen muß man zu bedenken geben, daß die sich so nüchtern und sachlich gebärdenden Jungen in Wahrheit immer noch die Werbenden sein wollen, die eine zu leicht eroberte Beute wenig achten. Außerdem sollen sie darüber nachdenken, ob sie nicht mit jedem verlorenen Liebhaber ein Stück ihres „Ich“ verlieren; ob ihre so oft gezeigte Burschikosität, Gleichgültigkeit und Abgeklärtheit nicht vordergründige Schau ist, hinter der sich das Sehnen nach dem einen, einzigen Partner verbirgt?

▷ Man hört von Jugendlichen so oft das Argument, daß Sexualität etwas Natürliches sei und man natürlich leben wolle. Da muß man zurückfragen, ob Natürlichkeit das einzig erstrebenswerte Ziel sei; ob es daneben nicht andere Werte gäbe, um die es sich lohne, einen einstweiligen Verzicht auf sich zu nehmen: z. B. Standfestigkeit, Standortfindung in der Umwelt, größere menschliche Reife, Verinnerlichung.

▷ Und schließlich muß man die jungen Menschen zum Nachdenken über das Wort „Liebe“ bewegen. „Liebe“ hat jedermann auf den Lippen, „Liebe“ ist neben „Jugend“ ein Schlagwort unserer Zeit.

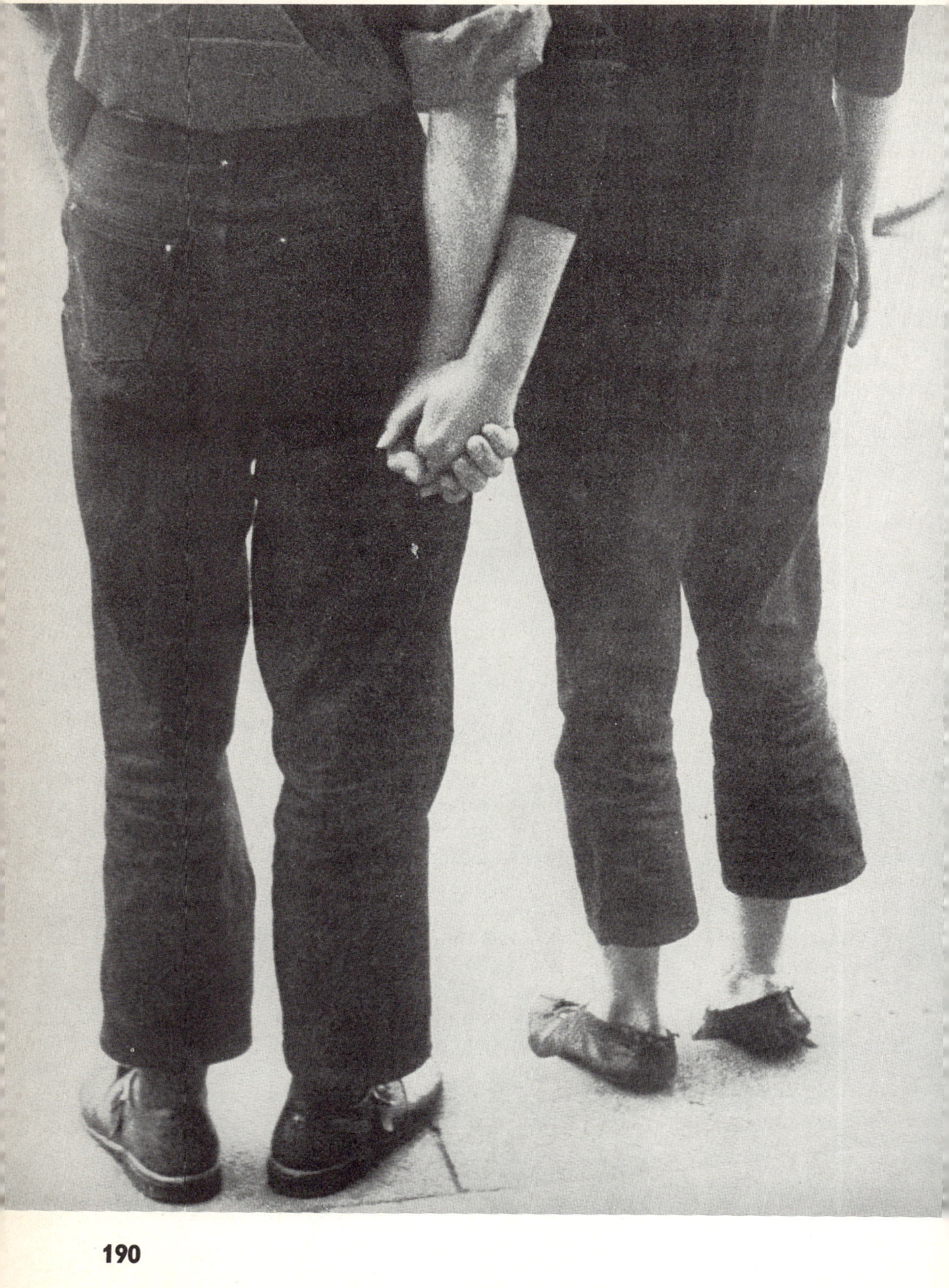

Wenn aber der Vorpubertierende zumindest schon ahnen sollte, daß „Sexus" und „Liebe" zweierlei sind, so sollte der Pubertierende dies durchaus begreifen können. Sexualität als etwas Negatives, Schlechtes hinzustellen, ist genau so falsch, wie es verhängnisvoll ist, sie mit Liebe gleichzusetzen. In der Sexualität liegt der Lustgewinn beim „Ich"; in der Liebe steht das „Du" im Mittelpunkt. Sexualität meint Befriedigung der eigenen Wünsche — Liebe zielt auf Wunschbefriedigung des anderen. Wenn die Sexualität in der Liebe aufgeht, mit der Liebe verschmilzt, ist eine Hochform menschlicher Gemeinschaft erreicht. Ist es um dieses Zieles willen nicht möglich, den Sexualtrieb zu disziplinieren, bis man zur Liebe fähig ist?

▷ Viele junge Menschen möchten wohl ihre sexuellen Wünsche eindämmen, aber es gelingt ihnen schwer. Hier darf man raten, nicht zu oft „allein zu zweit" zu bleiben, sich möglichst in einer netten Gruppe von mehreren Bekannten zu treffen; und der heute oft belächelte Rat, Sport zu treiben, die körperlichen Kräfte zu beanspruchen, hat trotzdem seine Berechtigung.

Manche Eltern verhalten sich in einer falsch verstandenen Modernität grundverkehrt, wenn sie die Jugendlichen oft stunden- und tagelang allein lassen. „Wir haben Vertrauen zu Euch", heißt es dann. Dieses Vertrauen ist in Wahrheit ein „Im-Stich-Lassen". Vergessen die Eltern denn ganz, daß die drängenden sexuellen Wünsche in solch einem Fall stärker sind als alle Vernunft?

Beispiel:

Die Klassenbeste Andrea, fünfzehn Jahre alt, ist auffallend unaufmerksam geworden. Oft fängt sie mitten in der Stunde an zu weinen. Als sie mit der Lehrerin zusammen eine Weltkarte aus dem Lehrmittelzimmer holt, bricht es verzweifelt aus ihr heraus: „Ich glaube, ich kriege ein Kind, was soll ich tun?"
In einem Gespräch nach dem Unterricht erzählt sie, daß ihre Eltern sie immer mit ihrem Vetter in der Wohnung allein lassen mit der Bemerkung: „Ihr seid ja alt genug, Euch können wir vertrauen." Drei Monate sind die beiden standhaft geblieben, dann haben ihre Wünsche sie überwältigt.
Nun hat die Menstruation bei Andrea acht Wochen lang ausgesetzt. Die Lehrerin rät zu einem Schwangerschaftstest und zu einer Beratung bei einer Ärztin. Sie beruhigt Andrea insofern, als die Verschiebung der Regel wahrscheinlich auf die Aufregung zurückzuführen sei. Andrea befolgt alle Ratschläge. Das Gespräch mit der Ärztin war besonders wertvoll für sie. Sie bekommt milde Beruhigungstabletten, und wenig später stellt sich die Menstruation wieder ein.
Andrea ist wie erlöst. Von ihrem Vetter hält sie sich fern. In den folgenden Jahren nimmt sie ein ungewohnt ernstes Wesen an und übernimmt in jeder Gruppe junger Mädchen, mit denen sie zusammen kommt, sofort die Führungsrolle.
Die Eltern werden vermutlich den Vorfall nie erfahren.

Dieses Problem des falsch angewendeten Vertrauens geht auch Erzieher und Leiter an, die Ausflüge mit gemischten Gruppen Jugendlicher machen. Der „altmodische" Lehrer, der auf unauffällige Weise auf die Trennung der Geschlechter in der Jugendherberge achtet, ist in Wahrheit viel fortschrittlicher als der „moderne" Lehrer, der durch Verletzung seiner Aufsichtspflicht Jungen und Mädchen in Verwirrung bringt.

4. Die positiven Möglichkeiten, die in einer Verlängerung der Schulzeit liegen

Nach allem, was bisher über die Pubertierenden gesagt wurde, ist sicherlich klar geworden, daß diese Zeit der Ich-Findung keine leichte Zeit ist und die Hilfen durch die Erwachsenen durchaus wünschenswert und nötig sind.

Glücklicherweise ist inzwischen bei uns das neunte Schuljahr Pflicht, das zehnte Schuljahr eingeführt.

Das bedeutet, daß kaum noch vierzehn- bis fünfzehnjährige Jugendliche zur Berufswahl gezwungen werden, sondern im Schonraum Schule zumindest noch ein Jahr länger bleiben.

Vierzehn- bis Fünfzehnjährige sind heute in vieler Hinsicht überfordert, wenn sie sich dann schon beruflich entscheiden sollen:

▷ Sie kennen ihre Fähigkeiten noch nicht genau. Selbst Schüler der Klassen 12 und 13 wissen oft noch nicht, was sie werden wollen.

▷ Mitten in den Pubertätswirren kommen die Jugendlichen in eine leistung- und gehorsamfordernde Arbeits- und Erwachsenenwelt, und diese Erwachsenen stellen sich kaum auf die pubertären Schwierigkeiten ein.

▷ Die viel zu frühe Einspannung in den harten Leistungsprozeß verhindert bei vielen Jugendlichen die notwendige Ich-Findung, die Besinnung auf ihre Individualität und die Entfaltung aller ihnen innewohnenden Möglichkeiten. Dadurch geraten sie leichter in den Sog der Verlockungen und Reizangebote der Umwelt, die es hiermit auf ihr früh verdientes Geld abgesehen hat. Ihnen fehlen Kraft und Führung zur Selbstbesinnung und Selbstvertiefung, und so verfallen sie besonders leicht einer zunehmend oberflächlichen Lebensbetrachtung und Anspruchslosigkeit gegenüber wesentlichen Werten. Nur ein Bruchteil der Jungarbeiter z. B. ist an Weiterbildung interessiert.

Im Vordergrund steht bei vielen der Erwerb des Geldes, das nötig ist, um für Freizeitzerstreuungen zu sorgen.

Diese Zerstreuungen bedeuten oft keine aktiven Betätigungen, sondern Passivität. Man sieht zu, etwa beim Fußball, beim Fernsehen, beim Sport überhaupt, oder man tut, was die anderen machen, die in der gleichen Lage sind. Manche entwickeln sich zum Sexprotz und Angeber, andere beziehen ihr Wissen ausschließlich aus Illustrierten und der Boulevardpresse, und je größer der Unterschied zu den weiterlernenden, ehemaligen Mitschülerinnen und Mitschülern wird, um so mehr bleibt man isoliert in seiner Gruppe stecken.

▷ Dieser Entwicklung kann durch eine längere Schulzeit Einhalt geboten werden.
Wenn dem Schüler in dieser Zeit zwar Einblick in die Arbeitswelt gewährt, er aber noch nicht zur ständigen Berufsarbeit gezwungen wird, sondern sein Allgemeinwissen noch vertiefen kann,
wenn er auch gesellschaftspolitisch noch geschult wird, dann ist doch zumindest der Versuch gemacht worden, ihm weitere Entwicklungsmöglichkeiten anzubieten.

Anregung:

Gleichgültig, ob Sie noch zu der Gruppe der Pubertierenden gehören oder bereits älter sind — nehmen Sie trotzdem Stellung zu den Problemen, die in den vorangegangenen Kapiteln erörtert wurden. Sie können aus eigenem Erleben etwas dazu sagen.
Schreiben Sie darüber in Ihr persönliches Begleitheft, und vergessen Sie nicht, passende Fotografien hinzuzufügen.

3. Jugendkrise und Adoleszenz: 16, 17 Jahre bis ca. 21 Jahre

a) Die endgültige Erwachsenengestalt

In diesen Jahren entwickelt sich die endgültige Erwachsenengestalt. Das Längenwachstum kommt zum Stillstand, die typisch männlichen und weiblichen Geschlechtsmerkmale erlangen ihre letzte Reifung.

Haltung und Gang sind aufrecht, der Kopf ist erhoben, die Schultern hängen nicht mehr. Die Bewegungen sind ausgeglichener und ruhiger.

Die Adoleszenz (lat.: adolescentia: Jugendzeit) ist eine Beruhigungsphase, nach der in fließendem Übergang der Eintritt in das Erwachsenenalter erfolgt. Sie ist eine Zeit gehobener Stimmungslage, in der junge Menschen auf reifere Art einen neuen Weg zu Eltern, Mitmenschen und Umwelt finden können.

b) Gefahren der Jugendkrise

Vorher aber müssen sie noch eine kürzere Erregungsphase durchstehen, die Jugendkrise genannt wird und im allgemeinen zwischen dem 16. und 17. Lebensjahr liegt, bei Mädchen auch ein Jahr früher.

In dieser Zeit werden Mädchen wie Jungen von leichter Erregbarkeit und motorischer Unruhe erfaßt.

Bei Massenveranstaltungen lassen sich die 16- bis 17jährigen mitunter zu Affektausbrüchen hinreißen.

Die kriminellen Delikte Jugendlicher nehmen zu, weil die jungen Menschen jetzt wieder sehr labil, schwankend und unausgeglichen sind. Werte, die sie heute bejahen, verneinen sie morgen. Sie sind auf der ständigen, unruhevollen Suche nach dem, was ihren persönlichen Einsatz lohnt, ohne schon gültige Wertmaßstäbe gefunden zu haben.

17jährige findet man daher häufiger in revolutionären Gruppen, die die Gesellschaft verändern wollen. Einige verleugnen sogar alle überkommenen Normen und Ordnungen und wollen das angeprangerte gesellschaftliche System überwinden, indem sie mit Gewalt versuchen, an seine Stelle die ihrer Erkenntnis nach einzig richtige Ordnung zu setzen.

Sie müßten eigentlich — selbst bei nur oberflächlichen Geschichtskenntnissen — wissen, daß einem solchen revolutionären Neuordnungsversuch immer viel zu viele Menschenleben, Güter und Sachwerte zum Opfer fallen, die sinnlos zerstört werden.

Aber zu so umfassenden Einsichten stoßen die in der Jugendkrise steckenden jungen Menschen nicht immer durch. Ältere Anarchisten zeigen durch ihr Verhalten, daß sie im geistigen Zustand der Jugendkrise verharren und sich nicht zur sittlichen Reife eines mündigen Erwachsenen fortentwickelt haben.

Stimmungsmäßig neigen in diesem Jahr die jungen Menschen zu Resignation, negativer Beurteilung der eigenen Person und Leistung und zu pessimistischer Grundhaltung.

Beispiel:

Manfred hat zu Beginn der Klasse 12 befriedigende bis ausreichende Leistungen vorzuweisen und daher voraussichtlich keine großen Schwierigkeiten, das Abitur zu bestehen.

Aber er will aufhören. Die Schule gibt ihm nichts mehr. Was soll er da noch? Er will in einen Beruf, will dort seinen Mann stehen. Auf den Rat seiner Eltern hört er nicht. — Er läßt sich aber auf ein Gespräch mit einem Berufsschullehrer ein, der ihn aus seiner Berufserfahrung heraus beraten kann.
Dieser Lehrer trifft nämlich in seinen Klassen immer wieder junge Leute, die aus der elften oder zwölften Klasse abgegangen sind und dies spätestens nach einem halben Jahr bereuen. Auch Auszubildende hören öfter kurz vor der Facharbeiter(-innen)prüfung auf und fragen sich ein Jahr später, wie das möglich war. Ein besonders krasses Beispiel lieferte Margret, die, beste Schülerin der Klasse, zwei Monate vor der Prüfung ihre Lehrausbildung abbrach.

Das Gespräch mit Manfred ist hart und dauert drei Stunden. Nach weiteren acht Wochen, nachdem die Eltern immer wieder den Jungen gebeten haben, durchzuhalten, den begonnenen Weg zu Ende zu gehen, sagt Manfred selbst endlich auch „ja" dazu.

Er macht sein Abitur zwei Jahre später ohne irgendwelche Schwierigkeiten. Seinen damaligen Wunsch, von der Schule abgehen zu wollen, kann er nicht mehr begreifen.

Da diese emotionsgeladenen Wünsche nach plötzlicher schulischer oder ausbildungsmäßiger Veränderung meistens vorübergehender Natur sind, müssen Eltern und Erzieher alle Überzeugungskraft aufwenden, um die jungen Menschen dahin zu bringen, sich einen solchen Entschluß reiflich zu überlegen und nicht übereilt zu handeln.

In diese Zeit fällt leider auch im Zusammenhang mit der negativen Stimmungslage die erhöhte Selbstmordbereitschaft.

Jedes Jahr begehen in der Bundesrepublik Deutschland rund 500 Schüler und Schülerinnen Selbstmord, und 15000 Schülerselbstmorde werden gerade noch rechtzeitig verhindert. Wie der Berliner Arzt Dr. Klaus Thomas auf einer Tagung des Hessischen Institutes für Lehrerfortbildung und der Hessischen Arbeitsgemeinschaft für Gesundheitserziehung in Frankfurt berichtete, ist die Schule jedoch keineswegs Ursache Nr. 1 für den Schülerselbstmord. Meist seien Depressionen, Schizophrenie, Hysterie sowie sexuelle Nöte, Liebesenttäuschung, Schwangerschaft oder religiöse Probleme die Ursache. Dr. Thomas forderte deshalb eine intensivere Zusammensrbeit von Ärzten und Lehrern zur Erkennung und Behandlung dieser Probleme der Jugendlichen.

(Aus: „Brennpunkt Erziehung", Nr. 2, September 1976).

Beispiel:

Ilse (17 Jahre) hat zu Hause sehr große Schwierigkeiten. Der Vater ist Trinker, und er will seine Tochter in die Fabrik stecken, um Geld von ihr zu bekommen.

Ilse aber setzt mit Hilfe des Jugendamtes eine Fachschulausbildung durch.

Nach anfänglich guten Leistungen fällt sie zusehends zurück. Sie wechselt die Fachrichtung. Aber auch hier werden die Leistungen immer schlechter. Es scheint, daß sie das Ziel der Klasse nicht erreichen wird.

An einem Montagmorgen erhält sie wieder eine Klassenarbeit mit einer „5" zurück. Am Abend wird sie mit einer Vergiftung durch eine Überdosis Tabletten ins Krankenhaus eingeliefert, und erst nach drei Tagen ist sicher, daß sie gerettet werden kann.

Sie hat, wie sich später herausstellt, den ganzen Tag „schlafend" auf einer Bank im Park gesessen, und erst abends kümmerte sich einer der Vorübergehenden um sie.

Ilse schafft den Weg zurück in eine geordnete Ausbildung nicht mehr. Eine Zeitlang ist sie in verschiedenen Kaufhäusern Aushilfskraft. Mit 19 Jahren heiratet sie einen Mann, von dem sie schon vor der Ehe sagt, daß sie ihn nicht liebt. Auch eine vom Jugendamt unterstützte Lösung vom Elternhaus — sie durfte ein möbliertes Zimmer beziehen — hat ihr nicht mehr geholfen.

Die Labilität wirkt sich in diesem Zeitraum auch auf andere Weise verhängnisvoll aus:

Auffallend hoch ist die Zahl der gammelnden, streunenden, drogengefährdeten Jugendlichen, die sich aus der übrigen Gesellschaft ausschließen und sich in eigenen, kleinen oder größeren, Gruppen zusammenfinden. Es sind überwiegend junge Menschen, die weder durch das Elternhaus noch durch ihre anderen Erzieher aufzuhalten gewesen sind, die zu einer Zeit, da sie noch einer gewissen Führung bedurften, führungslos waren. In einer Art „Selbstmord auf Zeit" überantwortet sich ein Teil von ihnen in mehr oder weniger stark zusammenhängenden Gruppen dem Drogenkonsum, oft mit der Einstellung, ein kurzes, rauschhaftes Leben sei besser als ein mühevolles, langes.

Der Drogenkonsum wirkt sich fast immer zerstörend aus, während das Gammeln meistens eine vorübergehende Zeit bis zur endgültigen wertbestimmten Lebenshaltung überbrückt und daher weniger negativ beurteilt werden kann. (Siehe hierzu auch die Kapitel: „Nikotin, Alkohol, Drogen".)

c) Adoleszenz

Glücklicherweise tritt nach der verhältnismäßig kurzen Zeit der Jugendkrise die Beruhigungsphase der Adoleszenz ein, die man in manchen Verhaltensweisen mit der späten Kindheit vergleichen kann.

Die Jungen und Mädchen in diesem Alter haben ein meist dem Leben zugewandtes, fröhliches Wesen.

Sie sind, ähnlich wie die Elfjährigen, aufgeschlossen, selbstsicher und umweltinteressiert.

Sie übernehmen nun wieder auch solche Arbeiten und Pflichten, die sie zwar nicht sonderlich interessieren, die sie aber trotzdem um der Sache oder eines Menschen willen erledigen.

Sie entwickeln Energie und stehen den eigenen Triebwünschen sachlicher und mit größerem Abstand gegenüber.

Sie können von sich aus jetzt ihr Wünschen und Wollen besser unter Kontrolle halten und selbsterziehend in ihr eigenes Geschick eingreifen.

Die Berufswahl nimmt konkretere Formen an, die jungen Leute wissen nun genauer, was sie von der Zukunft erwarten und können ihren eigenen Standort darin deutlicher sehen.

Das Verhältnis zu den Mitmenschen wird wohltuend freundlicher und ausgeglichener.

Die Heranwachsenden sind nun leichter geneigt, nicht nur die Fehler der Eltern zu sehen, sondern auch deren Vorzüge, Verhältnisse und Bedrängnisse. Sie vermögen tiefer zu blicken und wesentlich gerechter und verständigungsbereiter zu denken. Oft helfen sie den Eltern in der Erziehung der noch ungebärdigen, pubertierenden, jüngeren Geschwister, denn jetzt verstehen sie aus einer gewissen Distanz heraus manchen Seufzer, manche scharfe Antwort der Eltern besser. Auch Lehrer und Ausbilder, die man früher strikt ablehnte, ja, haßte, vermag man nun objektiver zu betrachten.

Beispiel:

Ralf schwört wütend zwei Jahre vor dem Abitur, seinem bestgehaßten Lehrer bestimmt sofort nach der Entlassungsfeier die Reifen am Auto durchzuschneiden. Immer wieder kann er diesen Plan mit seinem jüngeren Bruder in allen Einzelheiten in grimmiger Vorfreude besprechen.
Als zwanzigjähriger Student begrüßt er denselben Lehrer höflich auf der Straße. Dieser wird nie etwas von der Gefahr, in der sein Auto schwebte, erfahren.

Die Jugendlichen berücksichtigen nun Enttäuschungen und besondere Lebensumstände der Erwachsenen mehr und erkennen die guten Absichten an, die doch bei den Erziehungsmaßnahmen der meisten Eltern und Erzieher im Vordergrund stehen.

Die neue Umweltaufgeschlossenheit zeigt sich auch in der Kontaktbereitschaft zu anderen Menschen.

Jungen und Mädchen wollen reisen, trampen, zelten, Jugendlager besuchen, fremde Länder und Menschen, andere Sitten und Gebräuche kennenlernen. „Wir sind jung, die Welt ist offen, o, du schöne, weite Welt . . .“ — das Lied paßt auch auf viele Jugendliche der Gegenwart, und kaum eine Jugendgeneration hat es leichter gehabt, in den Teilen der Welt, die nicht durch Kriege und Grenzen voneinander getrennt sind, zueinander zu finden.
Die Reiselust und Kontaktfreudigkeit wird unterstützt durch die Kraft der Begeisterung, die den Adoleszenten noch zu eigen ist. Sie weicht im späteren Erwachsenendasein einer nüchternen Betrachtungsweise — das ist keineswegs ohne weiteres ein Gewinn, wie Albert Schweitzer richtig gesagt hat. Viele Erfindungen, Entdeckungen und Kunstwerke aller Art sind nur deshalb entstanden, weil ihre Urheber sich ihre jugendliche Begeisterungsfähigkeit für ein Werk bis ins Alter hinübergerettet haben.

Das Jugendalter

Alter:	Entwicklung: körperlich:	Entwicklung: intellektuell, geistig-seelisch:
Vorpubertät: 11 bis 13, 14 Jahre (Kapitel VIII, 1)	Disharmonisierung der Körperformen; hormonale Veränderungen; bei Mädchen: Unregelmäßig auftretende Menstruation, beginnendes Wachstum von Achsel- und Schambehaarung, Entwicklung der Brüste; bei Jungen: Unwillkürliche Samenergüsse im Schlaf (Pollutionen), beginnendes Wachstum der Achsel- und Schambehaarung, Bartflaum, Stimmbruch; bei beiden Geschlechtern: Akzeleration und Retardation	Disharmonisierung der Intelligenz-, Gefühls- und Empfindungswelt, innere Spannungen, Fehleinschätzung des eigenen Leistungsvermögens, Tagträume, Tendenz zum Leistungsabfall; Stimmungsschwankungen, Reizbarkeit, Niedergeschlagenheit; Protest- und Trotzhandlungen, negative Grundhaltung gegenüber der Erwachsenenwelt, Ablehnung der Fremderziehung bei gleichzeitiger Unfähigkeit, sich selbst zu erziehen; Tendenz zu Selbstmordversuchen im Affekt; Interesse an sexuellen Bildern und Schriften, aber abweisendes, ruppiges Verhalten zu Gleichaltrigen des anderen Geschlechtes
Pubertät: 13, 14 bis 16, 17 Jahre (Kapitel VIII, 2)	Annäherung an das äußere Erscheinungsbild des Erwachsenen	Zunehmende Verinnerlichung; Selbstreflexionen, Ich-Erkenntnis; starke Gefühlsschwankungen, verbunden mit der Fähigkeit, sehr tief zu empfinden; Suche nach beteiligten Gesprächspartnern; zunehmende Fähigkeit zur Selbstkritik, kompromißlose Fremdkritik; Tendenz zur Schwarz-Weiß-Malerei auf politischen, kulturellen und sozialen Gebieten; erotische und sexuelle Beziehungen zum anderen Geschlecht
Jugendkrise: 16., 17. Lebensjahr (Kapitel VIII, 3)	Weitere Entwicklung zur endgültigen Erwachsenengestalt	Erregungsphase mit pessimistischer Grundhaltung; motorische Unruhe; seelische Labilität; negative Selbsteinschätzung und Weltbetrachtung; erhöhte Bereitschaft zur Flucht in Rauschmittelkonsum und Selbstmord
Adoleszenz: 16, 17 bis ca. 21 Jahre (Kapitel VIII, 3)	Erwachsenengestalt	Lebenszugewandtheit, leichter Sinn bis zum Leichtsinn; Umweltaufgeschlossenheit, Kontaktfreude; Lust am Besonderen, Nicht-Alltäglichen; Weltverbesserungsideen; Lern- und Leistungsbereitschaft, Selbstwerterkennung, die zu Generationskonflikten mit der Eltern-Generation führen kann; Wunsch nach dauerhaften Freundschaften und Liebesverbindungen

In dieser Zeit sind junge Menschen zu tiefer, umfassender Liebe bereit und fähig, im Partner das andere Ich selbstlos zu respektieren.

Hierzu ein Beispiel aus „Das vergesse ich nie", Seite 170, Nr. 2 (Erläuterungen zu diesem Buch finden Sie in der „Einführung"):

... Ich möchte über eine Zeit schreiben, von der man sagt, sie sei die schönste. Von der Zeit, in der ich meinen ersten Heiratsantrag bekam, in der ich mich zum ersten Mal einem Menschen ganz geöffnet habe, in der ich zum ersten Mal gesagt habe: „Ich bin sicher, ich liebe Dich, ich vertraue Dir."

Wir sind genau ein Jahr und eine Woche zusammen! In dieser Zeit habe ich, und wie er mir kürzlich sagte, auch er das Gefühl gehabt, jeden Tag liebt man den andern ein bißchen mehr, auch wenn das eine Abwertung des vorherigen Tages ist.

Am Anfang unserer Liebe (ich scheue mich nicht mehr, das Wort zu gebrauchen!) waren wir beide sozusagen durch vorangegangene Freundschaften verdorben. Wir wußten beide nicht, was das ist ... „Liebe?!"

Jetzt sind wir beide wieder so weit, daß wir sagen können: „Wir glauben wieder an die Liebe" ... auch wenn unsere Eltern uns immer wieder Steine in den Weg legen und uns alles sozusagen „madig" machen.

Ich möchte noch etwas hinzufügen, was er mir manchmal auf kleinen Zetteln in die Manteltasche schiebt:

Ich möchte Dir sagen, daß ich Dich liebe,
einfach so, nur weil ich glücklich bin.
Ich liebe es zu träumen
mit Dir unter Bäumen,
weil ich Dich glücklich sehe, in Deinem Blick
liegt von dem unsagbaren Glück ein Stück.
Auch wenn Du vor mir stehst,
den Kopf an meiner Schulter,
und ich den Duft Deiner Haare
mit all den Fasern meines Körpers
unendlich tief für immer in mir bewahre
und ich fühle: Du liebst mich
und bist glücklich,
lebe ich.

(Schülerin mit mittlerem Bildungsabschluß, 17 Jahre, 1974).

Junge Ehen führen, wenn sie zwanglos und aus großer gegenseitiger Zuneigung zustande kommen, nicht so leicht zur Scheidung, wie viele Leute behaupten. Allerdings muß die Liebe stark genug sein, um über die anfänglichen materiellen Schwierigkeiten hinwegzuhelfen, die bei jungen Leuten, welche in ihrem Beruf anfangen oder noch in der Ausbildung sind, eben leichter auftreten als bei älteren Partnern und dann zu ernsten Ehekrisen führen können.

Die fröhliche Grundstimmung der Heranwachsenden drückt sich oft aus in ihrer Lust am Besonderen.

Bunt bemalte Autos, eine betont originelle Ausdrucksweise, kräftige Farben in der Kleidung zeugen davon. Die Erwachsenen sollten sich mitfreuen, anstatt griesgrämig solches Handeln zu verurteilen, wie sie es leider öfter tun. Unsere graue, verstädterte Welt hat bunte Tupfer nötig.

Aber der „leichte Sinn" verführt am Steuer des eben erworbenen eigenen Wagens zu leichtsinnigem Fahrverhalten mit traurigen Folgen:

Die Zahl der Unfallverursacher ist in diesem Alter besonders hoch. (Siehe auch das Kapitel: Zweiter Teil, IV: „Kinder- und Jugendkriminalität"). Daran trägt keineswegs nur die Fahrunsicherheit der ersten Wochen nach dem Führerscheinerwerb die Schuld, sondern in stärkerem Maße der Übermut, mit dem gefährliche Überholmanöver gewagt und Rennen auf offener Landstraße gefahren werden, ohne Rücksicht auf sich selbst und andere.

d) Konflikte zwischen den Jüngeren und Älteren und Versuche ihrer Bewältigung

Trotz des besseren Verständnisses, das Jugendliche in der Adoleszenz Eltern und anderen Mitmenschen entgegenbringen, ist auch diese Zeit keineswegs ohne Konflikte.

Der Wunsch nach Selbständigkeit ist oft so stark, daß die jungen Leute aus der elterlichen Wohnung ausziehen und sich ein eigenes Zimmer suchen. Viele nehmen eine Arbeitsstelle in einer anderen Stadt an, obwohl sie dadurch finanzielle Einbußen erleiden. Unabhängigkeit ist für die bereits Verdienenden leichter zu haben als für Schüler und Studenten, die noch vom Geldbeutel der Eltern abhängig sind. Nicht umsonst nehmen sie oft einen Ferienjob an, um durch eigenes Geld mehr Freiheit zu gewinnen.

Weiter liegt Konfliktstoff im Alltag:

In der Art der Freizeitgestaltung, der Urlaubswünsche, im Nikotin- und Alkoholkonsum, im Umgang mit Mädchen oder Jungen. Viele Eltern leiden darunter, wie wenig sie nun noch gefragt werden, wie unbekümmert man alle Rechte der Erwachsenen in Anspruch nimmt. Vaters Wagen soll möglichst oft zur Verfügung stehen, wenn man schon keinen eigenen hat. Die Urlaubspläne bespricht man zuerst mit der Freundin, dem Freund, dann mit den Eltern, die sehr oft vor vollendete Tatsachen gestellt werden. Viele Eltern haben kaum noch Einfluß auf ihre großen Kinder, viele resignieren auch: „Sollen sie sehen, wie sie zurecht kommen; sie behaupten ja immerzu, daß sie erwachsen sind."

Aber gerade diejenigen Jungen und Mädchen, die von klein auf zur Partnerschaft erzogen wurden, die in allen Krisen die zugewendete Liebe der Eltern gespürt haben, die Vertrauen gegen Vertrauen setzen konnten — sie wollen auch jetzt noch nicht auf den elterlichen Rat verzichten. Denn in der Verantwortung stehen Eltern und Erzieher immer noch, obwohl sie nun diese Last mehr und mehr in die Eigenverantwortung der jungen Leute abgeben können.

Manchmal allerdings erweckt die mittlere Generation den Eindruck, als ob sie den Jüngeren nur mit Worten, nicht aber tatsächlich gleichberechtigte, partnerschaftliche Mitverantwortung zugestehen wolle.

Dies erleben z. Z. die Studierfähigen, die durch den „numerus clausus" (lat.: begrenzte Zahl) in ihrer Studiumsbereitschaft gehindert werden.

Im Grundgesetz, Artikel 12, wird jedem Deutschen das Recht der freien Wahl von Beruf und Ausbildungsstätte zugestanden — es sind leere Gesetzesbuchstaben, solange die Wirklichkeit anders aussieht.

Alle Oberstufenschüler werden in einen unjugendlichen, unpädagogischen, unkameradschaftlichen Leistungskampf um gute Zensuren hineingezwungen, damit sie mit einem möglichst niedrigen Notendurchschnitt zum Studium zugelassen werden können.

Was nützen alle pädagogischen Forschungen und Erkenntnisse über die bestmögliche Art der Erziehung, Bildung und Entfaltung von Kindern und Jugendlichen, wenn sie in der Erziehungspraxis nicht angewendet werden können, weil die Schüler nur darauf aus sein müssen, wenn nötig, mit Ellbogenfreiheit und Tricks, möglichst gute Noten zu erreichen?

Warum werden alle musischen Fächer so mißachtet, obwohl der Wert von Kreativität und künstlerischer Entfaltung für die menschliche Gesamtentwicklung in der gegenwärtigen Pädagogik mit Recht so hoch veranschlagt wird? Sind beispielsweise für den zukünftigen Chirurgen Fingerfertigkeit und Geschicklichkeit, die er beim Zeichnen, beim Üben auf einem Musikinstrument, im Werkunterricht, erwerben kann, nicht mindestens genau so wichtig wie eine gute Note in Mathematik?

Das Aufbegehren von Schülern und Studenten gegen viele vermeidbare Fehlplanungen auf dem Bildungssektor in den vergangenen Jahren ist verständlich und sollte aufmerksam von denjenigen Verantwortlichen beachtet werden, die in Zukunft über den Ausbau von Bildungseinrichtungen zu entscheiden haben.

Wie sieht es in den Betrieben aus? Werden dort die Auszubildenden allseits gefördert, oder müssen manche immer noch das bedrückende Gefühl haben, billige Arbeitskräfte zu sein? Werden genügend gegenwartsgerechte, dem heutigen Stand von Wissenschaft, Technik und Gesellschaft entsprechende Ausbildungsmodelle erprobt?

Werden Mitbestimmungserlasse und -gesetze, z. B. in der Schülermitverwaltung, in der Jugendvertretung der Betriebe, im Hochschulbereich sinngemäß ausgefüllt, oder steht auch hier vieles nur auf dem Papier?

Neben dem zeitlosen Konflikt zwischen den Generationen, der sich aus der „Platzhalteangst“ der Älteren ergibt, bestehen andere Ärgerniszonen, die das Miteinanderleben erschweren.

Junge Leute werden durch die gegensätzlichen Anforderungen, die verschiedene Erwachsenengruppen an sie stellen, verunsichert:

Die Eltern erwarten von ihnen Sparsamkeit, Verzicht auf Genußmittel, sexuelle Enthaltsamkeit, Häuslichkeit.

Die Geschäftsleute wünschen jedoch, daß die Heranwachsenden keinerlei Konsumverzicht üben und ihr Geld mit vollen Händen ausgeben.

Nachdenkliche Jugendliche brandmarken dieses zwiespältige Verhalten mit Recht als Doppelzüngigkeit. Sie wehren sich dagegen, und einige von ihnen werden bis zur Gewalttätigkeit aggressiv. Solche Handlungen werden von vielen Erwachsenen „der Jugend von heute“ insgesamt angelastet. Dieses „Alle-übereinen-Kamm-Scheren" kränkt wiederum viele junge Menschen, und der Graben zwischen Jüngeren und Älteren wird durch gegenseitiges Fehlbeurteilen nicht schmaler.

Viele Leute gehen über den Generationskonflikt mit einem Achselzucken hinweg: Das war schon immer so und wird auch wohl so bleiben, solange es alt und jung geben wird.

So einfach aber sollten Eltern, Erzieher und Jugendliche dieses Problem nicht sehen.

▷ Mit mehr Nachdenken können gewiß nicht alle Konflikte beseitigt, aber doch manche Explosivstoffe entschärft werden.

▷ Man soll die Gegenseite erst dann beurteilen, wenn man ruhig ihre Argumente angehört hat.

▷ Beide, Ältere wie Jüngere, müssen ehrlich voneinander lernen wollen.

▷ Die Autorität von Eltern und Erziehern darf nicht auf ihre Machtstellung, sondern soll auf ihre Persönlichkeit gegründet sein.

▷ Junge Menschen können nur dann neue Rechte fordern, wenn sie auch bereit sind, die damit verbundenen Verantwortlichkeiten zu übernehmen.

▷ Das Wichtigste aber ist, daß die Generationen sich gegenseitig beweisen, daß sie einander vertrauen können. Mißtrauen, Zweifel und Vorurteile verderben jede harmonische Zusammenarbeit;

▷ Vertrauen aber ist die unverzichtbare Basis allen partnerschaftlichen, gedeihlichen Miteinanderlebens.

Zweiter Teil

Lenkbare und nicht lenkbare Einwirkungen im Erziehungsgeschehen

Erziehungsmittel Negerpuppe.
Daß Mädchen mit Puppen und Puppenwagen spielen, entspricht dem Rollenverhalten, das unsere Gesellschaft von ihren weiblichen Mitgliedern erwartet. An den Erziehungsmitteln, die dem Kind angeboten werden, lernt es seine gesellschaftliche Rolle. Hier liegen die Gefahren, aber auch die Chancen bewußter Einflußnahme durch planmäßigen Einsatz bestimmter Erziehungsmittel.
Wird nicht vielleicht das Spiel mit der Negerpuppe dazu beitragen, Rassenhaß zu verhindern?

I. Erziehungsmittel

Anregungen:

1. Diskutieren Sie mit Eltern, Erziehern und Freunden über Erziehungsmittel, ihre Notwendigkeit oder Fragwürdigkeit, ihre Vorzüge und Mängel.

2. Schreiben Sie in Ihr persönliches Begleitheft, welche Erziehungsmittel Ihre Eltern und Erzieher bei Ihnen angewendet haben. Versuchen Sie, sich sachlich-kritisch mit diesen Erziehungsmitteln auseinanderzusetzen und fügen Sie hinzu, welche Sie bei Ihren eigenen Kindern anwenden oder vermeiden würden.

Jedes Menschenleben ist ohne Unterbrechung von der Geburt bis zum Tod unnennbar vielen Einflüssen ausgesetzt, und die Erfahrungen eines Menschen spiegeln sich in seinem Verhalten wider.

Dabei spielen sowohl die unbeabsichtigten, zufälligen als auch die beabsichtigten, gewollten Einflüsse eine große Rolle.

Beispielsweise kann kein Mensch selbst entscheiden, ob er als Weißer oder als Farbiger, Armer oder Reicher, Christ oder Buddhist, Gesunder oder Kranker geboren wird, und allein die schicksalhafte Zugehörigkeit zu einer oder mehrerer der genannten Gruppen gibt seinem Leben schon eine bestimmte Richtung.

Dieser vorbestimmte Weg eines Menschen kann von seinen Erziehern durch planmäßig eingesetzte Erziehungsmittel, durch bewußte Einflußnahme, geändert werden.

Weiße und Schwarze können zum Rassenhaß oder zur gegenseitigen Achtung, Kranke durch Gesunde zur seelischen Bewältigung ihres Leidens erzogen werden.

Dabei wird praktisch alles, was ein Erzieher bewußt und absichtlich im Erziehungsgeschehen tut, zum Erziehungsmittel.

Ob er ein Kind schlägt oder lobt, ob er die Atmosphäre harmonisch oder spannungsreich gestaltet,

ob er den Freiheitsraum des zu Erziehenden einschränkt oder erweitert;

seine Geschenke, seine wohlüberlegten Worte, seine geplanten Handlungen — sie alle sind Mittel zur Erziehung, die in ihrer Vielfalt unaufzählbar sind.

Man kann die Erziehungsmittel nach ihrem Wert in Gruppen zusammenfassen und in positive und negative Erziehungsmittel voneinander abgrenzen.

1. Positive Erziehungsmittel:

a) Stetige Zuwendung in Wort und Tat
b) Vorbild
c) Beispiel
d) Lob
e) Belohnung
f) Gewöhnung
g) Spiel
h) Arbeit
i) Wiedergutmachung

2. Negative Erziehungsmittel:

a) Liebesentzug
b) Sprachentzug
c) Freiheitsentzug
d) Entzug der Gemeinschaft
e) Taschengeldentzug
f) Essenentzug
g) Versprechen und Drohung: Die „Wenn-Dann-Erziehung"
h) Tadel
i) Befehl
j) Verbot
k) Kläpse, Prügel, Schläge
l) Strafarbeit
m) Strafe

Schon der flüchtige Überblick über diese Zuordnung der Erziehungsmittel gibt vielleicht Anlaß zu kritischen Fragen:
Kann die Gewöhnung nicht zu engen, starren Verhaltensweisen führen?
Warum stehen die Entzüge auf der negativen Seite, obwohl Erziehung zum Verzicht doch etwas Positives bedeutet?
Ist der Tadel wirklich tadelnswert?
Kam je ein Erzieher ohne den Klaps aus, und wirkte er, im rechten Moment angewendet, nicht Wunder?
Solche Fragen sind berechtigt, und im folgenden soll versucht werden, in der Stellungnahme zu den einzelnen Erziehungsmitteln Antworten darauf zu finden.

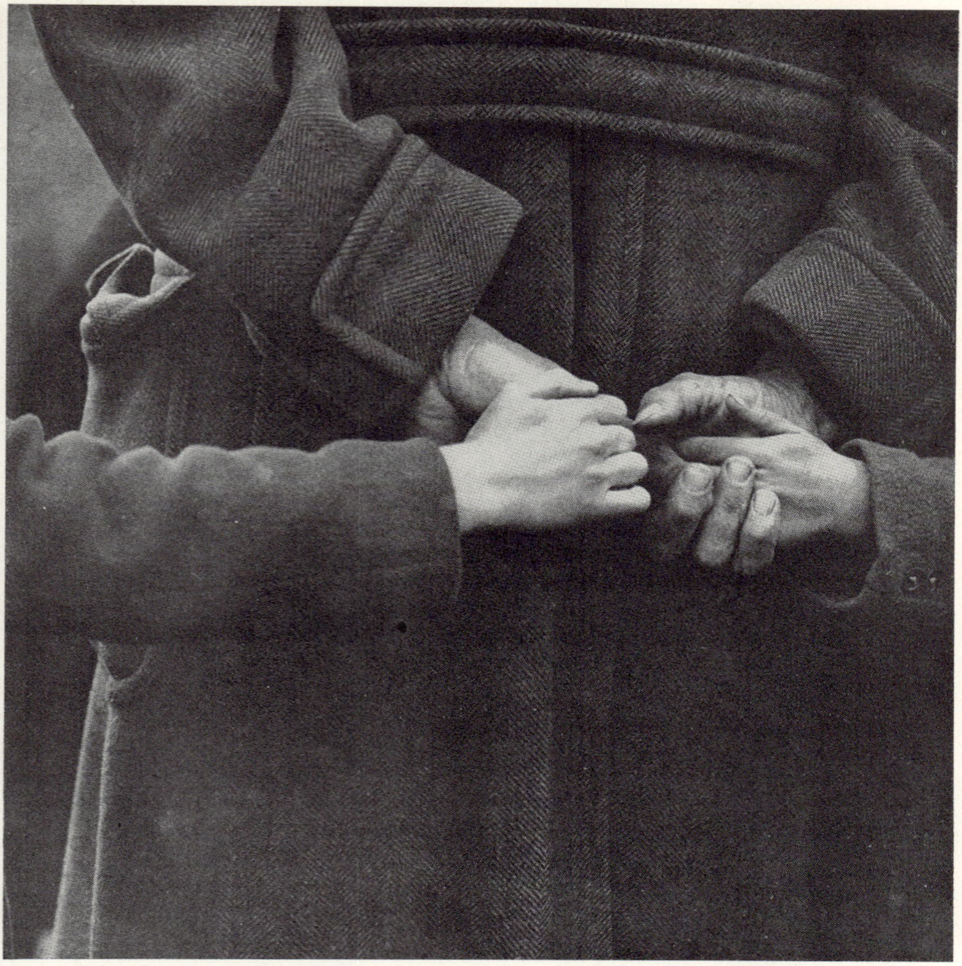

1. Positive Erziehungsmittel

a) Stetige Zuwendung in Wort und Tat

Die bewußt und aus Liebe gegebene Zuwendung zum Kind ist das beste aller Erziehungsmittel und durch kein anderes zu ersetzen.

Wäre der Erzieher zum Beispiel ein Trinker,
der weder ein gutes Vorbild abgäbe noch sich beispielhaft benähme,
der kaum lobte noch belohnte,
der auf gute Gewohnheiten keinen Wert legte,
der weder mit dem Kind spielte noch es zur sinnvollen Arbeit anhielte,
der von allen positiven Erziehungsmitteln nur das eine einsetzte: die ständige, spürbare Zuwendung zu seinem Kind,
so wäre er — trotz aller Mängel — kein schlechter Erzieher.

Wäre dagegen eine andere in der Erziehung verantwortungsvoll tätige Person ein leuchtendes Vorbild mit beispielhaften Manieren,
die Lob und Belohnung in der rechten Dosierung austeilte,
die es fertigbrächte, wünschenswerte, gute Gewohnheiten anzuerziehen,
die mit dem Kind sinnvoll spielte und seinen Arbeitseifer planmäßig unterstützte,
die auf gerechte Wiedergutmachung von den durch das Kind angerichteten Schäden achtete,
die alle positiven Erziehungsmittel verwendete, es aber nicht fertigbrächte, sich dem Kinde in Liebe zuzuwenden,
so wäre sie — trotz aller anderen Vorzüge — keine gute Erzieherin.

Diese zwei Möglichkeiten sollen verdeutlichen, daß die bewußte Zuwendung — nicht die instinktive, die auch jede Tiermutter der höheren Arten eine Zeitlang ihrem Kind gibt — das wichtigste und unverzichtbarste Erziehungsmittel ist.

Beispiel:

Michael wird erheblich behindert geboren: Die Fuß- und Beinstellung ist falsch, und nach kurzer Zeit stellt sich auch eine starke geistige Behinderung heraus. Michael soll in ein Heim kommen. Seine Eltern wehren sich dagegen.
Michael ist erst wenige Monate alt, als seine Beine in ein Gipsbett gelegt werden. Jahrelang muß er im Gipsverband liegen und später orthopädische Schuhe tragen.
Das anfangs kaum Mögliche gelingt: Er lernt gehen; mit zehn Jahren kann er laufen und fahrradfahren, und niemand, der ihn jetzt erst kennenlernt, vermag zu glauben, daß er als Säugling so mißgebildete Beine und Füße hatte.
Während der ersten schweren Lebensjahre waren Eltern und Geschwister — Michael ist ein Nachkömmling — stets bewußt für den Kleinen da. Seine Mutter tat alles, um nicht nur seine körperliche, sondern auch seine geistige Entfaltung zu fördern. Sie trug ihn — trotz des hinderlichen Gipsverbandes — auf den Armen, sang Liedchen vor und erzählte Geschichten; sie wurde nicht müde, mit ihm zu sprechen und für ihn da zu sein.
Es traf sie manch mitleidiger Blick der Nachbarn. Alle dachten mehr oder weniger dasselbe: „Vergebliche Liebesmühe — der Kleine ist ein idiotisches Kind und bleibt es."
Die Mutter gab nicht auf, und sie erreichte, daß Michael sehr langsam, aber mit deutlichen Fortschritten sprechen lernte, daß er sich selbst an- und ausziehen, selbst zur Toilette gehen, selbständig essen kann.
Michael ist jetzt zwölf Jahre alt. Er besucht eine Sonderschule für Behinderte und gehört in seiner Gruppe zu den Besten. Er zeigt auffallendes technisches Interesse und wird vermutlich bei weiterer Förderung später behutsam in den Arbeitsprozeß eingegliedert werden können.
Hätte Michael nicht die bewußte Zuwendung durch seine Familie erhalten, so wäre er heute noch ein körperlich und geistig stark behindertes Kind.

Bewußte Zuwendung heißt:

„Ja" sagen zu dem Kind, es in Liebe durch alle Altersstufen hindurch annehmen, ob es nun hübsch oder weniger hübsch, intelligent oder weniger intelligent, entgegenkommend oder störrisch, Junge oder Mädchen ist.

Muß nicht auch das Kind die Eltern so annehmen, wie sie ihm gegeben sind?

Die Möglichkeiten des Kindes erkennen und entfalten, seine Begabungen mit ihm zusammen entdecken, ihm die Türen zur Selbstverwirklichung öffnen, aber nicht
das Kind vorprogrammieren nach eigenen Wünschen, zum Beispiel zum Bäcker, der später das Geschäft übernimmt, zum Arzt, der die Praxis weiterführen soll, zur ungelernten Arbeiterin, „weil das Mädchen ja sowieso später heiratet und nichts zu lernen braucht".

Offen sein für Gespräch und Diskussion, für harte, aber faire Auseinandersetzungen, für Kritik aneinander.

Für das Kind Zeit haben, es einsichtig machen für Zeiten der Arbeit und Zeiten des Spieles; Überprüfung der eigenen Tageseinteilung daraufhin, ob nicht Arbeit zugunsten des Kindes zurücktreten kann. Ist für manche Mutter die Hausarbeit, für manchen Vater die berufliche Tätigkeit nicht in Wirklichkeit vorgeschobenes Alibi, Flucht vor der als lästig empfundenen Beschäftigung mit dem Kind?

14 Thielscher, Erziehungsbasis (18201)

Bewußte Zuwendung heißt auf keinen Fall: Verwöhnung.

Verwöhnung ist nicht Liebe, sondern Schwachheit. Wenn einem Kind alle Wünsche erfüllt werden, wenn es nie auf ein Gegen-Recht, nämlich das Recht der Eltern, Geschwister, Erzieher, Mitmenschen stößt, wenn es immer im Mittelpunkt steht, dann erzieht man einen Egoisten, der später von allen Menschen Anerkennung und Nachgiebigkeit erwartet und zwangsläufig sehr unglücklich werden muß, weil ihm die anderen keinesfalls alle Wünsche erfüllen werden. Er gerät dann leicht in die Einsamkeit der schmollenden, enttäuschten, sich selbst bemitleidenden, zur Eigenleistung unfähigen Außenseiter der Gesellschaft.

Bewußte Zuwendung heißt einfach bewußt gewordene und bewußt gegebene Liebe.

b) Vorbild

Befragt man Schülerinnen und Schüler der höheren Klassen, welche Eigenschaften jemand haben müsse, der ein gutes Vorbild sein wolle, so sammeln sie eifrig einen ganzen Katalog von hervorragenden Qualitäten, und am Ende entsteht das Bild eines Menschen, der vor lauter guter Eigenschaften kein Mensch mehr, sondern ein unfaßbares, lebensunfähiges Idealgebilde ist.

Wenn man als Erzieher sich selbst kritisch fragt, wie man als Vorbild wohl sein müsse, beschleicht einen sofort leises Unbehagen, weil man sich seiner eigenen Unvollkommenheit bewußt wird.

Aber gerade dies ist die beste Eigenschaft, die ein vorbildlicher Mensch aufweisen kann: Seine Ehrlichkeit sich selbst gegenüber.

Er holt sich von dem Sockel der Vorbildlichkeit herunter und stellt sich auf die Ebene der anvertrauten Kinder als ihr Partner; er verzichtet auf die Rolle des „Halbgottes“ zugunsten eines — trotz allen Scheiterns — immer wieder von neuem versuchten Gut-sein-Wollens. Er bejaht die Erziehung des Erziehers, die Kritik am Kritiker. Er dämmt seine selbsterkannten oder von anderen entdeckten, negativen Eigenschaften ein und pflegt seine liebenswerteren Qualitäten.

Die Fähigkeit zur Selbstkritik aber muß vom Erzieher erlernt und geübt werden. Mancher begreift gar nicht, daß er selbstkritischer sein müßte, und so versperrt Selbstgerechtigkeit die Korrekturmöglichkeiten an der eigenen Person.

Nicht die möglichst vollständige Ansammlung von positiv zu bewertenden Eigenschaften macht also aus einem Menschen ein Vorbild, dem das Kind nacheifern sollte, sondern seine deutlich spürbare Einsicht in seine eigene Unvollkommenheit und seine Bereitschaft, andern zuliebe eigene Unzulänglichkeiten eindämmen zu wollen.

c) Beispiel

So, wie ein Mensch ist, stellt er ein gutes oder schlechtes Vorbild dar; so, wie er handelt, gibt er Beispiele.

Dem Erzieher ist mit der Forderung nach stetem, beispielhaftem Verhalten keine leichte Last auferlegt. Trotzdem muß diese Forderung aufrecht erhalten werden.

Das Baby verfolgt mit seinen Blicken Mutter und Vater und lernt von dem, was sie tun. Das Dreijährige kann unmöglich gute Tischsitten erwerben, wenn die Erwachsenen sie nicht vormachen. Das Sechsjährige wird nicht die Einsicht in die Notwendigkeit von gewissen Ordnungen gewinnen, wenn in der Wohnung Unordnung herrscht. Wie soll das zehnjährige Kind ehrlich sein und bleiben, wenn es miterleben muß, daß seine Eltern ihre Nachbarn anlügen? Und wenn die Eltern sich gegenseitig beschimpfen und gar schlagen — wie soll dann der Sechzehnjährige seine Aggressionen zu beherrschen lernen?

Beispiel:

Gisela erzählt: „Wenn mein Vater bei Tisch die Arme aufstützt, und wir darüber meckern, sagt er immer: „Bei mir ist das was anderes, ich habe schwer gearbeitet!" Empört fügt sie hinzu: „Als ob wir nicht auch etwas getan hätten!"

Die Entschuldigung vieler Erwachsener: „Bei mir ist das was anderes!" ist durch nichts gerechtfertigt. Wieso ist das schlechte Benehmen eines Erziehers anders zu bewerten als das seines Zöglings?

Wenn aber die Eltern, die Pädagogen, die Ausbilder, die Meister den ihnen anvertrauten Kindern und Jugendlichen ehrlich sagen, daß sie keine Heiligen sind, daß sie nicht immer die Kraft zum beispielhaft-guten Tun haben, daß sie auch einmal aus der Haut fahren müssen, daß auch sie nicht mit allen Tücken und Schlägen im Leben souverän fertig werden, daß sie selbst noch Suchende und Irrende sind, dann ist allein solches Verhalten beispielhaft und macht viele Fehler wett. Die Ehrlichkeit muß aber so weit gehen, daß man nicht nur falsches Verhalten zugibt, sondern sich müht, beim nächsten Mal den Fehler zu vermeiden.

Kostet es wirklich mehr Kraft, wenn man z. B. am Tisch sitzt, auf das Zeitunglesen beim Essen in Anwesenheit der Familie verzichtet, oder, anstatt loszupoltern, leise spricht?

Denn: Schlechte Beispiele verderben gute Sitten.

d) Lob

„Wir werden nie gelobt!" behaupten immer wieder Schülerinnen und Schüler, und wenn man über Jahre hinaus von neuen Klassen diese gleiche Klage vernimmt, so muß das nachdenklich stimmen.

Welcher normale Erwachsene brächte es fertig, einem Baby nicht zuzulächeln, das ihn erwartungsvoll anstarrt?

Damit hat er bereits die Urform des Lobes angewendet: Das ermunternde, zugewendete, freundliche Lächeln, das einen so starken Aufforderungscharakter besitzt.

Diese Art zu loben, der aufmunternde Blick, der zustimmende Händedruck, das Nicken mit dem Kopf, wird von Kindern wie von Erwachsenen gleichermaßen verstanden und lustvoll empfunden.

Die darin liegende Bestätigung durch den anderen macht einen Menschen fröhlicher, stärkt sein Selbstvertrauen, hilft ihm, Begonnenes zu vollenden, baut darüber hinaus Schuldkomplexe und Berge von gegenseitigem Mißtrauen ab.

Die einfachste Form des Lobes durch Blicke und Gesten ist zugleich die schönste und durch keine noch so großartige Lobeshymne zu ersetzen.

▷ Mancher Mensch hat seinem Lebensweg eine bessere Richtung gegeben, weil der zustimmende Blick eines anderen ihn traf.

▷ Mancher ist zum verspotteten Kümmerling geworden, weil ihm keine Ermutigung durch andere zuteil wurde.

Wieviel Lob liegt in dem warmen Blick einer Mutter, die ihr Kind betrachtet; wieviel gegenseitige Anerkennung in den Blicken zweier Liebender!

Hat der Erzieher erst einmal einen Erfolg aus einem gehemmten Kind „herausgelobt", so wird es dadurch zu einem nächsten, mutigen Schritt auch auf einem anderen Gebiet ermuntert.

Wenn aber Lob zur Dauerberieselung wird, wenn es in einer „Lobinflation" entwertet wird, dann verliert es jeden pädagogischen Wert, ja, es schadet nur.

Es ermuntert nicht mehr, es spornt nicht mehr an, sondern bläht den Dauer-Gelobten zu einem Popanz auf. Es nimmt ihm die Möglichkeit jeglicher Selbstkritik und macht ihn zu einem eingebildeten, unangenehmen Mitglied der Gesellschaft. —

Wenn Eltern und Erzieher jedoch in ihrem Bestreben, dem Kind durch Lob zu helfen, des Guten *etwas* zu viel tun, so schadet das viel weniger, als wenn sie gar nicht, in keiner Form, weder durch Blick noch Geste noch Wort, ein Lob ausdrücken.

Sie können sich, wenn sie in der Entscheidung unsicher sind, ob sie loben sollen oder nicht, an den erzieherischen Maßnahmen bei geistig und körperlich Behinderten orientieren.

Hier arbeiten erfahrene Erzieher und Psychologen mit den ihnen Anvertrauten fast nur mit Lob und selten mit Tadel. Sie wissen nämlich, daß die *positive Verstärkung durch das Lob* eine vielfach aufrüttelndere Wirkung hat als Tadel und die notwendige Leistungsbereitschaft erheblich fördert.

Im Loben ungeübte Eltern und Erzieher sollen sich vor allem im Zweifelsfall und in jedem Einzelfall fragen, was sie mit ihrem Lob erreichen werden.

Das gleiche, *gedankenlos verteilte Lob* kann bei dem einen Kind fördernd, bei dem anderen hemmend wirken.

Beispiel:

Die fünfzehnjährige Cornelia stellt sich im Handarbeitsunterricht sehr ungeschickt an, und ihre ständige Abwehr gegen das Maschinennähen begründet sie stets mit den Worten: „Das kann ich nicht! Das habe ich schon früher nicht gekonnt, und das lerne ich nie!"

Durch ermutigende Aufforderungen bringt die Lehrerin die murrende Schülerin doch an die Nähmaschine, und nach etlichen Versuchen gelingt Cornelia die erste gerade Naht. „Weitermachen!" sagt die Lehrerin, „Du kannst es, fang nur gleich mit der nächsten Übung an."

Nach einer Weile sagt Cornelia erstaunt-widerwillig: „Das macht ja doch Spaß!" Im Laufe der nächsten Unterrichtsstunden übt sie eifrig weiter, freut sich über jede

lobende Anerkennung ihrer Fortschritte und kann bald darauf tatsächlich gut nähen. Cornelias Klassenkameradin Susanne ist bereits eine Könnerin im Maschinennähen. Würde die Lehrerin sie für eine gerade Naht in der gleichen Art loben wie Cornelia, so würde sich Susanne mit Recht sagen: „Hier brauche ich mich nicht mehr anzustrengen“, und nicht ihre Leistungsbereitschaft, sondern ihre Trägheit würde positiv verstärkt.
Statt dessen sagt die Lehrerin: „Susanne, Du kommst mir wie gerufen. Ich habe so viele Anfängerinnen in der Klasse, hilf mir bitte beim Anlernen.“ So wird aus Susanne eine Hilfslehrerin, die sich Mühe geben muß, den Klassenkameradinnen ihre eigenen Kenntnisse verständlich weitergeben zu können.

Besonders großes erzieherisches Geschick verlangt das *Lob in einer Gruppe*, zum Beispiel in der Geschwisterreihe, in der Klasse, im Club, im Sportverein. Immer wird das gelobte Kind mit dem Neid und der Mißgunst der anderen rechnen müssen.

Beispiel:

Edith ist im Politikunterricht besonders aufmerksam und ergänzt ihre Hausaufgaben freiwillig durch Zeitungsausschnitte, Daten aus Nachschlagewerken und Geschichtsbüchern.
Die Lehrerin freut sich über diesen Eifer und zeigt Ediths Heft der Klasse.
Nach einer der nächsten Stunden bittet Edith ihre Lehrerin: „Loben Sie mich nicht mehr vor den anderen. Die sind „sauer“, sie sagen, ich wäre wohl nicht ganz normal, ich „verdürbe ja die Preise!“

Am richtigsten ist es wohl, wenn Eltern und Erzieher ein Kind nicht *gegen* die Meinung der anderen, sondern *mit* ihrer Zustimmung loben.
Kinder haben meistens ein sehr gutes Empfinden für Gerechtigkeit, und wenn man ihnen die besondere Leistung eines anderen Kindes im Gespräch klarmacht, sind sie gern bereit, dieses Lob mitzuvollziehen.

▷ Mit zunehmender Reife lernt der Jugendliche, eine Arbeit aus Pflichtgefühl zu tun, eine Leistung um ihrer selbst willen zu vollbringen. Manche Erzieher glauben, es sei gut, den jungen Menschen so weit zu bringen, daß er auf jegliches Lob verzichten könne, weil ja eine gute Leistung den Lohn in sich selbst trage.

▷ Sie vergessen hierbei aber, daß der Mensch nicht nur seine Pflicht erfüllen soll, sondern auch das *Recht auf Anerkennung* seines Handelns hat, und daß sie

▷ selbst als Erzieher versagen würden, wenn sie immer auf lobende Zustimmung durch ihre Zöglinge verzichten müßten. Ist der verkrampfte, verbitterte Erzieher nicht oft auch zugleich derjenige, der an der „Lob-Mangel-Krankheit“ leidet?

Welche Mutter, welcher Vater, welcher Lehrer, welcher Ausbilder braucht nicht die positive Verstärkung durch Worte oder Gesten der anvertrauten Kinder und Jugendlichen, um voll Eifer und Freude weiterarbeiten zu können?

e) Belohnung

Belohnungen können aus sehr verschiedenartigen Gaben bestehen; z. B.

1. aus geschenkter eigener Zeit:

„Ich muß noch die Küche aufräumen, hilf mir bitte — hinterher spielen wir zusammen."

2. aus materiellen Geschenken:

„Sei tapfer beim Zahnarzt — es wird ein paar Minuten lang weh tun — anschließend kaufen wir das Buntpapier, das Dir zum Basteln fehlt."

3. aus Geld:

„Du hast so fleißig für die Mathematikarbeit gelernt und nun ein ‚Gut' herausgeholt — dafür sollst Du eine Mark bekommen."

4. aus Essen oder Süßigkeiten:

„Kinder, Ihr habt den Garten so ordentlich umgegraben — ich habe Euch zur Belohnung Euren Lieblingspudding gekocht."

In dem Wort „Belohnung" steckt das Wort „Lohn", und der Sinn der Belohnung wird hinfällig, wenn man einen Lohn daraus macht. Lohn wird vertraglich festgesetzt und in einer bestimmten Höhe für eine bestimmte Arbeit gezahlt. Belohnung — soll sie ihren Eigenwert behalten — ist eine freiwillig gegebene, nicht geforderte, beglückende Anerkennung für eine außer-ordentliche Leistung.

Lohn beinhaltet Regelmäßigkeit im Geben und Nehmen, Belohnung Einmaligkeit von beidem.

So gehört zur Belohnung auch ein gewisser Überraschungseffekt — zur Freude über eine Belohnung kommt die Überraschung, daß sie gegeben wurde: Die Belohnung wird zur „freudigen Überraschung".

Regelmäßig ausgeteilte Belohnungen dagegen stumpfen ab und fordern, wenn sie einmal wegfallen, Unmut, Unwirschheit, Bockigkeit und Unlust heraus. Das Kind versucht, Belohnungen in ständigen Lohn umzuwandeln, sonst streikt es. Dadurch verlieren Mit-Hilfe und Mit-Leistung ihre Freiwilligkeit und werden auch für Kinder schon in einem erschreckenden Maße „lohnabhängig". Dies kann so weit gehen, daß das Kind nur noch hilft, um eine Belohnung zu erhalten und nicht mehr, um andern eine Freude zu machen.

In der Praxis sieht das so aus, daß Hänschen nur dann abtrocknet, wenn er einen Groschen bekommt und Hans nur noch gegen Stundenlohn den Rasen mäht.

Durch solche Handlungsweise werden Kinder zu Egoisten erzogen, die vergessen, daß ihre Eltern ihnen im allgemeinen das Vielfache an völlig unbelohnten Diensten gewähren, als sie zurückzugeben je in der Lage sein werden.

Belohnung muß sich also wegen der genannten Gründe recht deutlich von einem Lohnstreben abheben, will sie ihre Wirksamkeit als positives Erziehungsmittel behalten.

Sie kann aber nicht nur durch zu große Regelmäßigkeit, sondern auch durch zu große Höhe unwirksam gemacht werden.

Kinder müssen großen materiellen Geschenken in Form von Geld oder Gegenständen hilflos gegenüberstehen, weil ihnen noch die Wertmaßstäbe fehlen. Wer kennt nicht die Gefahr, daß aus dem mit materiellen Gütern überhäuften Kind der egoistische Erwachsene wird, dessen einziges Lebensziel Reichtum ist? Wer hat nicht voll Erschrecken Berichte über jugendliche Kriminelle gelesen, die,

reich und durch materiellen Überfluß verwöhnt, nun andere neuartige „Belohnungen“ suchen, zum Beispiel die Anerkennung für eine Raub- oder Mordtat durch eine Gruppe Gleichgesinnter?
Vergleichsweise gering erscheinen dagegen zunächst Schäden durch zu oft gewährte Belohnungen in Form von Süßigkeiten, wenn die Folgen Magenverstimmungen oder schlechte Zähne sind.
Doch trügt hier der Schein. Kranke Zähne ziehen andere körperliche Gebrechen nach sich; Süßigkeiten verderben den Appetit, und so werden wichtige Nährstoffe dem kindlichen Körper vorenthalten. Darüber hinaus kann das nach Süßigkeiten heischende Kind naschsüchtig und später leichter süchtig nach anderen sehr schädlichen Mitteln, wie Nikotin, Alkohol und Drogen werden.
Wenn hier vor einem „Zuviel“ an Belohnungen gewarnt wird, so soll doch die „Belohnung mit Zeit“ ausdrücklich ausgenommen werden

In der Gegenwart, in der 47,2% aller Frauen[1] berufstätig sind, kommt es selten vor, daß Eltern zuviel Zeit für ihre Kinder haben, im Gegenteil — die größten Erziehungsschwierigkeiten heute beruhen auf Mangel an Zeit füreinander.

▷ „Zeit“ ist eine Gabe, von der niemand weiß, wie lange er sie noch besitzt. Der Tod kann in der nächsten Stunde eines Menschen Zeit beenden. Darum ist „Zeit“ neben der Gesundheit ein so kostbares Gut, das jeder für sich und für andere richtig verwalten muß. „Zeit haben füreinander“ ist eine Forderung an alle in unserer durch Hast bedrohten Gegenwart, in der das böse Wort „Ich habe jetzt keine Zeit“ soviel Unheil in den zwischenmenschlichen Beziehungen anrichtet.

▷ Besonders die Kinder leiden in jedem Augenblick ihres Lebens unter dem oft so vermeidbaren Zeitmangel ihrer Erzieher.

▷ Wenn man beobachtet, wie durch immer umgreifenderen technischen Fortschritt an fast allen Arbeitsplätzen Zeit eingespart wird, wie dann aber diese hinzugewonnene Zeit von vielen Menschen vor dem Bildschirm, in Lokalen, durch übertriebene Hausarbeit und Autopflege u. ä. sinnlos vertan wird, dann muß man beharrlich immer wieder fordern:

▷ Nützt Eure Zeit besser füreinander! Räumt den Menschen in Eurer Umgebung den Stellenwert ein, den sie beanspruchen können, nämlich den ersten Rang! Eltern und Erzieher, belohnt die anvertrauten Kinder und Jugendlichen reichlich mit eigener Zeit! Geht damit ruhig verschwenderisch um, Sparsamkeit ist hier fehl am Platze!

f) Gewöhnung

Beispiele:

1. Manches Kind wird schwer verletzt oder getötet, weil man ihm nicht rechtzeitig angewöhnt hatte, nur bei Grünlicht über die Straße zu gehen.

2. Klaus wird von seinen Klassenkameraden gemieden, weil er offenbar nicht gewöhnt ist, sich regelmäßig zu waschen. Er riecht unangenehm.

3. Die fünfjährige Brigitte hat bereits schlechte Zähne, weil sie abends nur ins Bett geht, wenn sie zuvor ein Stück Schokolade als „Betthupferl“ erhält. Danach schläft sie ein, ohne sich vorher noch die Zähne zu putzen.

[1] Erwerbstätige Frauen im Alter von 15—65 Jahren im April 1974, Statistisches Jahrbuch 1976, S. 155.

Im Gegensatz zum Tier hat der Mensch kaum Instinkte, die ihn im richtigen Moment das Notwendige tun lassen, und so braucht er zur Lebensbewältigung Angewohnheiten, damit er sich nicht ständig im Alltag immer wieder neu entscheiden muß.

Die fröhliche und zwanglose Gewöhnung des Kindes an Sauberkeit, an einen gesunden Rhythmus von Nahrungsaufnahme und Entleerung, von Schlafen und Wachen, Spielen und Lernen, an zunehmende Selbständigkeit beim An- und Ausziehen gehört in jede Kinderstube ebenso wie die Gewöhnung an allgemeingültige, mitmenschliche Umgangsformen wie Freundlichkeit und Hilfsbereitschaft, und beim Jugendlichen kommt im zunehmendem Maße die Gewöhnung an Selbstkritik mit nachfolgender Selbsterziehung hinzu.

Soll Gewöhnung ein positives Erziehungsmittel sein, darf sie niemals ausarten in das Andressieren von starren Angewohnheiten, die dann nach und nach wie ein fester Panzer werden und jegliche Mobilität (Beweglichkeit) im Erwachsenenleben unmöglich machen.

Das Verhalten solcher Erwachsener wird beherrscht von den Sätzen: „Das tut man nicht!" — „Das darf man nicht!" — „Das war schon immer so und bleibt so!" Ein Zusammenleben der Generationen wird leider oft belastet durch die Starrheit alter Menschen, die von ihren Angewohnheiten um nichts in der Welt lassen, auch wenn es dadurch zu Konflikten kommt.

Gewöhnung ist als positives Erziehungsmittel zu bewerten, wenn das Kind so bald wie möglich einsichtig für die Notwendigkeit von Gewohnheiten gemacht wird, wenn es selbst verständnisvoll bejaht, warum es Ordnung in seinem Zimmer halten oder regelmäßig essen soll. Das Schulkind kann beispielsweise sehr wohl einsehen, daß es besser ist, die Schulaufgaben gewohnheitsmäßig ohne Trödeln zu machen, damit seine freie Zeit hinterher um so größer ist. Es vermag zu erkennen, daß Gewöhnung an gewisse Ordnungen in der Lebensweise nichts anderes ist und auch nichts anderes sein soll als die Möglichkeit, neue Frei-Räume zu gewinnen, und daß solche Ordnungen notwendig sind, um das Eigenleben und das Leben mit anderen zu erleichtern.

Die mit Einsicht gepaarte Gewöhnung an Spielregeln in Familie und Umwelt ist beim Kind nicht gar so schwer zu erreichen, wohl aber beim jungen Menschen in der Reifezeit. Hier stellen Eltern oft schmerzlich den Verlust aller guten Angewohnheiten fest, die der Jugendliche in seinem Drang nach Selbständigkeit radikal über Bord wirft.

Einsichtsvolle Eltern, Lehrer und Ausbilder werden hier zeitweise so weit wie irgend möglich auf Gewöhnung verzichten, um nicht den Kontakt zu den Jugendlichen zu unterbrechen. Von den Erziehern darf wegen ihrer größeren Reife erwartet werden, daß sie die störrische Anti-Gewöhnungshaltung der Heranwachsenden mit einer gewissen humorvollen Gelassenheit übergehen, bis diese zu besserem Verhalten zurückgefunden haben.

g) Spiel

Im ersten Teil des Buches wurde ausführlich auf die Wichtigkeit von Spielmöglichkeiten für Kinder und Jugendliche eingegangen, denn fast alle führenden

Pädagogen räumen dem kindlichen Spiel eine große Bedeutung ein.

Wenn an dieser Stelle noch einmal vom Spiel die Rede ist, dann ist das vom Erzieher bewußt eingesetzte Spiel gemeint.

Das bedeutet, daß Eltern, Lehrer, Heimleiter, Ausbilder zunächst einmal „ja" sagen müssen zu dem Wunsch von Kindern und Jugendlichen, spielen zu wollen und dieses Verlangen nicht als Unsinn und Zeitverschwendung abtun.

Spielplätze?

„Ja" sagen zum Spielbedürfnis der Kinder bedeutet auch: Raum einplanen, Spielmöglichkeiten schaffen, die diesem Bedürfnis angemessen sind. Kahle Plätze, halbverrottete Spielmaschinen, verschmutzte Sandkästen entsprechen ihm nicht. Richtige, umfassende Spielraumplanung wird sich überdies nicht auf die Einrichtung guter Spielplätze beschränken, sondern die Spielqualität des gesamten Wohnbereiches in die Überlegungen einbeziehen.

Sie sollen anerkennen:

1. daß im Spiel von früher Kindheit an Muskeln trainiert, Bewegungsabläufe geübt, Körperfunktionen erlernt werden,

2. daß Verstandes- und Phantasiekräfte erweitert werden,

3. daß Aufmerksamkeit, Stetigkeit, Ausdauer, Mut, faires Verhalten, Gerechtigkeitsempfinden, Geduld, Toleranz, Ertragen von Niederlagen geschult werden,

4. daß Gemüt und Gefühl erstarken können,

5. daß Aggressionen, Spannungen, unverarbeitete Erlebnisse, Gefühlsschwankungen, Depressionen, Konfliktsituationen „spielend" nachvollzogen, abgebaut und geheilt werden können,

6. daß im Spiel der Ernstfall „Leben" erprobt wird,

7. daß Abenteurerlust der Heranwachsenden, ihr Drang zum Wagnis und zur Sensation, im spielerischen Wettkampf befriedigt und damit plötzliche Entladungen bei Demonstrationen und Massen-Veranstaltungen vermeidbarer werden,

8. daß der spielende Mensch Ausgleich zur Arbeit, Entkrampfung, Freude und Kraft zu neuer Tätigkeit aus seinem Spiel schöpfen kann.

Wenn aber das Spielen für alle Altersstufen als Erziehungsmittel bejaht wird, dann muß dafür gesorgt werden, daß Zeit und Platz zur Verfügung stehen:

- ▷ Zeit des Kindes zum Allein-Spiel,
- ▷ Zeit von Kindern und Erwachsenen zum Miteinander-Spiel,
- ▷ Platz im Haus, in der Umgebung, auf Spiel- und Bolzplätzen, in Kindergärten, auf Sportanlagen, in Freizeitzentren für die spielerische Betätigung aller Altersgruppen.

Gegenwärtig müssen leider noch viel zu viele Kinder und Jugendliche auf die helfenden, entfaltenden, entspannenden, heilenden Kräfte verzichten, die im Spiel liegen. Glücklicherweise mehren sich die Berichte, nach denen sich Eltern aus Eigeninitiative in Gruppen zusammentun, um Spielmöglichkeiten für ihre Kinder zu schaffen, indem sie darauf dringen, daß neue Kindergärten in Ballungszentren und Spiel-Wohnungen in Hochhäusern mitgebaut werden.

Viele Eltern, die das Spiel als Erziehungsmittel bejahen, sind aber unsicher, wie sie es handhaben sollen und fragen sich:

1. Was soll gespielt werden?
2. Wie lange soll gespielt werden?
3. Womit soll gespielt werden?
4. Mit wem soll gespielt werden?

1. Was soll gespielt werden?

Die Spielmöglichkeiten sind so vielfältig wie die menschliche Phantasie selbst, und es ist schwer, endgültig zwischen guten und schlechten Spielen zu unterscheiden:
Sind wüste Spiele, bei denen Kinder sich mit Schneebällen, Sand, Gras bewerfen, darum schlecht, weil dabei gekämpft wird? Müssen nicht vielmehr solche Spiele sein, weil hier angestaute Aggressionen vergleichsweise harmlos abreagiert

werden können? Sind diszipliniert durchgeführte Kampfspiele, wie sie leider in vielen Ländern von Kindern ausgeübt werden, dagegen etwa gut?
Die Frage „Was soll gespielt werden?“ kann nur so beantwortet werden, daß der Erzieher Kinder und Jugendliche dazu anhalten muß, daß sie auf keinen Fall im Spiel und durch ihr Spiel Menschen Schaden zufügen, Tiere quälen, Sachen beschädigen.

2. Wie lange soll gespielt werden?

Ein Kind spielt bis zur totalen Erschöpfung, wenn es vom Spiel gepackt ist — das müssen Eltern und Erzieher wissen.
Darum ist es nicht gut, es zeit-ungebunden spielen zu lassen. Ebenso verkehrt aber ist die abrupte, minutiöse Beendigung eines Spieles. Man läßt den Kindern und Jugendlichen am besten eine nicht zu knapp bemessene Spiel-Auslaufzeit, in der sie ohne Hast in die Realität, in das Notwendige zurückkehren können: beispielsweise zum Mittagstisch, zur Arbeit, zur Nachtruhe.

3. Womit soll gespielt werden?

Spielmaterialien vom Kieselstein bis zur technisch ausgeklügelten Funkanlage, vom kostenlosen, selbst gesammelten Spielmittel aus der Schatztruhe der Natur bis zum teuren Experimentierkasten — alle diese Dinge haben ihre Berechtigung, und der Erzieher muß zunächst allein für das Kind, später gemeinsam mit dem Kind das Passende herausfinden.

Dabei kann er die Erfahrung machen, daß technisches Spielzeug viel sorgfältiger und „nachdenklicher" ausgewählt werden muß als die Spielmittel, die man umsonst haben kann:

Die elektrische Eisenbahn erfreut das dreijährige Kind keineswegs so wie das zwölfjährige — mit den Holzabfällen aus der Schreinerwerkstatt aber können beide gleichermaßen viel anfangen.

Kriegsspielzeug jedoch muß *strikt abgelehnt* werden, damit Kinder im „harmlosen" Spiel mit verniedlichten Mordwaffen nicht die Chance „verspielen", die Sinnlosigkeit und das Unmenschliche von Kriegen richtig einschätzen zu können.

4. Mit wem soll gespielt werden?

Wenn doch Eltern und Erzieher dahin wirken würden, daß im Spiel und durch das Spiel menschliche Barrieren abgebaut werden! Wenn doch keine Feindbeziehungen mehr, meistens sogar noch gegen den Willen der Kinder, eingeübt würden:
„Daß Du nicht mit dem (mit der) spielst! Die sind zu frech (blöd; schmutzig; arm; reich; ungebildet; verkommen; oberflächlich) für Dich!"
„Laß Dich ja nicht mit dem Itaker (Türken; Spanier; Griechen; Jugoslawen; Neger) zusammen erwischen!"
Wieviel Unheil hat wohl schon das Wort „Sage mir, mit wem Du umgehst, und ich sage Dir, wer Du bist" angerichtet!
Wo bleiben bei solcher Erziehung zu Abstand und Ablehnung Solidarität und Nächstenliebe?
Eine ganz andere, auch ernstzunehmende Frage ist, ob alle Kinder mit allen Kindern spielen können, und dies muß man sicher verneinen. Natürlich gibt es — wie bei den Erwachsenen auch — Sympathie und Antipathie zwischen Kindern und Jugendlichen, und diese Regungen soll man keineswegs gewaltsam unterdrücken.
Man kann sie in sachlichen Gesprächen aufdecken und dann raten, eine Weile ohne Zorn und Eifer einander aus dem Weg zu gehen. Daß dies in einer Gruppe, zum Beispiel in einer Klassengemeinschaft oder in einer Lehrwerkstatt, in der viele Auszubildende zusammen sind, für die Jugendlichen schwer ist, weiß jeder Erzieher, und er wird hier in immer neu auftretenden Konfliktsituationen beratend und ausgleichend mit pädagogischem Feingefühl einwirken müssen.

h) Arbeit

Bei vielen Erwachsenen hat das Wort „Arbeit" einen negativen Beigeschmack. Für andere scheint „Arbeit" das Wichtigste zu sein.

Der Gute (von e. o. plauen)

Eine dritte Gruppe von Menschen erstrebt die Ausgewogenheit zwischen Arbeit und Freizeit, versucht, die durcharbeiteten und die arbeitsfreien Stunden gleichermaßen als notwendig und wertvoll zu erleben, weil erfülltes Dasein ihrer Meinung nach aus einem harmonischen Rhythmus von Arbeit und Ruhe bestehen soll.
Wenn nun Erzieher Arbeit als positives Erziehungsmittel einsetzen wollen, dann müssen sie selbst erstens eine positive Einstellung zur Arbeit haben und zweitens ihre Merkmale kennen.

Arbeit beinhaltet zunächst:

▷ Mühe; Anstrengung; Zwang, weil sie Mittel zum Zweck der Lebenserhaltung und Zukunftsabsicherung ist,
▷ Bindung an Zeit und oft an den Ort,
▷ Beherrschung der Arbeitsmittel (des „Handwerkzeuges“) und Kenntnis der Arbeitsmethoden,
▷ Zielgerichtete Aufmerksamkeit und Streben nach einem möglichst positiven Ergebnis, da davon wiederum die Höhe des Lohnes abhängen kann,

aber auch:

▷ Freude am Schaffen und an der eigenen Leistung,
▷ Stärkung von Verantwortungsgefühl, Zähigkeit, Ausdauer, Verläßlichkeit, persönlichem Einsatz,
▷ Steigerung des Selbstvertrauens.

Es hat heute angesichts der Stumpfsinnigkeit ihrer Arbeit am Fließband von Millionen Menschen keinen Sinn mehr, ein „Ethos der Arbeit“ aufzubauen.
Wer vermag zum Beispiel von einer Jungarbeiterin zu verlangen, die Stunde um Stunde, Tag für Tag den gleichen Handgriff macht, die selten Anfang noch Endergebnis des Produktes sieht, für welches sie diese eine Tätigkeit ausübt, daß sie voller Freude, Schwung und Begeisterung solche Arbeit tut?
Sie erfährt nur die mühselige, selten die befriedigendere Seite der Arbeit.

Wie kann man trotz der Tatsache, daß viele Kinder in wenigen Jahren als Erwachsene eine ähnliche Tätigkeit zu verrichten haben werden, Arbeit als positives Erziehungsmittel empfehlen?
Eine Antwort geben zunächst die Kinder selbst.

Sie wollen bereits im Vorschulkind-Alter mit Vater und Mutter mitarbeiten und sind enttäuscht, wenn sie nicht mittun dürfen. Dieses kindliche Mitwirken ist zuerst noch mehr Spiel als Arbeit.
Beobachtet man aber das bastelnde, an das Werkstück hingegebene Kind, so kann man feststellen, daß sein Tun bereits einige Arbeitsmerkmale enthält: Anstrengung, Einsatz von Zeit, Übung zur Beherrschung der Arbeitsmittel, Aufmerksamkeit, Ausdauer, persönlicher Einsatz.
Das werkende, gestaltende Kind hat dem Arbeitenden jedoch eines voraus: Es tut alles freiwillig; der Zwang, die Lohnabhängigkeit fehlen, es hört auf, wenn es keine Lust mehr hat.

▷ Hier kommt es nun auf die Erzieher an, das Kind anhand seines eigenen, freiwilligen Tuns und ihrer beruflichen Tätigkeit erkennen zu lassen, was Spiel und Arbeit unterscheidet, und was Arbeit im Erwachsenenleben bedeutet.

Wird das Vorschulkind immer wieder gehindert, „mitarbeiten“ zu dürfen, wenn es möchte, so geht es später unlustig an jede Arbeit heran. Seine ursprüngliche Freude am Mittun schwindet und macht einer nur negativen Beurteilung von Arbeit Platz.

Darf das Kind aber helfen, ermuntert durch Lob für eine Leistung, so lernt es nicht nur Mühe und Anstrengung kennen, sondern auch die Freude an dem eigenen Arbeitsergebnis. Es erlebt schon früh auch positive Seiten der Arbeit. Das so geführte Kind vermag dann später von sich aus Hilfsarbeiten zu übernehmen, zum Beispiel beim Eigenhausbau, bei der Gartenarbeit, im Haushalt, und nicht wenige sind sonntags freiwillig und für sehr geringen Lohn in Krankenhäusern oder Heimen aller Art tätig.

So wird deutlich, daß nur dort, wo der Erzieher die Arbeitsbereitschaft des Kindes von Anfang an unterstützt und fördert, eine Grundlage gelegt wird zu einer realistischen, nicht nur einseitig negativen Arbeitseinschätzung.

Diese Aussage wird durch ein leider sehr bedrückendes Problem in unserer Gesellschaft bekräftigt:

Kinder von arbeitsscheuen Eltern, die sich drücken, wo sie können und lautstark ihre Arbeitsunlust verkünden, werden wohl kaum Arbeitseifer lernen und bleiben infolgedessen meistens in ihrem Milieu stecken.

Dies ist ein Grund mehr dafür, daß sich unsere Gesellschaft intensiver dieser Familien annehmen muß: Deren Kinder sind so besonders benachteiligt, weil die auch bei ihnen in früher Kindheit vorhandene Arbeitsfreude bereits im Keim durch falsche Erziehung erstickt wird und folglich von ihnen später Arbeit und Weiterbildung meistens abgelehnt werden.

i) Wiedergutmachung

„Will wieder lieb sein!“

Viele Eltern kennen diesen Satz, den ihr Kind mit noch rotgeweinten Augen und nassen Wangen halb trotzig, halb bittend nach einer Auseinandersetzung ausspricht.

„Will wieder lieb sein!“ Darin steckt ein Angebot, eine Bitte um Zurechtrückung, um Wiederherstellung von guten Beziehungen zueinander: um Wiedergutmachung. Das Kind meint:

„Ich weiß ja, daß ich etwas falsch gemacht habe, und ich will es nicht wieder tun, ich will wieder sein wie vorher. Sei Du nun bitte auch wieder gut zu mir.“

Wenn sich die Eltern in solch einem Augenblick abwenden, das Friedensangebot ablehnen, den noch notwendigen halben Schritt zum Kind hin nicht tun, handeln sie falsch. Sie bringen eine Brücke zum Einsturz, die das Kind schon zum Teil gebaut hatte.

Ein weitsichtiger Erzieher erkennt in der Wiedergutmachung ein Erziehungsmittel, das er jeder Strafe vorzieht.

Auch Strafe macht einen Fehler bewußt, aber die Wiedergutmachung geht weit darüber hinaus: Sie versucht, den guten Zustand vor der Verfehlung wiederherzustellen.

Beispiel:

Christian plaziert trotz Warnung das Wasserglas beim Malen so falsch, daß er es bei einer hastigen Bewegung umwirft. Ein Blick zur Mutter — dann holt er stillschweigend einen Lappen und wischt die braune Brühe von der Plastikdecke ab.

Aber leider kann nicht immer wie in diesem Beispiel der Schaden auf so einfache Art beseitigt werden.

Bei grobem Unfug im Jugendlichen-Alter bleiben oft irreparable (nicht wiedergutzumachende) Schäden zurück, etwa bei den so sehr gefährlichen Spielen mit Vaters Gewehr, bei denen ein Kind das andere verletzen oder töten kann, bei tätlichen Auseinandersetzungen zwischen einzelnen oder Gruppen.

Kommen solche Fälle vor das Jugendgericht, so verfahren heute viele Richter nach dem Wiedergutmachungsprinzip:

Die Strafe wird so abgefaßt, daß, wenn der Schaden nicht mehr behoben werden kann, der jugendliche Täter eine ersatzweise Wiedergutmachung vollzieht, indem er von seinem eigenen Geld eine Buße an eine soziale Organisation zahlt oder eine Zeitlang für leidende Menschen Hilfsdienste tut.

Beispiel:

Der sechzehnjährige Bernd hat in Abwesenheit der Eltern mit Vaters Auto eine Tour unternommen und einen Auffahrunfall mit Sachschaden verursacht.

Das Urteil lautet:

Bernd muß aus eigener Tasche den Sachschaden bezahlen und darüber hinaus DM 50,— an das Rote Kreuz entrichten, außerdem an einem Verkehrslehrgang teilnehmen.

Konfliktfreie Beziehungen zwischen Erziehern und Zöglingen gibt es nicht. Immer wird irgendwann das Verhältnis getrübt durch Verfehlungen, und es ist eine wichtige Aufgabe des Erziehers, diese ihrer Schwere nach richtig einzuschätzen und die Wiedergutmachungsmaßnahmen entsprechend gerecht vorzuschlagen.

Geht eine Vase, eine Fensterscheibe zu Bruch, soll das Kind, je nach Alter, nach seinem Taschengeldbestand und nach dem Wert des Gegenstandes, diesen ersetzen oder zu seinem Ersatz beisteuern.

Zerstört es mutwillig, aus Zorn, Rache, Haß, anderer Menschen Eigentum, so gehören zur Wiedergutmachung nicht nur der Schadensersatz, sondern auch die eindringliche Vorhaltung, das schonungslose Aufdecken der Hintergründe des Fehlverhaltens, wodurch Einsicht und Umkehr bewirkt werden sollen.

Wiedergutmachung, als Strafe gedacht, verliert gänzlich ihren Sinn.

Sie ist nur dann ein positives, vom Kind oft selbst gewünschtes Erziehungsmittel, wenn sie ohne den Beigeschmack von Strafe dem Schuldigen Gelegenheit gibt, durch die Tat zu beweisen, daß er seine Verfehlung überwinden will.

2. Negative Erziehungsmittel

a) Liebesentzug

„Geh weg, ich mag Dich nicht mehr!"

Wüßten Eltern, welche verheerenden Folgen diese Worte haben können — sie würden sie nicht mehr so leichtfertig aussprechen.

Wer einmal die entsetzten Augen eines Kindes bei einer solchen Drohung gesehen hat, wird sich hoffentlich hüten, sie zu wiederholen.

Lieber erträgt ein Kind Schimpfe, Schläge und andere harte Strafen — wenn es nur nicht auf die Liebe seiner Bezugspersonen verzichten muß! Abwendung der Eltern stürzt es in panische Ängste, die zu seelischen Schocks und Erkrankungen führen. Häufig wird es aus Angst vor erneutem Liebesentzug überaus gehorsam.

Aber welch ein erbärmliches Gehorchen ist das! Wie wird durch solch unverzeihliche Erziehungsmaßnahme die Würde des Kindes verletzt und jegliches partnerschaftliche Verhältnis zunichte gemacht!

Die sittliche Reife des Erziehers und sein Verantwortungsgefühl müssen so gefestigt sein, daß er den L i e b e s e n t z u g a l s E r z i e h u n g s m i t t e l g e n e r e l l u n d k a t e g o r i s c h a b l e h n t!

b) Sprachentzug

Immer wieder ist in den vergangenen Kapiteln auf die Wichtigkeit von Gespräch und Aussprache im Erziehungsgeschehen hingewiesen worden. Wenn man heute weiß, welche Kraft die Sprache bereits im Spracherwerbsalter besitzt, wie sprachvernachlässigte Kinder schon im Vorschulalter hinter den sprachgeförderten Kindern zurückstehen müssen, dann kann man eine Unterbrechung des Sprechkontaktes als Strafe nur ablehnen.

Wohl ist denkbar, daß der Erzieher dem Kind in einem Alter, in dem es bereits reif genug dazu ist, ein zeitlich befristetes Schweigen zur gegenseitigen Selbstbesinnung vorschlägt. —

Solche „Einkehrstunden" sind in unserem hektischen und rastlosen Zeitalter sicherlich ein Gewinn. In diesem nachdenklichen Schweigen rückt die Selbsterkenntnis in den Mittelpunkt, die jedem Partner in der Erziehung das Bekennen des eigenen Schuldanteiles möglich macht.

Dieses Stillesein ist mit dem Sprachentzug auch nicht gemeint, sondern das einseitige, grollende, mürrische, sich selbst bemitleidende, tagelang anhaltende Schweigen, das den anderen, der ein Wort der Versöhnung bereithält und erwartet, wie gegen eine Wand reden läßt.

Ein solches Erziehungsmittel, das nur verletzt und das Kind einseitig benachteiligt und belastet, ist ebenso wie der Liebesentzug strikt abzulehnen!

c) Freiheitsentzug

„Zur Strafe gehst Du auf Dein Zimmer!"
„Du bleibst heute im Haus!"
„Du hast ab sofort acht Tage Stubenarrest!"
„Zur Strafe bleibst Du eine Stunde länger in der Schule!"

Den Freiheitsentzug glaubt mancher Erzieher schadlos als Erziehungsmittel anwenden zu können, der — oft sicher mit Recht — über das rüpelhafte Verhalten eines Kindes aufgebracht ist.

Aber er sollte sich doch selbstkritisch fragen, welches kindliche Vergehen ihn wohl zu solcher Maßnahme berechtigt, die ihn zum Wächter und das Kind zum Gefangenen macht.

Die Gesellschaft kann auf Arreststrafen noch nicht verzichten, sie muß Straftäter zum Schutze der anderen Bürger aussondern. Aus dieser Sicht haben Gefängnisse ihre Berechtigung. Entzieht aber normalerweise ein Erzieher einem Kind oder einem Jugendlichen die Freiheit, um andere Menschen vor ihm zu schützen?

In den allermeisten Fällen ist der Freiheitsentzug doch als Strafe für eine Verfehlung gedacht, durch die der Erzieher versucht, Besserung zu erreichen.

Der Raum der Freiheit ist heute aber durch zahllose Zwänge (politische Machtverhältnisse, Verkehr, Wohnraummangel, Leistungsdruck, Milieuzugehörigkeit u. a. m.) so eingeschränkt, daß man ihn auf keinen Fall durch erzieherische Maßnahmen weiter einengen darf.

Geradezu grausam wird dieses Erziehungsmittel, wenn zu der Freiheitsbegrenzung noch die Dunkelhaft hinzukommt: „Ich sperre Dich jetzt in den Keller, bis Du wieder artig bist!“

Beispiel:

Eines Tages hatte meine Schwester, die damals 7 bis 8 Jahre alt war, etwas Verbotenes angestellt. Mein Vater steckte sie kurz entschlossen, da er der Meinung war, daß sie eine Strafe verdiene, in unsern dunklen Heizungskeller. Dort bewahrten wir auch unser Brandholz auf. Mein Vater schloß die Tür zu und ging nach oben. Meine Schwester bekam anscheinend einen Wutanfall, denn plötzlich vernahmen wir vom Heizungskeller her ein dumpfes Poltern. Als wir nach einiger Zeit das dumpfe Knallen nicht mehr hörten, wurde mein Vater unruhig. Er hielt es für besser, einmal nachzusehen.
Als er die Türe des Heizungsraumes öffnete, sah er meine kleine Schwester mit geschlossenen Augen in der Ecke sitzen. Mein Vater bekam einen Schrecken, denn er vermutete, daß sie, da sie eingeschlossen war, eine Vergiftung durch das Öl erlangt hätte. Als mein Vater sie näher betrachtete, merkte er, daß sie bloß eingeschlafen war. Sie war sicher durch das Werfen mit dem Holz müde geworden, denn um sie herum lag ein Haufen Holz.

(Schülerin einer Pflegevorschule, 16 Jahre alt, aus: „Das vergesse ich nie!“, S. 26, Nr. 22, Verlag Ferdinand Schöningh, 1977).

Ein Jugendlicher wird mit einer solchen Situation vielleicht fertig werden, ein Kind aber erleidet in der Dunkelheit mit Sicherheit einen schweren seelischen Schock, und sein Vertrauensverhältnis zu dem „Erzieher“, der es nicht nur allein gelassen, sondern in eine erbarmungslose Finsternis gestoßen hat, ist zumindest für lange Zeit ge-stört, wenn nicht gar gänzlich zer-stört.

Das zur Unfreiheit gezwungene Kind kann hieraus keinen Gewinn ziehen, weil es ja mit sich, seiner Schuld, seinen Fragen, seinen Anklagen allein gelassen wird, keine Antworten erhält und zum Gehorsam aus Angst vor erneuter Einzelhaft gezwungen, nicht aber zum Gehorsam aus Einsicht erzogen wird.

Das Erziehungsmittel „Freiheitsentzug“ ist daher rundweg abzulehnen.

d) Entzug der Gemeinschaft

Eng mit Sprach- und Freiheitsentzug hängt der Gemeinschaftsentzug zusammen.

Beispiel 1:

Der achtjährige Frank ist ausgesprochen schlecht gelaunt aus der Schule nach Hause gekommen und läßt nun beim Mittagstisch seine Mißstimmung an Eltern und Geschwistern aus. Er nörgelt am Essen herum, tritt seinen Bruder heimlich unter dem Tisch, gibt patzige Antworten und reagiert weder auf erstaunte Blicke noch Fragen noch Mahnungen der Eltern.
Mutter fühlt seine Stirn an; es könnte ja sein, daß er krank und deswegen so unleidlich ist. Aber die Temperatur ist normal, und Frank faucht seine Mutter böse an. „Ach“, sagt sie, „der Herr wünscht einen Tisch für sich alleine!“, nimmt Franks Teller in die eine, ihren Sohn an die andere Hand und setzt ihn in die Küche, die durch eine Tür mit dem Eßzimmer verbunden ist. Die Tür bleibt geöffnet.

Beispiel 2:

Der fünfzehnjährige Axel stört dauernd den Unterricht. Er schwatzt, wirft mit Papierbällchen herum, lacht unmotiviert, schubst seine Bank gegen den Stuhl des Vordermannes und läßt sich durch keine Ermahnung seitens der Lehrerin und keine Schelte durch seine Klassenkameraden beirren.
Die Lehrerin weiß, daß Axels Klassen-Clown-Spiel nur vordergründig ist, und daß sich dahinter eine leicht verwundbare Seele verbirgt. Darum zögert sie mit Abwehrmaßnahmen.
Schließlich aber wird das Verhalten des Jungen so störend, daß sie die Herausforderung annehmen muß.
„Axel, geh mal ein paar Minuten nach draußen, denk ein bißchen über Dein Benehmen nach", sagt sie.
Aber Axel antwortet betont kindlich: „Nein, ich will nicht!", lächelt freundlich-verlegen, faltet die Hände und setzt sich gerade, wie ein Musterschüler früherer Zeiten, auf seinen Platz. So bleibt er bis zum Schluß der Stunde.
Der drohende Ausschluß aus der Gemeinschaft hat sein Verhalten geändert. Er provoziert nun durch eine bewußt brave Haltung. Das nehmen Klasse und Lehrerin amüsiert zur Kenntnis; der Unterricht kann störungsfrei zu Ende geführt werden.

Immer da, wo Gemeinschaft besteht, in der Familie, in der Schule, am Arbeitsplatz, im Verein, gibt es Störenfriede, die dieser Gemeinschaft durch ihr Verhalten schaden, und es gibt Situationen, die den Erzieher zwingen, den Friedensstörer kurzfristig aus der Gemeinschaft auszuweisen.
Auf keinen Fall darf das bei einem kleinen Kind geschehen, das noch keine Einsicht in eine solche Maßnahme haben kann.

Erst wenn ein Kind begreifen kann, daß es durch das eigene Verhalten sich selbst ausgesondert hat und nur deswegen eine Weile der Gemeinschaft fernbleiben soll, damit es Zeit zur Selbstbesinnung und Umkehr hat, erst dann ist ein kurzzeitiger Gemeinschaftsentzug als Erziehungsmaßnahme geeignet.

Trotzdem sollte so lange wie möglich darauf verzichtet werden, weil ja auch gleichzeitig der Sprachkontakt unterbrochen ist und das Gespräch als Erkenntnisvermittlung fehlt.

e) Taschengeldentzug

„Was? Du hast schon wieder eine schlechte Arbeit geschrieben? Dafür kriegst Du nächste Woche nur das halbe Taschengeld!"
„Dauernd gibst Du freche Antworten! Dir geht es wohl zu gut, wie? Da wollen wir Dir mal das Taschengeld kürzen, damit Du wieder merkst, daß Du uns noch nötig hast!"
Solche als Strafe gedachten Maßnahmen, die keine Beziehung zu dem gerügten Vergehen haben, lehnen sicherlich viele Eltern und Erzieher heute bereits ab.

Der Taschengeld-„entzug" ist nur sinnvoll, wenn er des strafenden Entzugsmomentes entkleidet und zur Wiedergutmachung erhoben wird. Das Kind soll nicht zur Strafe auf Geld verzichten, sondern es soll einen Teil seines Geldes einsichtsvoll hergeben, möglichst auf freiwilliger Basis nach einem vorausgegangenen Gespräch, um einen angerichteten Schaden wiedergutzumachen.

Eltern machen heute oft den Fehler, daß sie eher zu viel als zu wenig Taschengeld geben. Häufig bedeutet diese materielle Gabe Liebesersatz und wird von den Kindern auch so empfunden. Sie fordern mehr und mehr, um die Grenze des Materiellen und endlich den Einsatz persönlicher Liebe und Zuwendungsbereitschaft zu erreichen. Entzieht man nun dem Kind als Strafmaßnahme willkürlich, selbstherrlich und von Fall zu Fall unterschiedlich auch das materielle Geschenk, nachdem man sehr geizig mit der Zuneigung umgegangen ist, so stürzt man es vollends in Verwirrung und erreicht nur, daß der Erziehungsabhängige kaum noch den Erziehungsweg des Erziehers erkennt und kein partnerschaftlich-vertrauensvolles Verhältnis mehr zu ihm haben kann.

f) Essensentzug

Bestraft man ein Kind mit dem Entzug von Nachtisch oder einer ganzen Mahlzeit, so macht man diese entscheidenden Fehler:

> a) Man funktioniert die Nahrungsaufnahme zum Erziehungsmittel — meist Strafmittel — um,

> b) diese Strafe steht selten in einem annehmbaren Zusammenhang mit der kindlichen Verfehlung.

Denn wann wird meistens durch Essensentzug „erzogen"?

Wenn ein Kind bei Tisch stört, wenn es freche Antworten gibt, wenn es sich verspätet, wenn es eine aufgetragene Arbeit nicht erledigt hat.

Gibt es in solchen und ähnlichen Fällen nicht richtigere Möglichkeiten der Erziehung, als das Essen vorzuenthalten? Wird Nahrungsaufnahme nicht völlig falsch beurteilt und eingeordnet, wenn man durch ihren Entzug Besserung beim Kind erhofft?

Allerdings gibt es *eine* Art des Essensentzuges, die positiv bewertet werden muß: Das ist der *freiwillige* Verzicht auf Nahrung zugunsten notleidender Menschen. Wenn zum Beispiel in einer Familie an einem Tag das Fleisch, die Nachspeise oder eine ganze Mahlzeit weggelassen wird, damit das dadurch gesparte Geld einer Hunger-Hilfs-Organisation zugute kommen kann, so hat dieser Verzicht von Eltern und Kindern beste erzieherische Wirkungen.

An diesem Beispiel wird deutlich, daß *Entzüge als Strafe abzulehnen, als freiwillig geleistete Hilfsmaßnahmen zugunsten anderer voll zu bejahen sind.*

g) Versprechen und Drohung: Die „Wenn-Dann-Erziehung"

Beispiel 1:

Die dreijährige Martina läuft der Mutter beim Einkaufen zu weit fort und will sich nicht an die Hand nehmen lassen. „Wenn Du mich nicht sofort anfaßt, kommt der große Hund und beißt Dich!" sagt die Mutter. Martina rennt ängstlich zurück und schaut sich suchend um. Kein Hund ist weit und breit zu sehen. Nach einer Weile reißt sie sich wieder los.

Auf eine erneute Androhung der Mutter reagiert sie nur noch zögernd und mißtrauisch: Stimmt es denn, was Mutter da behauptet?

Beispiel 2:

Der sechzehnjährige Rainer trifft sich mit ein paar Freunden aus seinem Leichtathletikclub. Sein Vater ruft hinter ihm her: „Wenn Du diesmal wieder nicht pünktlich zu Hause bist, nehme ich Dir Dein Moped weg!"

Beispiel 3:

Die zehnjährige Gisela trödelt bei den Schulaufgaben. Ihre Mutter verspricht ihr: „Wenn Du Deine Hausaufgaben jetzt machst, bekommst Du nachher ein großes Eis!"

Leider greifen viele Eltern und Erziehungsberechtigte bei der Wahl ihrer Erziehungsmittel gedankenlos zu solchen erpresserischen Methoden. Zahllose Erziehungsmaßnahmen werden eingeleitet mit dem drohenden oder einschmeichelnden „Wenn", dem der „Dann"-Nachsatz folgt, der entweder ein angsterregendes Geschehen oder das Versprechen ankündigt, etwas wegzunehmen, eine Strafe oder ein Geschenk auszuteilen. Selbst die Versprechungen, die eine Belohnung ankündigen, haben in ihrer „Wenn-Dann"-Abhängigkeit leicht den häßlichen Beigeschmack einer Dressur, die das Menschenkind auf die Ebene des Tierkindes stellt.

Die „Wenn-Dann-Erziehung" ist im wahrsten Sinne des Wortes menschenunwürdig. Dabei ist es so einfach, solche Erpressungs-Sätze in Bitten, Ratschläge, Aufforderungen, Wünsche umzuformen.
Anstatt zu drohen: „Wenn Du nicht sofort Deine Schuhe putzt, kriegst Du eine Ohrfeige!", kann man auffordernd sagen: „Putz bitte Deine Schuhe, sie haben es nötig."

Sind die Ratschläge:

1. „Komm, faß mich an, damit wir einander in dem Gewühl nicht verlieren",
2. „Komm nicht zu spät nach Haus, damit Du morgen nicht den ganzen Tag so müde bist",
3. „Mach doch Deine Schulaufgaben jetzt, dann hast Du mehr vom Nachmittag",

nicht wesentlich besser als die in den drei Eingangsbeispielen gezeigten Methoden?

Machen Sie bitte in der Klasse, in einer Gruppe, in Ihrer Familie den Versuch: Die Hälfte der Anwesenden bildet „Wenn-Dann"-Sätze, die andere Hälfte formt sie pädagogisch richtig um in der eben erläuterten Weise. Sie werden sehen: Es ist immer möglich! Jeder „Wenn-Dann"-Satz kann positiv abgeändert werden.

▷ Das menschliche Leben ist so empfindlich und so bedroht von allen Seiten durch Krankheiten, Verkehrsunfälle, kriegerische Ereignisse u. ä. — muß da die Drohung in die Erziehung noch zusätzlich und grundlos hineingenommen werden?

▷ Wir alle leben in vielen Ängsten, so daß die Zahl der Angst-Geschädigten, der Neurotiker von Jahr zu Jahr steigt. Ist es da nicht geradezu ein Verbrechen am Kind, wenn man angsterzeugende Erziehungsmethoden benutzt? Brauchen wir tatsächlich in der Erziehung den schwarzen Mann, den bösen Hund, das schreckliche Gespenst und all die vielen anderen Gestalten und Phantome, die immer dann drohend aufzutauchen haben, wenn das „unartige" Kind wieder „gehorchen" soll? „Gehorsam" und „gehorchen" hängen mit „Hören" zusammen, Hören aber bedarf des Wortes. Man muß zuerst hinhören dürfen, um zu wissen, was man tun soll, um Gehorsam leisten zu können. Im Hinhören liegt Zugewendetsein zueinander, besteht Partnerschaft.

▷ Wird aber die Aufforderung zum Gehorchen durch angsteinjagende Drohung ausgesprochen, so kann sie niemals Zuwendung, sondern nur Abkehr vom Erzieher zur Folge haben. Dadurch ist jede partnerschaftliche Be-ziehung unterbrochen und Er-ziehung nicht mehr möglich.

h) Tadel

Merkwürdig viele Eltern und Pädagogen halten den Tadel als Erziehungsmittel für sehr nützlich, hinweisend, aufrüttelnd, anspornend und leistungsfördernd.

Dabei verhalten sie sich in ihrem Erziehungsgebaren meist völlig unlogisch:
Das Einjährige, das eben laufen lernt, wird nur lobend angespornt. Oder hat man je von einer Mutter gehört, die in einem solchen Fall sagt: „Das war sehr schlecht! Du mußt Dir viel mehr Mühe geben! Du darfst nicht so große Schritte machen! Halte Dich nicht so krumm, paß besser auf!"
Sagt sie nicht vielmehr: „Wie gut Du schon laufen kannst! Komm zu mir, fein hast Du das gemacht!"

Kaum aber ist das Kind etwas älter, so fängt das Tadeln an:
„Schmier nicht so beim Essen herum! — Sitz doch nicht so krumm! — Rede nicht so laut! — Sprich nicht so leise! — Du erzählst so undeutlich! — Sei doch nicht so vorlaut! — Willst Du wohl besser schreiben? — Kannst Du denn nie die Schuhe putzen? — Mußt Du denn immer freche Antworten geben? — Benimm Dich doch endlich höflicher! — Die Fehler in der Arbeit hättest Du doch wirklich vermeiden können! — Deine langen Haare sehen einfach scheußlich aus! — Dein Berichtsheft hättest Du viel ordentlicher führen können! — Kannst Du denn Dein Geld nicht für etwas Besseres ausgeben?"
Ganze Schulklassen werden in Bausch und Bogen getadelt: „Ihr seid die dümmste Klasse, die ich je gehabt habe! — Mit Euch kann kein Mensch etwas anfangen!"
Auszubildende kriegen zu hören: „Sind wir froh, daß Du einigermaßen durch die Prüfung gekommen bist! — Nach der Prüfung such Dir eine andere Stelle, wir wissen, daß Du nichts kannst!"
So tadeln sich viele Erziehungsberechtigte durch ihre Erzieherjahre hindurch in der Hoffnung, durch ständigen Tadel positive Verhaltensweisen zu erreichen, aber mit dem traurigen Endergebnis von Resignation und Entfremdung bei Erzieher und Zögling.

Welchem Trugschluß sind diese Erzieher erlegen?

Sie glauben, Tadel rüttelt auf und spornt an.

Sie wissen oder sehen nicht, daß Tadel negativ verstärkt, das heißt,
▷ er fordert nicht auf, sondern schreckt ab,
▷ er erweckt nicht Lust-, sondern Unlustgefühle,
▷ er macht nicht froh und frei, sondern unwirsch und mutlos,
▷ er verändert nicht die Situation, sondern verdrängt nur die getadelte Fehlhaltung, die sofort wieder auftritt, wenn der Tadel ausbleibt.

- ▷ Ständiges Tadeln verunsichert und verkrampft das Kind,
- ▷ läßt seine Minderwertigkeitsgefühle stärker werden,
- ▷ seine Aktivität erlahmen,
- ▷ treibt es — je nach Veranlagung — in Aggression, Resignation oder Vereinsamung.

Nun soll hier keiner Idealpädagogik das Wort geredet werden, die vom Erzieher Menschenunmögliches verlangt. Jeder Erziehungsberechtigte hat irgendwann einmal schon getadelt und wird kaum gänzlich ohne Tadel auskommen.

Hier soll nur sehr deutlich werden:

Tadel ist kein positiv zu bewertendes Erziehungsmittel, sondern ein Notbehelf. Man kann durch Tadeln Fehlverhalten aufdecken, aber kaum beseitigen. Tadel, sehr behutsam und äußerst sparsam angewendet, muß immer eingebettet sein in die positive Verstärkung durch Lob!
Sicher gibt es Kinder und Jugendliche, deren Verhalten tadelnswert und kaum lobenswert ist, und ganz gewiß fordert eine möglichst tadelarme Erziehung im alltäglichen Erziehungsgeschehen von den Erziehungsberechtigten großes pädagogisches Einfühlungsvermögen und viel Geduld.

Aber die bessere Erziehungsweise erhofft für die Zukunft bessere Menschen — ist das nicht ein Ziel, für das man als falsch erkannte Erziehungsmethoden gern aufgeben kann?

i) Befehl

Es gibt Eltern, deren Erziehungsgespräch ausschließlich aus Befehlen besteht: „Steh auf! — Zieh Dich an! — Mach das Schlafzimmerfenster auf! — Iß! — Trink! — Zieh Schuhe und Mantel an! — Paß auf in der Schule! — Gib acht auf der Straße! — Sei höflich zur Lehrerin! — Mach Deine Schulaufgaben! — Mach Dich nicht so dreckig beim Spielen! — Spiel nicht mit dem Nachbarskind! — Komm pünktlich nach Hause! — Beeil Dich beim Essen! — Zieh Dich aus! — Schlaf gut! —“

Eine Wolke von Befehlen regnet von früh bis spät auf die Kinder herab — sie werden um so unempfindlicher dagegen, je länger und ausdauernder dieser Regen fällt und gleichzeitig leider auch unempfänglich für echte, wohlgemeinte Ratschläge.

Alles, was billig zu haben ist, wird leicht billig. Dauernde Befehle ermüden, das Kind hört gar nicht mehr hin.

Es kann aber auch passieren, daß es resignierend aufgibt und zum Befehlsempfänger erzogen wird, zu einem Menschen, der nur noch auf Befehle etwas ausführen kann, der in der Hand demagogischer Elemente zum willenlosen Werkzeug wird.
Dabei hat ein Befehl durchaus seine Berechtigung dann, wenn das Kind aus Unwissenheit oder Mutwillen sich selbst und andere in Gefahr bringt, oder wenn es aufmerken soll, um etwas Wichtiges zu lernen:

„Geh nur bei ‚Grün‘ über die Straße! — Hör sofort auf, Deinen kleinen Bruder zu schlagen! — Hör zu, wenn ich Dir diese Formel erkläre!“

Kind sein ist süß

Tu dies! Tu das!
Und dieses laß!
Beeil Dich doch!
Heb die Füße hoch!
Sitz nicht so krumm!
Mein Gott, bist Du dumm!
Stopf's nicht in Dich rein!
Laß das Singen sein!
Du kannst Dich nur mopsen!
Hör auf zu hopsen!
Du machst mich verrückt!
Nie wird sich gebückt!
Schon wieder 'ne Vier!
Hol endlich Bier!
Sau Dich nicht so ein!
Das schaffst Du allein!
Mach Dich nicht so breit!
Hab' jetzt keine Zeit!
Laß das Geklecker!
Fall mir nicht auf den Wecker!
Mach die Tür leise zu!
Laß mich in Ruh!
Kind sein ist süß?
Kind sein ist mies!

Susanne Kilian

Es gibt Situationen, die für Kinder und Jugendliche gefährlich sind und Entscheidungen, die sie noch nicht allein treffen können. Dann hat ein kurzer, klarer Befehl seinen Sinn, und niemand wird dagegen etwas sagen.

Man muß sich aber vor der Entwertung solcher berechtigter, oft lebenserhaltender Befehle hüten, indem man zu oft und zu unüberlegt in völlig überflüssigem Befehlston zu Kindern und jungen Menschen spricht.

j) Verbot

Beispiel:

Der siebenjährige Christian ist mit Mutter und Geschwistern im Schwimmbad. Er springt unternehmungslustig wieder und wieder vom 3-Meter-Brett und will nun unbedingt auch vom „Fünfer" den Absprung wagen. Mutter verbietet es, der erwachsene Bruder Frank sagt: „Laß ihn doch, es kann nicht viel passieren." „Aber genug!" sagt Mutter, „sieh Dir doch den dürren Burschen an; wenn der aufplatscht, ist nichts mehr von ihm übrig! Und was sage ich Vater hinterher, wenn Christian doch etwas geschehen ist?"
„Aber wenn er nun Angstkomplexe kriegt und nie mehr springen will?" fragt Frank. Die Meinungen bleiben geteilt, Mutter schließt mit Christian einen Kompromiß: „Nächstes Jahr im Frühsommer springst Du vom Fünfer." Sie denkt: „Hoffentlich hat Vater dann Zeit, dabei zu sein. Ich soll immer allein die Verantwortung tragen!"

Für das Verbot gilt das gleiche wie für den Befehl: So wenig wie möglich — erst denken, dann verbieten! Nicht eine verbotsfreie, sondern eine verbotsarme Erziehung ist wünschenswert.

Die Frage, wann ein Verbot richtig oder falsch ist, stellt viele nachdenkliche Erzieher immer wieder vor schwer zu entscheidende Probleme, zum Beispiel solche:
„Wird mein körperlich zartes Kind nicht überfordert, wenn ich ihm erlaube, sowohl zum Sportverein als auch zur Gitarrenstunde zu gehen? Was von beidem soll ich verbieten?" — „Kann ich meinen Jungen unbedenklich mit dem Freund verkehren lassen, von dem ich weiß, daß er süchtig ist? Kann mein Sohn ihm helfen, oder wird er selber zum Drogenkonsum verführt werden?" — „Sollen wir den sechzehnjährigen und älteren Schülern das Rauchen in der Pause gestatten, obwohl es so schädlich ist?"
Verbote fordern beim zu Erziehenden besonders viele Gegenreaktionen heraus: Trotz, Aggression, Weigerung, Umgehung, Lüge, Zorn, Wut, Leid, Unlust, Lethargie, Resignation, Abbruch der Beziehungen.
Häufig meinen die Kinder und Jugendlichen, der Erzieher „wolle ihnen nur was", er wolle sie quälen, tyrannisieren, seine Macht an ihnen auslassen. Besonders Jugendliche in den mittleren Schulklassen und Auszubildende empfinden so. Dabei darf man von sehr vielen Erziehern sagen, daß sie, gerade wegen der Reaktionen von jungen Menschen, ihre Verbote wohl überlegen und begründen, und daß auch die Jugendlichen gut daran tun, Verbote nicht rundweg abzulehnen, sondern sie auf ihre Berechtigung hin zu durchdenken und dann zu akzeptieren.

starke Schläfrigkeit bei Ermüdung, in hyster. Zuständen und in Hypnose (Schlafsucht); i. w. S. Teilnahmslosigkeit, geistige Trägheit.

Hierzu ein schmerzliches Beispiel:

An einem Gymnasium erreicht die SMV, daß die Oberstufenklassen das Schulgelände während der Pausen verlassen dürfen, trotz erheblicher Bedenken eines Teiles der Eltern- und Lehrerschaft: Wie soll sich zum Beispiel die Pausenaufsicht verhalten? Ist eine Kontrolle darüber, ob wirklich nur Oberstufler hinausgehen, überhaupt möglich? Sind die jungen Leute noch versicherungsrechtlich geschützt, wenn sie in den Pausen das Schulterrain verlassen?
Wenige Wochen nach der Erlaubnis verunglückt eine Schülerin während der Pause tödlich, als sie unachtsam eine nahegelegene Hauptstraße überquert und dabei von einem Lkw überrollt wird, dessen Fahrer sich verkehrskorrekt verhalten hat. Erschütterung und Bestürzung bei Eltern, Lehrern und Schülern sind sehr groß.
Das alte Verbot, nach dem das Schulgelände während der Pausen nicht verlassen werden darf, wird mit Zustimmung der SMV wieder eingeführt.

Man fragt sich: Mußte erst ein junges Menschenleben ausgelöscht werden? War nicht der einsichtigere Teil der Eltern- und Lehrerschaft der, welcher gegen eine solche Erlaubnis Stellung nahm und das Verbot aus wohldurchdachten Gründen aufrechterhalten wollte?

Verbieten oder nicht verbieten?

Der Erzieher sollte beim Aussprechen eines Verbotes folgendes überlegen:

▷ a) Das Verbot muß möglichst zwischen Erzieher und Zögling vorher durchgesprochen und von beiden bejaht werden. Auch kleine Kinder sind meistens viel zugänglicher und einsichtiger, als man ihnen gemeinhin zutraut.

▷ b) Das Verbot darf nichts Unmögliches fordern, beispielsweise absolutes Schweigen während der Mahlzeiten oder während einer Werkunterrichtsstunde.

▷ c) Das Verbot kann auf eine bestimmte Zeit befristet werden.

▷ d) Das Verbot soll niemals als Strafe, sondern als Schutz- und Hilfsmaßnahme ausgesprochen werden. Einem Kind, das eine Arbeit schlecht geschrieben hat, zum Beispiel einen gemeinsamen Stadtbummel zu verbieten, wäre falsch. Statt dessen könnte man besser sagen: „Lern lieber heute, ich bleibe dann auch hier und erledige eine dringende Arbeit. Wir gehen nächste Woche zusammen aus."

▷ e) Vom Erzieher erwartet man eine größere Reife als vom Jugendlichen. Hält ein Erziehungsberechtigter nach reiflicher Überlegung ein Verbot als Schutzmaßnahme für seine anvertrauten Kinder für unumgänglich, so soll er es auch durchsetzen, selbst wenn er zunächst auf keine Einsicht stößt. Er muß aber gleichzeitig für Selbstkritik und ein klärendes Gespräch immer bereit sein.

k) Kläpse, Schläge, Prügel

Beispiel:

Der sechzehnjährige Bernhard erzählt im Unterricht:
„Ha, mein Vater hat früher immer feste draufgehauen, mit einem ordentlichen Knüppel — das funkte nur so!" Er unterstreicht mit Gesten deutlich, was er sagt. Über die Frage, ob die Schläge etwas genutzt hätten, denkt er eine Weile nach und antwortet dann: „Nö — eigentlich nicht! — Der sollte mich heute noch mal anpacken, dann gäb's aber was! — Aber ich nehm' es ihm nicht übel — Schwamm darüber!"

Bernhard hat in wenigen Sätzen die ganze Sinnlosigkeit von Schlägen charakterisiert:

„Genutzt haben sie nichts, — den Schaden, den sie angerichtet haben, will ich vergessen, — jetzt bin ich selber ein Mann, jetzt kann ich zurückschlagen, wenn es sein muß!" —

Schläge mit der Hand, Prügel mit dem Stock sind absolut und kompromißlos abzulehnen, und es gibt kein Argument, das diese Erziehungsmaßnahmen rechtfertigt.

▷ Ist es etwa richtig, dem zu Erziehenden körperliche Schmerzen zuzufügen?

▷ Darf man seine eigenen Aggressionen an ihm auslassen?

Schläge (nach e. o. plauen)

- ▷ Sollen die Schläge eine Machtposition ausdrücken, wie es etwa im Tierreich bei den Hühnern geschieht, die sich ihre Rangstellung gegenseitig erpicken?
- ▷ Sind Schläge eine Abwehrhaltung des Erziehers, notwendig zur Distanzierung?
- ▷ Ist der Stock, die Verlängerung und Verstärkung des menschlichen Armes, nicht geradezu ein Marterinstrument?
- ▷ Muß nicht jedem Erzieher die Bedeutung der Wörter „ver-stockt" und „verschlagen" sehr zu denken geben?

Hier ein erschütternder Zeitungsbericht:

dpa Düsseldorf, 7. Dez. 1972. Weil ihr die Eltern mit Gewalt das Bettnässen abgewöhnen wollten, mußte die fünfjährige Ursula in Düsseldorf qualvoll sterben. . . . Die Anklage legt den Eltern, die außerdem noch fünf weitere Kinder haben, zur Last, das Mädchen im April vergangenen Jahres wegen seines Bettnässens so schwer mißhandelt zu haben, daß die Fünfjährige kaum noch Nahrung zu sich nahm und völlig entkräftet dahinsiechte. „Gefühllos und unbarmherzig" — so die Anklage — hatten sie schließlich das hochfieberkranke Kind in völliger Apathie sich selbst überlassen, aus Angst, ein herbeigerufener Arzt könnte die schweren Mißhandlungsspuren entdecken. Erst als sich eine Fürsorgerin nach dem Kind erkundigte, rief die Mutter einen Arzt zu Hilfe. Doch auch ärztliche Kunst hatte dem Mädchen nicht mehr helfen können, es lag tot in seinem Bettchen.

Der Deutsche Kinderschutzbund gibt 1975 folgende erschütternde Daten bekannt: Jährlich werden in der Bundesrepublik Deutschland etwa 30000 bis 80000 Kinder von ihren Eltern mißhandelt, wobei nur 5—10% der Fälle aufgedeckt werden. Rund 5000 Erwachsene müssen sich alljährlich wegen Kindesmißhandlung vor Gericht verantworten. 85% aller Eltern halten das Prügeln für ein geeignetes Erziehungsmittel.

(Aus: „Terre des Hommes", Januar 1975, Seite 25.)

Und die Kläpse?

Wenn es wirklich nur ganz leichte, schmerzlose Schnell-Hinweise sind, mögen sie — sparsamst verteilt — eine Berechtigung haben: Wenn das Kind trotz Warnung nach der heißen Herdplatte faßt, die heiße Kaffeekanne herabreißen will, mutwillig immer wieder nach der Mutter schlägt, das kleinere Geschwisterchen haut, absichtlich im Teller herummanscht, obwohl es richtig essen kann.

Bei zunehmendem Alter und wachsender Einsicht des Kindes werden Kläpse überflüssig, und ein Zwölfjähriger wird darüber wohl nur in schallendes Gelächter ausbrechen.

l) Strafarbeit

Beispiel:

Christoph (viertes Schuljahr), hat eine Strafarbeit auf, weil er „Arzt", obwohl das Wort deutlich an der Tafel stand und extra besprochen wurde, so schrieb: „Artzt". Nun muß er 30mal schreiben: „Nach l, n, r, das merke ja, steht nie „tz" und nie „ck"!

Seine Mutter beobachtet, daß er am nächsten Tag beinahe wieder „Artzt" geschrieben hätte.

Ein Klassenkamerad muß zur Strafe wegen einer fehlenden Hausaufgabe eine Geschichte abschreiben, die im Lesebuch drei Seiten lang ist.

Es ist widersinnig, ein Kind zur Arbeit erziehen zu wollen, indem man es mit Arbeit bestraft.

Wie soll es später je einen Sinn in einer Arbeit erkennen können, wenn es schon als Kind zu zusätzlicher Arbeit gezwungen wurde, die ihm seine freie Zeit nahm, und die deswegen äußerst widerwillig von ihm erledigt wurde? Welcher Unverstand eines Erziehers liegt in seiner Ansicht, Strafarbeit würde das Kind dazu bringen, in Zukunft eine positive Einstellung zur Arbeit zu finden!

Nun gibt es Kinder und Jugendliche, die alle Aufgaben und Arbeiten schludrig erledigen, viele gar nicht erst machen, alle Zeit vertrödeln und Arbeit grundsätzlich aus dem Wege gehen.

Sofern sie bereits zu verwahrlosen drohen, müssen sie von besonders ausgebildeten Pädagogen und Psychologen betreut und behandelt werden.

Bleibt die Arbeitsunlust im Rahmen einer normalen Entwicklung, so muß mit viel Geduld und positiver Verstärkung durch Lob und Anerkennung bei dem geringsten Erfolg versucht werden, den Arbeitswillen wieder anzukurbeln.

Strafarbeit ist dazu ein völlig unangebrachtes Erziehungsmittel.
Aber auch bei anderen kindlichen Verfehlungen, zum Beispiel bei Frechheiten, Grobheit u. a. m. bringt Strafarbeit keine Änderung zum Besseren. Sie steht ja in keinem Zusammenhang zu dem negativen Verhalten des Kindes und kann darum keine Wendung herbeiführen.

Arbeit kann als Strafmittel nicht eingesetzt werden, sondern nur als Mittel zur Wiederherstellung einer notwendigen Ordnung, zum Nachholen von etwas Versäumtem:

„Räum bitte Deine Schulbücher in die Regale, sie liegen so unübersichtlich auf Deinem Schreibtisch. — Dein Berichtsheft hast Du seit Wochen vernachlässigt — das Fehlende trage bitte jetzt nach." —

m) Strafe

Fast alle aufgezeigten negativen Erziehungsmittel enthalten das Element „Strafe".

Unter Strafe ist hier zu verstehen:

Bewußt ausgeführte Zwangsmaßnahmen der Erzieher, um hierdurch Verfehlungen, schuldhafte und falsche Verhaltensweisen der zu Erziehenden abzustellen oder positiv zu verändern.

Zur Strafe wird dem Kind etwas entzogen; Drohung kündigt meistens Strafe an; Tadel, Verbote werden als Strafe ausgesprochen; Schläge gehören zu den abscheulichsten Strafen; Straf-Arbeit enthält ihre Zielsetzung im Namen.

Man ist heute noch von früher her so an die Aussage gewöhnt: „Strafe muß sein!", daß allein die Umformung dieses Satzes in die Frage: „Muß Strafe sein?" Erstaunen und verwundertes Kopfschütteln auslöst.

Fragt man bohrend weiter: „Was bewirkt Strafe eigentlich?", so bekommt man die Antwort: „Besserung," aber der nachdenkliche Erzieher muß jetzt schon zögern: „Bessert Strafe wirklich?"

1) Ist es nicht vielmehr so, daß durch Strafe bekämpftes Fehlverhalten nur unterdrückt wird, aber nicht gänzlich verschwindet?
Durch Bestrafung werden Unlustgefühle mit der gerügten Verhaltensweise gekoppelt — fällt die Strafe fort, taucht das negative Verhalten sofort wieder auf.

Beispiel:

Karin ist unordentlich, sie läßt Kleidungsstücke, Spielzeug, Hefte wahllos herumliegen. Ihre Mutter tadelt sie häufig deswegen, schließlich bestraft sie Karin durch Schläge. Das Kind wird nun ordentlicher, es scheint sich geändert zu haben.

Eines Tages muß die Mutter für einige Wochen ins Krankenhaus. Sofort fällt Karin in ihren alten Schlendrian zurück. Von Besserung ist keine Rede mehr.

2) Strafen können auch bewirken, daß negative Verhaltensweisen zwar offenbar in einer bestimmten Umgebung aufhören, daß sich dafür aber an anderer Stelle, an der keine Strafe zu erwarten ist, die Unterdrückung um so heftiger entlädt.

Ein Jugendlicher, der in Schule oder Ausbildung durch harte Disziplinarmaßnahmen gehorchen gelernt hat, tyrannisiert zu Hause oft Eltern und Geschwister. Ein häufig geprügeltes Kind quält mitunter wehrlose Tiere. Hier bewirkt die Strafe nicht nur keine Besserung, sondern fördert andere negative Verhaltensmöglichkeiten.

3) Man kann außerdem beobachten, daß Kinder, die öfter wegen einer bestimmten Verfehlung bestraft wurden, insgesamt scheu, ängstlich und inaktiv werden. Nicht nur die bestrafte Verhaltensweise ändert sich, sondern das Gesamtverhalten. Dies ist eine der schlimmsten Folgen der Strafpädagogik, daß gezielt gesetzte Strafen ungezielt, gestreut treffen und verändern.

4) Häufig wird gedankenlos nicht ein Verschulden, sondern kindliches und jugendliches Unvermögen bestraft:

Das Kleinkind wird geschlagen, weil es eine Vase versehentlich zerbrach; der Achtjährige kriegt Stubenarrest, weil kein Bolzplatz vorhanden war und er beim Fußballspiel auf der Straße eine Schaufensterscheibe zertrümmerte; dem jugendlichen Kriminellen, der auf vernünftig-helfende Eltern verzichten mußte, ist aus eigenem Vermögen die Eingliederung in die Gesellschaft nicht gelungen — nun wird er von dieser Gesellschaft dafür bestraft.

5) Ob nun das Kind eine Strafe scheinbar gleichmütig erträgt und offenbar als etwas Alltägliches hinnimmt,
ob es sich aggressiv dagegen wehrt,
ob es aus Furcht vor Strafe in Lüge und Feigheit ausweicht,
ob es womöglich Angstneurosen erleidet —
immer ist das Gegenteil erreicht von dem, was die Strafe bezwecken sollte:

Unordnung statt Ordnung, Gestörtheit statt Entstörung, Kontaktunterbrechung statt Kontaktnahme.

Das gestrafte Kind kann im strafenden Erzieher nicht den liebevoll zugewandten Vertrauten, sondern muß in ihm den sich abwendenden Vollstrecker von Zwangsmaßnahmen sehen.

6) Der strafende Erzieher muß lernen, seine Strafbereitschaft in Frage zu stellen:

Straft er nicht oft, um eigene Aggressionen abzureagieren? — Aus verletzter Eitelkeit? — Aus Unkenntnis der Hintergründe des „Vergehens"? — Um autoritärer herrschen zu können? — Um Generationskonflikte gewaltsam zu lösen? — Aus Bequemlichkeit, eine bessere Erziehungsmethode zu suchen? — Aus Tradition? — Aus Unbeherrschtheit und Jähzorn? — Um unbewußt selbst erduldete Bestrafung durch seine Vorgesetzten weiterzugeben? — Aus schlechter Laune? — Aus Minderwertigkeitskomplexen? — Aus Anmaßung? — Aus Selbstüberschätzung? — Aus Mangel an Selbstkritik? — Aus Gerechtigkeitsfanatismus? —

Wenn nun der Erzieher zu dem Schluß kommt, daß Strafen nichts bessern, nichts ändern, nur verdrängen, so bleibt als einzige mögliche Konsequenz für ihn, eine straffreie Erziehung anzustreben und Strafe als Erziehungsmittel abzulehnen.

Zahlreiche Erzieher hatten und haben mit ihrer straffreien Erziehung offenkundige Erfolge,
so zum Beispiel Pater Flanagan (1886—1948, kath. Erzieher und Priester), der sich besonders entwurzelter Jugendlicher annahm. Er gründete 1917 die Jungenstadt „Boys Town" bei Omaha und erzog nach der Einsicht: „Auch im Verbrecher lebt, verschüttet und verwahrlost, das Gute. Man kann es wieder wecken, aber nicht durch Strafe, sondern durch unermüdliche Liebe."

A. S. Neill, der Gründer von Summerhill, schreibt: „Soweit ich das bisher beobachtet habe, ist bei dem frei erzogenen Kind keinerlei Strafe nötig. ... Es wird nie bestraft und braucht sich nicht schlecht zu betragen. Es braucht nicht zu lügen, Dinge zu zerbrechen. Sein Körper ist niemals als schmutzig oder unanständig bezeichnet worden. Es braucht nicht gegen die Autorität zu rebellieren oder seine Eltern zu fürchten. ... Das gestrafte Kind wird immer schlimmer und schlimmer. Mehr noch, es wächst zu einem strafenden Vater oder einer strafenden Mutter heran, und der Zirkel des Hasses setzt sich von Generation zu Generation fort."[1]

Offenbar möchten viele Eltern das Strafen unterlassen, haben aber Angst vor negativen Folgen, vor Disziplinlosigkeit, Ungehorsam, abstoßendem Verhalten ihrer Kinder, Autoritätsverlust.

[1] A. S. Neill, a.a.O., S. 168, 171.

Der verlorene Sohn (von e. o. plauen).

Eine falsch verstandene und falsch interpretierte Erziehungslehre hat hier viel Schaden angerichtet, und etliche Eltern sind verunsichert. Sie haben Filme und Bilder gesehen von Kindern, die auf Klavieren herumtoben, Pudding auf Tisch und Bänken verschmieren, sich gegenseitig mit Farbe bekleckern. Die Eltern fürchten nun, daß mit solcher Erziehung nicht nur „alte Zöpfe" abgeschnitten werden, sondern gleichzeitig die notwendigen Dämme in der Erziehung brechen.

Straffreie Erziehung aber meint dies alles nicht.

Straffreie Erziehung meint:

- ▷ Strafe wird im alltäglichen Erziehungsablauf ersetzt durch Liebe, Zuwendung, Gespräch, Offenheit, gegenseitige positive Kritik, partnerschaftliche Aufhellung der Fehler aller Erziehungsbeteiligten, gemeinsame Anstrengungen, diese Fehler zu beseitigen, Wiedergutmachung.
- ▷ Der Erzieher begegnet dem anvertrauten Kind nicht mit der Macht der Gewalt, sondern mit den Mächten der Klärung, Vergebung und Versöhnung.
- ▷ Er zwingt dem jungen Menschen nicht das für ihn selbst bequemere Vorgesetzten-Untergebenen-Verhältnis auf, sondern geht mit ihm den Weg von zwei gleichberechtigten Partnern, die miteinander Gegenwart und Zukunft zu bewältigen versuchen. Das Miteinander erwartet von Eltern wie Kindern mehr Verantwortung, mehr Nachdenken, mehr Anforderungen an die eigene Person als ein autoritäres Verhältnis, in dem der eine Teil so lange der „Herrscher" bleibt, bis der andere „erwachsen" genug ist, um nun seinerseits die ‚Führerrolle" zu übernehmen und die „Dienerrolle" an seine Kinder weiterzugeben. Verzicht auf Strafe fordert vom Kind wie vom Erwachsenen mehr sittliches Verhalten, mehr Einsicht, mehr Reife, mehr Selbstdisziplin, nicht etwa weniger von allem.

Wird die straffreie Erziehung zu einem Leitmotiv für einen Erzieher, so bedeutet das eine Stärkung seiner Persönlichkeit und seiner Stellung, nicht etwa eine Schwächung, wie mancher Erziehungsunsichere meint.
Denn wer nicht straft, setzt dafür positive Erziehungsmittel ein, und dies Verhalten fördert ihn selbst, das Kind und die Kontakte zueinander.

Zum Nachdenken:

Der achtjährige Christian kommt aus der Schule nach Hause und erzählt voller Eifer: „Heute mußten alle nachsitzen, die das Rechnen nicht hatten. Nach dem Unterricht mußten sie es zur Strafe machen!" Mutter sagt: „Das ist doch sehr vernünftig von Eurer Lehrerin, daß sie den vergeßlichen Kindern erlaubt, in der Schule das Versäumte nachzuholen." „Nein", sagt Christian, „das war zur Strafe, sie mußten nachsitzen, und wenn ich Lehrer wäre, ich ließe sie zwei Stunden zur Strafe in der Schule, nicht bloß eine!" „Aber das ist doch falsch", sagt Mutter, „die Kinder sind doch nicht bestraft worden, sie sollten nur die Gelegenheit haben, unter Aufsicht die Aufgaben nachzumachen." Doch Christian will das nicht einsehen, er besteht darauf: „Es war Strafe, und Strafe muß sein!"
Mutter denkt: „Wenn auch die Kinder Strafe fordern, anstatt ein „In-Ordnung-Bringen" vorzuziehen — wie soll dann je eine straffreie Erziehung möglich werden?"

II. Der einzelne und seine Erzieher

1. Familie

Anregungen:

1. Nehmen Sie Stellung zu den im Grundgesetz für die Bundesrepublik Deutschland in Artikel 6 festgehaltenen Grundrechten für Ehe und Familie.
2. Diskutieren Sie über einen Vergleich der Familie mit anderen Lebensgemeinschaften, zum Beispiel Großfamilien, Wohngemeinschaften, Kibbuzim, Vielehen.
3. Tragen Sie Ihre Geschichtskenntnisse über die Entwicklung der Familie im Laufe der letzten Jahrtausende bis zur Gegenwart in unserem Kulturraum zusammen.
4. Schreiben Sie über Ihr Verhältnis zu Ihrer eigenen Familie in Ihr persönliches Begleitheft.

Heute wird verhältnismäßig oft an der Familie Kritik geübt: Sie sei überholt, veraltet, man brauche modernere Formen des Zusammenlebens, solche, mit denen sich das Industrie-Zeitalter besser bewältigen lasse.

Andere Stimmen fordern das Gegenteil:
Bewahrung und Festigung der Familie, weil sie die Keimzelle des Staates sei, und mit der Zunahme ungeordneter Familienverhältnisse gerate der Staat selbst in Unordnung.
Negative Erfahrungen mit dem Abbau der gesellschaftlichen Stütze „Ehe und Familie“ hat man in Rußland machen müssen, als man Anfang der zwanziger Jahre die Familienschutzgesetze als konservativ und antirevolutionär aufhob. Der Geburtenrückgang war erheblich, der elterliche Erziehungseinfluß sank so sehr, daß sich Streunertum und Kinderkriminalität beträchtlich zu häufen begannen. Deswegen wurde 1936 ein neues Familienschutzgesetz geschaffen, und mit „dieser Wiederanerkennung der Familie als gesellschaftliche Einrichtung setzte sich die Erfahrung durch, daß der Kernfamilie in ihrer Grundgestalt unabhängig vom politischen Aufbau des Staates ein hoher Ordnungswert zukommt.“[1]
Für die Familie spricht auch die steigende Anzahl von Kinderdörfern, in denen elternlose Kinder familienähnlich mit besten Erfolgen erzogen werden.

[1] K. M. Bolte: „Deutsche Gesellschaft im Wandel“, Bd. 2, Opladen 1970.

Eines muß bei allen Überlegungen über Vorteile und Nachteile der Familie bedacht werden:

- ▷ Man sollte möglichst vermeiden, von „der“ Familie zu reden. „Die“ Familie gibt es genau so wenig wie „die“ Jugend, „das“ Alter.
- ▷ Wichtig für ein Kind ist nicht „die“ Familie als Institution, sondern „seine“ Familie und ihre Beschaffenheit sind entscheidend, „seine“ Eltern und Geschwister, „seine eigenen“ Familienverhältnisse.
  Für das Kind ist ausschlaggebend,
  ob seine Familie auf dem Lande oder in der Stadt wohnt,
  ob es in einer Großfamilie, zusammen mit Großeltern, Eltern und Geschwistern oder nur mit Eltern und Geschwistern in einer Kleinfamilie aufwächst,
  zu welcher sozialen Schicht die Eltern gehören,
  ob sein Vater genügend mit an der Erziehung beteiligt oder die Mutter-Kind-Bindung einseitig zu stark ist,

Die moderne städtische Kleinfamilie ist weitgehend eine Freizeitfamilie geworden.

ob seine Eltern sich verstehen oder sich häufig streiten,
ob sein Spiel- und Lernraum groß genug oder zu sehr eingeschränkt ist,
ob seine Eltern ihm Verständnis entgegenbringen,
ob es zu den geliebten, angenommenen Kindern gehört oder nicht.
Diese Aufzählung erhebt keinen Anspruch auf Vollständigkeit. Sie soll nur zeigen, daß Familienverhältnisse genau so verschieden sind wie einzelne Menschen: Man kann nicht sagen, „die“ Familie ist gut oder schlecht; man soll sich in seinem Urteil immer nur — sehr vorsichtig — auf einzelne Familien beziehen, auf die besonderen Umstände, die sie geprägt haben.
Jede Familie hat Anspruch auf individuelle Beurteilung, und Vorurteile sind ihr gegenüber genau so ungerecht wie gegenüber einer einzelnen Person.
Diese Einsicht darf aber kein Hindernis sein, gewisse grundsätzliche Bedingungen für eine solche Familiengemeinschaft zu entwickeln, in der ein Kind bestmöglich aufgehoben ist und sich weitgehendst entfalten kann.

Zu diesen Bedingungen gehören:

▷ a) Das Kind wird von Anfang an bejaht und liebevoll in die Familiengemeinschaft aufgenommen.

Sein „Recht auf Leben“ besteht ja nicht nur darin, daß es regelmäßig gefüttert und gepflegt wird, sondern in einem viel umfassenderen Sinn darin, daß es zuallererst Anspruch auf die Liebe der Nächsten, das Angenommensein durch Eltern und Geschwister hat, auf Geborgenheit, Nestwärme, Zärtlichkeit, Herzlichkeit, fröhliche Gemeinsamkeit.

▷ b) Das Kind soll im Schonraum Familie zunehmend an Sicherheit gewinnen.

Es darf weder durch Vernachlässigung noch durch Überbehütung an seiner Entfaltung behindert werden.

▷ c) Das Kind soll frühzeitig ein vertrauensvolles Miteinander von seinen

Familienmitgliedern, die sich ja durch Alter, Geschlecht und Interessen voneinander unterscheiden, erlernen können.
Sein späteres soziales Verhalten hängt weitgehend davon ab, wie es in der Familie soziale Bindungen erlebt.
Das stellt an die Eltern die Anforderung, ihre Ehe durch ihr Verhalten zueinander zu festigen und bei Streitigkeiten eine partnerschaftliche Konfliktentflechtung, aber keine voreilige Scheidung anzustreben.
Das heißt ferner, daß Meinungsverschiedenheiten zwischen Eltern und Kindern miteinander ausgetragen werden. Sie gehören in die Gesprächsstunde am Familientisch, in das Familiengeschehen hinein. In der Familie muß der Versuch einer Bewältigung unternommen werden, nicht außerhalb, und alle beteiligten Familienmitglieder haben das gleiche Recht, ihre Ansicht darzulegen. Das Gruppengespräch in der Familie ist nicht nur notwendig, um dadurch eine innerfamiliäre Angelegenheit bereinigen zu können. Es ist darüber hinaus eine Vorübung für teilnehmendes Verhalten in anderen Gemeinschaften.

▷ d) In der städtischen Kleinfamilie müssen neue Formen des Miteinander-Tätigseins entwickelt werden, die in der bäuerlichen Großfamilie noch heute selbstverständlich sind.

Dort sieht das Kind noch die Arbeit von Eltern und Großeltern und übernimmt frühzeitig selbst Aufgaben, zum Beispiel in der Tierhaltung. Es ist eingebunden in das familienbetriebliche Geschehen und erlebt die Notwendigkeit von „Teamwork“, wenn alle zusammen Erfolge erzielen wollen.
In der Kleinfamilie geht der Vater meistens morgens früh aus dem Haus zu einer Arbeit, die das Kind weder kennt noch sich vorstellen oder beurteilen kann und kommt dann abgespannt nach Haus, wenn der größte Teil der Tageszeit des Kindes vorüber ist. Weder Kind noch Vater wissen voneinander, was sie in den vergangenen Stunden getan haben und sind beide meistens zu müde, um sich gegenseitig noch viel zu erzählen. Auch die Mittlerrolle der Mutter ist in diesem Falle gering, denn sie möchte abends ihren Mann endlich für sich haben. Bekannt sind die Klagen der „grünen Witwen“, die den ganzen Tag allein mit ihren Kindern sind.

Wo die natürlichen Bezüge einer Großfamilien-Wohn- und Arbeits-Gemeinschaft nicht mehr bestehen, die selbstverständliche Bindungen brachten, müssen sie durch andersartige, gleichwertige ersetzt werden, zum Beispiel

durch Familienunternehmungen in der Freizeit,

durch gemeinsame Übernahme von häuslichen Pflichten zur Entlastung der Mutter,

durch Mitplanen und Mitarbeit bei der Erstellung passenden Wohnraumes,

durch stärker bekundetes gegenseitiges Interesse an den Stunden, in denen man voneinander getrennt arbeitet,

durch gemeinsames Sorgen für ein krankes Familienmitglied.

Fehlen solche und ähnliche Bindungen, so fällt die Familiengemeinschaft auseinander, und es bleibt nur noch eine Essens- und Schlafgemeinschaft übrig.

Die Deutsche Akademie für Psychoanalyse veranstaltete im Herbst 1976 ein internationales Symposium in Düsseldorf, auf dem Misch- und Grenzfälle geistiger und seelischer Erkrankungen von Kindern, dem sog. „Borderline-Syndrom", im Zusammenhang mit der Entwicklung von der Großfamilie zur Kleinfamilie gesehen wurden. Professor Klaus B. Bahnson von der Jefferson-Universität in Philadelphia (USA) wies darauf hin, daß früher die zum Kern der Familie gehörenden Onkel und Tanten, Großväter und Großmütter den Kindern wesentliche Erfahrungsschätze übermitteln konnten. Nachdrücklich sprach sich deswegen die wissenschaftliche Leiterin des DAP-Institutes in Düsseldorf, die Diplom-Psychologin Ursula Keller, für mitgliederstärkere Familien aus, in die in einer Art Wahlverwandtschaft auch Freunde und Bekannte aufgenommen werden könnten, um so die Zahl der Kontaktpersonen für das Kind zu erhöhen.

(dpa-Meldung, Düsseldorf, den 6. Oktober 1976.)

▷ e) Die Berufstätigkeit der Mutter muß zum „Wohle" und darf nicht zum „Wehe" für die Familie werden.

Das heißt: Die mitarbeitende Mutter soll selbstverständlich von ihren Familienmitgliedern erwarten, daß sie ihr dafür bei der Hausarbeit ständig und spürbar helfen. Sie hat das gleiche Recht wie alle anderen Familienangehörigen auf geregelte freie Zeiten. Nur so kann sie ohne Schaden die zusätzliche Arbeit körperlich und seelisch verkraften, nur so bleibt sie die ausgeglichene, fröhliche Frau und Mutter, die für eine gute Familiengemeinschaft so unersetzlich ist.

▷ f) „Mehr Demokratie in der Familie zur Erhaltung der Familie" — dies ist zunächst ein Schlagwort, das aber Wahrheit enthält. Jede Familie muß heute lernen, gleichgültig, wodurch auch immer sie sich von den anderen unterscheidet, möglichst viel Gleichberechtigung zu praktizieren.

Der Vater, der patriarchalisch regiert — die Mutter, die Emanzipation der Frau als zu einseitige Selbstverwirklichung versteht — die Kinder, die gedankenlos nur ihre persönlichen Wünsche durchsetzen wollen — solche Familienmitglieder leben zu ungebunden nebeneinander her und werden, falls sie sich nicht zueinander hin zusammenfinden, ihr ganzes Leben lang Schwierigkeiten bei der Gestaltung guter, zwischenmenschlicher Beziehungen haben, weil sie diese nicht von Kindheit an erleben und erlernen konnten.

In ihrem „Bericht über die Lage der Familie in der Bundesrepublik Deutschland" vom 15. April 1975 bestätigt die Bundesregierung auf Seite VI den hohen Rang der Familie innerhalb unserer Gesellschaft:
„Die Bundesregierung hat durch eine Reihe von ihr eingeleiteter Reformen deutlich gemacht, welch hohen Stellenwert sie der Familie in unserer Gesellschaft einräumt. Ihre Politik für die Familie beruht auf den Wertentscheidungen des Grundgesetzes zu Ehe, Familie und Persönlichkeitsentfaltung und auf der unveränderten Bejahung der Familie durch die Gesellschaft. Die Entwicklung zur Industriegesellschaft ist zwar nicht ohne Auswirkungen auf die Familie und ihre Funktionen geblieben. Die Familie ist aber auch in ihrer heutigen Struktur für die Befriedigung der Bedürfnisse nach mitmenschlicher Gemeinschaft, für die Entwicklung des einzelnen Menschen zur sozial-kulturellen Persönlichkeit und darüber hinaus für den Fortbestand und die Fortentwicklung der Gesellschaft unentbehrlich."

2. Geschwister

Anregung:

Schreiben Sie in Ihr persönliches Begleitheft, an welcher Stelle Sie in der Geschwisterreihe stehen, ob Sie zu manchen Geschwistern besondere Zuneigung oder Abneigung hegen, ob Sie die Gründe hierzu kennen; wie Sie, falls Sie ein Einzelkind sind, diese Stellung beurteilen.

Seit einiger Zeit unternehmen Pädagogen und Psychologen den Versuch, die Beziehungen von Geschwistern zueinander und die Bedeutung der Stellung in der Geschwisterreihe für die Entwicklung eines Kindes wissenschaftlich zu klären.

Diese Forschungen wollen sicher keine Normen aufstellen. Bei der Anzahl zwischenmenschlicher Beziehungen ist dies gar nicht möglich. Sie wollen vielmehr Verhaltensweisen deuten, und dies kann dazu beitragen, daß falsches Erziehungs-Verhalten durch richtiges ersetzt wird.

▷ a) Eltern sollten wissen, daß die Liebe der Geschwister zueinander keineswegs von vornherein selbstverständlich ist.

Gerade zwischen Geschwistern tauchen starke Rivalitätsprobleme auf, und der Kampf um die Liebe der Eltern wird oft hart ausgefochten.

„Ihr zieht den (die) anderen vor!" — diese Anschuldigungen eines Kindes sollen Eltern ernst nehmen und sich prüfen, ob sie nicht wirklich dem einen Kind etwas versagen, was sie dem anderen erlauben. Oft geschieht das allerdings völlig zu Recht, denn Eltern können zum Beispiel einem zarteren Mädchen nicht die gleiche starke sportliche Betätigung gestatten wie einer robusteren Schwester. Das sieht aber noch lange nicht jedes Kind ein, und so müssen Eltern immer wieder Rivalitätsverhalten ihrer Kinder durch dauernde Beweise ihrer Liebe zu allen Kindern abbauen. Dazu gehören Einfühlungsvermögen und Überprüfen der eigenen Erziehungsmethoden.

▷ b) Dem ältesten Kind wird bei mehreren nachfolgenden Geschwistern oft zu früh große Mitverantwortung zugeschoben.

Seine Mithilfe ist bei der Arbeitsüberlastung der Mutter nötig. Trotzdem soll das Kind nicht zu sehr in seinem Spielen und Lernen wegen der jüngeren Geschwister eingeschränkt werden. Das älteste darf nicht den Eindruck gewinnen, ein Aschenputtel zu sein, das nur für die anderen da ist. Eltern tun daher gut daran, dem ersten Kind zu zeigen, daß sie stolz auf seine besondere Leistung sind. Sie können es beispielsweise durch eine gesonderte Spiel- und Bastelstunde, durch einen gemeinsamen Spaziergang belohnen. Das Kind muß merken, daß seine Eltern ihm für seinen Einsatz dankbar sind.

▷ c) Manchmal bleibt ein Kind lange Jahre allein, ehe ein Geschwisterchen dazukommt.

Nun muß es Raum und vor allem Liebe teilen: So empfindet es zumindest oft, wenn es die besonderen Bemühungen von Eltern und Verwandten um das Kleine bemerkt. Wer wollte dem Ältesten Neid- und Eifersuchtsgefühle übelnehmen? In solch einem Fall ist es sehr wichtig, das Kind mit in die Pflege des Säuglings einzubeziehen, ihm dessen Hilflosigkeit, seinen eigenen reifemäßigen Vorsprung zu erklären und es ebenso wie das Kleine häufig in die Arme zu schließen. Das erste Kind muß spüren, daß ihm keine Liebe entzogen wird, sondern daß sich elterliche Liebe durch Teilung vermehrt.

▷ d) Die nachfolgenden Kinder finden ältere Geschwister vor, die ihnen meistens ihre geistige und körperliche Überlegenheit recht deutlich zeigen.

Das geht immer mit Kämpfen ab, und viele Eltern seufzen unter der „Polizisten“-Rolle, die ihre streitlustigen Kinder ihnen aufzwingen wollen.

Am besten mischen sie sich möglichst wenig ein und versuchen auch nicht, den Schuldigen herauszufinden. Kinder sollen selbständig lernen, sich „zusammenzustreiten“, sie werden als Erwachsene auch Auseinandersetzungen untereinander austragen und überwinden müssen.

Die nachfolgenden Kinder sind im allgemeinen weniger eifersüchtig und leiden nicht so oft unter einem angeblichen oder tatsächlichen Liebesentzug. Die Eltern gehen mit ihnen meist sorgloser um, da sie ja schon Erfahrung in der Kindererziehung haben. Jedes Kind bringt auch mehr Arbeit mit sich, so daß die Eltern zwangsläufig nicht mehr so viel Zeit auf jedes einzelne verwenden können. Das kann nachteilig zur Folge haben, daß sie sich um die Bildungsmöglichkeiten der nachfolgenden Kinder nicht mehr so sehr kümmern, so daß diese bei gleicher Intelligenz unbegabter erscheinen. Dies kann aber auch zum Ansporn werden, so daß die „Kleinen“ später sehr strebsam sind und als Erwachsene ihre älteren Geschwister überrunden können.

▷ e) Ein besonderes Erziehungsgeschick erfordert immer das Einzelkind.

Es muß auf die kindlichen Auseinandersetzungen im Geschwisterkreis ebenso verzichten wie auf die verbindenden, gemeinsamen Spielstunden. Es fehlen ihm die Kritik durch die Geschwister, die Möglichkeiten, Teilen und Verzicht zugunsten anderer, Einordnung, Mitleiden, Mithelfen und Mitfreuen im Geschwisterkreis zu lernen. Es ist einsamer und langweilt sich leichter, und die so wichtigen sozialen Beziehungen gewinnt es nicht einfach nebenher: Manches Einzelkind hat sein Leben lang unter Kontaktarmut zu leiden. Es hat zu viel mit Erwachsenen zu tun und wird häufig entweder zu verzärtelt erzogen oder zu früh als Erwachsener betrachtet und dann seiner Alters- und Reifestufe entsprechend überfordert. Die Gefahr besteht, daß es unbeholfener, umweltfremder, oder egozentrischer, hochmütiger, streitsüchtiger als Kinder mit Geschwistern wird und sich eher einsam und unverstanden fühlt. Darum muß das Einzelkind oft mit anderen Kindern zusammen seine Arbeits- und Freizeit verbringen können.

▷ f) Viele Eltern versuchen, in einer möglichst gleichen Behandlung ihrer Kinder möglichst gerecht zu sein und scheitern bei diesen Bemühungen.

Sie übersehen nämlich dabei die Individualität jedes Kindes und seine verschiedenen Ansprüche. Das ängstliche Kind braucht mehr Ermunterung, das selbstbewußte mehr Mitverantwortung, das Einzelkind gleichaltrige Freunde.

Elterliche Erziehungskunst besteht nicht zuletzt in der Fähigkeit, jedes Kind individuell zu betreuen, allen Kindern zusammen aber das Gefühl gleichbleibender, liebevoller Zuwendung zu vermitteln.

3. Die unvollständige Familie: Vater oder Mutter fehlen

Anregung:

Möglicherweise sind Sie selbst in einer unvollständigen Familie aufgewachsen. Vielleicht schreiben Sie darüber in Ihr persönliches Begleitheft.

Wie wichtig für eine günstige Entwicklung eines Kindes seine Familie ist, in der — geborgen, geliebt und eingebettet — es sich entwickeln darf, wurde schon klar gesagt, ebenso deutlich aber auch hinzugefügt, daß dazu bestimmte Voraussetzungen innerhalb der Familie notwendig sind, die sie selbst schaffen und bewahren muß.

Leider gibt es heute viele Kinder, die schuldlos auf eine vollständige Familie verzichten müssen, weil ein Elternteil fehlt: Möglicherweise sind ihre Mütter ledig, oder ihre Väter verunglückten tödlich, oder die Eltern sind geschieden, oder die Mütter sind früh verstorben.

a) Eine unverheiratete Mutter hat es auch heute noch sehr schwer. Nicht nur, daß sie immer noch von vielen Menschen schief angesehen wird — sie muß darüber hinaus die Erziehungsprobleme ihres Kindes weitgehendst alleine bewältigen.

Meistens muß sie arbeiten — wo bleibt in der Zeit das Kind? Gibt sie es zu den Großeltern, zu Pflegeeltern oder in ein Heim? Reicht der Verdiensteiner Halbtagsstelle zum Leben, oder muß sie acht Stunden täglich arbeiten? Hat sie abends noch genug Kraft, sich liebevoll ihrem Kind zu widmen? Muß sie dem Kind zuliebe auf privates, neues Glück verzichten? Wie wird ihr Kind zu einem Stiefvater stehen? In den ersten Jahren, in der die Mutter-Kind-Bindung stark genug ist, wird ihr Kind vielleicht den Vater kaum vermissen, aber später — braucht es da nicht den fehlenden männlichen Erziehungspartner?

Zwar ist das nichteheliche Kind seit dem 1. 7. 1970 rechtlich wesentlich besser geschützt als früher, es gilt mit dem Vater als verwandt und ist erbberechtigt. Der Mutter wird ein vom Jugendamt bestellter Pfleger zur Seite gegeben, auf den sie aber auf Antrag verzichten kann. Sie darf mit mancherlei Hilfen rechnen: mit der Entbindung in einem Mütterheim, mit der Pflege ihres Kindes in einem Säuglingsheim, bis sie eine bessere Lösung gefunden hat, mit der Vermittlung von Pflegeeltern u. a. m. Aber niemand nimmt ihr letztlich ihre Erziehungsverantwortung ab und die tägliche Bewältigung ihrer besonderen Situation. Sie und ihr Kind müssen mit Problemen fertig werden, die es in einer Familie so nicht gibt.

Hier hilft kein Beschönigen, hier muß nur immer wieder versucht werden, mehr zu tun:

Durch den Staat, z. B. durch Zahlung eines ausreichenden Erziehungsgeldes, damit die Mutter sich ihrem Kind in den ersten drei Lebensjahren ganz, bis zum 10. Jahr halbtags widmen kann;
durch finanzielle Hilfen zur Verbesserung der Wohnungssituation alleinstehender Mütter mit Kindern, die zu 14% noch zur Untermiete und zu 21,9% in Haushaltsgemeinschaft mit anderen Personen wohnen müssen (lt. 2. Familienbericht der Bundesregierung, 1975, Seite 100);
durch vermehrte Nachbarschaftshilfe: Mutter und Kind werden beispielsweise regelmäßig in befreundete Familien eingeladen;
das Kind macht mit den Nachbarskindern zusammen Schulaufgaben und spielt mit ihnen, wenn die Mutter noch arbeiten muß;
der Mutter können Nachbarn zu oft so benötigten Gesprächspartnern werden.

b) Bei der geschiedenen Frau, der das Kind zugesprochen wurde, kommt noch hinzu, daß der Vater das Kind zu bestimmten Zeiten einladen und besuchen darf.

Dadurch werden Kinder zwischen den Elternteilen immer wieder hin- und hergerissen, in ihren Gefühlen beeinflußt und verunsichert, zwiespältig in ihrem Innern und skeptisch gegenüber eigener Kontaktaufnahme zu anderen. Oder sie versuchen, die Eltern gegeneinander auszuspielen und daraus eigenen Gewinn zu erzielen. Aus solchem Verhalten entwickelt sich nicht selten bei Kindern Egoismus, Gefühlsarmut und eine gewisse Verrohung.

Im Jahr 1974 wurden — nach Angaben des Statistischen Jahrbuches 1976 — 98584 Ehen geschieden; die Ehescheidungszahl nahm gegenüber dem Vorjahr um 9,3% zu. Fast 40% der geschiedenen Ehen waren kinderlos; trotzdem wurden 60824 minderjährige Kinder von der Scheidung der Eltern betroffen.

c) Mutterlose Kinder werden in vielen Fällen durch Wiederheirat des Vaters eine zweite Mutter bekommen.

Wenn auch das Märchen von der „bösen Stiefmutter“ noch immer erzählt wird und Schaden anrichtet, so kommen Kinder meistens mit Ersatzmüttern doch verhältnismäßig gut aus. Es muß aber auf beiden Seiten der Wille zur Gemeinsamkeit da sein.

Anregung:

Bei Kindern unvollständiger Familien ist die Hilfe derjenigen nötig, die nicht ein so leidvolles Schicksal erdulden müssen.

Kennen Sie nicht ein Nachbarskind, einen Klassenkameraden, eine Arbeitskollegin, die Sie öfter einladen können, mit denen Sie Schularbeiten machen, Ihre Freizeit teilweise verbringen, Kontakte herstellen? Lassen Sie sich durch ein abweisendes Verhalten nicht beeindrucken. Es ist oft nur ein Schutzschild, mit dem sich solche Menschen umgeben, um erneuten Enttäuschungen vorzubeugen. Helfen Sie, aber nicht aus einer augenblicklichen Begeisterung heraus, die bei der ersten Enttäuschung erlischt, sondern sehen Sie Ihre Hilfe als eine länger währende Aufgabe an.

4. Großeltern, Pflegeeltern, Adoptiveltern, Heime

Anregung:

Möglicherweise sind Sie von Großeltern, Pflegeeltern, Adoptiveltern oder Heimeltern erzogen worden. Vielleicht schreiben Sie über Ihr Verhältnis zu Ihren zweiten Eltern in Ihr persönliches Begleitheft.

a) Viele Kinder werden von G r o ß e l t e r n ganz oder teilweise erzogen, wenn zum Beispiel die Eltern verstorben sind, ein Elternteil fehlt oder junge Eltern sich noch eine Existenz aufbauen müssen und beide deswegen arbeiten oder studieren.

Die heutigen Großeltern sind meistens rüstig, wendig und fühlen sich keineswegs „zum alten Eisen“ gehörend. Fünfzigjährige Großmütter und Großväter haben beruflich ihre Spitzenposition erreicht und sehen oft diese Jahre als die Krönung ihres Lebens an. Man möchte meinen, daß sie ohne große Schwierigkeiten noch einmal Kinder heranziehen können, zumal sie ja an Alter und Reife der jungen Elterngeneration überlegen sind.

So einfach aber kann man die Kinder-Erziehung durch Großeltern nicht beurteilen.

D e r A b s t a n d z u d e n a n v e r t r a u t e n K i n d e r n b e t r ä g t z w e i G e n e r a t i o n e n. Er läßt sich trotz aller Rüstigkeit der Großeltern nicht leugnen.

Ihre Erziehungsmethoden sind im allgemeinen weniger freizügig als heute. Gehorsam, Anpassung, Ordnung und Disziplin erscheinen ihnen häufig ungleich wichtiger als Selbständigkeit, Entscheidungsfreiheit, Toleranz und Kritikfähigkeit. Das „brave“ Kind ist ihnen lieber als das einspruchswillige.

Durch die Summe ihrer Lebenserfahrungen sind sie in der Kindererziehung überdies oft verständlicherweise überängstlich und behüten das Enkelkind zu sehr. Auch neigen sie dazu, die Kleinen zu verwöhnen, weil sie ihnen noch viel hilfloser und zarter vorkommen als ihre eigenen Kinder im gleichen Alter — damals waren sie selbst noch unbekümmerter.

Sind die Kinder nur tagsüber in der Obhut der Großeltern, so kommt es abends nicht selten zu Reibereien zwischen allen Beteiligten: Die Eltern werfen den Großeltern die Erziehungsfehler vor, und das Kind steht zwischen den Parteien, mal der einen, mal der anderen Erziehungsmethode ausgeliefert. Dies muß ihm selbstverständlich schaden.

Es hilft Eltern und Großeltern nichts: Sie müssen sich zugunsten der Kinder einigen und immer wieder eine gemeinsame Erziehung anstreben. Wenn ihnen wirklich das Wohl der Kinder und nicht die eigene Rechthaberei am wichtigsten ist, gelingt ihnen dies auch, notfalls mit Hilfe von Erziehungsberatern.

Betreuten die Großeltern jahrelang ein Kind allein, kann es nicht plötzlich unvorbereitet ins Elternhaus zurückgenommen werden. Der Übergang muß sehr behutsam erfolgen, Eltern und Kind sollen sich in Ruhe kennenlernen, die Großeltern dürfen sich nicht auf einmal beiseite geschoben fühlen, das Kind muß die neue Umgebung bejahen können. Ein Bruch in der Erziehung und in den Beziehungen zueinander muß vermieden werden.

Am besten ist es fraglos immer noch, wenn die Großeltern mit ihrer Lebenserfahrung, Reife, Weisheit und Güte erziehungsbegleitend, nicht aber erziehungsverantwortlich an der Entwicklung ihrer Enkelkinder teilnehmen.

b) Oft wird ein Kind zu Pflegeeltern gegeben, an die sehr hohe sittliche Anforderungen gestellt werden, da sie von vornherein wissen, daß sie das Kind nur eine Zeitlang behalten dürfen und dann wieder hergeben müssen.

Sie nehmen immer nur eine stellvertretende Erziehungsaufgabe wahr, die sie aber aus hingabebereitem Herzen tun sollen.

Das übersteigt oft ihre Kräfte. Sie haben das ihnen anvertraute Kind so lieb gewonnen, daß sie es nicht wieder abgeben können, und auch viele Pflegekinder versuchen verzweifelt, bei ihren „wahren" Eltern zu bleiben und nicht zu ihren „richtigen" Eltern zurück zu müssen. So kommt es zu Tragödien, an denen Kinder wie Pflegeeltern zerbrechen können. Das Elternrecht steht heute noch in einem solchen Falle eindeutig zu sehr auf seiten der „biologischen" Eltern, die oft erst ihre „Liebe" zu ihren Kindern entdecken, wenn diese alt genug geworden sind, um Geld zu verdienen. Wenn Mütter und Eltern sich nachweislich jahrelang nicht um ihre Kinder kümmern, diese sich aber bei Pflegeeltern, liebevoll betreut, entwickeln durften, dann sollte endlich auch gesetzlich anerkannt und das Recht des Kindes bestätigt werden, bei den Ersatzeltern bleiben zu dürfen.

c) Eine Adoption soll möglichst bald nach der Geburt erfolgen, damit das

Kind buchstäblich wie ein eigenes aufwächst und die Bindungen bis in seine unbewußte Lebenszeit zurückgehen.

Wanderte ein Kind erst vom Säuglingsheim ins Kinderheim und erlebte den häufigen Wechsel der Pflegerinnen, so haben die Adoptiveltern es schwerer, es bei sich einzugewöhnen; es ist meistens bereits kontaktgestört. Trotzdem aber wird es wohl den adoptionswilligen Eltern gelingen, „ihr" Kind in ihrer Familie heimisch werden zu lassen, denn sie bringen ihm ja bewußt und freiwillig ihre Bereitschaft entgegen, es zu pflegen und zu lieben.

Seit dem 1. Januar 1977 gilt das neue Adoptionsrecht, das wesentliche Verbesserungen zum Wohl des Kindes enthält:

1. Das Adoptionsverfahren ist vereinfacht worden.

2. Nehmen Ehepaare ein Kind an, so muß ein Partner 25 Jahre, der andere 21 Jahre alt sein.

3. Auch Alleinstehende, die 25 Jahre alt sind, können in Ausnahmefällen ein Kind adoptieren.

4. Adoptiv-Eltern brauchen nicht kinderlos zu sein. Es ist sogar erwünscht, daß das angenommene Kind mit Geschwistern aufwächst.

5. Durch die Annahme erhält das Kind den Familiennamen der Adoptiv-Eltern und alle Rechte und Pflichten eines ehelichen Kindes. So wird es z. B. seinen neuen Verwandten gegenüber erbberechtigt, aber auch unterhaltspflichtig und umgekehrt. Gleichzeitig erlöschen alle bisherigen Verwandtschaftsverhältnisse und die daraus folgenden Rechtsbeziehungen, denn das Kind soll nicht zur selben Zeit zwei Familien angehören.

6. Das Annahmeverhältnis ist praktisch nicht mehr auflösbar; es kann nur noch aus schwerwiegenden Gründen, wenn es dem Wohl des Kindes dient, aufgehoben werden, aber nicht im Interesse der Annehmenden. Die Adoption heißt im neuen Recht nicht mehr „Annahme an Kindes Statt", sondern „Annahme als Kind" und gilt für immer.

7. Mit der Annahme müssen die neuen und die leiblichen Eltern, bei einem nichtehelichen Kind die Mutter, für das geschäftsunfähige oder noch nicht 14 Jahre alte Kind sein gesetzlicher Vertreter, einverstanden sein. Die Einwilligung kann gegeben werden, wenn das Kind acht Wochen alt ist. Die Einwilligung eines Elternteiles kann durch das Vormundschaftsgericht ersetzt werden, wenn dem Kind durch die Nicht-Adoption ein unverhältnismäßiger Nachteil entstehen würde, und wenn der Elternteil entweder seine Pflichten gegenüber dem Kind grob verletzt oder sich dem Kind gegenüber andauernd gleichgültig verhalten hat.

8. Die Annahme erfolgt nicht mehr durch notariellen Vertrag, sondern durch einen Ausspruch des Vormundschaftsgerichtes.

9. Nur die Adoptionsvermittlungsstellen der Jugendämter und der freien Träger wie Innere Mission, Deutscher Caritas-Verband und Arbeiterwohlfahrt dürfen eine Adoption vermitteln.

10. Damit das neue Eltern-Kind-Verhältnis nicht gestört wird, erfahren die leiblichen Eltern wohl eine Beschreibung der persönlichen, familiären und wirtschaftlichen Verhältnisse der Adoptiv-Eltern, deren Name und Anschrift aber bleiben ihnen unbekannt.

(Aus: „Kinder suchen Eltern, Eltern suchen Kinder", Hrsg.: Der Bundesminister für Jugend, Familie und Gesundheit, Postfach 490 und der Bundesminister der Justiz, Postfach 650, 53 Bonn-Bad Godesberg)

d) Heime: In der Bundesrepublik Deutschland leben z. Z. ca. 130000 Kinder in Heimen.
3000 Kinder werden Jahr für Jahr ihren erziehungsunfähigen Eltern fortgenommen und in Heime eingewiesen.
1974 wurden 60824 Minderjährige durch die Scheidung der Eltern betroffen[1].
Allein in Nordrhein-Westfalen gibt es über 22200 Heimkinder. Nur 2400 von ihnen sind Halb- oder Vollwaisen.
Die übrigen knapp 20000, davon allein 2600 Babys und Kleinkinder bis zu zwei Jahren, sind sogenannte „Sozialwaisen":
Ihre Eltern sind geschieden oder leben in Scheidung; die Eheverhältnisse sind zerrüttet; die Eltern vernachlässigen sträflich ihre Sorgepflicht; viele Mütter sind längere Zeit krank oder in Haft.[2]

Hinter diesen Zahlen verbergen sich Einzelschicksale:

Die Erziehungsberatungsstelle einer Großstadt überweist einen Jungen in ein Heim:
„Der Junge wurde der Erziehungsberatung vorgestellt wegen Einbruch, Diebstahl, Lügen, Einkoten, Nägelbeißen und Fingerlutschen. K. ist der einzige Junge in der Familie mit fünf Schwestern. Er wird von der Mutter völlig abgelehnt, von der übrigen Familie isoliert, die Schwestern dürfen kaum mit ihm spielen, er selbst hat als einziger ein Zimmer im Keller. Die Mutter erklärt, sie empfinde geradezu körperliche Schmerzen beim Anblick des Jungen. Bei ihr besteht ein Haß gegen das männliche Geschlecht, den sie auf den Jungen übertragen hat. K. ist eine völlig verunsicherte Persönlichkeit und erscheint nach außen ganz gefühllos. Dahinter verbirgt sich eine sensible und empfindliche Gefühlsansprechbarkeit .Er kapselt sich nach außen ab. Es fehlt ihm an Selbstbewußtsein und Durchsetzungsvermögen. Der Junge, der bisher nie eine liebevolle Zuwendung erfahren hat, muß alle Zärtlichkeitsansprüche unterdrücken. Sein Empfinden und Erleben steht völlig unter Angstabwehr, die aus dem Liebesentzug entstanden ist. Er weicht aus, wenn es um Probleme der Zuwendung geht. Aggressive Impulse werden nicht zugelassen. Eifersucht und Neid gegenüber den Schwestern werden nicht mehr empfunden und sind völlig verdrängt. Er hat keine Besitzansprüche und zeigt eine verstärkte Gebe-Haltung. Sein Verhältnis zur Umwelt ist bestimmt von Mißtrauen. Er erwartet kaum Verständnis und Entgegenkommen."

(Ein Bericht aus der Arbeit des Neukirchener Erziehungsvereines, 1972)

Aus der Chronik eines Kinderdorfes sind folgende Berichte entnommen:

1. Anruf des Jugendamtes X: Eine Mutter ist bei der Geburt eines Kindes gestorben. Vater berufstätig. Er hat keinerlei Angehörige, die sich um seine Kinder kümmern können.

---

[1] Statistisches Jahrbuch 1976, S. 75.
[2] Bericht der Landesregierung von NW über die Lage der Jugend, 1972.

Beziehungen zwischen Kind und Erwachsenen in der Familie und in Massenpflege-Einrichtungen		
Faktor	**Familie**	**Institution**
Zahl der Kinder pro Erwachsenen	gering	groß
Beständigkeit der Wechselwirkung zwischen Erwachsenem und Kind	groß	gering
Wärme und Intensität der gefühlsmäßigen Reaktion des Erwachsenen	groß	gering
Anerkennung und Belohnung durch den Erwachsenen	häufig	selten
Befriedigung von Bedürfnissen	schnell; gefühlsmäßig selbstverständlich; unmittelbar beeinflußt durch die eigenen Forderungen des Kindes	begrenzt durch die Routine der Gruppenversorgung
Sachumwelt-Stimulation	groß	gering
Gleichförmigkeit in der Umweltstimulation	gering	groß

Erfolg und Mißerfolg der Adoption, nach einer Befragung der Pflegeeltern von 179 adoptierten Kindern: 100% Gelingen bei Annahme der Kinder im 1. Lebensjahr, dagegen Schwierigkeiten bei späterer Adoption				
Alter bei Übergabe an die Adoptiveltern	Die Adoptiveltern betrachten die Adoption nach 13 - 20 Jahren als: völlig befriedigend	befriedigend	teilweise befriedigend	unbefriedigend
unter 1 Jahr	* 36	** 20	—	—
1 - 3 Jahre	14	11	5	3
3 - 6 Jahre	17	10	2	4
6 - 15 Jahre	29	17	3	*** 8
		* (=64%)	** (=36%)	*** (=14%)

2. Eine Frau brachte ihr Kind zu einer Nachbarin und bat sie, das Kleine für eine Stunde zu hüten, weil sie Einkäufe machen müsse. Die Mutter kam nicht wieder, sie war von der Stunde an verschollen. Am nächsten Tag übergab die Nachbarin das verlassene Kind der Polizei.

3. Der bald zweijährige Dieter wurde eingeliefert, der weder sitzen noch stehen konnte und dessen ganzer Körper mit ekelerregenden Ekzemen bedeckt war. Statt fester Knochen hatte er nur Knorpelbildungen. Seit seiner Geburt war er kaum an das Tageslicht gekommen. Seine Mutter hielt ihn in einer alten Baracke verborgen. Es ist allen eine besondere Freude, daß sich dieser Junge unter hingebungsvoller Pflege von Schwestern und Erzieherinnen ganz normal entwickelt hat. Er ist ein richtig wilder Junge geworden.

4. Der siebenjährige Ernst muß samt seinen drei Geschwistern in Heimerziehung gegeben werden, da die jungen, unfähigen Eltern ihre Kinder in unglaublicher Weise hungern und frieren ließen. Der Zustand der Kinder war so erschütternd, daß beide Elternteile mit hohen Gefängnisstrafen bedacht wurden.

5. Ein Heimleiter berichtet: Da sitzt mir ein älteres Schulkind, die Bärbel, gegenüber, die der unsagbar traurigen Familienverhältnisse wegen von zu Hause fortgelaufen ist und sich weigert, in das Elternhaus zurückzukehren. — Ihre Papiere, die das Jugendamt vorlegt, enthalten durchaus nicht viele erfreuliche Dinge. — Wir schauen zusammen den Fischen im Aquarium zu und unterhalten uns über die Scalare und Schwertfische, an denen das Kind ein lebhaftes Interesse zeigt. Als ich dann ganz vorsichtig auf das Elternhaus zu sprechen komme, da bricht aus einem Kinderherzen die ganze Not hervor: „Der Vater ist nie zu Hause; wenn er kommt, ist er betrunken. Ich habe schon die vierte Mutter. Vater will sich schon wieder scheiden lassen. Die Stiefmutter hat sich noch nie um mich gekümmert . . . Ich will nie mehr nach Hause."[1]

Die Situation der Säuglings-, Kinder- und Jugendheime ist aus verschiedenen Gründen schwierig:

1. Sie leiden durchweg unter Platz-, Geld- und Personal-Mangel. So konnten 913 Minderjährige, für die in NW Fürsorgeerziehung angeordnet war, 1971 gar nicht erst in ein Heim aufgenommen werden, weil nicht genügend freie Plätze vorhanden waren.
Notwendige Neu- und Ausbauten werden nicht gemacht, Möbel, Kleidung, Spielzeug können nicht ausreichend beschafft werden, weil das Geld fehlt. Am schwerwiegendsten ist der Mangel an Erzieherinnen und Erziehern. Zu lange hat man den Idealismus von sozial eingestellten jungen Menschen strapaziert und ihren Einsatz als christliches Selbstverständnis hingenommen, ohne ihn durch ausreichende Ausbildung und genügendes Gehalt zu honorieren. Erst in jüngster Zeit erfahren soziale Berufe allmählich die Anerkennung, die ihnen gebührt. Endlich wird mehr unternommen, um die sozial-wissenschaftlich Ausgebildeten den Angehörigen anderer wissenschaftlicher Disziplinen gleichzustellen.

2. Längst ist erwiesen, daß es nicht genügt, Kinder aus ihrem schlechten Milieu, aus ihrer jeweils anderen Notsituation herauszuholen und in einem Heim vor weiteren Schäden zu bewahren. Immer wieder fordern Pädagogen und Psychologen, auf exakte Untersuchungsergebnisse gestützt, Heime mit familienähnlichen Erziehungsmöglichkeiten zu schaffen, in denen die Kinder von Anfang

[1] 1.—5.: Aus der Chronik des Kinderdorfes: „Die Kinderheimat", Kleingartach bei Heilbronn.

an ein und dieselbe Ersatzmutter haben, die „ihre" Kinder beiderlei Geschlechtes in einem Haus oder einer Wohnung wie in einer Familie betreut.
Bekannt sind die Untersuchungen von R. A. Spitz, die er an Findelhaus- und Säuglingsheimkindern vornahm, und die erschütternde Tatsachen aufdeckten: Die beobachteten Kinder erkrankten trotz bester hygienischer Pflege besonders leicht an einfachen Kinderkrankheiten. Masern wurde für viele zum tödlichen Verhängnis. In ihrem Verhalten zeigten sich um so mehr die schlimmen Folgen des Hospitalismus, je länger sie auf die Anwesenheit der Mutter oder ein- und derselben Pflegeperson verzichten mußten, und je weniger sie geistig angeregt wurden und sich körperlich betätigen konnten. (Viele der Mütter verbüßten nämlich eine Gefängnisstrafe und gaben solange ihre Kinder in die Heime.)
Die Kinder litten an Apathie, Depressionen, Melancholie, sie lachten nicht, wandten sich vom Besucher ab; bereits erworbene Fähigkeiten gingen während der Abwesenheit der Mutter wieder verloren. In besonders krassen Fällen kratzten und bissen die Kinder andere, saugten stundenlang an der eigenen Hand und spielten mit ihrem Kot und den Genitalien.
War es möglich, den leidenden Kindern ihre Mutter wiederzugeben, so waren „die Veränderungen im beobachteten Verhalten der Kinder dramatisch. Sie waren plötzlich freundlich, fröhlich, kontaktbereit. Die Kontaktverweigerung, die Interesselosigkeit, die Ablehnung der Außenwelt, die Traurigkeit — alles verschwand wie durch Zauberei".[1]
Auf dem Kinderärztekongreß 1972 in Bad Pyrmont stellten die Ärzte fest, daß es den zu einer normalen Familie gehörenden Kindern selbst in beengten Wohnverhältnissen, verglichen mit Heimkindern, geradezu glänzend geht:
„Dozent Dr. Johannes Pechstein vom Mainzer Institut für soziale Pädiatrie berichtete über eine Untersuchung, in der die Zahl der Kontakte gezählt wurde, die Kinder in der Familie und Kinder im Heim im Laufe eines Tages mit einem Familienmitglied oder einer Pflegeperson haben. Der Unterschied ist besonders kraß im ersten und zweiten Lebensjahr:
137 beziehungsweise 261 Kontakten pro Tag in der Familie stehen 25 beziehungsweise 62 Kontakte im Heim gegenüber.
Der Unterschied nimmt dann ab: Tägliche Kontakte im sechsten Lebensjahr: 226 in der Familie, 177 im Heim.
Heimkinder erleiden somit, errechnete Dr. Pechstein, schon im ersten Lebensjahr einen Zuwendungsverlust von 1000 Stunden.
Die Folgen sind in den Heimen leicht auszumachen. Erhebliche Entwicklungsrückstände, die um so größer wurden, je länger der Aufenthalt im Heim dauerte, registrierte die Münchener Psychologin D. Menara bei einer Untersuchung von Heimkindern. Besonders gestört waren Sprach-, Spiel- und Sozialverhalten. Im Kontaktverhalten blieben die Kinder auf der Stufe fünf- bis achtmonatiger Säuglinge stehen: Sie waren entweder distanzlos oder gehemmt."[2]
> Es muß also, soll den 130000 Heimkindern besser geholfen werden, ein Umdenken und Umformen der bisherigen Heimerziehung erfolgen.
> Nicht die Heime selbst und ihr unter ungünstigen Verhältnissen opferbereit arbeitendes Personal sind schuld an einer benachteiligten Erziehung der an-

---

[1] R. A. Spitz in: „Hospitalismus II' in „Erziehung in früher Kindheit", R. Piper und Co. Verlag, München 1970, S. 122.
[2] Aus: Die Zeit, 27. Oktober 1972.

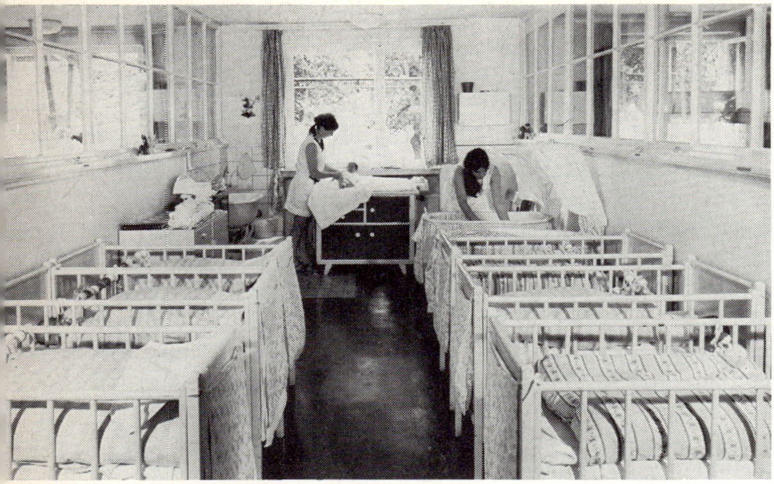

Säuglingsheim.
Nicht die Heime und nicht die engagierten und opferbereiten Schwestern sind schuld an der Benachteiligung der Heimkinder. Unter so vielen kann nicht jedes einzelne Kind dasselbe Maß an Zuwendung erfahren, wie es in einer Familie der Fall wäre.

vertrauten Kinder, sondern unsere Gesellschaft ist damit belastet, die zu wenig Geld zur Umstrukturierung der Heime in familienähnliche Erziehungsstätten zur Verfügung stellt.

▷ Welch günstige Entwicklung Kinder in Ersatzfamilien nehmen können, zeigen die S O S - K i n d e r d ö r f e r.

Sie sind ein privates Sozialwerk, das politisch und konfessionell unabhängig ist.

Der Gründer ist Hermann Gmeiner, der 1919 in Alberschwende in Österreich geboren wurde. Er studierte Medizin und lernte die Not und Verlassenheit der Nachkriegsjugend und Flüchtlingskinder kennen. 1949 gründete er das erste SOS-Kinderdorf. Heute ist er Ehrendoktor zweier Universitäten und Ehrenmitglied der österreichischen Akademie der Wissenschaften. Er hat seine ganze Kraft in den Dienst des Kindes gestellt und sagt selbst:

Heimkinder

„Aus dem Nichts heraus habe ich damals, 1949 in Imst (Tirol), mit ein paar Studienkollegen und ein paar hilfsbereiten Frauen dieses Werk begonnen. Wir hatten kein Geld, wir waren unbekannt. Aber wir hatten eines: Den Glauben daran, daß der Weg, den wir beschreiten wollten, richtig und notwendig ist.

Die SOS-Kinderdorf-Idee ist sehr einfach. Ich wollte nichts anderes, als dem entwurzelten Kind jene Welt der Geborgenheit schenken, die es braucht, um gedeihen zu können. Ich war sicher, daß die Menschen mich verstehen werden, und mir kam der Gedanke, um einen kleinen monatlichen Beitrag zu bitten. Und ich bin gehört und verstanden worden. Es erfüllt mich mit Glück und Dankbarkeit, daß heute viele Hunderttausende guter Menschen das Werk der SOS-Kinderdörfer tragen. Sie haben die geistige Elternschaft für verwaiste Kinder übernommen. Das ist eine Sensation des Guten, eine Kettenreaktion der Liebe . . . Der Dank für unsere Arbeit, unsere Mühe, unser Opfer ist das frohe Lachen der Kinder in den SOS-Kinderdörfern.“[1]

[1] Aus: Schriften des SOS-Kinderdorf-Verlages, Hermann-Gmeiner-Fonds Deutschland e. V., 8 München 19, Menzinger Straße 23.

Kinderdörfer bestehen aus „Familien“. Elternlose Kinder verschiedener Altersstufen werden jeweils in einem eigenen Haushalt von ihrer Kinderdorf-Mutter betreut. In Verhältnissen, die den natürlichen möglichst nahekommen sollen, entstehen familienähnliche Bindungen. Auch ältere „Söhne“ und „Töchter“ kehren immer wieder „nach Hause“ in ihre Familie zurück (Bild Mitte).

Die derzeit größte SOS-Kinderdorf-Vereinigung, der Hermann-Gmeiner-Fonds Deutschland in München, wird von ca. 800000 Freunden und Gönnern unterstützt.

Die SOS-Kinderdörfer sind familienähnliche Erziehungsstätten für elternlose und verlassene Kinder. Jedes Dorf besteht aus mehreren Häusern. In jedem Haus wohnt eine SOS-Kinderdorf-Familie. Sie wird von Buben und Mädchen verschiedenen Alters gebildet und von einer SOS-Kinderdorf-Mutter betreut. Jede Familie führt ihren eigenen Haushalt. Die Kinder sollen unter möglichst natürlichen, familiennahen Bindungen aufwachsen. Sie bleiben so lange in der Obhut der Kinderdörfer, bis sie selbst imstande sind, ihr Leben zu meistern.

Im Jahre 1949 wurde in Imst in Tirol das erste Kinderdorf erbaut, im Jahre 1976 gab es bereits 118 fertige SOS-Kinderdörfer in 58 Ländern, 27 Kinderdörfer waren zur gleichen Zeit im Bau oder in der Planung.

Sie entstehen und werden erhalten durch die Spenden von drei bis vier Millionen Freunden in aller Welt.

▷ Die Kinderdorf-Idee wird auch in kirchlichen und staatlichen Heimen verwirklicht. In ausreichendem Maße stehen Kinderdörfer aber keineswegs zur Verfügung.

▷ Das ist um so schlimmer, als heute die verantwortlichen staatlichen Stellen die Hospitalismus-Schäden bei Kindern kennen und wissen, daß die meisten der gefährdeten Kinder und Jugendlichen ohne liebevolle Bezugspersonen, ohne Geborgenheit, ohne ausreichende geistige Anregungen und Anforderungen aufgewachsen sind.

Jede Mark, die der Staat in eine kinderhelfende und kinderfreundliche Institution hineinsteckt, spart er vielfach bei Resozialisierungs- und Verbrechenbekämpfungs-Maßnahmen, denn nachweislich sind Kinder aus normalen Familienverhältnissen gegen kriminelle Verfehlungen viel weniger anfällig.

In einem deutschen SOS-Kinderdorf

Dr. Hermann Gmeiner, der Gründer der SOS-Kinderdörfer

Zum Diskutieren:

Es stimmt nachdenklich, daß solche wahrhaft sozialen Institutionen wie die Kinderdörfer weitgehend auf private Spenden angewiesen sind.

5. Freunde und Freundinnen

Anregung:

Schreiben Sie in Ihr persönliches Begleitheft, was Sie am meisten mit Ihrem Freund, Ihrer Freundin verbindet.

Fast alle älteren Schülerinnen und Schüler reagieren empfindlich, wenn sie hören, daß ein Kind laut BGB, Familienrecht, unter der elterlichen Gewalt von Vater und Mutter steht, solange es minderjährig ist: Die Eltern bestimmen Aufenthaltsort und Ausbildung und können Einfluß auf den Umgang mit anderen Kindern und Erwachsenen nehmen. Die meisten Jugendlichen glauben, daß ihre Eltern ihre Freundschaften tolerieren müssen und wissen nicht, daß sie kraft der ihnen vom Gesetz zugestandenen Gewalt sehr wohl die Möglichkeit haben, unerwünschte Freundschaften ihrer minderjährigen Kinder zu unterbinden.

Viele Auseinandersetzungen zwischen Erziehern und Kindern kreisen um Freundschaften:

Die Freunde und Freundinnen scheinen zu reif, zu unreif, zu ungehobelt, zu schnoddrig, zu freizügig, zu ungepflegt, zu ungebildet, zu gefährdet zu sein — es gibt manche sorgenvolle Gründe, warum Eltern Freunde ihrer heranwachsenden Kinder ablehnen.

Wird denn nicht ihr Mißtrauen gegenüber manchen Freundschaftsverhältnissen durch zahlreiche Erfahrungen bestätigt?

Sind nicht Jugendliche durch „Freunde“ an den Drogenkonsum gekommen?

Haben nicht viele junge Mädchen den falschen „Freund“ geliebt, der sie mit einem Kind sitzenließ?

Brachte nicht mancher oberflächlichere Kumpel den eigenen Jungen in leichtsinnige Gesellschaft, hörte er deswegen nicht auf zu lernen und kam beruflich nicht zum erwünschten Ziel?

Sollen die eigenen Kinder etwa mit Radikalen verkehren oder mit „Hippies" herumgammeln?

Solche Eltern-Sorgen sind berechtigt.

Nur sind oft die elterlichen Reaktionen auf Freundschaften ihrer Kinder so, daß sie sie dadurch noch enger an die Freunde binden:

a) Die Eltern verbieten jedes Zusammentreffen mit den unerwünschten Freunden und Freundinnen.
Darauf folgt fast immer die trotzige Auflehnung: Nun erst recht! und heimlich verstärkte Bindungen. Besonders in den schwierigen Jahren der Selbstfindung „pfeifen" viele Jugendliche auf alle Erfahrungen der „Alten", auf ihr „ewiges Bevormunden, Meckern und Besserwissen". Der Freund, die Freundin verstehen einen endlich, denn denen geht es ja nicht anders, auf die soll man verzichten? Lächerlich! Kommt nicht in Frage!
Wenn Eltern überlegen, wie undurchführbar die Aufrechterhaltung eines Verbotes selbst für einen kurzen Zeitraum ist; wie dies gerade ihre Kinder reizt, dennoch Wege zu suchen, um zu ihren Freunden zu kommen — so werden sie von dem Mittel des Verbietens Abstand nehmen. Es bewirkt das Gegenteil von dem, was erreicht werden soll.

b) Die Eltern lassen den Jugendlichen jegliche Freiheit bei der Freundeswahl und kümmern sich überhaupt nicht darum.
„Junge Leute wollen ja unter sich sein", ist das Motto, und die Eltern halten sich für außerordentlich tolerant. In Wahrheit sind sie eher bequem und gleichgültig und nehmen das Problem der Freundschaften ihrer Kinder nicht ernst genug.

Was ist statt dessen richtig?

1. Richtig ist zunächst, daß Eltern grundsätzlich das Recht ihrer Kinder auf Freundschaften anerkennen.
Sie haben während der Entwicklung beobachten können, wie die ersten Bindungen an andere Kinder sehr lose waren und häufig wechselten, wie später fester gefügte Kindergruppen entstanden, wie die Heranreifenden sich zeitweise isolierten, aber dann doch den Freund oder die Freundin fanden, mit denen sie nun sehr vertraut umgehen.
Die Eltern müssen wissen, wie wichtig für Jugendliche die Freundschaften zu Gleichaltrigen sind, die Gespräche über ihre schulischen, beruflichen, sexuellen, religiösen Probleme, ihre gemeinsame Suche nach einem Lebenssinn, die gemeinschaftlich verbrachte Freizeit.
Eltern sollen die Abgrenzungsunternehmungen ihrer Kinder und deren Freunde zur Erwachsenenwelt verstehen und lernen, sie zu den Gleichaltrigen hin freizugeben. Freiheit bedeutet immer Risiko, aber das Risiko, die Kinder durch Zwang zu verlieren, ist größer.

2. Richtig ist als Folge solcher Einsichten, die Freunde der eigenen Kinder nicht abzuweisen, sondern sie einzuladen.

Man soll sie in den Familienkreis mit einbeziehen, mit ihnen ernsthafte Gespräche führen und Feste feiern, durch gegenseitiges Kennenlernen Vorurteile abbauen, Urteile gewinnen.

3. Richtig sind Gespräche mit den eigenen Kindern über ihre Freundschaften.

Man kann nach den Gründen der Entstehung fragen, die eigene Meinung darlegen, den wohldurchdachten Rat erklären.

4. Richtig ist — und das ist sicher das Schwerste —, bei unerwünschten Freunden Vertrauen zu behalten in die Kraft des Kindes, einer Freundschaft mit negativen Einflüssen nicht zu erliegen, sondern sie zu überwinden.

Man soll nicht sagen: „Dein Freund taugt nichts — laß ihn fallen, ehe Du selbst so wirst!“

Man soll raten: „Dein Freund geht einen falschen Weg — laß ihn nicht im Stich, und wenn Du allein nicht zurecht kommst, hol ihn zu uns, wir werden zusammen versuchen, ihm zu helfen.“

5. Richtig ist schließlich, die Freundschaften der eigenen Kinder zu beobachten, dadurch entstandene Freude wie Not gleichermaßen mitzutragen und scheinbar sich anbahnende Schwierigkeiten mit Humor zu entdramatisieren.

Beispiel:

Ich war 11 Jahre alt. Meine Freundin Marianne hatte ihre Eltern endlich überreden können, daß sie bei mir schlafen durfte. Sie kam gegen 18 Uhr. Wir brachten ihre Sachen auf mein Zimmer, und voller Stolz nahm ich den Schlüssel, schloß die Zimmertür ab und steckte ihn ein. Da es uns zu früh erschien, um schlafen zu gehen, zogen wir es vor, unsere Nachbarn zu ärgern. Wir schellten an der Haustür, und sobald wir merkten, daß jemand kam, versteckten wir uns. Das machte zu Anfang großen Spaß, doch die Zeit verging sehr schnell, und so wurde es höchste Zeit, nach Hause zu gehen. Wir schlichen uns vor die Zimmertür, ohne daß meine Eltern etwas bemerkten.

Doch als ich die Tür aufschließen wollte, fand ich den Schlüssel nicht. Ich durchwühlte alle Taschen, doch vergebens. Was sollten wir tun? Zu meinen Eltern gehen? Nein, sie würden sicher schimpfen, erstens, weil es schon so spät war und zweitens, weil der Schlüssel weg war. Also mußten wir den Schlüssel finden.

Wir schlichen uns unbemerkt aus dem Haus und suchten überall, wo wir gewesen waren. Doch wir fanden ihn nicht. Aller Stolz war verloren. Wir trotteten zu meinen Eltern und erzählten ihnen die Geschichte. Statt der verdienten Schimpfe beruhigten mich meine Eltern und sagten: „Den Schlüssel suchen wir morgen gemeinsam. Jetzt wird es aber Zeit für euch, ins Bett zu gehen.“ Vater öffnete mit einem Draht die Tür. Den Schlüssel haben wir bis heute noch nicht gefunden.

(Aus: Das vergesse ich nie!“, Seite 148, Nr. 2, Verlag Ferdinand Schöningh, 1977; Erklärungen zu diesem Buch finden Sie in der „Einführung“).

6. Lehrer, Mitschüler und Mitschülerinnen

Anregung:
Legen Sie in Ihrem persönlichen Begleitheft Rechenschaft darüber ab, was Sie an Mitverantwortung in Ihrer Schulzeit bisher übernommen haben.

Die Schule beansprucht von Kindern und Jugendlichen einen wesentlichen Teil des Tages; die Schulzeit ist verlängert worden, und es muß sicher nicht weniger als früher gelernt werden.

„Goethe brauchte sich selbst nicht zu lernen“:

Die Lehrpläne werden ständig durch neue Wissensgebiete erweitert, während vom Weglassen unwichtigeren Lehrstoffes nur sehr zögernd und unsicher Gebrauch gemacht wird.

Kinder und Jugendliche bringen also zwangsläufig in der Schule viel Zeit miteinander zu. In diesen Jahren durchlaufen sie viele Entwicklungsperioden mit all ihren Schwierigkeiten.

Die Lehrer haben nun die beängstigend schwere Aufgabe, neben Wissen in immer stärkerem Maße Erziehung zu „vermitteln“, das heißt, während der Schulstunden wünschenswerte Verhaltensweisen der Kinder und Jugendlichen zu fördern, negative einzudämmen, Begabungen zu entdecken und zu entfalten und die Anstrengungen des Elternhauses nicht nur zu unterstützen, sondern sogar zu ersetzen, wo sie fehlen.

Solchen Anforderungen können sie nur dann einigermaßen nachkommen, wenn sie mit der Hilfe ihrer Schülerschaft rechnen dürfen.

Dieser Wunsch ist aber offenbar immer noch schwer zu erfüllen. Noch ist es beinahe Tradition bei Schülerinnen und Schülern, zunächst einmal gegen Lehrer und Schule zu sein; nicht allzu vielen dämmert es, daß solches Verhalten töricht und wenig sinnvoll ist.

Zu einem demokratischen Lehrer-Schüler-Verhältnis gehören also nicht nur der Abbau elterlicher Vorurteile gegen die Schule, nicht nur eine verbesserte Ausbildung der Lehrer als Erzieher — besonders wichtig vor allem ist, daß Schülerinnen und Schüler möglichst früh lernen, selbständig und selbstkritisch ihre Verhaltensweisen zu überprüfen und, falls nötig, zu ändern.

Das ist aber gerade in den spannungsgeladenen Entwicklungsjahren ein schwer zu erreichendes Ziel. Eben in dieser Zeit werden aus den bis dahin verhältnismäßig leicht zu führenden, fröhlichen und nur durch harmlose Streiche auffallenden Schülern und Schülerinnen die oft so schwer zu verstehenden Jugendlichen, die sich selbst und anderen im Wege stehen durch ihre Stimmungsschwankungen,

ihre Ichbezogenheit,
ihren Hang zu Einseitigkeit und zu Schnell-Urteilen,
ihre aufbrechende Sexualität,
ihre echte oder gespielte Gefühlsarmut,
ihre seelische Verwundbarkeit,

ihre Willensschwäche —
durch all ihre objektiv vorhandenen und subjektiv geäußerten Reifungsbeschwerden.

Diese spiegeln sich deutlich im Verhalten von Schulklassen wider. Da gibt es Gruppen und Grüppchen, Außenseiter und Mitläufer, Radikale und immer nur einige, die von sich aus Verantwortung übernehmen. Die meisten Schülermitverwaltungen leiden an dem geringen Mitverantwortungsgefühl, an der Zerrissenheit und Uninteressiertheit großer Teile der Schülerschaft, die nach dem Motto handeln: „Was geht es mich an? Hauptsache, ich komme durch!" Nur eine kleine Zahl von Schülerinnen, Schülern und Verbindungslehrern erhält an so manchem Schulsystem die SMV mühsam am Leben. Von dem erstrebenswerten Miteinander und Füreinander ist in vielen Schulklassen wenig zu spüren.

Hinzu kommt gravierend die gegenwärtige Schulsituation: Numerus-clausus-Effekt auf nun schon fast allen Schulebenen durch den Schülerberg, ein damit zusammenhängender Leistungsstreß von Schülern und Lehrern; noch immer überfüllte Klassen; Schulversuche; finanzielle Schwierigkeiten bei der Einstellung von Junglehrern; Probleme der Durchlässigkeit der Schulsysteme. Die steigende Zahl verhaltensgestörter Schulkinder erschreckt Eltern, Erzieher, Mediziner, Politiker gleichermaßen, aber niemand von ihnen weiß trotz aller Bemühungen und Forschungen eine kurzfristige Lösung. Zu sehr sind Schule, Lehrer und Schüler mitbetroffen von den bevölkerungs- und gesellschaftspolitischen Strukturveränderungen der 70er Jahre. Die dadurch entstandenen Konflikte im Lern- und Lebensort Schule können von Lehrern und Schülern allein nicht mehr bewältigt werden. Sie müssen durch möglichst emotionsfreie, sachliche Zusammenarbeit von Pädagogen, Wissenschaftlern, Eltern und Politikern Zug um Zug abgebaut werden.

7. Ausbilder, Auszubildende und Jungarbeiter im Betrieb

Anregungen:

1. Diskutieren Sie über Ihre bisherigen Erfahrungen, die Sie während Ihrer Tätigkeit in einem Betrieb gemacht haben.
2. Schreiben Sie darüber in Ihr persönliches Begleitheft.

Ihre Arbeitskollegen können sich Jugendliche im Gegensatz zu Freunden nicht aussuchen. Sie finden sich in der Ausbildung und am Arbeitsplatz zusammen, weil sie sich den Beruf und nicht die Menschen ausgewählt haben.

Trotzdem entwickelt sich unter Jungarbeitern und Auszubildenden meist bald eine gewisse Kollegialität, ein bestimmter Zusammenhalt aus mancherlei Gründen.

Sie sehen sich als Neulinge einer ungeahnten Fülle von Eindrücken und Anforderungen gegenüber, die auf sie einstürmen.

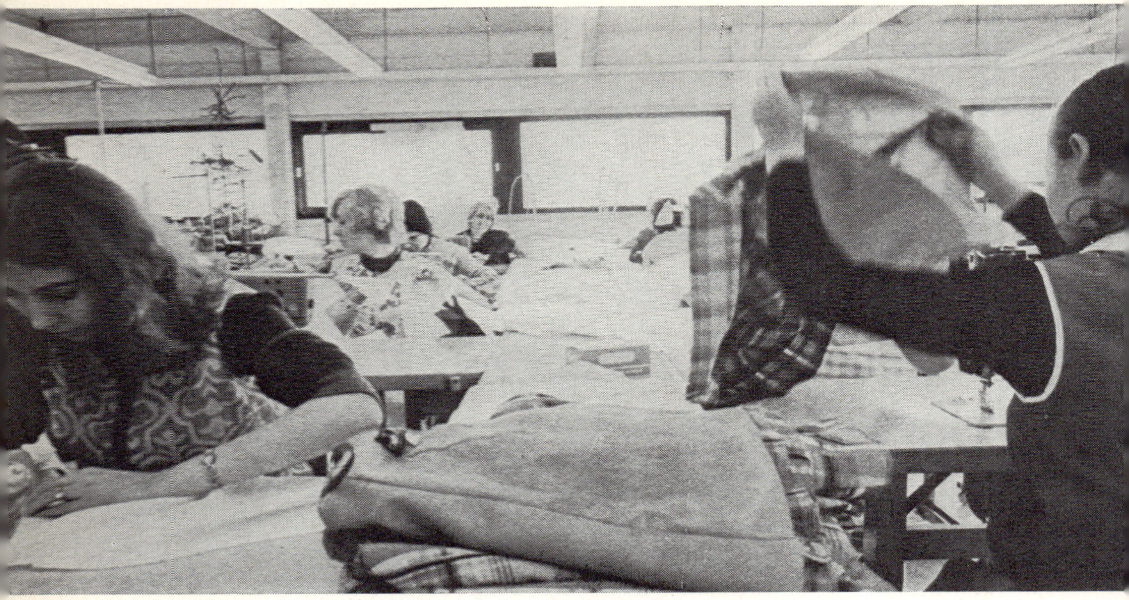

Vielleicht hat es der Anfänger im überschaubareren Handwerksbetrieb leichter, sich schneller zurechtzufinden. Vielleicht gibt ihm die geringere Zahl von Mitarbeitern bald mehr Sicherheit.

Wie aber sieht es für Jugendliche in den Großbetrieben, in Kaufhäusern, Konfektionsfabriken, in Großbüros, in staatlichen Betrieben wie Post und Bahn aus?

Finden sie ein warmes oder kühles Betriebsklima vor? Werden sie als Mitarbeiter oder als „Anfänger" behandelt?

Verkraften sie die in einem Betrieb notwendige Disziplin, Nüchternheit, Sachlichkeit, rationelle Denkweise, scharfe Kalkulation, Zweckgebundenheit, den Bezug aller Tätigkeit auf den Verkaufserfolg

in einem Entwicklungsabschnitt, in dem sie ihre Individualität entdecken und voller wechselnder Stimmungen, Überschwang, Phantasie, Weltverbesserungsideen sind?

Ist der Übergang von der Schule in den Betrieb trotz aller Berufsberatungs- und Berufsfindungs-Maßnahmen nicht immer noch viel zu kraß, der Sprung in Berufsausbildung und Erwerbstätigkeit nicht viel zu unvorbereitet?

Wie sind die Probleme der vielen Jugendlichen zu bewältigen, die aufgrund des Schülerberges nach ihrer Schulentlassung bis in die Mitte der 80er Jahre hinein weder einen Ausbildungs- noch einen Arbeitsplatz erhalten werden?

Sind Industrie, Bund und Länder, Kreise und Kommunen gleichermaßen als Arbeitgeber bereit, mit allen Mitteln (Vollzeitschuljahr für arbeitslose Jugendliche, Berufsgrundbildungsjahr, Bereitstellung von zusätzlichen Arbeits- und Ausbildungsplätzen u.a.m.) der Jugendarbeitslosigkeit entgegenzuwirken, damit sich unter den Jugendlichen nicht gefährliche Symptome einer chancengeminderten

Generation wie Resignation, Depression, Angepaßtheit, aber auch Radikalismus und politischer Fanatismus entwickeln können?
Wie wird unsere Gesellschaft die Situation der weniger qualifizierten Schulentlassenen verbessern, die oft von den Schülern mit ausreichenden Abschlußzeugnissen aus angebotenen Ausbildungs- und Arbeitsplätzen verdrängt werden? Sie sind durch gehäufte Mißerfolgserlebnisse verunsichert und brauchen dringend zusätzliche, psychotherapeutisch begleitete Weiterbildungsmöglichkeiten, damit sie gleiche Chancen bekommen, ins Arbeitsleben eingegliedert zu werden.
Besonderes verlangt das Überangebot von jugendlichen Arbeitskräften, daß im Bildungs- und Ausbildungsbereich Maßnahmen zugunsten der jungen Menschen vorangetrieben werden: Ausbau der beruflichen Schulen und der betrieblichen Ausbildungsstätten, Neufassung wichtiger Gesetze und Verordnungen für Jugendliche, z. B. Jugendschutzgesetz, Jugendhilfegesetz, Ausbildungsplatzförderungsgesetz, Ausbildungsordnungen für Auszubildende und Lernschwache. Dies sind keine überhöhten Forderungen, sondern Notwendigkeiten, damit die nachwachsende Generation erlebt, daß die ältere sie in ihrer Notsituation nicht im Stich läßt.
In den Betrieben dürfen Ausbilder und Mitarbeiter durch das Überangebot an jugendlichen Arbeitskräften sich nicht dazu verleiten lassen, in überholte, autoritäre Ausbildungsformen zurückzufallen. Das Betriebsklima wird für alle Mitarbeiter um so günstiger, je partnerschaftlicher man miteinander umgeht.

▷ Sachlich **und rechnerisch betrachtet sind jugendliche Arbeitskollegen, die sich als gleichberechtigt anerkannt sehen, aufmerksamere, interessiertere, strebsamere, leistungsfähigere und wertvollere Arbeitskräfte.**

Investitionen zugunsten einer gründlicheren Bildung — nicht nur einer Ausbildung von Fertigkeiten — zahlen sich mit Sicherheit dadurch aus, daß sie den Betrieben nüchterne, kritische, nachdenkende Mitarbeiter zuführen, die nicht so leicht auf die verlockenden Ideen von Utopisten hereinfallen werden.

8. Die Gruppe

Anregungen:

Schreiben Sie in Ihr Arbeitsheft, welchen Gruppen Sie gleichzeitig angehören. Überlegen Sie, welche dieser Gruppen die größte, bzw. geringste Bedeutung für Sie hat. Begründen Sie Ihren Standpunkt.

Unter „Gruppe“ versteht man in der Soziologie und Sozialpsychologie eine überschaubare Anzahl von Menschen, die über kürzere oder längere Zeit mehr oder weniger eng in Verbindung stehen und durch die Gemeinsamkeit von Lebensraum, Aufgaben, Interessen, Zielen, Sympathien miteinander verbunden sind.
Dabei kann man zunächst zwischen Primärgruppen und Sekundärgruppen unterscheiden.
In der Primärgruppe herrschen enge, persönliche Beziehungen, zu ihnen gehören Familie und Freundeskreis.

Die Sekundärgruppe wird durch Situationen mehr äußerer, unverbindlicherer Art bestimmt, wie beispielsweise die Schulklasse, die Ausbildungsgruppe, die Berufsgruppe.

Homogen ist eine Gruppe, wenn Gleichheit von Alter, Geschlecht, Beruf und Interessen bestehen.

Heterogen sind bunt gemischte Gruppen, z. B. Reisegesellschaften.

Schließlich ordnet man Gruppen noch nach Art ihrer Entstehung und ihrer Regelungen:

Die Mitglieder formeller Gruppen finden sich planmäßig zur Verwirklichung gemeinsamer Interessen zusammen (Initiativ-Gruppen von Eltern oder Bürgern).

Informelle oder Spontan-Gruppen bilden sich spontan, aus Neigung und Sympathie, sie haben kein formales Regelsystem (spontane, unregelmäßige Zusammenkünfte von Jugendlichen, z. B. während des Urlaubs).

Allen Gruppen ist gemeinsam, daß in ihnen Sozialisationsformen eingeübt werden, die der Mensch beherrschen muß, weil er, von wenigen Ausnahmen abgesehen, immer in Wechselbeziehungen zu anderen Menschen lebt.

Je mehr Angenommensein, Wärme und Zuwendung Säugling und Kleinkind in der Familiengruppe erfahren, um so vertrauensvoller begegnen sie ihrer verhältnismäßig eng begrenzten Umwelt. Gemischte Kindergartengruppen erschließen den Kindern den Umgang mit Gleichaltrigen und Älteren. Noch intensiver wird das Gruppentraining während der Schulzeit mit der pflichtmäßigen Teilnahme an den sich immer wieder verändernden Klassengruppen und der freiwilligen Zugehörigkeit zu den verschiedensten Hobbygruppen (Sport, Basteln, Literatur, Musik usw.). Der Jugendliche in der Arbeitswelt ist eingegliedert in die Gruppen der Auszubildenden, Anlernlinge oder Jungarbeiter, er gehört außerdem noch zur Klassengruppe in der Berufsschule, ist häufig in seiner Freizeit engagiert in Jugendgruppen aller Art tätig und wächst nach Abschluß seiner Ausbildung, ebenso wie der Student, allmählich in die Gruppierungen der Erwachsenenwelt hinein.

Fast jede Gruppe neigt dazu, sich von einer anderen abzugrenzen, ihre „Individualität" zu betonen: Das kann man beobachten bei den Klassen innerhalb eines Schulsystems; Angehörige einer Sportgruppe tragen ihren eigenen Dreß; Rockergruppen distanzieren sich besonders auffallend durch Kleidung und Benehmen. Die äußeren Kennzeichen verstärken das Zusammengehörigkeitsgefühl der Gruppenmitglieder, ihr „Wir-Bewußtsein", ihr Solidaritätsgefühl. Manche Gruppen erhoffen einen zusätzlichen Prestige-Gewinn dadurch, daß neue Mitglieder nur nach einer besonderen Leistung, z. B. einer Mutprobe, aufgenommen werden. Dies kann böse ausarten: Ein Kind muß von einer hohen Mauer springen und verletzt sich ernsthaft; „Mut" soll durch einen Diebstahl im Kaufhaus bewiesen werden.

Solche Vorfälle gehören glücklicherweise zu den Ausnahmen. In der Regel bringt das Wir-Bewußtsein der einzelnen Gruppen positive Verhaltensabläufe in Gang: Das Kräftemessen der verschiedenen Gruppen im sportlichen Wettkampf miteinander, die Übernahme von sozialen Aufgaben (Hilfen für Behinderte, alte oder kranke Menschen, Ausländerkinder u.a.m.), gemeinsames Lernen, Feiern, Freizeit- und Urlaubsgestaltung. Gerade in diesen Bereichen zeigt sich, wie kreativ Gruppen im Alleingang und im Zusammenwirken sein können. Schöpferische Kräfte in vielfältiger Form werden durch Gruppenengagement freigelegt. Bereits die Kleingruppe Familie gewinnt durch Zusammenarbeit in ihrem Bereich Freiraum und Freizeit, die sie wiederum zum Wohl für sich und andere ausfüllen kann; eine Schulklasse ohne Gruppenunterricht ist ebenso undenkbar wie im betrieblichen Sektor der Verzicht auf Team-work.

An diesen Beispielen wird auch deutlich, wie sehr die Gruppe auf die Solidarität und den Zusammenhalt ihrer Mitglieder angewiesen ist, will sie bestehen bleiben. Die Gruppe zerfällt, wenn einzelne oder viele Mitglieder ihre Individualitätsansprüche über das Gruppenprinzip stellen. Von allen Gruppenmitgliedern müssen die Ordnungen anerkannt werden, die ihren Bestand garantiert. Solche Regelungen können sowohl diktatorisch als auch demokratisch mit den dazwischen liegenden Möglichkeiten gehandhabt werden. Meistens entwickelt sich innerhalb der Gruppe eine gewisse Rangordnung:

Ein Mitglied (manchmal sind es auch mehrere) erhält die Führungsrolle, die sog. Alpha-Position. Sie kann durch Wahl, aber auch durch Gewalt erworben werden (Klassensprecher; Bandenchef).

Für besondere Aufgaben braucht die Gruppe Spezialisten, die den zweiten Rang, die Beta-Rolle, übernehmen (Kassenführer, Schriftführer, Klassenbuchverwalter).

Die übrigen Mitglieder vertreten die Gammaposition. In einer demokratischen Gruppe ist der Alpha-Inhaber erster unter Gleichen, in einer totalitären werden die Gamma-Mitglieder zum Mitläufertum und zu Befehlsempfängern degradiert.

Bedauernswert ist der Außenseiter in einer Gruppe, ihm wird die Omega-Rolle zugewiesen. Er wird als Prügelknabe und Sündenbock benutzt, an dem die übrigen Gruppenmitglieder ihre Aggressionen abreagieren. In einer gut funktionierenden, demokratischen Gruppe gibt es auf Dauer keinen Außenseiter, denn die Gruppenteilnehmer besitzen die Fähigkeit, diesen Konflikt zu bereinigen.

Der Außenseiter ist, teils aus eigenem Versagen, teils durch die Schuld der Umwelt, ein unglücklicher Mensch, und zur Heilung seiner Verhaltensstörungen kann eine Gruppentherapie durchgeführt werden. Die sich dabei entwickelnden gruppendynamischen Prozesse sollen den Teilnehmern helfen, ihre Ich-Bezogenheit und psychische Isolierung aufzugeben und den Aufbau zwischenmenschlicher Kontakte einzuüben.

Aktionen und Interaktionen innerhalb der Gruppe bestimmen ihr Bild, und sie bleibt durch die Vielzahl der Beziehungsmöglichkeiten untereinander oft nur schwer überschaubar.

Hier hilft ein Soziogramm, in dem das Zugeordnetsein der Mitglieder zueinander bildlich dargestellt wird. Es kann so zustande kommen, daß die Gruppenteilnehmer schriftlich und anonym angeben, zu wem sie sich besonders hingezogen fühlen, und wer ihnen gleichgültiger ist.

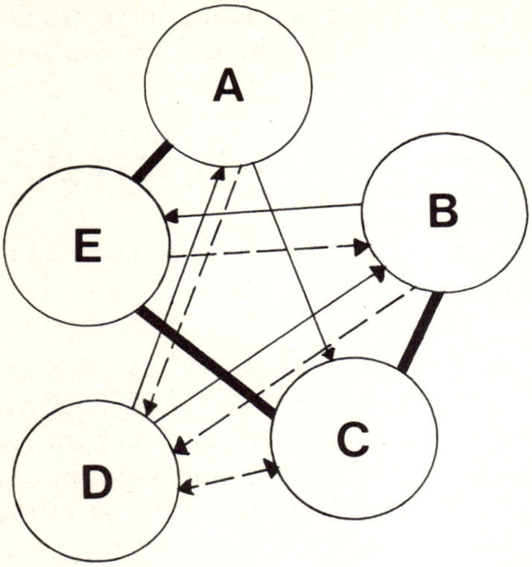

Soziogramm.
Die Pfeile mit durchgezogener Linie symbolisieren positive, mit aufgerissener negative Wahlen. Fette Linien bedeuten gegenseitige positive Wahl, Doppelpfeile mit aufgerissener Linie gegenseitige negative Wahl.

Bei der schriftlichen Auswertung werden für alle Mitglieder numerierte Kreise auf ein Blatt gezeichnet und nun durch strichlierte, dünne und dicke Pfeillinien die wechselseitig schwächeren, bzw. stärkeren Bindungen eingetragen. Es entsteht ein Abbild der sozialen Bezüge innerhalb der Gruppe. Es hilft, Spannungen und Konflikte rechtzeitig genug zu erkennen und Maßnahmen zur Behebung solcher Schwierigkeiten zu ergreifen.

9. Erwachsene als Erzieherpersönlichkeiten

Anregung:

Schreiben Sie in Ihr persönliches Begleitheft, durch welche Erwachsenen Sie Ihrer Meinung nach in besonderer Weise — positiv oder negativ — beeinflußt wurden, und begründen Sie diese Ansicht.

Alle Menschen sind Erzieher:

bewußt und dazu ausgebildet als Pädagogen,
bewußt, aber weitgehendst nicht ausgebildet als Eltern,
unbewußt durch ihr Da-Sein und So-Sein.

Wenn sich jedermann klarmachen würde, daß er immer in irgendeiner Weise erziehend oder prägend auf Kinder und Jugendliche einwirkt, so würde er gewiß manches Mal anders handeln.

Er würde mehr Selbstkontrolle und Selbstbeherrschung üben.

Damit besäße er bereits zwei der wichtigsten Erzieheeigenschaften.

Es ist schwer, eine Rangordnung wünschenswerten Erzieher-Verhaltens aufzustellen, weil der Skalenwert von verschiedenen Menschen auch verschieden hoch eingeschätzt wird.

a) Sicher aber kann man sagen, daß der mit Erziehungsaufgaben betraute Erwachsene an erster Stelle dem Kind zugewendet sein und sich für sein individuelles Heranreifen engagieren muß.

b) Sicher ist auch, daß positive Erziehung nur im gegenseitigen Vertrauen geschehen kann — der Erzieher muß ein hohes Maß an Vertrauenswürdigkeit besitzen.

c) Dieses Vertrauen muß mit Ehrlichkeit gepaart sein, einer liebevollen Ehrlichkeit dem Kind, einer schonungsloseren sich selbst gegenüber als dem Reiferen und Erfahreneren.

d) Das Vertrauen darf nicht durch Enttäuschungen verloren gehen. Ein erziehender Erwachsener soll niemals „die Flinte ins Korn" werfen, sondern immer auf neue Möglichkeiten und Anfänge seines Zöglings hoffen. Er muß — notfalls jahrelang — um einen Jugendlichen ringen, zum Beispiel um einen Süchtigen, einen Lernunwilligen, einen Willensschwachen und darf nicht, durch Zweifel und pädagogischen Pessimismus verunsichert, aufgeben.

e) Notwendige Erzieher-Eigenschaften sind ferner Geduld und Gelassenheit, die aber im rechten Moment einem aktiven Handeln weichen müssen. Zahllose Erziehungsverantwortliche beweisen täglich durch ihr erzieherisches Können, daß sie die Kunst des rechten Tuns im rechten Augenblick beherrschen.

f) Außerdem ist eine liebevolle Distanz zum Kinde nötig, kein Abwenden, sondern das Aufrechterhalten eines gewissen Abstandes, der erforderlich zum Eigenleben von Kind und Erzieher ist. Denn mit liebevoller Zuwendung ist ja nicht gemeint, daß Erziehung aus fortwährendem Aufopfern besteht, das mitunter sogar recht seltsame, wollüstig-egoistische Züge enthält und keine Bindung, sondern eine Ankettung an das Kind darstellt. Distanz voneinander brauchen beide, Kind wie Erzieher, damit jeder seinen notwendigen, eigenen Freiheitsraum behält.

g) Von seiten der Kinder wird als unbedingt wichtige Eigenschaft eines Erziehers meistens zuerst ein unbestechlicher Gerechtigkeitssinn gefordert. Aber gerade Gerechtigkeit ist so eindeutig nicht zu erfüllen. Was ist eine gerechte Zensur? Ist Gerechtigkeit streng oder barmherzig anzuwenden? Bis zu welchem Grade kann ein Mensch überhaupt gerecht sein?

h) Manche Erzieher sind eitel und leicht gekränkt. Warum? Weil sie krampfhaft versuchen, fehlerfrei sein zu wollen und eine Nennung ihrer eigenen Fehler schlecht ertragen können. Sie müssen lernen, anstelle von Eitelkeiten Humor zu setzen, befreiendes Lachen, das Spannungen löst, Konflikte herunterspielt und Fröhlichkeit in manche so urdeutsch-problembeschwerte Erziehungsstunde bringt.

Vollständigkeit beansprucht diese Zusammenstellung von wünschenswerten Erzieher-Eigenschaften nicht, weil es gar nicht möglich ist, das Bild eines vollkommenen Erziehers zu entwerfen — er müßte denn sein wie Gott, und das ist die größte Versuchung, der der Mensch ausgesetzt ist.

III. Geheime Miterzieher

1. Natur, Kultur, Milieu

> **Anregung:**
> Schreiben Sie in Ihr persönliches Begleitheft, wieweit Sie sich von Natur, Kultur und Milieu mitgeprägt fühlen.

Im Gegensatz zur intentionalen Erziehung, mit der alle bewußt und planmäßig herbeigeführten Erziehungsmaßnahmen gemeint sind, kennt die Pädagogik den Begriff der funktionalen Erziehung, wozu sie die unbeabsichtigten Einwirkungen und Einflüsse aller denkbaren Faktoren rechnet. Man nennt sie im Gegensatz zu der bewußt durchgeführten Erziehung auch Prägung.

Die Zahl der ein Menschenleben mitprägenden Umstände, der geheimen Miterzieher, ist unendlich, und eine Ordnung muß immer ein Versuch bleiben. Er wird hier in dem Sinne unternommen, daß die derzeit besonders starken Prägefaktoren auf Kinder und Jugendliche, sowohl im Positiven als auch im Negativen, herausgehoben werden.

a) Natur

Die umgebende Natur übt stark prägende Wirkungen aus.

Ob ein Kind an der See oder im Hochgebirge zur Welt kommt,
ob es unter „südlicher Sonne" oder im „rauhen Norden" aufwächst, das allein gibt schon seiner Entwicklung eine bestimmte Richtung.

Wenn von der „Verstädterung des Menschen" die Rede ist, so sind damit die vielschichtigen Einflüsse der Großstadt gemeint. — Deutlich anders entwickelt

◁ *„Gamines", Betteljungen in den Straßen von Bogotá*

sich ein Kind auf dem Lande, das weniger Streß-Situationen, aber auch geringeren Lernreizen ausgesetzt sein kann. Es hat jedoch gegenüber dem Stadtkind den immer wertvoller werdenden Vorzug, daß es Natur unmittelbar erleben und erfühlen kann: Bach und Wiese, Haus- und Waldtiere, Blumen und Felder, den weiten Blick über unverbautes Land, das unmittelbare Teilnehmen an Säen, Reifen und Ernten, an Erblühen und Vergehen.
Die Natur wirkt auch durch das Klima auf uns. Gute Laune oder Mißstimmung hängen für viele Menschen mit der Wetterkonstellation zusammen, Chirurgen richten sich bei schwerwiegenden Eingriffen nach der Wettervorhersage. Die Selbstmordrate steigt bei föhnigem Wetter.
Schicksalhaft prägend für einen Menschen ist seine Zugehörigkeit zu einer der vielen Rassen oder Mischrassen, die ihren naturgegebenen Standort auf diesem Globus haben. Menschen leiten aus ihrer Hautfarbe einen Führungsan-

spruch ab. Andere werden dadurch in Abwehr- und Kampfmaßnahmen hineingezwungen. Sie gehören unter Umständen ein Leben lang zu den Verfolgten und Unterdrückten. Tragische Beispiele bietet die Weltgeschichte in überreichlichem Maße: Die Ausrottung der „Rothäute", die Judenverfolgungen, die Diskriminierung dunkelhäutiger Bürger in Amerika und Südafrika.

b) Kultur

Neben der „Mutter Natur" ist die „Kultur" von großem Einfluß auf menschliches Reifen, Kultur im weitesten Sinne, wozu Sitte und Brauchtum ebenso wie Kunst, Wirtschaft und Technik, Wissenschaft und Religion gehören.
Ein Kind, das im christlichen Kulturkreis heranwächst, ist anders geprägt als ein Kind mohammedanischen Glaubens. Ob jemand mehr Kunstverständnis oder mehr technisches Interesse in seiner Umwelt erlebt, ob ihm die Gesetze

von traditionsgebundenen Sitten anerzogen werden — seine Entwicklung wird jedesmal eine andere Richtung nehmen.

c) Milieu

Um einer Verdeutlichung willen ist hier eine Ordnung vorgenommen worden, die es so tatsächlich gar nicht gibt. Das wird klar beim Nachdenken über den Begriff „Milieu".

Unter „Milieu" faßt man „die Gesamtheit der natürlichen, gesellschaftlichen und kulturellen Faktoren der Umgebung zusammen, die auf ein Lebewesen oder eine soziale Gruppe einwirken ... Das Milieu umfaßt die erlebten Inhalte (Familie, Elternhaus, Schule, Freundeskreis, Religion, Kunst, Wirtschaft) und die Wirkungen des Raumes (Klima, Bodenbeschaffenheit, Fauna, Flora u. a.)."[1]

▷ Im Milieu allein liegen für ein Kind unzählige Gegebenheiten: Zum Beispiel die Zugehörigkeit zur Unter-, Mittel- oder Oberschicht; harmonisches Familienleben oder Streitatmosphäre; Heimleben; geistige oder wirtschaftliche Armut; Überfluß; Angenommensein oder Zurückweisung, Strenge, Zwang, Engherzigkeit, Unbarmherzigkeit, Gleichgültigkeit oder Freizügigkeit seitens der Erzieher; Lernförderung oder -vernachlässigung; Fanatismus aller Art und vieles andere mehr.

▷ Die Prägekraft des Milieus ist stark.

▷ Das zeigt die positive Entwicklung von Kindern in einem begünstigenden, die Neigung zum Abgleiten in einem negativ beeinflussenden Milieu.

▷ Darum wird heute in zunehmendem Maße nach Möglichkeiten gesucht, milieubedingte Schäden durch Milieu-Verbesserungen auszumerzen.

(Siehe hierzu auch: Kapitel V. 1: Grenzen der Erziehung, Erbe und Milieu.)

2. Massenmedien: Fernsehen, Presse, Rundfunk, Kino

> **Anregungen:**
>
> Rechnen Sie bitte aus, wie viele Stunden in der Woche Sie Zeit haben für Fernsehen, Zeitunglesen, Rundfunkhören und Kinobesuche. Ziehen Sie dann einen Vergleich zu Ihrer Arbeits- und Ruhezeit. Nehmen Sie in Ihrem persönlichen Begleitheft Stellung zu Ihrem Verhalten gegenüber den Massenmedien.

Der Einfluß der Massenmedien (Medium = Mittler) Fernsehen, Presse, Rundfunk, Kino ist unbestritten sehr groß. Sie bergen Möglichkeiten und Gefahren in sich:

Möglichkeiten der Information, Meinungsbildung, Unterhaltung, Werbung, Gefahren der Manipulation und einseitigen Beeinflussung der Millionen von Zuschauern, Lesern und Hörern.

---

[1] Brockhaus-Enzyklopädie in 20 Bänden, Bd. 12, 1971, S. 558.

In der Erziehungslehre muß über den Einfluß der Massenmedien auf Kinder und Jugendliche gesprochen werden. Hier soll geklärt werden, wie Eltern und Erzieher zusammen mit ihren Zöglingen diese geheimen Miterzieher zwecks Schadensverhütung unter Kontrolle bringen können.

a) Das Fernsehen

Im Laufe von nur 20 Jahren ist das Fernsehen zu einem Prägefaktor erster Ordnung geworden.

In 9 von 10 bundesdeutschen Haushalten steht ein Fernsehapparat.

Unter den 45 Millionen westdeutschen Zuschauern sind 8 Millionen Kinder im Alter von 4—13 Jahren. Sie sitzen oft 20 bis 25 Stunden in der Woche vor dem Fernsehgerät, also etwa so lange, wie sie in der Schule sind.[1]

Der Fernsehapparat hat bezeichnende Beinamen bekommen:

„Ersatz-Oma", „Kinder-Sitter", „Pantoffel-Kino".

Die Auswirkungen des Fernsehens beschäftigen in hohem Maße Politiker, Ärzte, Pädagogen, Psychologen, Theologen, Richter, Kriminalbeamte, Sportfunktionäre und nicht zuletzt Eltern. Das Fernsehen gehört zu den technischen Errungenschaften, die ins menschliche Dasein eingebrochen sind, ohne zuvor bewältigt worden zu sein.

„Dem Fernsehen", sagt Dr. med. Hellbrügge, Professor für Kinderheilkunde an der Universität München, Leiter des Kinderzentrums München und Preisträger des Pestalozzi-Preises 1977, „müssen wir für alle Erziehungs- und Lernprozesse im Kindesalter eine weitaus größere Bedeutung zumessen, als dies der Öffentlichkeit, insbesondere auch den für das Fernsehprogramm Verantwortlichen, bislang bekannt und bewußt ist."

Professor Hellbrügge begründet diese Feststellung:

„Es ist wichtig, sich darüber klar zu werden, daß das Fernsehen heute die Welt des modernen Menschen darstellt. Nie zuvor hat es eine Menschheitsgeneration gegeben, die über Stunden, am Tage, an der gleichen Stelle, im gleichen Raum in einen Kasten hineinblickte. Die Erfahrung mit der Welt vollzog sich normalerweise außerhalb des Hauses, in der Nähe, in der Weite. Auch das Kind erwarb seine Welterfahrung im Umgang mit der Gesellschaft und deren Tätigkeiten.

Das hat sich durch das Fernsehen entscheidend geändert, ob wir dies wünschen oder nicht. Im Kindergarten wird dem Kind eine völlig andere Welt dargeboten, die mit der, die es auf dem Fernsehschirm erlebt, kaum noch etwas zu tun hat. In der Schule setzt sich diese unselige Entwicklung fort: Das Weltbild, das sie vermittelt, hat mit dem Weltbild des Fernsehens nur wenig gemein.

Das Fernsehen ist, und darüber wird auch zu wenig nachgedacht, nach wissenschaftlichen Erkenntnissen geradezu ein erstklassiger Lernvorgang. Die gleiche Tageszeit, der gleiche Raum, halb verdunkelt, um irgendwelche weiteren Einflüsse abzuschirmen, der gleiche Kasten, die gleichen Personen (z. B. in Serien)

---

[1] Angaben des Bundesministeriums für Jugend, Familie und Gesundheit und der Bundeszentrale für gesundheitliche Aufklärung, Köln.

mit der gleichen Stimme und der gleichen Thematik — das sind für das Kind optimale Voraussetzungen zu Lernvorgängen, wie sie bei keinem anderen Lehrvorgang irgendwelcher Art auch nur annähernd gegeben sind. So gesehen unterliegt es überhaupt keinem Zweifel, daß Fernsehprogramme auf Kinder einen prägenden Einfluß haben.
Daß hier Einflüsse geschehen, daß diese Einflüsse allerdings andere sind, als wir uns das in manchen Bereichen vorstellen, konnten wir zeigen bei Untersuchungen über das Verhalten der Pulsfrequenz bei zehnjährigen Kindern, denen wir Märchenfilme vorführten. Es trat ein, was wir erwartet hatten: Alle aggressiven Szenen führten zu einer Erhöhung der Pulsfrequenz. Aber es waren, anders als erwartet, weniger die grausamen Szenen, die das Pulsverhalten der Zehnjährigen beeinflußten: wie die Hexe in den Ofen geschoben wird, wie der

„. . . hat das Fernsehen unbestreitbar unser Leben verändert . . .“

(Aus „Hör zu“)

Wolf dem Rotkäppchen begegnet und wie Schneewittchen von dem Jäger im Wald überfallen wird; sondern es waren in erster Linie jene Szenen, die Verlassenheit widerspiegelten; Schneewittchen allein im Wald, Hänsel und Gretel allein im Wald — das waren die Szenen, die die höchste Pulsreaktion der Kinder hervorriefen. Daraus mag man sehen, daß es gilt, die Einflüsse dieses einzigartigen Lerngeschehens beim Fernsehen auf das Kind näher zu untersuchen.“

(Aus: Das sollten Eltern heute wissen, Serie von Prof. Dr. Hellbrügge in „Heim und Werk“, Nov. 1975)

Diese wissenschaftlichen Untersuchungen werden vermehrt vorgenommen. Sie sollen erhellen:

Begünstigt langes Fernsehen Haltungs- und Augenschäden?
Macht es Kinder und Jugendliche nervös?
Beeinträchtigt es das Lernen für die Schule in zu starkem Maße?

Isoliert es Kinder zu sehr, erzieht es sie zu Inaktivität, zu Konsumenten, verhindert es Sozialisation, Aktionsfreude und Interaktionen bei Kindern und Jugendlichen?
Welche Wechselwirkungen bestehen zwischen der auf dem Bildschirm gezeigten Brutalität und der Kinder- und Jugendkriminalität? Welche Sendungen bevorzugen Kinder?
Interesssieren sie tatsächlich die Kindersendungen im Nachmittagsprogramm am meisten, oder sehen sie lieber das Abendprogramm? Wie viele Eltern erlauben dies?
Wie lange dürfen Kinder abends fernsehen?
Welche Sendungen wirken sich positiv aus, weil sie z. B. das soziale Verhalten fördern (Sendungen zugunsten Behinderter u. ä.)?
Gesicherte Antworten der Wissenschaft auf solche und ähnliche Fragen werden in Zukunft Eltern und Kinder bei der richtigen Handhabung des Fernsehgerätes helfen.

Inzwischen darf man nicht über Fernsehgefahren jammern, man muß etwas gegen sie tun und das Unwägbare, Heimliche ins helle Licht des Steuer- und Kontrollierbaren holen.

Dazu ist nötig:

▷ Der Fernsehapparat ist keine Ersatz-Oma, keine Kinder-Verwahr-Einrichtung. Wenn Kinder fernsehen, sitzt ein Erwachsener daneben und kommentiert die Sendung. Hinterher erzählen die Kinder, was sie gesehen haben. Dabei kann der Erwachsene vieles erläutern, erklären, ins „rechte Bild" setzen. Er kann von Fernsehstudios berichten, von den vielen Proben, die zu einer einzigen Szene nötig sind, vom Standort der Kameras bei Schießereien, von der Arbeit der Doubles, der Absicht des Regisseurs. Er diskutiert mit den Kindern über spezielle Jugendsendungen. Der Erzieher ist der Fernsehpartner der anvertrauten Kinder.

▷ Es gibt genügend Fernsehzeitschriften.
Mit dem Kind zusammen wird das ausgesucht, was gesehen werden kann. Dabei richtet sich die Fernsehzeit nach den in der Familie üblichen Essens-, Arbeits- und Ruhestunden, nicht umgekehrt! Hausmusik, Spaziergänge, Bastel- und Erzählstunden, Schulaufgaben, Spiel und Sport haben Vorrang vor den Fernsehsendungen.

▷ Weder Kinder noch Erwachsene können stundenlang ohne Schäden vor dem Bildschirm hocken.
Gliederschmerzen, Augenleiden, Haltungsfehler sind die Folgen. Je jünger das Kind, desto kürzer muß die Fernsehzeit sein. Vorschulkindersendungen sind mit Recht nur 10 bis 15 Minuten lang.

▷ Während und nach dem Abendbrot bleibt die Mattscheibe dunkel, damit das Kind nicht unmittelbar nach auf- oder anregenden Sendungen ins Bett geht.

▷ In jeder Familie entstehen durch die verschiedenartigen Programmwünsche Konflikte:

Vater und Sohn möchten zum Beispiel die Sportsendung sehen, während die anderen sich auf einen Spielfilm gefreut haben. Möglicherweise kann es deswegen Krach geben, Tränen, Wut, Ärger. Einige Familienmitglieder ziehen beleidigt ab; die anderen haben sich zwar behauptet, aber trotzdem keine rechte Freude an dem erkämpften Programm.
In einer klugen Familie wird eine möglichst demokratische, partnerschaftliche Lösung angestrebt: Jeder bekommt abwechselnd seinen Wunsch erfüllt.

▷ „Das wichtigste Teil am Fernsehgerät ist sein Ausschaltknopf" — der Satz enthält den wahren Kern, daß man den Fernsehverlockungen nicht sklavisch erliegen darf, sondern ihren Einfluß rechtzeitig erkennen, beurteilen, einordnen und abgrenzen muß.
Das Fernsehen ist eine Informations-, eine Bildungs-, eine Unterhaltungsquelle unter vielen. Es wäre schlimm, wenn es anderen kulturellen, sportlichen, unterhaltenden und bildenden Veranstaltungen den Rang streitig machen würde.

▷ Fernsehverbot als Strafe ist ein Unding und strikt abzulehnen. Dadurch wird Fernsehen zu einem Erziehungsmittel gemacht und seiner eigentlichen Aufgaben völlig beraubt.

Außerdem kann meist eine genaue Kontrolle des Verbotes aus Zeitmangel der Eltern gar nicht durchgeführt werden; die Maßnahme ist ein Schlag ins Wasser. Wenn Eltern gemeinsam mit ihren Kindern und Jugendlichen das Medium Fernsehen und seine Handhabung in den richtigen Griff bekommen, dann wird es bei uns nicht nötig sein, Kinder-Fernseh-Entziehungskuren durchzuführen, wie es in Amerika leider schon teilweise erforderlich ist.

Zum Nachdenken und Diskutieren:

Eine demoskopische Untersuchung vom Oktober 1972 ergab: Ein Fernsehverbot ist nach dem „Ausschimpfen" (40 Prozent) mit 39 Prozent die zweithäufigste Strafe, mit der Familien in der Bundesrepublik Deutschland ihre Kinder belegen. (!)

b) Presse

Anregung:

Schreiben Sie in Ihr persönliches Begleitheft, welche Zeitschriften und Zeitungen Sie im Laufe Ihrer Entwicklung nacheinander am liebsten gelesen haben.

Der eigentliche Auftrag der Presse ist wie beim Fernsehen Information, Unterhaltung in allen Schattierungen, Bildung und Werbung. Im Gegensatz zur Fernsehsendung aber sind Zeitungen nicht da, wenn man auf einen Knopf drückt, sondern müssen gekauft werden. Am Kiosk, in der Buchhandlung findet die Wahl statt, hier bestimmt der eigene Geschmack. Die Presse bietet sich werbend an — und wir entscheiden für oder gegen sie mit unserem Geld.

Das müssen Eltern und Erzieher sich unbedingt zunutze machen. Sie können sich freie Zeit „erkaufen", wenn ihre Kinder gerne lesen. Sie dürfen aber nur

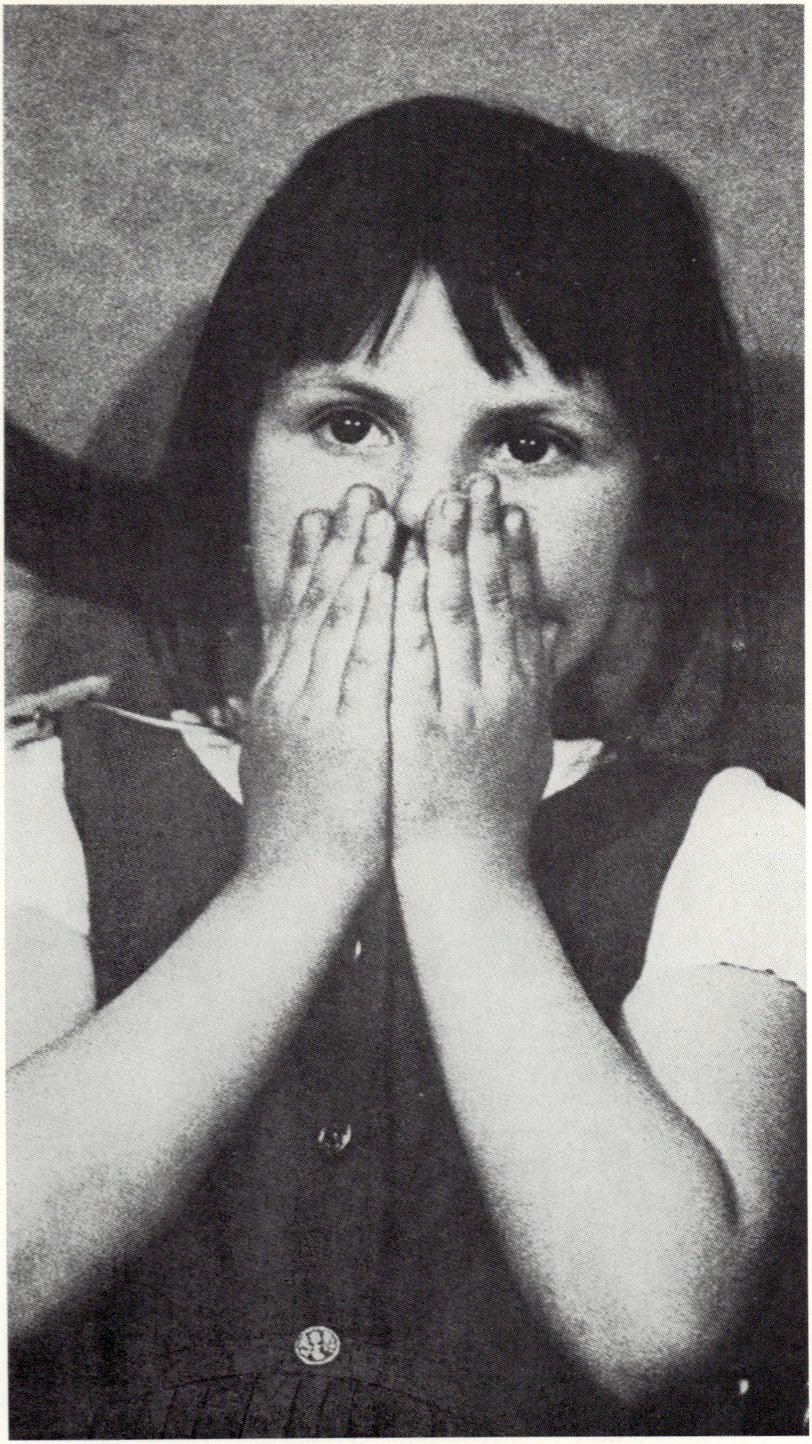

reinen Gewissens **die** Kinder-Zeitschriften zulassen, die sie selbst kennen und positiv beurteilen. Wieder einmal muß von ihnen erwartet werden, daß sie sich eine Meinung bilden, daß sie mit ihren Kindern über die Qualität der gewünschten Zeitschrift sprechen und sie anleiten, zwischen minderwertigen und guten Druckerzeugnissen unterscheiden zu können.
Kinder und Jugendliche, aber auch viele Erwachsene, lesen gerne Comics, von „Micky-Maus" bis „Asterix", von „Fix und Foxi" bis „Charlie Brown". Comics sind nichts Neues. Der „Struwwelpeter", die Moritaten-Bildserien auf Jahrmärkten, „Max und Moritz" von Wilhelm Busch — sie enthalten alle Elemente moderner Comics: Hier ist eine Welt mit festen Spielregeln und Gags; es werden Erziehungsfunktionen ausgeübt, indem das Gute über das Böse siegt, oft in ähnlich vereinfachter Form wie im Märchen; die Sprechblasensprache ist allgemein verständlich, häufig kommen Comics ganz ohne Sprache aus. Comic-Bildserien gibt es nicht nur über Gestalten wie Micky-Maus, sondern auch über bekannte Literaturwerke.

Die Bundeszentrale für politische Bildung, Bonn, hat ein Heft mit dem Titel „Massenmedium Comics" herausgegeben, das man kostenlos beziehen kann. Es informiert ausgezeichnet über Für und Wider von Comics und hilft Eltern bei der Auswahl passender Comics für ihre Kinder.

In jeder Familie sollte über **alle** Zeitschriften und Zeitungen, die ihre Mitglieder kaufen, diskutiert werden, gleichgültig, ob sie für die „Kleinen" oder die „Großen" bestimmt sind.

Besonders gut wäre es, wenn Zeitungen verschiedener politischer Richtungen gelesen und anschließend politische Debatten ausgetragen würden. Dadurch könnte die Familie einen vermehrten Beitrag zur Erziehung junger, mündiger Bürger leisten.

c) Rundfunk

Eltern und Erzieher schelten mit Recht über das ablenkende Musikgeriesel bei den Schulaufgaben. Manchmal bleibt nichts anderes übrig, als das Radio stundenweise zu beschlagnahmen. Viele Jugend-Musik-Sendungen sind so ansprechend und gut gemacht, daß sie mangelhafte Schulergebnisse zur Folge haben, wenn sie nicht rechtzeitig ausgeschaltet werden, weil die Jugendlichen sich auf das Zuhören, nicht aber auf ihre Schularbeiten konzentrieren.

Das Fernsehen hat den selbst noch jungen Partner Rundfunk von seiner Führungsposition verdrängt, darum hat er außer den genannten Störungsfaktoren keinen nennenswerten negativen Einfluß im Erziehungsgeschehen — im Gegenteil: Die Schulfunksendungen beispielsweise werden von Kindern und Jugendlichen gern gehört und regen alle zum Mitmachen (Sprachen, Musik) und Nachdenken (Politik, Erdkunde, Geschichte u. a. m.) an.

d) Kino

„König Fernsehen" brachte weiten Kreisen der Filmwirtschaft den Bankrott. Kinos gingen ein, und die Filmkunst gab in großem Umfang ihren künstlerischen Anspruch auf und wurde zur billigen Ramschware. Daß vom Film heute — trotz aller Versuche mancher Regisseure — wichtige Impulse ausgehen, kann niemand behaupten.

Um so mehr gefallen sich manche Filmhersteller darin, durch Darstellung von Sex, Sadismus, Perversionen und Foltertorturen „aufklärerisch“ wirken zu wollen. Offenbar ist damit leider noch Geld zu verdienen.

Hierüber wird oft gleichgültig hinweggegangen.

Als vor Jahren der schwedische Film „Schweigen“ in deutschen Kinos lief, gab es in allen Zeitungen hitzige Pro- und Contra-Diskussionen. Wo bleiben heute solche Auseinandersetzungen? Finden wir nichts mehr dabei, daß junge Menschen — „sie sind ja schon erwachsen!“ — ihre Freizeit in Kinos verplempern? Haben wir keine Angst mehr vor den Auswirkungen unverarbeiteter Kino-Erlebnisse, vor der Filmterror-Handschrift, die jeder Kriminalbeamte und Richter in den Straftaten jugendlicher Krimineller erkennt?

Ebenso unverständlich wie die Gleichgültigkeit gegenüber schlechten Filmen ist die Gedankenlosigkeit, mit der Eltern und Erzieher Kinder in sogenannte kinderfreundliche Filme schicken, frei ab 6 Jahre. Oft handelt es sich um Schnulzen, Wild-West-Filme, schludrig gemachte Märchen-Filme — „sie sind ja nur für Kinder.“

Ganz abgesehen davon, daß Sechs- bis Neunjährige noch nicht mühelos zwei Stunden ruhig sitzen können, so wirken außerdem die übergroßen Gestalten auf der Leinwand abschreckend auf sie und erfüllen ihre Phantasie mit wirren Bildern.

▷ Größere Kinder mögen mit Mutter oder Vater hin und wieder ins Kino gehen. Sie brauchen eine Bezugsperson neben sich, die notfalls ihre Hand hält und beruhigend etwas Unverstandenes erklären kann. Aber Kinder ohne einen Vertrauten ins Kino zu schicken ist unverzeihliche elterliche Verantwortungslosigkeit.

Viel schöner als viele Kinder-Märchenfilme sind Geschichten, von Mutter oder Vater vorgetragen. Kaum ein Regisseur kann das auf die Leinwand zaubern, was kindliche Phantasie sich unter den erzählten und selbst mit ausgesponnenen Geschichten vorzustellen vermag.

3. Nikotin, Alkohol, Drogen

Anregungen:

Diskutieren Sie über das Thema „Raucherlaubnis oder Rauchverbot in den Schulen und am Arbeitsplatz?“
Schreiben Sie Ihre eigene Ansicht in Ihr persönliches Begleitheft.

a) Nikotin

Viele Menschen nehmen eine zwiespältige Haltung zum Rauchen ein. Sie wissen genau, daß Nikotin lebensverkürzend wirkt, aber sie geben sich dem Tabak-„Genuß“ trotzdem hin. Sie lesen und hören täglich von den Schäden, die Nikotin im menschlichen Körper anrichtet: Störungen des Nervensystems, des Hormonhaushalts, des Kreislaufs; Verengung der Blutgefäße; Leberleiden, Magen-

geschwüre, Lungenkrebs; rasch alternde Haut; Unfruchtbarkeit und Fehlgeburten. Bei dem blauen Dunst einer Zigarette schieben sie die Gedanken an solche Folgen ihres Rauchens beiseite mit nicht stichhaltigen, widersprüchlichen Argumenten: Das Rauchen beruhigt — es regt an; es entspannt — es macht wach; es trägt zur Geselligkeit bei — es hilft bei Einsamkeit.
Der Staat verhält sich ähnlich zweideutig: Im Familien- und Gesundheitsministerium wird gegen den Tabakgenuß zu Felde gezogen. Im Finanzministerium greift man mit Freuden auf die hohen Einnahmen durch die Tabaksteuer zurück.

Vollends verwirrend ist das Verhalten von Eltern und Erziehern in bezug auf den Tabak-Genuß. „Rauchen ist sehr schädlich; daß du ja nicht damit anfängst, sonst kannst Du was erleben!" droht der Vater am Mittagstisch — und raucht hinterher genüßlich eine Zigarette.

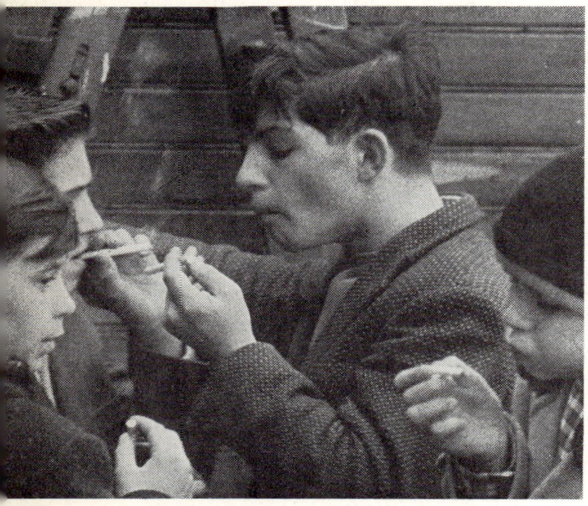

Die heimliche Zigarette.
Selbstbestätigung des Erwachsenseins, Protest gegen Verbote oder Kameraderie mögen die Motive sein, wenn Kinder oder Jugendliche zu rauchen beginnen. Wie auch immer — Schädlichkeit und Suchtgefahr sind in diesem Alter besonders groß.

„Diese blödsinnige Raucherlaubnis für Schüler — überall liegen Kippen auf dem Schulhof herum! Außerdem ist die Pause zum Durchlüften der Lungen da!" wettert ein Lehrer — und begibt sich, heftig an der Zigarette ziehend, ins rauchdunstige Lehrerzimmer.
„Diese Lehrlinge heutzutage — rauchen und große Sprüche kloppen, das ist alles, was sie können!" ereifert sich ein Meister am Stammtisch und pafft zornig blauen Dunst in die Luft.

Man könnte über solche Verhaltensweisen lachen, wenn sie in der Erziehung nicht so gefährlich wären.

Was aber können Erzieher tun im Kampf gegen das Nikotin?

1. Sie müssen vor der ersten Zigarette des Kindes nachdrücklich auf ihre Schädlichkeit hinweisen. Schon der Achtjährige muß wissen, daß er beispielsweise nie ein großer Sportler sein kann, wenn er Raucher wird.

2. Trotzdem wird das Kind vermutlich doch einmal heimlich rauchen. Das merkt man leicht am Geruch seiner Kleidung, besonders dann, wenn man selbst Nichtraucher ist. Jetzt hilft kein Schimpfen und Drohen, sondern das sehr deutliche Gespräch über die — hoffentlich vom Kind selbst erlebten — Folgen der Zigarette: Schwindelgefühl, Übelkeit, Magenschmerzen, Erbrechen, Durchfall. Dem Kind kann dadurch die Schädigung des Organismus bewiesen werden.

Beispiel:

Mutter schnuppert im Zimmer des siebenjährigen Christian Tabakgeruch. Sie glaubt zunächst, der Vater sei mit der brennenden Zigarette hindurchgegangen. Dann aber findet sie beim Aufräumen zwei Kippen, Streichhölzer und eine von Christian offenbar entwendete, angebrochene Zigarettenschachtel von Vaters Marke.
Nach dem Mittagessen legt sie die gefundenen Zigaretten und Kippen vor Christian auf den Tisch. Er kriegt einen roten Kopf. „So, mein Lieber", sagt der große Bruder Frank, „nun zeig uns mal, wie gut Du schon rauchen kannst!" Christian ahnt nichts Gutes, aber trotzig zündet er eine Zigarette an. „Zieh", brüllen die Geschwister, „zieh, Du kannst es doch!" Nach drei, vier Zügen nimmt Mutter die Zigarette weg, weil sie weiß, wie schädlich schon eine halbe Zigarette für Kinder ist. Christian ist nicht mehr rot, sondern blaß. Vater erklärt ihm, daß er selbst genau weiß, wie falsch sein eigenes Rauchen ist, daß er aber wegen Arbeitsüberlastung z. Z. noch nicht die Kraft hat, davon loszukommen. (Ein Jahr später schafft er es aber doch). Frank sagt: „Mensch, ich bin 19 und rauche nicht, und Du Knirps willst damit anfangen! Du spinnst wohl!"
Nach dieser harten Kur wird Christian nicht mehr beim Rauchen ertappt — wohl aber dabei, wie er Vaters Zigaretten zerbricht und in den Mülleimer wirft!

3. Es hilft nichts: Eltern und Erzieher müssen mit gutem Beispiel vorangehen. „Ihr raucht ja auch!" ist ein zugkräftiger Einspruch junger Raucher gegen elterliche Vorhaltungen. Erzieher, die selbst rauchen, müssen zugeben, daß sie trotz des Wissens um die Gefährlichkeit des Tabaks mehr oder minder nikotinsüchtig sind. Sie hören am besten selbst auf, wenn sie es ernst meinen mit ihrer Erziehung gegen das Rauchen. — Möglicherweise können Erzieher und Jugendliche sich gegenseitig dabei helfen, indem beide bereit sind, in partnerschaftlicher Weise Argumente gegen das Rauchen anzuhören und zu akzeptieren, die sie aus Veröffentlichungen in der Presse entnehmen.
Erfolgreich hat sich zum Beispiel ein Vater das Rauchen abgewöhnt, dessen Familienmitglieder eifrig in ein rotes „Anti-Raucher-Lexikon" sämtliche Artikel gegen den Tabakkonsum einklebten, die sie in Zeitschriften fanden. Sie schenkten ihm dieses Buch zum Geburtstag. Die große Anzahl von Beweisen gegen den Nikotin-Verbrauch überzeugte den Vater restlos.

Informationen:

Unter den Titeln „Alltagsdrogen und Rauschmittel" und „15 Sekunden zum Nachdenken" hat die Bundeszentrale für gesundheitliche Aufklärung, Köln, im Auftrag des Bundesministers für Jugend, Familie und Gesundheit, Bonn, zwei Broschüren herausgegeben, die man kostenlos beziehen kann. Die Kranken-

kassen verteilen ebenfalls umsonst Poster und Aufklärungsschriften gegen den Nikotinmißbrauch. In allen Städten finden regelmäßig Gesundheitswochen statt, auf denen die Besucher über die schlimmen Folgen des Rauchens informiert werden.
Wissenschaftlich korrekt ist bewiesen:

1. Von 100 Patienten mit Durchblutungsstörungen in den Beinen sind 99 starke Raucher. (Starke Raucher: Ab 6 Zigaretten/Tag). 10000 Menschen müssen jährlich operiert werden. Der Grund: Raucherbein.

2. Von 100 Zigarettenrauchern sterben 17 an Lungenkrebs.

3. Von 100 Bronchialkrebskranken sind 90 starke Raucher.

4. Viermal mehr Raucher erkranken an Kehlkopf- oder Mundkrebs.

5. Von 100 Menschen, die an Herzinfarkt sterben, sind 75 starke Raucher.

6. Das Ungeborene raucht mit. Das Geburtsgewicht von Kindern rauchender Mütter ist niedriger als das von Kindern nichtrauchender Mütter. Rauchende Mütter erleiden häufiger Fehlgeburten. Der Reife- und Wachstumsprozeß von Kindern rauchender Mütter ist bis zur Schulzeit beeinträchtigt und kann als Spätfolge zu Leistungsschwächen führen.

7. Wer in jungen Jahren mit dem Zigarettenrauchen beginnt und später weiterraucht, verkürzt sein Leben um ca. 7 Jahre.

b) Alkohol

Anregungen:

Trinken Sie auf Ihren Partys Alkohol?
Würden Sie sich von einem Freund nach Hause fahren lassen, der unter Alkoholeinfluß steht?
Wie beurteilen Sie die Chancen eines Gesetzes in der Bundesrepublik Deutschland, das Alkoholgenuß für jeden Autofahrer gänzlich verbietet?
Brauchen Sie Alkohol, um in Stimmung zu kommen?
Schreiben Sie die Antworten in Ihr persönliches Begleitheft!

Fast scheint es, daß die realistische Einschätzung des Alkoholkonsums neben der Drogensucht-Bekämpfung zu sehr in den Hintergrund tritt.

Vielleicht liegt es daran, daß man hierzulande kaum noch „Schnapsleichen" oder abstoßend herumtorkelnde, wirres Zeug lallende Gestalten auf den Straßen antrifft. „Freund" Alkohol hat sich verändert, er ist aus der Gosse in höhere und höchste Kreise aufgestiegen. Kein Empfang, keine Party, kein Fest ist mehr möglich ohne „gepflegte" Weine und Biere, „männliche" Whiskys, „damenhafte" Liköre, „quirlenden" Sekt, „duftende" Kräuterschnäpse. Die Reklame ist unerschöpflich in neuen, verführerischen Verkaufsideen — und der Alkoholkonsum steigt, steigt, steigt.

Folgen übermäßigen Alkoholgenusses können sein:
Enthemmung, Schlägereien, Verkehrsunfälle mit entsetzlichen Folgen, Familien-

tragödien, Morde, Zerstörung beruflicher Karrieren, erbgeschädigte Kinder, überfüllte Trinkerheilstätten.
Oft soll Alkohol die Folgen des Alkoholkonsums verdrängen: Nach einer durchbummelten Nacht mit anschließendem „Katzenjammer", schmerzendem Schädel, Übelkeit und Depressionen greift man als Gegenmittel erneut zur Flasche, und der teuflische Kreislauf beginnt von neuem.

Gründe für den Alkoholgenuß scheint es unablässig zu geben:

Man trinkt in der Arbeitspause und beim Fernsehen, an der gutsortierten, schicken Bar des Freundes, in Lokalen und Diskotheken, bei freudigen oder traurigen Anlässen jeder Art.

Zur Verteidigung solcher Gründe werden folgende Argumente angeführt: „Wir wollen was vom Leben haben!"

„Man muß die Feste feiern, wie sie fallen!"

„Jung muß man genießen können, im Alter nützt es nichts mehr!"

„Gönnt uns doch das bißchen Alkohol!"

„Ihr trinkt ja auch!"

Was können Eltern und Erzieher dem übermäßigen Alkoholkonsum von Jugendlichen entgegensetzen?

▷ Vorhaltungen über verlorengegangene Zucht, Ordnung und Moral haben kaum Erfolg. Statt dessen soll man den bilderhungrigen Jugendlichen Aufnahmen von Trinkern, von Verkehrsunfällen durch Alkoholeinwirkung, von den Opfern solcher Zusammenstöße, von den erbgeschädigten, geistesgestörten Kindern aus Trinkerfamilien zeigen. Traurige Tatsachen und Fakten überzeugen noch am ehesten, vor allem die, die nicht schon gänzlich willenlos durch ständigen Alkoholgenuß geworden sind.

▷ Es gibt glücklicherweise sehr viele einsichtige junge Menschen, die realistisch genug sind, wenig oder gar keinen Alkohol zu trinken. Sie beweisen ihren Mitschülern und Arbeitskollegen durch ihr Verhalten, daß es richtiger ist, so zu leben als mit dem vermeintlichen Lebenströster Alkohol. Sie müssen deswegen zwar öfter Spott und mitleidiges Lächeln der anderen, der „ganzen Kerle", der Alkoholprotzen ertragen.

▷ Das darf sie nicht beirren. Ihre Stunde kommt dann, wenn die Trinker nach einer gemeinsam durchfeierten Nacht das „heulende Elend", sie selbst den klaren Kopf haben.

▷ Im Kampf gegen den geheimen Miterzieher Alkohol sind sich heute schon viele Eltern mit ihren Kindern aus richtiger Einschätzung seiner Gefahren einig. Sie müssen gemeinsam versuchen, befreundete, gefährdete Jugendliche dem erbarmungslosen Verführer Alkohol baldmöglichst und endgültig zu entziehen.

Das gelingt nicht durch Schimpfen und Jammern, sondern durch Zuwendung in Gesprächen, in denen die persönliche Notsituation des Jugendlichen aufgedeckt wird, die ihn in die Sucht treibt. Nur so ist es möglich, durch gezielte Therapiemaßnahmen zu helfen. Hierzu braucht man auch wieder

Informationen:

1. Gegenwärtig wird die Zahl der an der Alkoholkrankheit Leidenden in der Bundesrepublik Deutschland auf 2,5 bis 3% der Bevölkerung geschätzt. Das sind ca. 1,1 Mill. Männer, 250000 Frauen und 150000 Jugendliche.

(Aus: „Rettung", Hrsg. Blaues Kreuz in Deutschland, Wuppertal-Barmen, Juni 1976.)

2. Als Ursachen für die Gefährdung der Jugendlichen durch Alkohol werden genannt:

Gestörte Familienverhältnisse, zu strenge oder zu lasche Erziehung, schlechtes Vorbild der Eltern (was die Kinder im Elternhaus lernen, kann Mitgift oder Gift sein), mangelnde Nestwärme, zuviel Taschengeld, Überforderung in Schule und Beruf, falsche Berufswahl, Jugendarbeitslosigkeit, fehlende Freizeiteinrichtungen, Kontaktarmut, mangelnde Bereitschaft zur sinnvollen Nutzung der Freizeit, Umstieg von Drogen auf Alkohol (Drogenbesitz wird strafrechtlich verfolgt), freizügiger Verkauf und Werbung beim Alkohol, Alkoholkonsum wurde bisher kaum in Frage gestellt, heutige Trinksitten, wie z. B. Fernsehalkoholismus, Angeberei, Vermassung des Menschen (riesige Wohnzentren mit wenig persönlicher Entfaltungsmöglichkeit und große Schulzentren).

Als Orte der Gefährdung gelten:

Heimpartys, Diskotheken und regelrechte Schülerkneipen in unmittelbarer Nähe von Schulen und Gymnasien. Ein besonderes Problem besteht für Schüler, die mit Bussen oder Bahn von auswärts zur Schule kommen und nach Schulschluß häufig keine Gelegenheit haben, wieder sofort nach Hause zu fahren.

(Heinz Drews, Umfrage in 1000 DAK-Geschäftsstellen, Herbst 1975.)

3. Nach Untersuchungen der Bundesregierung

— trinken 30% der Vierzehn- bis Neunzehnjährigen in der Bundesrepublik Deutschland täglich oder mehrmals in der Woche Alkohol,
— hat der Pro-Kopf-Verbrauch an reinem Alkohol in der Bundesrepublik im Jahr 1975 mit 12,4 Litern einen neuen Höchststand erreicht.

(Aus: „Landtag intern, NW", Nr. 5, 11. Februar 1977, Seite 7).

4. Bereits geringe Alkoholmengen, etwa 2 bis 3 Glas Bier, vermindern nach wissenschaftlichen Untersuchungen die notwendige Leistung hinter dem Autosteuer. Bei einem ca. 70 kg schweren Mann wird ein Blutalkoholwert von 0,1 Promille schon nach einem Glas Wein (100 ml), einem Glas Hellbier (250 ml), einem kleinen Schnaps (20 ml) oder einem Glas Sekt (100 ml) erreicht, die alle etwa die gleiche Menge Alkohol enthalten. Die Forschungsstelle für Verkehrsmedizin in Schaffhausen teilt dazu mit, daß bereits bei 0,3 Promille Blutalkohol ein Abfall der Aufmerksamkeit und eine Verminderung der Geschicklichkeit eintritt.

(Aus: „Generalanzeiger", Februar 1976).

5. Kinder von Alkoholikern sind gefährdeter als andere Kinder. Im Gegensatz zum Tier ist der Mensch nicht vorprogrammiert, sehr wenig von seinem Verhalten ist von vornherein festgelegt. Er ist auf Vorbilder angewiesen, von denen

er Verhaltensweisen erlernt, im Falle des Alkoholismus den überhöhten Alkoholkonsum. Kinderalkoholismus nimmt in erschreckendem Maße zu.

(Dr. Eberhard Rieth in „Rettung", Dezember 1976).

6. Von der Bundeszentrale für gesundheitliche Aufklärung, Köln, kann man das sehr informative „Aktionsprogramm zur Eindämmung und Verhütung des Alkoholmißbrauches" des Bundesministeriums für Jugend, Familie und Gesundheit beziehen. Außerdem geben sämtliche Krankenkassen schriftlich und mündlich Auskunft über ambulante und stationäre Einrichtungen zur Heilung Alkoholkranker.
Weitere Hilfen bieten an: Jugendämter, Sozialämter, Pfarrämter, Telefonseelsorge, Therapiezentren der Inneren Mission, der Caritas und der freien Wohlfahrtsverbände.

c) Drogen

Anregungen:

Beschaffen Sie sich Aufklärungsmaterial über Drogen. Einige Adressen werden im folgenden Kapitel angegeben. Kleben Sie solche Schriften in Ihr persönliches Begleitheft; sie müssen im eigenen oder fremden Notfall nachlesbar sein. Kleben Sie Aufnahmen von Drogengeschädigten hinzu.
Schätzen Sie Ihren eigenen Willen, Ihre Standfestigkeit ein. Aktivieren Sie Ihren Willen. Machen Sie Übungen: Sie wollen nicht nur pünktlich aufstehen: Sie stehen tatsächlich zur festgesetzten Zeit auf! Sie schreiben heute den längst fälligen Brief. Sie vervollständigen heute Ihr Berichtsheft. Sie lernen heute die versäumten Vokabeln der vorigen Woche. Sie räumen heute Ihr Zimmer auf.

Die beste Übung:
Sie lehnen heute, morgen oder wann auch immer jeglichen Drogen-Probier-Versuch ab. Lassen Sie sich ruhig auslachen: Sie lachen zuletzt!
Suchen Sie Gründe für den Sinn Ihres Lebens. Beurteilen Sie Ihre Zukunftschancen. Schreiben Sie darüber in Ihr persönliches Begleitheft.

Die Drogensucht ist das Suchtproblem unserer Zeit, das, anfangs offenbar nur von wenigen ernst genommen, jetzt jeden Bürger angeht.

Im Laufe weniger Jahre hat die Bundesrepublik Deutschland durch Drogenabhängigkeit 60000 bis 65000 jugendliche Frührentner bekommen. Nach einem Runderlaß des Ministers für Arbeit, Gesundheit und Soziales vom 10. 2. 1971 nahmen damals bereits „50000 Jugendliche regelmäßig Rauschgift. Die Zahl der gelegentlichen Hascher ist um ein Vielfaches höher". Am 31. Januar 1973 gab die deutsche Delegation der UNO-Rauschgiftkommission in Genf einen Bericht ab, nach dem in der Bundesrepublik Deutschland etwa 1,5 Millionen Jugendliche wenigstens einmal Erfahrungen mit Drogen gemacht haben. 100000 bis 150000 junge Menschen zwischen 15 und 25 Jahren gelten als gefährdet. Die Statistik des Landes NW für 1976 weist aus, daß die Zahl der Rauschgiftdelikte um 16,5%, die Zahl der Drogenabhängigen um 5,5% zunahm. Für 1977 befürchtet der Leiter des Jugendpsychiatrischen Institutes in Hamm/Westfalen, Dr. Kuennekens, daß etwa 600 bis 1000 Menschen in der Bundesrepublik Deutschland ihre

Rauschgiftsucht mit dem Leben bezahlen müssen. 1976 waren es 325, und die bisherigen Erfahrungen haben gezeigt, daß die Zahl der Rauschgifttoten sich von Jahr zu Jahr mehr als verdoppelt.
Die Drogensucht ist so umgreifend gefährlich, daß ihre Bekämpfung — ähnlich wie bei einem um sich fressenden Brand — nicht den direkt Betroffenen allein überlassen bleiben kann. Hier müssen alle Bürger Feuerwehrleute sein. Wie diese sollen sie für den Notfall Bescheid wissen. Das heißt im Bezug auf die Drogensucht, daß sie nach vorhergehender Information in der Lage sind, beginnendes Sucht-Elend zu erkennen und möglichst aufzuhalten. Jedermann muß heute wissen, wie Drogenkonsum ein Menschenleben vernichtet.
Hier folgen die Anschriften einiger guter Aufklärungs-Broschüren, die man sich zuschicken lassen kann:

1. Informationen zum Drogenproblem; herausgegeben vom Bundesminister für Jugend, Familie und Gesundheit, Bonn.

2. Vorbeugen ist besser als Drogen; Erziehungstips für Eltern zum Thema Drogenmißbrauch; Hrsg.: Bundeszentrale für gesundheitliche Aufklärung, Ostmerheimer Straße 200, 5000 Köln-Merheim.

3. Alltags-Drogen und Rauschmittel; Informationen über Alkohol, Nikotin, Arzneimittel, Haschisch, Halluzinogene, Opiate, Kokain, Schnüffelstoffe; Hrsg.: Bundeszentrale für gesundheitliche Aufklärung, Köln.

4. Jugend und Drogen; Probleme und Motive; von Privatdozent Dr. Manfred Franke, Verlag W. Kohlhammer GmbH, Stuttgart, Berlin, Köln, Mainz.

5. Die bekanntesten Rauschmittel, ihre Wirkungen und Folgen; Informationen über Opiate, Schlaf- und Beruhigungsmittel, Alkohol, Kokain, zentralstimulierende Mittel, Halluzinogene, Nikotin; Drei-W-Verlag: Wirtschaft, Werbung, Wissen, 43 Essen, Hoffnungsstraße 9, Postfach 378, Tel. 238913.

6. High durch Hasch? Informationen über Rauschmittel, hrsg. vom Minister für Arbeit, Gesundheit und Soziales und vom Kultusminister des Landes NW, Hoheneck-Verlag, 47 Hamm/Westf., Jägerallee 25.

7. Einsteigen, umsteigen oder aussteigen? Fragen für die einen, Probleme für die anderen. Dieses Faltblatt ist bei jeder DAK-Niederlassung zu bekommen. Es enthält Adressen und Telefonnummern von Beratungsstellen, die Kliniken, Ärzte und Psychologen als Hilfen benennen können.

8. Nachrichten für Schlüsselpersonen, Drogen-Report; hrsg. vom Arbeitskreis zur Förderung der Gesundheitserziehung „Jugend und Gesundheit", Frankfurt am Main, im Auftrag der Bundeszentrale für gesundheitliche Aufklärung, Köln.

Außerdem hat heute jede städtische Bücherei, jede Krankenkassendienststelle, jede Erziehungsberatung Broschüren und Bücher über Drogensucht, ihre Wirkung und Verhütung.

Man kann die Drogen nach folgenden Gesichtspunkten ordnen:

1. Weckmittel, Aufputschmittel

z. B. Preludin, Pervitin, Rosimon, Captagon, Ritalin u. a. m.

Einnahme: Sie werden stoßweise, bis zu 30 Stück gleichzeitig, als Tabletten geschluckt, oder, aufgelöst und gefiltert, gespritzt. Sie sind auch als unerlaubte Doping-Mittel im Gebrauch.

Wirkung: Zunächst gesteigerte Aktivität, bei nachlassender Wirkung Reizbarkeit und Ruhelosigkeit.

Gefahren: Rasche Abnahme der Wirkungen, daher muß die Anfangsdosis bald auf das Zehnfache gesteigert werden! Körperlicher Verfall; Bewußtlosigkeit; Gehirnblutungen; Herzversagen wegen der stark blutdruckerhöhenden Wirkung; Gelbsucht durch nicht sterile Spritzen; Verkehrsuntüchtigkeit; Aggressivität bei Entzug und Zwang bis hin zu kriminellen Handlungen, um sich den „Stoff" zu beschaffen.

2. Schlafmittel, Beruhigungsmittel (Tranquilizer)

z. B. Valium, Librium, Miltaun u. a. m.

Einnahme: Durch Schlucken oder Injektion.

Wirkung: Dämpfend, lösend, erheiternd, ausgleichend, entspannend.

Gefahren: Verkehrstauglichkeit stark eingeschränkt; Vergiftungserscheinungen; Abnahme der Geschicklichkeit und des Konzentrationsvermögens; Verstimmungszustände; Persönlichkeitszerfall; Bewußtseinstrübung; geistige Stumpfheit; Charakterveränderungen; asoziales, unzuverlässiges, mitunter gewalttätiges Verhalten.

3. Haschisch und Marihuana

a) Haschisch ist das reine Harz der weiblichen Blüten des indischen Hanfes, das, in Platten gepreßt, verkauft wird und je nach Farbe und Anbaugebiet „schwarzer Afghan", „roter Libanese" oder „grüner Türke" heißt.

b) Marihuana besteht aus den zerschnittenen Blüten, den oberen Blättern und Stengelteilen der weiblichen Hanfpflanze und sieht aus wie klein geschnittener Tabak; es enthält 5 bis 10mal weniger Wirkstoff als Haschisch.

Einnahme: Haschisch und Marihuana werden geraucht.

Wirkungen: Unterschiedlich bei den einzelnen Menschen. Schnelle Gedankenfolgen; erhöhte, intensive Farb-, Geruchs-, Geschmacks-, Geräuschempfindungen; Aufhebung des Zeitgefühls; erhöhte Kontaktbereitschaft; Lachanfälle; Ruhelosigkeit; gesteigerte Geselligkeit; Verstärkung von bereits bestehendem sexuellen Verlangen; Intensivierung aller vorhandenen Stimmungen, also auch der Angst oder der Neigung zu Gewalttätigkeiten.

Gefahren: Verkehrsuntüchtigkeit; Konzentrationsverlust; Aufhebung von Hemmungen; Vermischung von Realität und Rauschwelt; Störung von Urteilskraft und Gedächtnis; Angstzustände und Depressionen; Nachlassen der Aktivität; Verführungsdroge: Die Sucht nach noch intensiveren Rauschzuständen durch stärkere Mittel, wie LSD, wird immer größer, bis auf härtere Stoffe umgestiegen wird. Verschneiden mit unkontrollierbaren Beimischungen seitens der Händler, u. U. von stärkeren Drogen, um die Raucher schneller süchtig zu machen. Tendenz zu asozialem Verhalten.

4. Halluzinogene

Sinnestäuschung hervorrufende Stoffe, z. B. LSD (Lysergsäure-diäthylamid), natürlicher Bestandteil des Mutterkorns, wird künstlich hergestellt und als wasserklare Flüssigkeit verkauft; Meskalin, DOM u. a. m. Diese Stoffe werden in kleinsten Dosierungen wirksam: 1/10000stel g LSD reicht für einen stundenlangen „Trip".

Einnahme: Sie werden verdünnt auf Zucker oder Löschpapier geträufelt oder Tabletten beigemengt und dann geschluckt.

Wirkungen: Vergleichbar vielfach verstärkten Haschisch-Erlebnissen; Verschärfung der Sinneseindrücke; Verlust von Zeit- und Raumgefühl; Halluzinationen: „Wahnsinnsdroge"; stark gesteigerte Einbildungskraft; längst versunkene Erlebnisse werden wieder durchlebt; rauschhaft traum-schöne oder unheimlich-grauenvolle Bilder-Erlebnisse (Horror-Trip); keine Neu-Erlebnisse, sondern nur verzerrende Verstärkung von vergangenen Erlebnissen und vorhandenen Wünschen.

Gefahren: Verkehrsuntüchtigkeit; Hemmungslosigkeit; Persönlichkeitsspaltungen durch brutale Störung der empfindlichen Abläufe im Gehirn; Neigung zu schweren kriminellen Delikten; Angstzustände; Verfolgungswahn; Depressionen; Selbstmordversuche; vermutlich Schädigung des Erbgutes; Desinteresse an den Mitmenschen, an sich selbst, an Ausbildung und Beruf; Anwendung von Gewalt zur Beschaffung des jeweiligen Mittels; Tendenz zu asozialem Verhalten; Rückkehr eines Trips ohne Einnahme von Mitteln, ohne Vorwarnung, unvorbereitet: Echorausch.

5. Opiate

Opium, gewonnen aus den grünen Kapseln des Schlafmohnes; Morphium, wesentlicher Bestandteil des Opiums; Kodein, Heroin u. a. m.

Einnahme: Opium wird geraucht oder aufgelöst injiziert. Die anderen Mittel werden geschluckt oder injiziert. Morphium ist stärker als Opium, Heroin stärker als Morphium.

Wirkungen: Beruhigend, schmerzlindernd; nach längerem Gebrauch Glücksgefühle, übersteigertes Selbstbewußtsein; Herabsetzung der Sinneswahrnehmungen; im Vorstadium des Rausches Neigung zu Gewaltsamkeiten; manchmal Unruhe und Angstzustände.

Gefahren: Schnelle Abhängigkeit; Herzschwäche; Atemstörungen; Magen- und Darmstörungen; Leberkrankheiten; dauernde Erhöhung der Dosierungen zur Erreichung des Rauschzustandes sind nötig; Urteils-, Leistungsfähigkeit und Intelligenz gehen stark zurück; Reizbarkeit, Aggressivität; das Willensstreben ist nur noch auf Besitz des Mittels ausgerichtet, zur Erlangung sind alle kriminellen Delikte wie Einbruch, Diebstahl, Betrug, Veruntreuung, Mord recht. Tendenz zu asozialem Verhalten.

6. Kokain

Schneeähnliches Pulver, Extrakt aus dem südamerikanischen Kokastrauch.

Einnahme: Durch Schnupfen oder gelöst durch Spritzen.

Wirkungen: Glücksgefühl; Steigerung des sexuellen Trieblebens; Wegfall von

Hemmungen; Rededrang; Gefühl übermenschlicher Stärke; Wahnidee; Seh- und Hörtäuschungen.

Gefahren: Der zwangähnliche Wunsch, das letzte Rauscherlebnis wieder zu erleben, führt schnell zur Sucht. Körperlicher Verfall; Angstzustände; Verfolgungswahn; Depressionen; Halluzinationen; geistige Erkrankungen, u. U. völlige Verblödung; Neigung zu asozialem Verhalten, zu Verbrechen und Gewalttätigkeiten.

7. Ersatzstoffe

Schnüffelstoffe wie Äther, Farben- und Verdünnungsmittel, Azeton, ätherische Öle, Benzin, Samen verschiedener Pflanzen.

Einnahme: Die leicht flüchtigen Stoffe werden eingeatmet, die Samen gekaut.

Wirkungen: Zunächst Übelkeit; Geräuschüberempfindlichkeit; dann kurze Rauschzustände.

Gefahren: Schädigung der Leber, der Atmungs- und blutbildenden Organe. Erstickungsgefahr; Vergiftungserscheinungen, da alle Schnüffelstoffe schwer giftig sind. Auf der Suche nach immer neuen Rauschmitteln werden viele Ersatzstoffe völlig unkontrolliert ausprobiert.

Die Drogengefährdung ist deswegen so besonders groß, weil die Anzeichen und Wirkungen nicht, wie bei Alkohol und Nikotin, schon seit langem bekannt sind. Viele Eltern bemerken erst dann den Drogenmißbrauch ihrer Kinder, wenn diese bereits abhängig geworden sind.

Darum sollen Eltern und Erzieher unbedingt wissen, welche Merkmale auf Rauschmittelgebrauch hinweisen können. Hierzu gehören:

Plötzliche Unordentlichkeit und Gleichgültigkeit; starker Leistungsabfall; Reizbarkeit; Nervosität; plötzliche Stimmungsumschwünge; Passivität; Aufgabe von Freundschaften; ungewohnte Unsauberkeit; Schweißausbrüche; zittrige Hände; gerötete Augen; Magen- und Darmstörungen; auffallende Kreislaufbeschwerden; Geschwüre an Armen und Beinen bei mückenstichähnlichen Einstichstellen; Leberentzündung; plötzlicher Gewichtsverlust.

Leider sind viele dieser Anzeichen schon höchste Alarmsignale, und der Weg zurück ist dann für die Drogenabhängigen ungeheuer schwer.

Im Traumland Heroin ist es sehr schön.
Die zweite Stufe wird zur Qual,
denn es ist kein Stoff mehr da.
Bei der dritten Stufe liege ich auf der Straße.
Nach der vierten Stufe bin ich wieder high,
und ich brach für Heroin ein.
Eine fünfte Stufe gibt es nicht,
denn ich muß den Tod umgehen.
Jetzt weiß ich, daß es keinen Sinn hatte,
den dunklen Alltagswolken zu entfliehen.
Nun schwebe ich im Traumland Heroin.
Doch plötzlich hört der Boden auf.
Ich stürze in den Abgrund
und wache nie mehr auf.

(Schüler, 16 Jahre alt, 1974, aus: „Das vergesse ich nie:", a. a. O., Seite 145, Nr. 23).

Es kommt im Kampf gegen die Drogen vor allem auf dreierlei an:

▷ 1. Eltern und Erzieher müssen wissen, warum gerade Jugendliche so drogengefährdet sind und daraus Konsequenzen für ihr Verhalten ziehen.

▷ 2. Bereits geschädigten Jugendlichen muß jede ärztliche, psychologische und seelsorgerliche Hilfe zur Verfügung stehen.

▷ 3. Diejenigen, die am Drogenverkauf verdienen, muß die Härte des Gesetzes treffen.

Zu 1:

Die Drogenverführung trifft Jugendliche teuflisch in dem Moment, in dem sie in Entwicklungsschwierigkeiten stecken und oft ein gestörtes Verhältnis zu den Erwachsenen haben. Sie glauben, mit ihren Erziehern nicht mehr auskommen zu können und suchen Verständnis bei anderen Jugendlichen in ähnlicher Situation. Sie setzen sich, oft in Gruppen, deutlich und protestreich von der Erwachsenenwelt ab durch ihren anderen Lebensstil, den sie in Kleidung und Lebensweise dokumentieren.

In diesen Protest bauen sie den Rauschmittelkonsum mit ein:

Hier ist eine Gelegenheit, etwas Verbotenes zu tun, den Erwachsenen trotzig die Stirn zu bieten.

Außerdem kommen die Drogen der Erwartungshaltung Jugendlicher entgegen:

Sie erwarten von ihnen Erfüllung ihrer Sehnsüchte, ihrer geheimen Wünsche; den wirklich erstrebenswerten Zustand, der sich deutlich von dem — ihrer Meinung nach — täglichen Einerlei, der Öde, der Oberflächlichkeit und von dem Leistungszwang in der Erwachsenenwelt abhebt.

Mit der Risikobereitschaft aller jungen Menschen sehen sie zwar Gefahren im Drogengebrauch, halten sich selbst aber fast immer für stark genug, einer Sucht nicht zu erliegen. Kaum ein Drogenverfallener gibt seine Abhängigkeit zu.

Die Jugendlichen wollen eine bessere, vollkommenere Welt als die, in der sie leben müssen und glauben, mit Hilfe der Drogen einen Blick in jene andere, göttliche Welt tun zu können, so etwa, wie es primitive Kulturen seit Jahrtausenden versuchen, wenn sie sich mittels Rhythmen und Drogen in Ekstase und Entrückung versetzen. Dem Drogenkonsum haftet durchaus der Zug einer verschwommenen Religiösität an.

Ein großer Teil der Jugendlichen aber hat nicht solche „höheren" Gründe, sondern will einfach dem Zwang und der tatsächlichen oder vermeintlichen Unfreiheit in Elternhaus, Schule und Ausbildung entfliehen.

Um so furchtbarer ist dann der Sturz in die körperliche und seelische Abhängigkeit von den Rauschmitteln, in einen Zwang, der ungleich schlimmer als alle anderen Zwänge ist, und der so oft in Verfallensein und Tod führt.

Süchtig.
Vom Rauschgift verwüstetes Gesicht

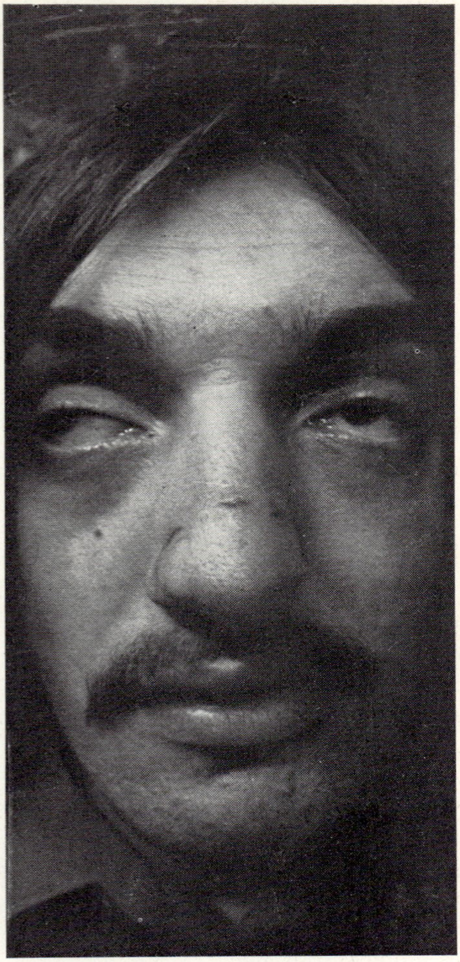

Erhebungen haben ergeben, daß Jugendliche, die partnerschaftliche Eltern von Kindheit an hatten,

- ▷ die Konflikte im Gespräch mit ihren Erziehern zu entwirren lernten,
- ▷ die auf Verständnis, zugleich aber auch auf Anforderungen stießen, die sie erfüllen konnten,
- ▷ die zu Nüchternheit, aber auch zu Einsatzbereitschaft für andere erzogen wurden, daß solche jungen Menschen nicht drogengefährdet sind.

Erziehung bedeutet also gerade im Blick auf die Drogen-Versuchung unserer Zeit das Anbieten von aussprachebereiter, immerwährender, zwang-loser Partnerschaft.
Das ist die Kraft, die Jugendliche stark macht, ihre Probleme ohne Drogen, aber mit Hilfe von Eltern und Erziehern zu überwinden.

Zu 2.

Wir wissen bereits, daß drogensüchtige Jugendliche kaum geheilt werden, wenn ihnen einfach eine Zeitlang die Droge zwangsweise entzogen wird. Der erste Schritt in die Freiheit ist zugleich der erneute Griff nach der Droge.

Überlassen wir aber die Süchtigen ihrer Verfallenheit, so tun wir nichts anderes, als einem langsamen Selbstmord zuzusehen.

Drogenabhängigkeit ist schwerste körperliche und seelische Krankheit, die behandelt werden muß wegen des Kranken selbst und wegen der „Ansteckungsgefahr" anderer. Die sorgfältige Behandlung muß genau so selbstverständlich werden wie etwa die von Tuberkulose.

Erfolgversprechende Maßnahmen sind:

▷ a) Einrichtung von Teestuben, in denen Jugendliche und Gefährdete sich aussprechen und auf Gleichaltrige und Ältere treffen, die für sie vertrauenswürdig sind.

▷ b) Aussprachen, Diskussionen, Gelegenheiten, bei denen der Gefährdete sich freireden, freischreien kann. Dazu gehören das Eingehen auf seine persönliche Situation, das unermüdliche Erklären seiner Fehleinschätzung der Droge als „Nothelfer", das Zurechtrücken seiner unrealistischen Selbst- und Weltbeurteilung.

▷ c) Das Aufsuchen der Jugendlichen in ihren Gruppen. Hier müssen die jungen Leute überzeugt werden, daß sie Zwang gegen stärkeren Zwang eintauschen, daß Freiheit etwas anderes ist als das Ausscheren aus lästigen Bindungen; daß Selbstverwirklichung sehr viel mit Verantwortung für andere zu tun hat.

▷ d) Aufbau des verlorengegangenen Willens zur Selbstkontrolle, Eigenarbeit und Eigenleistung.
Alle Berichte über solche Arbeit zeigen deutlich, wie besonders schwer diese Aufgabe ist, und wie nach Monaten mühevoller Kleinarbeit für eine neue Persönlichkeitsbildung immer wieder Rückfälle in Gleichgültigkeit, Apathie, Willenlosigkeit mit nachfolgender, erneuter Drogenabhängigkeit vorkommen können. Angewendet werden Arbeitstherapie, Freizeitgestaltung mit sportlichen, künstlerischen und weiterbildenden Möglichkeiten, die der Bequemlichkeitstendenz der gefährdeten Jugendlichen entgegenstehen. Günstig gestalten sich diese Maßnahmen immer besonders dann, wenn ehemalige Süchtige dabei helfen. Sie kennen die Situation der Drogenabhängigen am besten und stellen harte, aber erfüllbare Anforderungen an sie, damit sie nach ihrer Heilung in die nach wie vor unheile Welt ohne Angst vor Rückfällen entlassen werden können.

▷ e) Das seelsorgerliche Gespräch, zu dem jeder befähigte Laie neben den Pfarrern aufgerufen ist. Die Jugendlichen müssen den Unterschied erkennen lernen zwischen den scheinreligiösen „Erleuchtungen" in Halluzinationen und den echten Glaubensinhalten der christlichen Religion.

▷ f) Keine Panik, sondern Nüchternheit ist notwendig, so schwer das für die betroffenen Eltern ist.
Es hat sich für alle Beteiligten als hilfreich erwiesen, wenn Eltern drogengefährdeter Kinder sich zusammentun, um gemeinsam mit Beratungsstellen, Kliniken und Ämtern neuere und bessere Methoden der Heilung finden.

Zu 3.

Drogenhändler gehören zu den schlimmsten Verbrechern. Aus totalem, krassem Egoismus, aus eiskalter Berechnung, ohne jedes Gefühl für andere machen sie junge, unsichere Menschen abhängig, süchtig. Sie schrecken weder vor Gewalttätigkeit noch vor Gemeinheit jeder Art zurück, um das für sie einzig erstrebenswerte Ziel zu erreichen: Persönlichen Reichtum. Dazu gehen sie über Leichen. Sie zerstören brutal das Leben einzelner und das Glück ganzer Familien. Sie haben das Recht selbst verwirkt, von der Gesellschaft, die sie rücksichtslos bedrohen, geschont zu werden. Es muß sie die ganze Härte des Gesetzes treffen.

4. Reizüberflutung

> **Anregung:**
>
> Schreiben Sie in Ihr persönliches Begleitheft, wie Sie mit dem Angebot an Verlockungen fertigwerden.

Eine Überflutung bedeutet immer Not und Verwüstung, wenn Dämme brechen und „Land unter" gemeldet werden muß.

Im Erziehungsgeschehen wird mehr und mehr die Gefahr der Überflutung mit den verschiedenartigsten Anreizen problematisch:

a) Die Verführung zum Kaufen durch psychologisch ausgeklügelte Werbemethoden und durch Warenfülle ohnegleichen — zum Überkonsum, schlagwortartig „Konsumterror" genannt;

b) Die Überreizung der Fernsinne: Der Gehörsinn wird durch Lärm am Arbeitsplatz, durch Verkehrslärm in den Straßen und in der Luft, durch Musikgetöse in Diskotheken und Lokalen, durch Radiogeplärre in Kaufhäusern, in Fabriken, bei den Schulaufgaben u. ä. überstrapaziert.

Der Gesichtssinn wird überflutet von Licht-, Reklame-, Sinnesreizen; über das Auge dringen sie in das Bewußtsein ein, die Begierden des Haben-Wollens, Dabei-sein-Wollens, Erleben-Wollens werden geweckt.
Ein in sich gefestigter Mensch mag damit ohne weiteres fertigwerden und den angereizten Wünschen nicht ständig nachgeben — Kinder und Jugendliche aber, die vielleicht noch dazu labile Eltern haben, die selbst nicht standhalten können — wie sollen sie die Überreizung bewältigen?
Das Kleinkind sieht beim Nachbarsjungen die neuen Spielsachen, die Zehnjährige bei der Freundin die neuen Kleider, der junge Mann beim Arbeitskollegen das neue Auto — da werden Wünsche geweckt, das alles und mehr möglichst bald selbst besitzen zu können.

Es tauchen Fragen der Jugendlichen auf:
„Mein Vater arbeitet von früh bis spät und bringt es zu nichts — warum wohnen ein paar Straßen weiter Gleichaltrige in Villen und wir im Mietshaus? Wieso steht mir nicht auch zu, was die anderen so leicht haben?"
Einige haben keine Skrupel zu stehlen, was ihnen ihrer Meinung nach gehört. Andere geraten dumpf und hilflos in den verwirrenden Strudel des Überangebotes und werden in ihrer Not oft allein gelassen, bis sie in Obdachlosenasylen oder in Randsiedlungen landen. Eine dritte Gruppe geht in Protestmärschen auf die Straße. Viele passen sich an und machen mit, was gerade „in" ist.

Nirgendwo müssen Eltern und Erzieher mehr Nüchternheit, mehr Wachheit, mehr Vernunft predigen und vorleben als im Kampf gegen die Reizüberflutung.

Das bedeutet im Erziehungsalltag beispielsweise, daß man nicht die pompöse Geburtstagsparty für das Töchterchen gibt, auf der Gewinne und Pfänder für viel Geld an die Gäste verlost werden, sondern daß man Mut und Lust zum kleinen Fest mit fröhlichen, kindlichen Spielen behält. Auch die richtige Verwendung des vernünftig bemessenen Taschengeldes hilft, Verlockungen standzuhalten: Kinder und junge Leute sollen lernen, es nicht für Überflüssigkeiten zu vergeuden, sondern es für persönlich wertvolle Dinge, aber auch für soziale Zwecke zu verbrauchen.

▷ Einer der besten Dämme gegen die Gefahren der Reizüberflutung ist die Erziehung zum persönlichen Engagement gegen die Not von zwei Dritteln der Menschheit, die keine Angst vor einem „Zuviel" zu haben brauchen, weil sie „nur" gegen Arbeitslosigkeit, Hunger, Krankheit, Ausbeutung, „nur" um das nackte Überleben, für ein Existenzminimum kämpfen müssen.

▷ Jugendliche und Erwachsene können gemeinsam lernen, die Hintergründe der Reizüberflutung zu entlarven und die Überfülle auf ein vernünftiges Maß an Angeboten dadurch zurückzuschrauben, daß sie kritisch und bewußt auswählen. Auf den Überfluß sollen sie zum eigenen Nutzen, darüber hinaus aber auch zugunsten derer verzichten, die trotz der propagierten Gleichberechtigung aller Menschen in jeder Beziehung menschenunwürdig leben müssen.

Information:

Auf einer Fortbildungstagung der Deutschen Gesellschaft für Gesundheitsvorsorge in Bad Nauheim im April 1975 berichtete Frau Dr. Gisela Eberlein, Leverkusen, daß zwei Drittel der Schulkinder in der Bundesrepublik Deutschland wegen ständiger Reizüberflutung psychisch gefährdet sind: Sie weisen entweder Konzentrations- und Leistungsschwächen auf, oder sie sind nervös, kontaktarm, aggressiv, kauen Nägel, lutschen am Daumen, sind Bettnässer, haben Asthma oder leiden an Sprach- und Schlafstörungen. Psychisch besonders gefährdet sind nach Angaben der Ärztin die Kinder in der Vorpubertät.

(dpa-Meldung, 7. April 1975.)

5. Die freie Zeit

Anregung:

Rechnen Sie die freien Stunden aus, die Sie in der Woche haben. Schreiben Sie in Ihr persönliches Begleitheft, wie Sie diese freie Zeit verbringen. Sind Sie selbst damit einverstanden, oder würden Sie lieber etwas anderes tun? Geben Sie sich auch hierüber — schriftlich, gedanklich oder in einem Gruppengespräch — Rechenschaft.

Es gibt eine große Zahl an Büchern, in denen gute Vorschläge gemacht werden, wie man die freie Zeit sinnvoll verwenden könnte. Jede Bücherei verleiht solche Literatur. Ob es sich um Bastel-, Do-it-yourself-, um Spiel-Anregungen, um Denk- oder Sport-Trainingsprogramme, um Reisebeschreibungen handelt, ob Weiterbildung geboten wird — immer geben diese Bücher wertvolle Anregungen zur Gestaltung freier Stunden.

Nur — genügt es, eine möglichst vollständige Zahl von positiv erscheinenden Freizeitmöglichkeiten anzubieten in der wohlmeinenden Absicht, damit die unruhigen Jugendlichen unserer Zeit aus ihren Diskotheken, Beatschuppen, Gruppen, Banden, Subkulturen herauszulocken? Machen nicht Eltern, Erzieher, Stadtväter, Politiker die für sie oft unverständliche Erfahrung, daß viele so gutgemeinte Angebote, wie Weiterbildungskurse, Schul-Arbeitsgemeinschaften und Jugendzentren zu wenig angenommen oder genutzt werden?

Einige Gründe für das ablehnende Verhalten Jugendlicher lassen sich finden, zum Beispiel in ihrem völlig normalen Streben nach Eigenständigkeit, in ihren Loslösungstendenzen, in ihrer Angst, in Traditionen und „veraltete" Verhaltensweisen hineingepreßt zu werden.

Der eigentliche Grund liegt tiefer.

Er ist in einer weitverbreiteten Bindungslosigkeit an die jetzige Elterngeneration zu suchen, in der die Vierzehn- bis Zweiundzwanzigjährigen aufgewachsen sind.

Viele Eltern, durch Kriegs- und Nachkriegszeiten zum Neuaufbau und Neuanfang gezwungen, ungeübt in demokratischem, partnerschaftlichem Verhalten, verwirrt durch vorher nicht gekannten Wohlstand, auf der Suche nach weiterem Prestige-Gewinn durch Status-Symbole wie Hausbesitz, Auto, höhere berufliche Rangstellung, die wiederum nur durch Mehrarbeit gewonnen werden konnten, hatten zu wenig Zeit, sich um ihre Kinder zu kümmern. Hinzu kam, daß viele Frauen ihre neuerworbene Gleichberechtigung fälschlich auffaßten als Gleichstellung mit dem Mann auf dem beruflichen Sektor und verächtlich auf die „Nur"-Hausfrauen und Mütter herabsahen, die dadurch Minderwertigkeitskomplexe bekamen, nicht energisch genug ihre gleichwertige Stellung verteidigten und ihre Erziehungsaufgaben zu niedrig einschätzten.

Das alles trug dazu bei, daß viele Kinder keine „Kinderstube", kein „Heim" mehr hatten und auf Zuwendung, Geborgenheit, elterliche Zeit verzichten mußten.

Ist es nicht bezeichnend, daß, obwohl die Zahl der Eigenheime und die Größe der Wohnungen zunahmen, die Kinderzimmer zugunsten des großen Prestige-Wohnzimmers verkleinert wurden? Daß auch die Küchen nur als Arbeitsraum für eine Person gebaut wurden, so daß darin kein Platz ist für ein Zusammensein von Mutter und Kind, während sie sich dort aufhalten muß?

In vielen Familien störten im Grunde genommen die Kinder. Sie waren wohl mit allem Materiellem versorgt, oft überversorgt, aber nach allen zeitbeanspruchenden Zuwendungen hungerten sie. Die Eltern waren fleißig, arbeitsam, Aufsteiger, angesehene Leute — aber wenn ihre Kinder sie brauchten, waren sie nicht da.

Beeinflussende Beratung durch Eltern und Erzieher lehnten nun viele Jugendliche, je älter sie wurden, um so deutlicher ab. Die jungen Leute sind nämlich mißtrauisch geworden gegen die Werte, die in ihrer Kindheit als so wichtig angesehen wurden, daß sie deswegen seelisch frieren mußten, und sie glauben nun nicht, daß dieselben Menschen, die früher keine Zeit für sie hatten, ihnen heute für ihre freie Zeit das anbieten, das gut für sie sein soll. Ihr Mißtrauen treibt sie auch dort zu ablehnender Haltung, wo eine Zustimmung besser für sie wäre.

Den so sauer errungenen und teuer bezahlten Wohlstand halten sie entweder für selbstverständlich oder diskriminieren ihn sogar bewußt, indem sie sich auf eine Ebene materieller Anspruchslosigkeit in ihren Gruppen zurückziehen und oft die fühlbar körperliche Wärme, die ihnen in der Kindheit durch die Mutter nicht gegeben wurde, in frühen sexuellen Bindungen suchen. Das wiederum vergrößert das gegenseitige Miß-Verständnis zwischen Eltern und Kindern erheblich.

Das Schlimmste, das nun passieren kann, ist, daß Eltern, Erzieher und Jugendliche trotzig auseinandergehen, ein jeder in der Überzeugung, daß der andere Partner falsch handele und man selbst Recht habe. Dadurch lassen sie einander erneut im Stich, und es geht wieder kostbare Zeit verloren, in der junge Leute überflüssige und schädliche Umwege in ihrer Freizeitbewältigung gehen, ehe sie endlich bereit sind, sinnvolle Freizeitgestaltungsangebote anzunehmen.

In der Kindheit müssen Kreativität und Geselligkeit geweckt werden, in die Kinderzeit gehören die vielen gemeinsamen Unternehmungen von Eltern und Kindern, von denen schon so oft die Rede war, die man dem Spiel, der Arbeit, dem Sport, der Forschung, der Bildung, der Kunst zurechnen kann.

Das „freizeitgebildete Kind" handhabt später seine eigene freie Zeit genau so gut, wie ein sprachlich gebildetes Kind eine Fremdsprache beherrscht.

Wie aber ist es mit denen, die nun schon fast erwachsen sind? Gibt es keine Möglichkeiten mehr, sie zur Annahme guter Freizeitangebote zu bewegen?

Doch, die Möglichkeiten sind da, und engagierte Erzieher kennen kein Aufgeben. Allerdings müssen sie bereit sein, jetzt die Zeit zu verschenken, mit der sie früher zu sparsam umgegangen sind.

Perserteppiche entstehen nicht selten in Kinderarbeit. In Entwicklungsländern tragen schon die Kinder Mitverantwortung für die Familie.

Unten: Freizeit deutscher Kinder

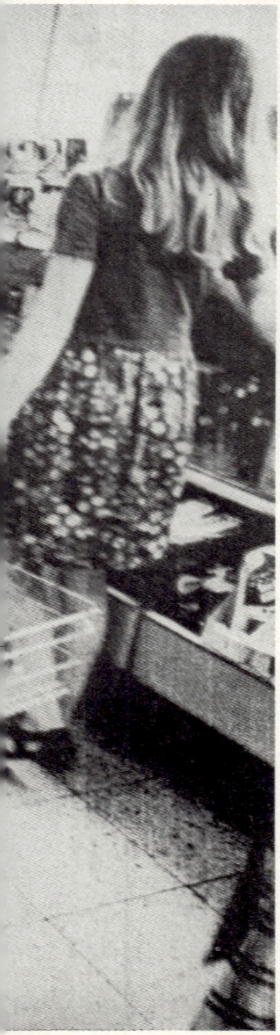

- ▷ Erzieher wie Jugendliche können beispielsweise zusammen Projektplanungsgruppen bilden, etwa bei der Gestaltung eines Jugendzentrums.
- ▷ Sie können gemeinsam Nachhilfestunden für Gastarbeiterkinder organisieren.
- ▷ Sie können sich gegenseitig zu stärkerer sportlicher Aktivität, zur Teilnahme an Hobby- und Weiterbildungskursen begeistern.
- ▷ Kennen beide die Museen, die Ausstellungen ihrer Heimatstadt, deren Besichtigungen bereits oft zum Null-Tarif angeboten werden?
- ▷ Gibt es nicht die vielen Buchclubs und Bibliotheken, in denen Leseratten sich wie in einem Schlaraffenland vorkommen müssen?
- ▷ Ist nicht allein der gute, alte, gemeinsame Spaziergang es wert, wieder modern zu werden?

IV. Kinder- und Jugendkriminalität

Anregungen:

1. Möglicherweise ist in Ihrer Nachbarschaft, in Ihrem Verwandten- oder Bekanntenkreis ein Jugendlicher straffällig geworden. Versuchen Sie die Gründe hierfür zu finden. Urteilen Sie dabei bitte nicht voreilig.

2. Vielleicht sind Sie selbst schon mit dem Gesetz in irgendeiner Weise in Konflikt geraten. Nehmen Sie in Gedanken, schriftlich oder in einer Gruppenaussprache selbstkritisch Stellung zu Ihrer Tat und beurteilen Sie sachlich die vom Jugendgericht auferlegte Ahndungsmaßnahme.

Unter das Jugendgerichtsgesetz vom 4. 8. 1953 fallen in der Bundesrepublik Deutschland Jugendliche, die zwischen dem 14. und 18., bzw. 21. Lebensjahr eine Straftat begangen haben. Kinder unter 14 Jahren sind noch nicht strafmündig. Bei den Heranwachsenden zwischen 18 und 21 Jahren wird nach der Gesamtwürdigung der Persönlichkeit des Täters entschieden, ob seine Tat noch nach dem Jugendstrafrecht oder bereits nach dem allgemeinen Strafrecht abgeurteilt wird.

Das Strafmaß reicht von Erziehungsmaßregeln
(z. B. Erteilen des Gebotes, eine Arbeit anzunehmen, des Verbotes, bestimmte Gaststätten zu besuchen, Einweisung in Fürsorgeerziehung)

über Zuchtmittel
(z. B. Wiedergutmachung des Schadens, Geldbuße, Jugendarrest)

bis zu Jugendstrafen, die ins Strafregister eingetragen werden:
(6 Monate bis 5 Jahre, bei Kapitalverbrechen wie Mord bis 10 Jahre).

Noch im Jahr 1913 wurden im Deutschen Reich 15950 Kinder im Alter von 12 bis 13 Jahren zu Gefängnis verurteilt und mußten diese Strafe zwischen den erwachsenen Verurteilten verbüßen.[1]

---

[1] „Der Richter als Erzieher" von Rudolf Sieverts, in: „Die Jugendfrage — eine erzieherische Aufgabe", hrsg. von Hermann Roehrs, Akademische Verlagsanstalt Frankfurt, 1965, S. 165.

Auf das Lebensalter, die persönlichen Umstände, das Milieu, die ererbten Anlagen wurde überhaupt keine Rücksicht genommen. Die Strafe galt als Sühne und Buße und enthielt keinerlei positiven erzieherischen Sinn, sondern nur den negativen der Abschreckung und Verängstigung.

Der heutige Jugendrichter versucht demgegenüber, das Urteil für einen Jugendlichen so abzufassen, daß dieser sein Fehlverhalten begreift, daß er die notwendige Rechtsordnung auch für sich anzuerkennen lernt, daß mit der Ausführung der Urteilsbestimmungen zugleich, zum Beispiel bei einer Wiedergutmachung, ein seelischer Heilungs- und Reifeprozeß eingeleitet werden kann.

Jeder Jugendrichter muß daher heute neben seinen juristischen Kenntnissen pädagogische Fähigkeiten und Einfühlungsvermögen in die besondere Situation eines jugendlichen Straffälligen haben, damit er ein möglichst angemessenes, gerechtes und die Resozialisierung vorbereitendes Urteil sprechen kann.

Sehr erschwert werden die pädagogischen Maßnahmen der Jugendgerichte durch veraltete Jugendstrafanstalten,

durch eine unzureichende Betreuung der jungen Verurteilten durch Sozialarbeiter, Sozialpädagogen und Lehrer, mit deren Hilfe die Strafverbüßungszeit sinnvoll zu Ausbildung und Persönlichkeitsaufbau benutzt werden könnte,
durch wachsende Jugendkriminalität, wobei die Täter immer jünger werden:

Der Innenminister des Landes NW, Hirsch, veröffentlichte im Februar 1977 einen Bericht über die Kriminalität im Land Nordrhein-Westfalen mit folgenden Daten über die Kinder- und Jugendkriminalität:

37,8% aller Tatverdächtigen waren 1976 jünger als 21 Jahre. Das sind 1,8% mehr als 1975, 8,9% mehr als vor 10 Jahren. 47052 Tatverdächtige waren 14 bis 18 Jahre alt, 24935 Tatverdächtige hatten noch nicht das strafmündige Alter von 14 Jahren erreicht.

(Düsseldorf, den 27.2.1977.)

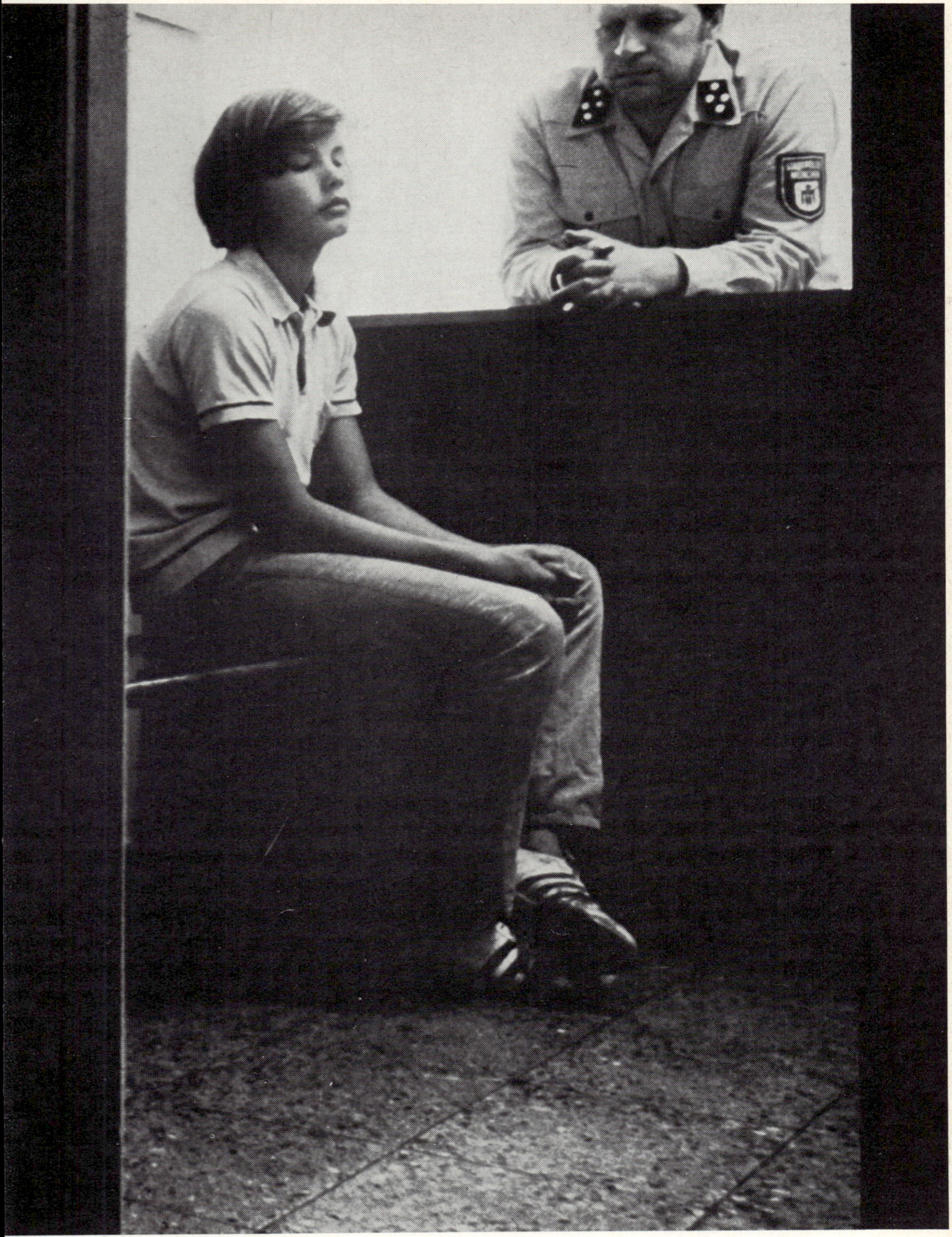

Dabei „bevorzugen“ Jugendliche und Heranwachsende bestimmte kriminelle Handlungen, wie eine statistische Aufgliederung nach Straftaten zeigt:

	Jugendliche 14—18 Jahre	Heranwachsende 18—21 Jahre
Insgesamt Verurteilte 1974:	60396	86695
Hauptdelikte:		
Diebstahl und Unterschlagung:	31043	20456
Verkehrsdelikte	12215	38167
Vermögensdelikte, wie Begünstigung, Hehlerei, Betrug, Urkundenfälschung	5316	6396
Gegen die Person gerichtete Delikte, insges.	4173	6179
darunter:		
Gefährliche Körperverletzung:	2063	2399
leichte Körperverletzung	1283	1895
Mord	34	41
Raub und Erpressung	1296	1123
Delikte gegen den Staat, die öffentliche Ordnung und im Amt:	809	1893[1]

Verkehrs-, Diebstahls-, Betrugsdelikte und gefährliche Körperverletzungen sind auffallend hoch. Hierin spiegelt sich jugendliches Verhalten wider:

Leichtsinniges Autofahren, Besitzenwollen von materiellen Gütern, die man noch nicht selbst bezahlen kann, unüberlegte, wütende Händel und Raufereien, die den Gegner ernsthaft in Gefahr bringen.

Wenn solche Statistiken auch nur die aufgeklärten Vergehen und Verbrechen enthalten und eine nicht bekannte Dunkelziffer von unaufgeklärten Straftaten übrigbleibt, so kann man trotzdem deutlich die jeweilige Richtung von kriminellen Handlungen in einer Gesellschaft herauslesen.

Erzieher müssen hierüber unbedingt Kenntnisse haben. Denn wenn man Kinder, Jugendliche und Heranwachsende vor kriminellen Handlungen bewahren möchte, muß man notwendigerweise wissen, durch welche Lebensumstände frühes kriminelles Verhalten besonders begünstigt wird.

Daß junge Menschen gefährdet sind, daran besteht kein Zweifel — wodurch sie aber gefährdet werden, das ändert sich mit der Veränderung der Gesellschaft. Wir lächeln heute amüsiert darüber, daß Goethes „Werther“ seinerzeit bei 10 Talern Strafe verboten war, „weil er schwache Leute verführen könnte“.

Etwas überspitzt kann man sagen:

„Jede Gesellschaft hat die Kinder- und Jugend-Kriminalität, die sie verdient.“

---

[1] Statistisches Jahrbuch 1976 für die Bundesrepublik Deutschland, Hrsg. Statistisches Bundesamt Wiesbaden, Seite 134.

Kinder und Jugendliche orientieren sich weitgehend an dem ethischen und moralischen Verhalten der sie umgebenden und sie erziehenden Erwachsenen. Das beweist die Tatsache, daß Kinder aus Unterschichts-Milieu eine verhältnismäßig geringe Chance haben, aus dieser Umgebung herauszukommen. Sie müssen meistens zu lange in diesem Personen- und Sachbereich verharren, ohne daß ihnen rechtzeitig geholfen wird.

▷ Wenn viele Erziehungsberechtigte selbst nicht fähig sind, bei den dauernd wechselnden Meinungen über Moral, Sitte, Gesetz, Weltanschauung, Religion, Eigentum, einen eigenen, vertretbaren Standpunkt einzunehmen,

▷ wenn sie sich hilflos auf brüchige Bastionen, zum Beispiel auf so vergängliche Werte wie Prestige, Geld und Besitztum zurückziehen, die sie womöglich noch durch Betrug erworben haben,

▷ wenn sie selbst unsicheres Rechtsverhalten zeigen,

▷ wenn sie weitgehend noch autoritär und durch Prügelstrafe „erziehen" — wie sollen dann Kinder und Jugendliche rechtlich unbedenkliche Verhaltensweisen entwickeln?

▷ Wenn Eltern ihre Konflikte in Streit und Scheidung austragen,

▷ wenn Väter sich Arbeitskollegen gegenüber rücksichtslos verhalten,

▷ wenn Mütter nicht selbst vorleben, was sie von ihren Töchtern erwarten,

▷ wenn die Gesellschaft insgesamt materielle Güter viel zu hoch einschätzt und geistige Bedürfnisse viel zu niedrig,

▷ wenn sie für Konsum wesentlich mehr ausgibt als für Erziehung, Bildung und eine möglichst große Start-Chancen-Gleichheit für alle Kinder,

dann kann man von Kindern und Jugendlichen nicht erwarten, daß sie mehr geistig-seelische Widerstandskraft gegen Gefährdungen und Gesetzes-Übertretungen aufbringen als Erwachsene.

Steine werfende junge „Revolutionäre" — „Rocker" auf schnellen Maschinen: Jugendliche geraten häufig aus Protest gegen die Gesellschaft in Konflikt mit den Gesetzen, aus Protest gegen vermeintliche oder tatsächliche Ungerechtigkeit oder gegen materialistische Langweiligkeit. Den sehr unterschiedlichen Straftaten ist häufig gemeinsam, daß sich durch sie Protest „ausdrücken" läßt.

Dann wird ein Teil dieser Jugendlichen sich gewaltsam den Reichtum verschaffen wollen, für dessen Erwerb Erwachsene doch auch so oft unbedenklich moralische Einwendungen über Bord werfen.
Ein anderer Teil wird sich zornig von der lieblosen, egoistischen Wohlstandsgesellschaft abwenden und eigene Wege der Selbstverwirklichung suchen. Viele dieser Jugendlichen kommen dann mit dem Rauschgift-Gesetz in Konflikt, andere verwechseln Liebe mit Sex und gleiten in Dirnen-Unwesen, Unzucht- und Notzuchtverbrechen ab.
Eine dritte Gruppe reagiert Enttäuschung, Wut, Aggressionsstau — sie mußten ja als Kinder in den hellhörigen Miethäusern und Wohnbaracken möglichst ruhig sein und hatten keine Plätze, auf denen sie sich austoben konnten! — in Krawallen, im Rocker-Unwesen, in Schlägereien, sinnlosen Zerstörungen von fremdem Besitz ab. Unter ihnen sind auch solche, die die Gesellschaft insgesamt gewaltsam verändern wollen und ihren Haß in anarchistische Umtriebe, Bombenterror, Attentate und Geiselnahmen umsetzen.
Will man die Kinder- und Jugendkriminalität weitgehend vermeidbar machen, hilft es nicht, ihr womöglich durch drakonische Maßnahmen beizukommen.
Druck erzeugt Gegendruck —
das sollten endlich alle begreifen, die immer noch bei jedem Delikt Jugendlicher gedankenlos sofort schärfere Strafmaßnahmen fordern.

Hier kann viel richtiger so geholfen werden:

Es muß immer wieder mit Hilfe der Massenmedien jedermann klar gemacht werden, was Pädagogen, Soziologen, Psychologen längst wissen, daß man zum Verbrecher nicht geboren, sondern erzogen wird.

- Wann endlich werden die Mittel für erstklassige, moderne, familienähnliche Heime und Wohngemeinschaften bereitgestellt?
- Wann endlich gibt es eine ausreichende Anzahl von Sozialarbeitern und Sozialpädagogen, die mit Geduld und ohne Zeitdruck erziehungsunsichere Eltern lehren, was Kindererziehung eigentlich ist?
- Wann endlich werden Obdachlosen- und Randsiedlungen aufgelöst und für ihre Bewohner, meist kinderreiche Familien, menschenwürdige und dennoch billige Wohnungen inmitten „bürgerlicher" Wohngebiete gebaut?
- Wann endlich werden Kinder aus spracharmem Milieu so gefördert, daß sie in der Schule mit den anderen mitkommen können und nicht vorzeitig in Sonderschulen abgeschoben werden? Nur wegen geringer Sprach- und Ausdrucksmöglichkeiten, nicht wegen mangelnder Intelligenz, gehören sie ein Leben lang zu den Unterprivilegierten, die um so eher kriminell werden, je mehr sie die Verachtung der „Besseren, Gebildeteren" zu spüren bekommen.
- Wann endlich wandern Kinder nicht mehr von Heim zu Heim, werden „vermittelt, verlegt, zugeführt"? Wann erhalten sie, wenn schon ihre biologischen Eltern versagen, die elternähnlichen Bezugspersonen, die ihnen die so notwendige Liebe, das so wichtige Zutrauen gewähren, die sie stützen durch alle Entwicklungs-Schwierigkeiten hindurch, bis sie selbständig und fähig zur Selbsterziehung geworden sind?

▷ Wann endlich begreifen wir, daß die Ursachen der Kinder- und Jugendkriminalität, nämlich die vielen zerrütteten Familienverhältnisse, die lieblose, falsche, strafreiche Kindererziehung bekämpft werden müssen und nicht erst ihre Auswirkungen?

▷ Wann endlich werden Vorurteile gegen Straffällige abgebaut?

▷ Wann erwacht bei den Erwachsenen das soziale Gewissen, das sie befähigt, die Kinder- und Jugendkriminalität als Folge seelischer Mangelkrankheiten und der Unterernährung an Liebe zu erkennen und genau so energisch wie Volksseuchen mit den richtigen Mitteln zu bekämpfen und — viel besser noch — vorbeugend zu verhindern?

In Hessen wird beispielhaft das Experiment unternommen, gefährdete Jugendliche im Alter von 14 bis 17 Jahren in ausgesuchte Familien zu geben, in denen die „Eltern" pädagogisch oder heilpädagogisch vorgebildet sind, damit die jungen Menschen, vielleicht zum ersten Mal in ihrem Leben, Wärme, Herzlichkeit, Geborgenheit und Vertrauen spüren und nicht mehr wegen mißlicher, häuslicher Umstände auf die schiefe Bahn geraten müssen.

Wohlüberlegt versucht man, wo Familienerziehung nicht möglich ist, überholte Heimerziehung durch überschaubare Gruppenerziehung zu ersetzen, in der aus Heimen ausgerissene Jugendliche in einer Wohngemeinschaft unter Leitung einer Fachkraft zusammengefaßt werden, so zum Beispiel schon in Köln, Aachen, Berlin, Bonn, Essen, Rheinberg, Haan-Hochdahl, Bielefeld und Münster.

Hier können Bindungen entstehen, die wertvolle Hilfen im Kampf gegen Versuchung und Verführung sind.

Information:

Der Leiter der Justizvollzugsanstalt Attendorn, Biggeweg 5—7, gibt die zweimonatlich erscheinende Zeitschrift „Die Hornisse" heraus, die ausschließlich von Strafgefangenen geschrieben, gestaltet und gedruckt wird.
„Die Hornisse" wird kostenlos an interesssierte Leser abgegeben, die den Strafvollzug mit seinen vielen Problemen „aus der kritischen Perspektive sehen", schreibt die Redaktion im Impressum (Vermerk auf dem Titelblatt einer Zeitschrift über die Redaktion).
In der Anstalt Attendorn wird der sog. „offene" Strafvollzug gehandhabt, der dem einzelnen Gefangenen eine relativ große Freizügigkeit einräumt: Keine verschlossenen Türen, keine hohen Mauern, nur ein Zaun ringsum, großzügige Regelung der Besuchszeit, Möglichkeit, täglich zu telefonieren, Arbeit außerhalb der Anstalt u. ä.

V. Grenzen der Erziehung

1. Erbe und Milieu

Anregungen:

1. Schreiben Sie in Ihr persönliches Begleitheft, welche körperlichen Merkmale Sie von Vater, Mutter oder anderen Verwandten geerbt haben. Kleben Sie Fotografien dazu, die Ähnlichkeiten deutlich zeigen.
2. Welche Eigenschaften und Fähigkeiten könnten Sie geerbt haben?
3. Haben Sie körperliche oder geistig-seelische Merkmale, die Sie nur bei sich selbst, nicht aber in der näheren Verwandtschaft entdecken? Schreiben Sie die Antworten in Ihr persönliches Begleitheft.

Immer wieder versuchen Wissenschaftler möglichst einwandfrei zu klären, welche Rangstellung in der Entwicklung eines Menschen seine ererbten Anlagen und die Umwelteinflüsse einnehmen, in die er hineingeboren wurde, in denen er aufwächst.

Das indische Wolfskind Ramu

Erbe: Drei Generationen und immer die gleichen „verwandten“ Züge

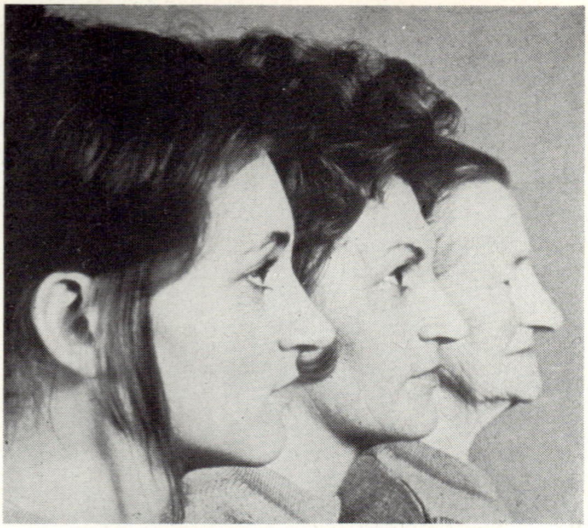

Vertreter jeder Richtung haben genügend Beispiele zur Hand, um beweisen zu können, daß ihre These die richtigere sei.
Manche Milieutheoretiker führen das Schicksal von „Ramu“ und anderer Wolfskinder an, die, von ihren Eltern als Säuglinge ausgesetzt, offenbar von Wolfsmüttern angenommen und unter Tieren groß wurden. „Ramu“, 1954 in Indien im Alter von etwa 10 Jahren gefunden und 1968 verstorben, wurde von vielen Ärzten und Psychologen untersucht, die sich aber vergebens um ihn bemühten. Er nahm in 14 Jahren keine menschlichen Verhaltensweisen mehr an, aß nur rohes Fleisch, leckte mit der Zunge in der Haltung eines Wolfes das Wasser aus der Schüssel und rollte sich beim Schlafen auf dem Fußboden tierähnlich zusammen. Er stieß tierische Laute aus und erlernte die menschliche Sprache nicht mehr. Das Verhalten solcher Menschen zeigt auf dramatische Weise, wie menschliche Anlagen verkümmern, wenn Kinder nicht in menschlichem Milieu aufwachsen.
Die Zahl derjenigen, die glauben, das Erbe bestimme weitgehend die Entwicklung eines Menschen, ist auch nicht eben klein.

Hierzu ein Beispiel:

Hanna ist sehr unglücklich. Sie erzählt:

Meine Eltern drohen mir, die Adoption rückgängig zu machen. Ich habe einen dunkelhäutigen Freund. Er ist Assistenzarzt und will mich heiraten. Meine Mutter sagt: „Jetzt zeigt es sich: Du bist genau so verlaufen wie Deine „richtige“ Mutter! Wir haben uns solche Mühe mit Deiner Erziehung gegeben. Aber Dein Erbe ist ja doch stärker, es hat alles nichts genützt. Nun machst Du uns solche Schande!“

Es hat den Anschein, als ob die jüngere Generation den Einfluß des Milieus für ausschlaggebender hält, während ältere Leute mehr dazu neigen, ererbte Merkmale und Eigenschaften für wesentlicher in einem Menschenleben zu halten.

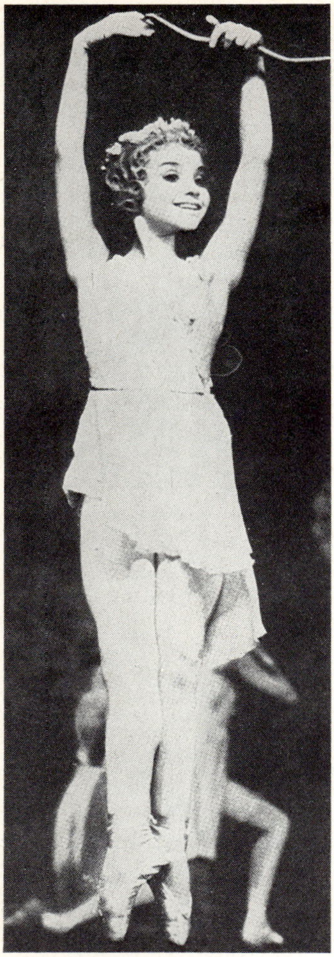

Die Erfolge, die man in den letzten Jahren bei der Erziehung behinderter Kinder erlebte, ermutigen zu der Annahme, daß in jedem Menschen wesentlich mehr Anlagen schlummern, als man bisher glaubte.

Wenn „Contergan-Kinder“ sich oft durch besondere Intelligenz auszeichnen, so liegt das nicht an einer stärkeren Begabung, die sie in die Wiege gelegt bekamen, sondern daran, daß sie frühzeitiger als andere Kinder größere Intelligenz-Leistungen zu erbringen hatten, um ihre körperlichen Mängel auszugleichen. Sie mußten mit den Füßen malen und schreiben lernen, Ersatzgliedmaßen in den Griff bekommen und besondere Konzentrations-, Willens- und Denkanstrengungen unternehmen.

Die Grenzen, die ererbte Anlagen setzen, sollen keineswegs geleugnet werden. Nur haben offenbar Eltern und Erzieher sie bisher oft zu eng gezogen und von sich aus nicht genug kindgemäße Anforderungen gestellt.

Ein geistig behindertes Kind zeigt oft, wenn man ihm die Möglichkeit gibt, erstaunliche handwerkliche Fähigkeiten, und anerkannte Erfolge auf diesem Gebiet ermutigen es dann zu größeren geistigen Anstrengungen, die wiederum zu unerwarteten Erfolgen führen.
So kann der ganze Mensch gefördert werden, wenn er nur auf einem Gebiet durch Erfolgserlebnisse ermutigt wird.

Es kommt also darauf an, Angebote zu machen auf körperlichem und geistig-seelischem Gebiet im Zutrauen und Vertrauen auf die Möglichkeiten, die jedes Kind in sich birgt.

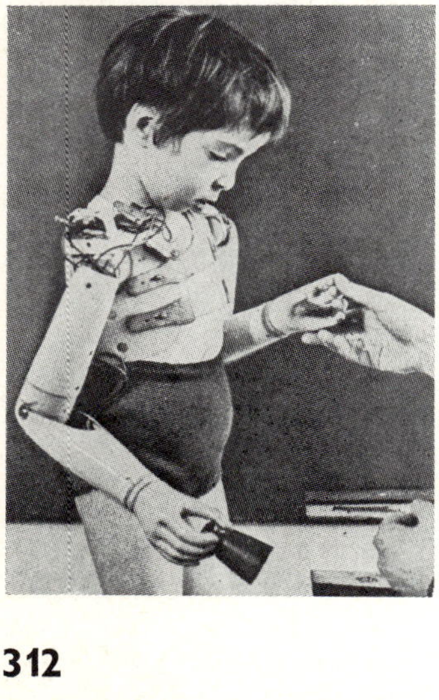

Ein russisches Ballettmädchen, das auf den Zehenspitzen über die Bühne wirbelt — ein ohne Arme geborener Junge, der seine Prothesen wie natürliche Glieder zu beherrschen lernt: beide Male überdurchschnittliche Leistungen. Extreme äußere Bedingungen und außergewöhnliche Förderung motivieren eine Lernanstrengung, die weit über die Leistungsnorm hinausführt.

Hier muß nun ganz deutlich und entschieden gesagt werden:

Nur durch fröhliche, zwanglose, spielerische Forderungen wird ein Kind gefördert, nicht durch strenge, zwangs-weise, schulmeisterliche Überforderungen.

Zu bedauern sind Eisprinzessinnen, Wunderkinder an einem Musikinstrument, Kinderstars, die frühzeitig Leistungen erbringen müssen, um den Ehrgeiz der Eltern und den eigenen Ehrgeiz zu befriedigen. Sie werden um eine unbeschwerte Kinder- und Jugendzeit gebracht. Reich aber sind die Kinder, die in ihrer Umwelt zu den jeweils optimalen eigenen Lernzeiten die Mittel vorfinden, die sie zur Entfaltung ihrer Persönlichkeit gerade dann brauchen.

Zu frühes zwangweises Lernenmüssen, zu hochgeschraubte Anforderungen rufen Abwehr, Abscheu und Lernunwilligkeit hervor.

Zu späte Angebote haben zur Folge, daß sie nicht mehr angenommen werden, weil sie nicht mehr interessant genug sind.

Wann aber hat man seine jeweils optimalen Lernzeiten?

Das ist leider nicht so leicht herauszufinden.
Beispielsweise glaubte man vor noch nicht allzu langer Zeit, ein Kind würde mit acht bis zehn Jahren am besten schwimmen lernen. Heute gibt es bereits viele Baby-Schwimmschulen, in denen Säuglinge eher schwimmen als laufen können.

„Lesen und Rechnen mit Kleinkindern" ist eine These, die gegenwärtig diskutiert wird.

Der normale Fremdsprachenunterricht fängt im Alter von zehn Jahren an. Wir wissen aber, daß Kleinkinder mühelos zwei Sprachen lernen, wenn sie in gemischtsprachlichem Milieu aufwachsen. Sollte man darum nicht besser im Kindergarten mit einem spielerischen Lehren der zweiten Sprache beginnen?

▷ Es ist also wichtig, ständig kritisch zu fragen, wie zugunsten kindlicher Entfaltungsmöglichkeiten Milieuverbesserungen vorgenommen werden können.

▷ Hier liegt eine wesentliche Aufgabe aller Erziehungsverantwortlichen, milieugeschädigten Kindern baldmöglichst zu helfen.

▷ Wo die prägenden Menschen und Faktoren der kindlichen Umwelt, die Eltern, die Geschwister, die Nachbarn, die Freunde, die Wohnung, die Spielgelegenheiten entwicklungshemmend, lieblos und unzulänglich sind,
wo allein das Milieu für viele Kinder die Chancengleichheit verdirbt,
da muß die Gesellschaft mit ihren verschiedenen Hilfsmöglichkeiten und -Maßnahmen helfend eingreifen:

▷ Durch behutsame Vorschulerziehung, durch den Bau von familiengerechten Wohnungen, Spielräumen, Kontaktstätten für Jugendliche, ausreichenden Bildungseinrichtungen, durch genügend ausgebildete Erzieher.

▷ Besonders nötig aber ist, daß möglichst alle Eltern aller Schichten ihren Kindern, unabhängig von ihren materiellen Möglichkeiten, die *liebevoll-auffordernde Atmosphäre* schaffen, in der das Kind sich uneingeschränkt bestätigt fühlen darf, in der seine ihm eigene, menschliche Würde vom ersten Augenblick seines Lebens an unangetastet bleibt, in der es voll in der Erwachsenenwelt als *schutzbedürftiger, aber gleichberechtigter Partner* anerkannt wird.

2. Das behinderte Kind

Anregungen:

1. Diskutieren Sie über das Euthanasie-Gesetz, über die Vernichtung „unwerten Lebens", in der Hitler-Zeit.
2. Schreiben Sie Ihre eigene Meinung in Ihr persönliches Begleitheft.

Information:

In der Bundesrepublik Deutschland lebten im Frühjahr 1974 fast 360000 behinderte Kinder unter 16 Jahren. Das ergibt sich aus einer Hochrechnung des Statistischen Bundesamtes nach dem Mikrozensus vom April letzten Jahres. Danach waren 2,5% aller Kinder dieser Altersgruppe körperlich, geistig oder seelisch behindert; und zwar wurden bei den Jungen mit 2,9% mehr Behinderte gezählt als bei den Mädchen (2,0%). 27% der Behinderten litten unter Lernbehinderungen, 17% waren geistig und 20% körperlich behindert, während weitere 17% an Schädigungen der Sinnesorgane litten.

(Aus: „bildung konkret", Zeitschrift des Deutschen Lehrerverbandes, Bonn-Bad Godesberg, April 1976, Seite 12.)

Wir leben glücklicherweise in einer Gesellschaft, in der dem behinderten Kind das gleiche Recht auf Leben garantiert wird wie dem gesunden Kind.

Berichte aus früheren Zeiten, nach denen geistig Kranke wie wilde Tiere angekettet wurden und unter unmenschlichen Bedingungen dahinsiechen mußten, erfüllen uns mit Zorn und Abscheu.

Es ist kaum ein Menschenalter her, da gab es in Deutschland die „Beseitigung unwerten Lebens", die Tötung aller Menschen, die *selbst* ihrer Gebrechen wegen nichts leisten konnten, sondern zur Erhaltung ihres Lebens Leistungen *anderer*, zum Beispiel von Ärzten, Krankenschwestern, Sonderschulpädagogen, Psychiatern in besonders hohem Maße in Anspruch nehmen mußten. Die Vernichtung „unwerten Lebens" wurde teuflisch-konsequent fortgesetzt in der Vernichtung „unwerter Rassen", der allein sechs Millionen Juden neben anderen „unerwünschten Elementen", wie zahllose Zigeuner, zum Opfer fielen.

Nicht zuletzt diese Vorgänge im Deutschland der Hitler-Diktatur haben die Nachkriegsregierungen verpflichtet, Gesetze zu schaffen, die das Leben eines jeden Menschen, auch des behinderten, achten und ihm besondere Hilfe zusichern.

Denn der Mensch hat seine Würde und seinen Wert in sich, in seiner Einmaligkeit und in seinem So-Sein, und er gewinnt *nicht erst dadurch Lebensrecht, daß er Leistungen erbringt.*
Eine humane Gesellschaft zeigt ihre Menschlichkeit zuallererst darin, wie sie für ihre schwächsten, benachteiligten Mitglieder sorgt.

Es ist nun für alle Eltern körperlich oder geistig behinderter Kinder am wichtigsten zu wissen, daß die Schädigungen *möglichst früh* erkannt werden müssen. Die Hilfen sind um so erfolgversprechender, je früher sie angewendet werden.

Zum Beispiel kann der erfahrene Arzt schon bei der Untersuchung des ganz jungen Säuglings Hüftgelenkschäden feststellen, die, frühzeitig behandelt, vollkommen ausheilen können, so daß keine Gehbehinderungen zurückbleiben.

Ebenso kann man heute viel früher als noch vor kurzem aus den Verhaltensweisen weniger Tage alter Kinder Rückschlüsse auf ihren geistigen Zustand ziehen und unter ärztlicher Anleitung, zum Beispiel durch besondere Ernährung und durch bestimmte Präparate, helfend eingreifen.

Eltern behinderter Kinder müssen alle Möglichkeiten ausschöpfen, die ihnen bei der Frühschäden-Erkennung zur Verfügung stehen:

▷ Sie sollen auf jeden Fall an den regelmäßigen Säuglingsuntersuchungen in den Mütterberatungsstellen teilnehmen.

▷ Darüber hinaus erteilt jedes Gesundheitsamt, jede Krankenkasse, jedes Fürsorgeamt, jede Jugendbehörde Auskünfte über die richtigen Hilfsmaßnahmen für ein behindertes Kind.

▷ Eine reich bebilderte Broschüre über den Umgang mit Behinderten hat die Bundeszentrale für gesundheitliche Aufklärung, Köln, mit dem Titel: „Wir sind Menschen wie Ihr auch!" Anfang Januar 1977 herausgegeben, die dort kostenlos (Postfach 930103) angefordert werden kann.

▷ Es gibt Sozialarbeiter und Sozialpädagogen,
Sonderschullehrer und Heilpädagogen, Beschäftigungstherapeuten und Heimerzieher, Psychiater und Psychagogen, Psychotherapeuten und Psychologen, die alle die Aufgabe haben, Behinderten auf ihre spezielle Art zu helfen.

▷ Es gibt die Sonderschulen für Blinde, Gehörlose, Mehrfach-Behinderte, die Heil- und Pflegeanstalten für Körper- und Geistes-Geschädigte.

▷ Der Weg durch Ämter und Behörden ist zeitraubend, beschwerlich und mit manchem Ärgernis behaftet. Aber er lohnt sich, wenn dadurch den Kindern geholfen und früher kaum geahnte Heil-Maßnahmen durchgeführt werden können.

▷ Für die Eltern bedeutet die institutionelle Unterstützung darüber hinaus, daß sie die materielle und vor allem die seelische Last nicht allein zu tragen haben, die ihnen durch ein krankes Kind aufgebürdet ist.

3. Der Wille, sich erziehen zu lassen

Anregung:

Schreiben Sie in Ihr persönliches Begleitheft, ob Sie Zeiten erlebt haben, in denen Sie jede Erziehungshilfe ablehnten. Beurteilen Sie möglichst sachlich dieses Verhalten und seine Folgen.

Man kann das Sprichwort „Wo ein Wille ist, da ist ein Weg" leicht abändern in seine negative Umkehrung „Wo kein Wille ist, da ist kein Weg".

In dieser Form beschreibt es eine Erziehungssituation, in der der Zögling sich auf keinen Fall mehr erziehen lassen will.

Er unternimmt alles Mögliche, um jeder Einflußnahme zu entgehen: Er reißt von zu Hause oder aus einem Heim aus, er streunt herum, er versteckt sich in Kommunen, er wird zum blinden Passagier, er gibt seinen Arbeitsplatz, seine Lehrstelle auf, er bricht die Schulausbildung ab; oder er zieht sich in sich selbst zurück, reagiert weder auf Strenge noch auf Güte und richtet sich nur nach einer einzigen Person: Nach sich selbst.

Ähnlich wie das trotzende dreijährige Kind verhält sich der junge Mensch in dieser Zeit: Er will nur, was er will, nicht, was andere wollen.

Wenn der Erzieher beim Jugendlichen an diese harte Grenze stößt, mag er zunächst verstört sein und sich zornig, beleidigt oder enttäuscht zurückziehen wollen. Wie oft hört man Eltern oder Lehrer resigniert sagen: „Was haben wir nicht alles schon versucht mit dem Jungen (Mädchen)! — Was haben wir alles für ihn (sie) getan! — Es hat alles keinen Zweck und keinen Sinn mehr, er (sie) will einfach nicht auf uns hören, soll er (sie) machen, was er (sie) will — uns ist es jetzt auch egal!“

▷ In solchen Situationen brauchen Eltern und Erzieher Geduld; sie müssen warten können auf den Augenblick, in dem der Jugendliche zurückfindet.

▷ Das kann eine qualvolle Zeit voller Enttäuschungen sein.

▷ Sie kann Jahre dauern und zu stärkster Entfremdung führen.

▷ Es kann aber auch eine Zeit der Selbstbesinnung werden für beide Partner, in der sie über ihre Fehler nachdenken und Gelegenheit zur Eigen-Korrektur haben.

▷ Wird die „Erziehungs-Ablehnungs-Periode“ in solcher Art genutzt, so kann ein erneuter Kontakt mit vertieftem, gegenseitigem Verständnis, mit mehr beiderseitiger Anerkennung und Vertrauensbereitschaft, zustande kommen.

Jugendliche wie Erzieher müssen allerdings die Kraft haben, wie im Gleichnis vom verlorenen Sohn neu anzufangen und Vergangenes ruhen zu lassen.

VI. Religiöse Erziehung und Gewissensbildung

Anregung:

Schreiben Sie in Ihr persönliches Begleitheft über Ihre Stellung zum christlichen Glauben und begründen Sie, warum Sie glauben oder zweifeln.

Wir leben in einer Zeit der ständigen Unruhe, des hektischen Umbruchs aller Werte, des zersetzenden Zweifels, der krassesten weltanschaulichen und religiösen Gegensätze.

Vergehen und Verbrechen nehmen zu.

Die großen Kirchen verzeichnen viele Austritte von enttäuschten oder gleichgültig gewordenen Christen.

Die Massenmedien bringen von Jahr zu Jahr weniger christliche Sendungen, aber immer mehr kritisch-atheistische Kommentare und Meinungen.

Gleichzeitig bricht in der Jugend weltweit die Jesus-People-Bewegung auf, und in dem Urchristentum ähnlichen Gemeinschaften hoffen junge Menschen endlich das zu finden, was dem Leben den einzigen, wahren Sinn gibt.

Traditionen und sittliche Gebote der Eltern- und Großelterngeneration werden weitgehend abgelehnt mit der Begründung, daß sie weder zwei Weltkriege verhindern konnten noch die gegenwärtige Weltsituation, die voller Machtgier, Mord, Kriegsnot, Vertreibungen, Knechtung und Ausrottung ganzer Völker ist, verbessern würden.

Die „Gott ist tot"-Parolen erhitzen und verwirren die Gemüter, pseudo-religiöse Ideen, wie die Schaffung eines menschlichen Paradieses durch Menschen oder eines machbaren, absolut mündigen Bürgers, werden fanatisch verfochten, ohne als Utopie erkannt zu werden.

Wie und wo kann in solch einer Welt noch religiöse Erziehung stattfinden?

Zunächst einmal muß deutlich gesehen werden, daß *nur der zum Glauben erziehen kann, der selber gläubig ist.*

Kleinkinder und Kinder orientieren sich an Vater und Mutter, am Elternhaus. Wird dort Glauben oder Unglauben vorgelebt, so wird das Kind entsprechend reagieren. Die Eltern sind zunächst anerkanntes Vorbild auch in Glaubensdingen, und der „liebe Gott“ ist für das Kind so, wie der Vater ist: mild, gütig, sanft, herzlich oder hart, streng, despotisch, autoritär.

Kinder lassen sich nichts vormachen. Auch wenn Eltern ihre eigenen Zweifel einstweilen verbergen möchten — Kinder fragen bohrend so lange, bis die Eltern nicht mehr ausweichend antworten können, und es ist immer noch besser, dem Kind ehrlich das eigene Glaubens-Unvermögen zu gestehen als Lügen und Ausflüchte zu benutzen, die es doch bald durchschaut und dadurch Vertrauen verliert.

Aber auch das Kind, das einen unbeirrbaren Glauben bei seinen Eltern von Anfang an erlebt, muß in die eigene Entscheidungsfreiheit hineinwachsen können, denn nur die religiöse Erziehung ist sinnvoll, die das Kind nicht moralisierend im frommen Zwang festhält, sondern es freigibt, den eigenen Glaubensweg zu gehen.

Hierzu ein Beispiel:

Der achtjährige Christian scheint noch ganz zuversichtlich-gläubig zu sein. Seiner fünfzehnjährigen Schwester Gundula, die Angst vor einer Französisch-Arbeit äußert, erklärt er: „Du mußt beten. Beten hilft immer! Ich habe es ausprobiert. Abends habe ich immer Angst gehabt, so allein im Zimmer. Mama hat gesagt, ich soll beten. Gott wäre bei mir, auch wenn ich ihn nicht sähe. Das habe ich getan. Mama hat Recht gehabt: Ich habe gebetet, und die Angst ist weg.“

In der Schule hat Christian aus Lehrermangel kaum Religionsunterricht, und so halten es seine Eltern für richtig, ihn sonntags in den Kindergottesdienst zu schicken, damit er nicht zu sehr als „Heide“ aufwachse. Aber nach ein paar Wochen will Christian nicht mehr hingehen. Auf die Frage nach dem Grund gibt er die verblüffende Antwort: „Die Tante ist zu lieb.“ Zuerst können die Eltern damit nichts anfangen, doch dann verstehen sie: Christian will nicht mehr sanft wie ein kleineres Kind in Glaubensdingen angefaßt werden, er will schon mehr wissen, Tatsachen hören, Bibel lesen und diskutieren. Tatsächlich studiert er eifrig in einer modernen Taschenbuchausgabe des Neuen Testamentes, die er von der „Tante“ zu Weihnachten geschenkt bekam.

In den krisenreichen Pubertätsjahren kommen zu allen anderen Nöten auch die Glaubenszweifel, die kaum einen jungen Menschen verschonen. Jetzt wird ganz deutlich, daß Glauben zwar vorgelebt, aber nicht aufgezwungen oder gewaltsam abverlangt werden kann.

Möglicherweise tragen die Jugendlichen ihre Zweifel im Innern mit sich allein aus. Oft aber suchen sie, meist mehr aggressiv als fragend, ein Gespräch.

Diesen Diskussionen müssen sich Eltern und Erzieher zu Haus, in Schule und Ausbildung, stellen, auch wenn der Ton oft bewußt provozierend ist, ähnlich wie etwa bei dem siebzehnjährigen Walter, der von „dem Typ da oben“ redet und Gott damit meint.

Die aufgeworfenen Fragen, wo zum Beispiel Gottes Güte, Liebe und Gerechtigkeit sei, wenn ein Unschuldiger bei einem Verkehrsunfall ums Leben komme, wenn eine Mutter minderjähriger Kinder an Krebs sterben müsse, wenn Kinder gefoltert würden, kann auch der Erwachsene nicht beantworten, aber er kann dies ehrlich sagen und zusammen mit den Jugendlichen versuchen, in tiefere Glaubensdimensionen vorzudringen, etwa in die Frage nach göttlicher und menschlicher Barmherzigkeit, nach Gerechtigkeit und Gnade.

Geht man aber den hilflosen Weg des „Du mußt das einfach glauben, weil es so geschrieben steht", so werden sich die jungen Menschen enttäuscht abwenden und möglicherweise das Suchen nach dem Glauben ganz aufgeben.

In der Adoleszenz weichen die kritischen Fragen den eher nachdenklichen, verinnerlichten, und Eltern und Erzieher dürfen nun nicht allgemeine Lebensweisheiten anbieten, sondern müssen noch mehr persönlichen Bekennermut zeigen.

▷ Den Jugendlichen ist damit nicht gedient, daß mehr oder weniger wahre „goldene Regeln" aufgestellt werden, sondern daß sie Glaubenszweifel und Glaubenserfahrungen der Menschen miterleben können, die sie vertrauensvoll um Rat bitten.

▷ Solche Gespräche, die man nicht erzwingen kann, die oft ganz spontan nach einem gemeinsamen Kirchgang, einem Sterbefall in der Familie oder auch anscheinend ohne besonderen Grund entstehen, gehören mit zu dem Schönsten und Verbindendsten, das Eltern und Kinder miteinander erleben können.

Im Zusammenhang mit der Glaubenserziehung steht die Bildung des Gewissens.

Das Gewissen ist kein immer vorhandener, mitgegebener „Gong", der dann warnend anschlägt, wenn man etwas Falsches tut.

Es gibt genug gewissenlose Menschen, die lächelnd Brutalitäten und Gemeinheiten begehen, ohne daß sich in ihrem Innern etwas regt.

Außerdem ist das Gewissen eines Menschen seiner jeweiligen Kultur und Religion angepaßt. In Indien wurde ein Vater zu einer langjährigen Gefängnisstrafe verurteilt, weil er auf eine heilige Kuh einstach, die im Begriff war, seine kleine Tochter zu Tode zu trampeln. Bei uns würde derselbe Vater verurteilt werden, wenn er tatenlos zugesehen hätte, wie das Tier sein Kind schwer verletzte.

Das Gewissen ist also nicht in allen Menschen in gleicher Art vorhanden und reift auch nicht von alleine mit dem Menschen heran, sondern es muß anerzogen werden.
Anerziehen heißt hier in besonders eindringlichem Maße: Vorleben.

Gewissen-lose Eltern können kaum gewissen-hafte Kinder haben. Das „weite" Gewissen von Eltern, die selbst lügen, betrügen und sich heimtückisch verhalten, trägt dazu bei, daß auch ihre Kinder wenig Ehrlichkeit und Offenheit zeigen. So, wie das Kind in seiner Umwelt gewissengebundenes Verhalten vorfindet, so wird es selbst gewissenempfindsam werden.

Bei jugendlichen Verbrechern ist neben dem Schock über ihre Tat immer wieder dies das erschütterndste Erlebnis, daß sie oft so bar jeden Gewissens, jeder

Hemmung ihre Tat begingen. Sie kommen häufig aus einer Umgebung, in der versäumt wurde, ihr Gewissen zu bilden und eine Wertwelt in ihnen aufzubauen, in der das „Ich“ nicht den absoluten Vorrang hat.

So ist es unerläßlich, im heranwachsenden Kind und Jugendlichen gewissenhaftes, verantwortliches Handeln und Denken zu wecken. Der Jugendliche muß sowohl durch unbewußtes Vorleben als auch durch bewußt durchdachte Erziehung lernen, für sich selbst und für andere verantwortlich sein zu können, und sein Gewissen muß sich melden, wenn er verantwortungs-los handelt.

Er träumt gern von großen Heldentaten, die er in der Verantwortung für andere vollbringen will. Aber wenn es um Kleinigkeiten geht, die jedoch in einer Gemeinschaft so wesentlich sind, zum Beispiel das Kippen-Beseitigen auf dem Schulhof, das Aufräumen des Arbeitsplatzes, das Zehn-Minuten-Abtrocknen, das Einhalten einer Verabredung, das Schreiben eines versprochenen Briefes — dann zeigt sich erst, wie weit sein Gewissen bereits geschult ist; ob es ihn an die Erfüllung seiner Pflichten gemahnt, oder ob es das Ausweichen vor Mitverantwortung duldet.

▷ Glücklicherweise bringt ein geschärftes Gewissen Gewinn:

▷ Gewissenhaftes Verhalten befriedigt den, der es ausübt. Er darf „gewissermaßen“ Achtung vor sich selbst haben. Er wird fröhlich, wenn sein Gewissen ihm bestätigt: Hier hast Du nicht versagt. Er gewinnt eine innere Ruhe und Sicherheit, die ihm hilft, wenn sein Gewissen von ihm Entscheidungen abverlangt, die ihn Ehre, Achtung, Stellung und Leben kosten können. Wir kennen die Opfer zahlloser Märtyrer, Politiker, Christen, Humanisten, Künstler und ganz „einfacher“ Menschen, die eher sterben wollten, als gegen ihr Gewissen zu handeln.

▷ Von diesen vorbildlichen Menschen gehen Impulse aus, die über ihren Tod hinaus gewissensbildend auf andere einwirken können, und gerade begeisterungsfähige Jugendliche sind dafür empfänglich.

▷ Es gilt, das Gewissen im Jugendlichen wach zu halten und ihn zu lehren, es ein Leben lang zu schärfen. Wenn möglichst viele Menschen am Arbeitsplatz, zu Hause, in der Kindererziehung, in der Freizeitgestaltung, in der Hilfsbereitschaft für andere gewissenhaft handeln würden, so gäbe es tatsächlich mehr verantwortlich-mündige Bürger und weniger gewissen-lose Straftäter.

VII. Selbsterziehung

Anregung:

Sie haben sicher schon versucht, aus eigener Kraft eine Verhaltensweise, die Ihnen und andern mißfiel, zu ändern. Schreiben Sie in Ihr persönliches Begleitheft, ob Ihnen dies gelungen ist. Legen Sie möglichst nüchtern und frei von Emotionen Rechenschaft darüber ab, wieweit Sie bereits in der Lage sind, sich selbst zu erziehen.

Selbsterziehung heißt:

- ▷ Ablösung der Fremderziehung durch Eigenverantwortlichkeit,
- ▷ Überwindung erkannter Mängel aus eigener Kraft,
- ▷ Förderung der körperlichen, geistigen und seelischen Kräfte nunmehr in eigener Regie.

Hierzu aber ist notwendig, daß man zunächst in der Lage ist, sich selbstkritisch zu betrachten und der Eigenkritik standzuhalten. Intelligenzschwache, labile, willensarme Menschen sind meist auch im Erwachsenenalter dazu nicht fähig und bedürfen weiterhin der Stütze der Gefestigteren, damit sie nicht ständig zwischen geistig-seelischen Hochs und Tiefs, Selbstüberschätzung und Selbstnegation hin- und herschwanken und steuerlos am Rande der Gesellschaft dahinleben müssen. Sie sind wie unmündige Kinder, die ja auch kein verantwortungsbewußter Erzieher sich selbst überläßt.

Zur Selbsterkenntnis müssen Willensstärke, Durchstehvermögen und Selbstdisziplin hinzukommen, mit deren Hilfe Mängel abgestellt, eigene Begabungen zielstrebig und verantwortungsbewußt — für sich und andere — ausgebaut werden können.

Dies setzt einen bestimmten, bereits erreichten Reifegrad voraus. Ein Erzieher, der den sich ablehnend gebärdenden Jugendlichen sich selbst überläßt, handelt fahrlässig und hat seine Erzieheraufgabe nicht begriffen.

Er muß vielmehr immer wieder durch Gesprächsbereitschaft, Anerkennung von Leistungen, sachliche Hinweise auf — seiner Meinung nach — falsches jugendliches Verhalten Hilfen geben.

Der Erzieher darf nicht von sich aus loslassen; er muß warten können, bis der junge Mensch den Loslösungsschritt selbst wagt, etwa wie ein Vogel, dem die Eltern zwar das richtige Fliegen vormachen, der dann aber den entscheidenden Abflug vom Nestrand allein vollziehen muß. Und sogar dann ist die Vogelmutter immer noch bereit, das Junge zu füttern, weil sie instinktiv weiß, daß es noch nicht selbständig genug ist, um allein ausreichend Nahrung zum Überleben zu finden. Das bedeutet ins Menschliche übertragen: Selbsterziehung ist nicht von einem Tag zum andern möglich, sondern muß jahrelang vorgelebt und geübt werden.

21 Thielscher, Erziehungsbasis (18201)

Bei vielen Naturvölkern wird nach einem oft grausamen Ritus, der symbolhaft Beendigung der Kindheit und Beginn der Erwachsenenzeit darstellt, übergangslos der junge Mensch in die Schar der Erwachsenen aufgenommen.
Bei den Jugendlichen unseres Kulturkreises dagegen erleben wir, daß sie vom Beginn der ersten selbstkritischen Äußerungen an, die im späten Kindesalter stattfinden, noch lange Jahre brauchen, um endgültig Eigenverantwortlichkeit übernehmen zu können.
Es wird also — wie so oft im Erziehungsgeschehen — von Eltern und Erziehern viel Geduld erwartet.
Der Vorpubertierende in seiner Unausgeglichenheit,
Der Pubertierende in seiner Ichfindung,
der Heranwachsende in seiner Wertsuche —
sie entfernen sich von ihrem Erzieher zeitweilig in dem Glauben, nun endlich selbständig zu sein, und brauchen doch immer wieder die Rückkehrmöglichkeit zu dem Ort des Geborgenseins, von dem aus sie, erneut ermutigt, einen abermaligen Versuch eigener Lebensbewältigung wagen können.

Der Erzieher muß beides miteinander verbinden:
Die Erziehung des Kindes zu möglichst großer Selbständigkeit und Selbstbestimmbarkeit
und das ständige Zur-Verfügung-Stehen für den Jugendlichen, der zu früh und zu stürmisch sich loslösen wollte und dabei teilweise oder gänzlich scheiterte.

Information:

Sprecher des Deutschen Kinderschutzbundes wiesen aus Anlaß des Weltkindertages 1975 in Mainz darauf hin, daß die Herabsetzung des Volljährigkeitsalters auf 18 Jahre eine Fehlentscheidung sei. Der Achtzehnjährige befinde sich körperlich und seelisch noch in der Entwicklung. Es gäbe zahlreiche Beispiele dafür, daß er noch nicht die erforderliche Reife habe.
(AP Mainz, den 19. September 1975.)

Wie kann nun Selbsterziehung geübt werden?

- Das verwöhnte Kind, dem jede eigene Bewährungsmöglichkeit „fürsorglich" entzogen wurde, kann wohl kaum zeitig lernen, selbstbestimmend sein Geschick in die Hand zu nehmen.
- Dies gelingt leichter einem Kind, das fröhlich und seiner Entwicklungsphase entsprechend Anforderungen erfüllen darf.
- das Freude über eigene Verzichtsleistungen zugunsten anderer kennenlernt,
- das zur Überwindung von Eigenliebe und Bequemlichkeit angeleitet wird.
- Die Ermutigung, die das Kind in der Anerkennung seiner Person und seiner Leistungen während seines Heranwachsens erfährt, machen es selbstsicherer und selbstgewisser.

Erziehung zur Selbsterziehung ist schließlich nur möglich, wenn sie in partnerschaftlicher, vertrauensvoller Zuneigung von allen Beteiligten geschieht.

Verwendete Literatur

1. Adorno, Theodor, W.: Erziehung zur Mündigkeit; Suhrkamp-Verlag, Frankfurt, 1971
2. Altmann-Gädke, Gertrud: Säugling und Kleinkind; Verlag Handwerk und Technik, Dr. Felix Büchner, 1969
3. Behler, Wolfgang (Herausgeber): Das Kind, eine Anthropologie des Kindes; Herder-Verlag, Freiburg, 1971
4. Bericht über die Lage der Familie in der Bundesrepublik Deutschland, zweiter Familienbericht, Drucksache 7/3502, 15. April 1975; Deutscher Bundestag, Bonn
5. Berna, Jacques: Erziehungsfragen; Oberbadischer Verlag, Singen
6. Bittner, Günter und Schmid-Cords, Edda (Herausgeber): Erziehung in früher Kindheit, Texte; R. Piper & Co. Verlag, München 1970
7. Blankertz, Herwig: Theorien und Modelle der Didaktik, Grundfragen der Erziehungswissenschaft; Juventa Verlag, München, 1972
8. Bornemann, Ernst: Betriebspsychologie; Betriebswirtschaftlicher Verlag, Dr. Th. Gabler, Wiesbaden 1975
9. Brockhaus: Enzyklopädie in 20 Bänden; F. A. Brockhaus, Wiesbaden, ab 1966
10. Busemann, Adolf: Krisenjahre im Ablauf der menschlichen Jugend; Aloys Henn Verlag, Ratingen, 1959
11. Corell, Werner und Süllwold, Fritz: Forschung und Erziehung; Ludwig Auer Verlag, Donauwörth, 1968
12. Esterhues, Josef: Allgemeine Pädagogik im Grundriß; Ferdinand Schöningh Verlag, Paderborn, 1962
13. Flitner, Andreas und Mitarbeiter: Brennpunkte gegenwärtiger Pädagogik, Studien zur Schul- und Sozialerziehung; R. Piper & Co. Verlag, München, 1970
14. Hauke, Harry (Herausgeber): Lernen mit Kleinkindern? Begabungsförderung im Vorschulalter; Heidenheimer Verlagsanstalt, Heidenheim an der Brenz, 1969
15. Hentig, Hartmut von: Spielraum und Ernstfall; Ernst Klett Verlag, Stuttgart, 1969
16. Hentig, Hartmut von: Systemzwang und Selbstbestimmung; Ernst Klett Verlag, Stuttgart, 1969
17. Hild, Sigurd: Sexualerziehung, ein Ratgeber für Eltern; C. Bertelsmann Verlag, Gütersloh, 1964
18. Islar, Kurt-Gerhard: Kennst Du Dein Kind? A. Zickfeldt-Verlag, Hannover, 1962
19. Kahl, Otto: Der Jugendliche in der betrieblichen Ausbildung; Berufspädagogik für Ausbilder, hrsg. von Prof. Dr. Gustav Grüner, Darmstadt; W. Bertelsmann-Verlag KG, Bielefeld, 1974
20. Klempnauer, Günther: Trip zur Seligkeit; zwischen Sucht und Sehnsucht; R. Brockhaus-Verlag, Wuppertal, 1971
21. Klempnauer, Günther: Gesucht: Anerkennung, Geborgenheit, Freiheit; Reinhard Kawohl-Verlag, Wuppertal, 1972
22. Langeveld, Martinus J.: Erziehungskunde und Wirklichkeit; Georg Westermann Verlag, Braunschweig, 1971

23. Lexikon der Pädagogik, Verlag Herder KG, Freiburg im Breisgau, 1973

24. Locke, John: Gedanken über die Erziehung; Ferdinand Schöningh Verlag, Paderborn, 1907

25. Lunzer, F. A. und Morris, J. F. (Herausgeber): Das menschliche Lernen und seine Entwicklung; Ernst Klett Verlag, Stuttgart, 1971

26. Makarenko, Anton Semenovic: Ausgewählte pädagogische Schriften, besorgt von Horst E. Wittig; Ferdinand Schöningh Verlag, Paderborn, 1969

27. Meyer, Karl-Ernst: Jugendschrifttum, Formen, Inhalte, pädagogische Bedeutung; Verlag Julius Klinkhardt, Bad Heilbrunn, Obb., 1971

28. Meves, Christa: Erziehen lernen aus tiefenpsychologischer Sicht; Bayrischer Schulbuchverlag, 1972

29. Mollenhauer, Klaus: Erziehung und Emanzipation; Juventa-Verlag, München, 1969

30. Neill, A. S.: Theorie und Praxis der antiautoritären Erziehung; das Beispiel Summerhill; Rowohlt Taschenbuch Verlag, 1969

31. Netzer, Hans: Erziehungslehre; Verlag Julius Klinkhardt, Bad Heilbrunn, Obb., 1972

32. Oerter, Rolf: Moderne Entwicklungspsychologie; Verlag Ludwig Auer, Donauwörth, 1969

33. Opaschowski, Horst: Der Jugendkult in der Bundesrepublik; Walter Rau Verlag, Düsseldorf, 1971

34. Pestalozzi, Johann Heinrich: Wie Gertrud ihre Kinder lehrt und ausgewählte Schriften zur Methode; besorgt von Fritz Pfeffer; Ferdinand Schöningh Verlag, Paderborn, 1961

35. Petersen, Else: Die Grundkräfte kindlicher Entwicklung und ihre Berücksichtigung im Schulunterricht, gezeigt an Beispielen aus der pädagogischen Tatsachenforschung; Ferdinand Schöningh Verlag, Paderborn, 1965

36. Pfahler, Gerhard: Kobolde, gute und böse Geister in Kinderherzen; Ernst Klett Verlag, Stuttgart, 1962

37. Rahmenstoffplan zur Ausbildung von Ausbildern: Empfehlung des Bundesausschusses für Berufsbildung, März 1972.

38. Remplein, Heinz: Die seelische Entwicklung des Menschen im Kindes- und Jugendalter, Ernst Reinhardt Verlag, München, 1961

39. Roehrs, Hermann (Herausgeber): Die Jugendfrage — eine erzieherische Aufgabe; Akademische Verlagsgesellschaft, Frankfurt am Main, 1965

40. Roth, Heinrich: Pädagogische Psychologie des Lehrens und Lernens; Hermann Schroedel Verlag KG, Hannover, 1970

41. Roth, Heinrich: Zum Stande der Begabtenforschung; Ernst Klett Verlag; Stuttgart, 1969

42. Rothenberg, Friedrich Samuel (Herausgeber): Christsein heute; R. Brockhaus Verlag, Wuppertal, 1964

43. Spieth, Rudolf: Menschenkenntnis im Alltag; C. Bertelsmann Verlag, Gütersloh, 1967

44. Spock, B.: Große Hand führt kleine Hand; Verlag Ullstein GmbH, Frankfurt, 1963

45. Spock, B.: Sprechstunde für Eltern; Verlag Ullstein GmbH, Frankfurt, 1964

46. Spranger, Eduard: Menschenleben und Menschenfragen, gesammelte Rundfunkreden; R. Piper & Co. Verlag, München, 1964

47. Spranger, Eduard: Psychologie des Jugendalters; Verlag Quelle und Meyer GmbH, Heidelberg, 20. Auflage

48. Starck, Willy: Grundfragen der Erziehung; Verlag Handwerk und Technik, Dr. Felix Büchner, 1971

49. Starck, Willy: Kindes- und Jugendpsychologie; Verlag Handwerk und Technik, Dr. Felix Büchner, 1971

50. Statistisches Jahrbuch 1976 für die Bundesrepublik Deutschland, Hrsg.: Statistisches Bundesamt, Wiesbaden, Verlag W. Kohlhammer GmbH, Stuttgart und Mainz, August 1976

51. Thielscher, Helma (Hrsg.): Das vergesse ich nie! Jugendliche berichten über ihre Erlebnisse; Verlag Ferdinand Schöningh, Paderborn, 1977

52. Vester, Frederic: Denken, Lernen, Vergessen; Deutsche Verlagsanstalt GmbH, Stuttgart, 1975

53. Willmann-Institut (Herausgeber): Der Lernprozeß, Anthropologie, Psychologie, Biologie des Lernens; Verlag Herder KG, Freiburg im Breisgau, 1969

54. Wolf, Richard: Große und kleine Kinderlügen; Kreuz-Verlag, Stuttgart, 1953

55. Zoll, Ralf und Binder, Hans-Jörg: Die soziale Gruppe; Verlag Moritz Diesterweg, Frankfurt, 1970

56. Zulliger, Hans: Die Angst unserer Kinder; Ernst Klett Verlag, Stuttgart, 1966

57. Zeitungen und Zeitschriften wie:
Bild der Wissenschaft; Brennpunkt Erziehung; Neue Deutsche Schule; bildung konkret; Praxis bilden und erziehen; das Gespräch aus der Ferne; Rettung; Warum; Terre des Hommes; die Hornisse, unabhängige Monatszeitschrift aus dem Strafvollzug; Informationen für die Frau; Schriften der Aktion „Gemeinsinn"; Landtag intern NW; Eltern; Die Zeit; betrifft: Erziehung; Der Spiegel.

Sachregister

T

U

V

W

Z